JN006210

「KH Coder オフィシャルパッケージ」有償製品化についてのお知らせ

　本書で紹介しているテキストマイニング・ツール「KH Coder」は、立命館大学 樋口耕一教授により開発され、人の言葉で表現されたテキストデータを可視化・分析するテキストマイニング・ツールとして、これまでに6,000 件以上の学術研究で利用されてきたほか、官公庁や民間企業でも利用されています。しかし、KH Coder は大学発のソフトウェアであり、原作者の樋口教授が開発からメンテナンス、サポートまでを一人で行っていたため、高機能化と普及が進むにつれて維持が難しくなっていました。

　このような状況を背景に、KH Coder の開発環境の充実、メンテナンスやサポート体制の強化のため、株式会社 SCREEN アドバンストシステムソリューションズさまより有償製品「KH Coder オフィシャルパッケージ」が発売されることになりました。本製品の発売に伴い、樋口教授による KH Coder の無償公開は終了となります。

　現在、株式会社 SCREEN アドバンストシステムソリューションズさまの方で KH Coder の開発協力のほか、メンテンナンス・サポートを中心とした各種サービスが提供されています。また、格安のアカデミック・ライセンスや、無料の授業用ライセンスなど、複数のエディションとバージョンアップのサブスクリプションも準備されています。

　「KH Coder オフィシャルパッケージ」のライセンスについてくわしくはこちらのページをご参照ください。

URL：https://www.screen.co.jp/as/solution/khcoder

KH Coder オフィシャルパッケージ 検索

社会調査のための計量テキスト分析

●内容分析の継承と発展を目指して

第2版

樋口耕一 著
Koichi Higuchi

私はその人を常に先生と呼んでいた。だからここでもた
くだけ「先生」とは書かずに本名は打ち明けない。これは世間を憚かる遠慮と
いうよりも、その方が私にとって自然だからである。私はその人の記憶
を呼び起すごとに、すぐ「先生」といいたくなる。筆を執っても心持は同
じ事である。よそよそしい頭文字などはとても使う気にならない。

私が先生と知り合いになったのは鎌倉である。その時私
はまだ若々しい書生であった。暑中休暇を利用して海水浴に行った友
達からぜひ来いという端書を受け取ったので、私は多少の金を工面し
て、出掛ける事にした。私は金の工面に二、三日を費やした。ところ

ナカニシヤ出版

まえがき

テキスト型データの計量的分析

社会調査では，人々の自由記述・インタビュー記録・新聞記事などをはじめ，さまざまなテキスト型データを扱う。こうしたデータを計量的に分析するための新たな方法として，本書では，実用的かつ学術的裏付けの明確な「計量テキスト分析」を提案する。また本書では方法を論じるだけでなく，筆者開発の分析用フリー・ソフトウェア「KH Coder」を取り上げ，分析を行う手順についても詳しく記述する。

従来の社会調査においては，数値化されていない文章のようなデータ，すなわち質的データの利用には種々の困難があった。分析方法の確立と普及が遅れているため，手元のデータをどのように分析するのか慎重に考えねばならないし，分析用のソフトウェアもどれが良いのかわかりにくい。必要な機能がそろった定番の「統計パッケージ」ソフトウェアが普及し，方法の標準化も進んでいる量的データの場合とは雲泥の差がある。このため，新聞記事・議事録・ネット上の匿名発言といった各種テキスト型データの蓄積が進んでいるにもかかわらず，その活用は必ずしも十分に進んでいない。本書は，利用しやすい分析方法として計量テキスト分析を新たに提示することで，こうした状況に一石を投じようとするものである。

本書で提示する計量テキスト分析の特徴は，「テキストマイニング」とよばれる比較的新しい技術を活用しつつ，伝統的な内容分析（content analysis）の考え方を実践に活かす点にある。自動要約ではなく分析を行うという以上は，人間の判断や独創性が不可欠である。ここでは人間の独創性を活かしつつ，どのようにして客観性ないしは信頼性を維持するのかというバランスの取り方が大きな問題となる。このような，技術の進歩によって自動的には解決されないタイプの問題について，内容分析の分野では半世紀以上にわたって議論が行われてきた。そうした蓄積に裏打ちされた分析方法を本書で提案したい。

分析方法についての教科書では，実際の研究データではなく仮想的かつ小規模なデータを使って，例題的な分析の結果を示す場合も多い。そうした分析結果はきれいで読み取りやすく，方法の特徴もあらわれやすいという利点がある。しかし本書ではそうした分析だけでなく，実際の社会調査データを用いて，実質的な研究課題に答えるような分析を積み重ねることを目指す。これによって計量テキスト分析の方法が，また新聞記事や自由回答のようなテキスト型データが，どのように研究に役立つのかという一端を実例から示したい。というのも，あらゆる分析方法と同様に，単に計量テキスト分析を行えば研究や実務が成功するというわけではない。この方法を役立てるための，研究・実務の組み立て方が重要だからである。

また本書で方法だけを提案しても，その方法を実現するために必要な手段が欠けていれば，利用が広がる見込みは薄いだろう。そこで筆者は分析用のソフトウェアについても KH Coder を開発し 2001 年から公開している。KH Coder を使用した研究事例は 2023 年 3 月現在，論文と学会発表とをあわせて 5,000 件を数えている。しばしば高価であったり，開示できないノウハウを含んでいたりする商用ソフトウェアと異なり，KH Coder は処理内容をすべて明らかにしたフリー・ソフトウェアである（資料 C）。またウェブページ上で分析を行えるサー

ビスと違って，データを外部のサーバーに送信する必要がない。KH Coder を使えば手元の PC の内部でデータ処理と分析が完結する。さらに公開当初から現在まで，筆者自身が分析に使用するなかで感じたニーズに応じて，また利用者の方々からいただいたご要望に応じて改良を重ねてきた点も，KH Coder の特色と言えよう。KH Coder そのものはインターネット (http://khcoder.net) で公開しており，本書では開発の考え方を第 2 章に，使い方のあらましを第 3 章に，そして機能の詳細を資料 A に示す。

　本書の読者としては，KH Coder の利用者・潜在的利用者はもちろん，広くテキスト型データの分析方法ないしはテキストマイニングに関心をもつ人を想定している。たとえば実務の分野では，市場調査や世論調査において自由回答・ネット上の匿名発言・コールセンターの記録といったデータを扱い，顧客の声・国民の声・市民の声を探ろうとする人々。学術分野では，人文・社会科学系の研究において，各種テキスト型データの内容を分析しようとする研究者・大学院生・学部上級生を想定している。本書では主として社会調査における利用を念頭に置いているものの，テキスト型データの内容を分析するという主要部分については，広く人文・社会系の研究分野および実務に活用できるだろう。

本書の構成

　上述のような目的のもとに第 1 章「内容分析から計量テキスト分析へ」では，内容分析 (content analysis) の概略と定義，そして内容分析に学ぶべき点をふり返る。その上で，内容分析の分野における蓄積を活かした方法として「計量テキスト分析」を定義・提案する。ここでは内容分析に関する議論の中でも特に，量的方法と質的方法とをいかに併用すべきか，また分析プロセス全体の中でどの部分をコンピュータによって自動化し，どの部分を人間が判断するべきかといった点を取り上げる。なおこの章では，具体的で細かな手順というよりも，細かな手順を決めるための基本的な考え方・フィロソフィーを主に扱う。

　このフィロソフィーにそって，第 2 章「計量的分析の新たなアプローチ」ではテキスト型データを分析するための具体的な手順・方法を提案する。従来の内容分析では，テキスト型データを計量的に分析するために Correlational アプローチか Dictionary-based アプローチのいずれかを用いることが多かった。これら 2 つは考え方が大きく異なるアプローチでありながら，実際の分析においては混同されやすい部分もあった。この章では，混同されやすい部分を峻別した上で，これら 2 つを接合したアプローチを提案し，その実現に必要なソフトウェア「KH Coder」を作製する。そして，このアプローチを用いた実際の分析例を示すとともに，従来のアプローチに対する本アプローチの有効性について検討する。

　第 3 章「新たなアプローチによる分析の手順と実際」では，分析の手順をチュートリアルの形で示す。チュートリアルとは，読者の PC 上で実際に同じ操作を行えるような記述のことである。これによって第 2 章で提案した接合アプローチの詳細な手順を示すとともに，KH Coder の大まかな利用法を示す。ここでは夏目漱石の『こころ』を題材として用い，まず作品の上・中・下それぞれの部分に特徴的に出現する言葉から，作品の構成や特徴を探る。次に，人の死やその原因となりうる事柄をあらわす言葉に注目することで，人の死が作品中でいかに描かれているのかを探索する。これらの手順を通して，「先生」の自殺が突然で不自然なものだという従来の指摘が，必ずしも妥当でないことを再確認する。

　第 4 章「手作業による伝統的な方法との比較」では，伝統的な内容分析において頻繁に取り上げられてきた新聞記事に注目する。同様のデータを同様の目的や観点から分析する場合には，新たな方法であれ従来の方法であれ，同じ結果が得られるはずである。また，従来の方法

で頻繁に分析対象として取り上げられてきた種類のデータは，当然，新たな方法でも無理なく分析できねばならない。このような観点から，1991 年以降の『毎日新聞』の中で「サラリーマン」に言及した記事を取り出し，接合アプローチによる試験的な分析を行う。そして，できうる限りではあるが，その結果をすでに手作業で行われた分析の結果と比較しつつ，コンピュータを用いた分析方法の特徴を明らかにする。

第 5 章「現代における全国紙の内容分析の有効性」では，第 4 章で取り上げた新聞記事がもつ，データとしての価値を確認する。テレビやインターネットのめざましい普及が進む現代でも，日本の社会意識を探るための方法として，新聞の分析という方法は有効なのだろうか。それも先行研究が注目してきた政治や暴力のように，多くの人にとっては縁遠い領域だけではなく，より身近で，直接的に接触・体験できるような領域でも，新聞報道と社会意識の間には強い関連ないし類似性が見られるのだろうか。この問題について実証的な検討を行うために，インターネットに関する新聞記事と，インターネットについて考えるときに思い浮かぶことを尋ねた自由回答とをデータとして，計量テキスト分析による比較を行う。

第 6 章「情報化イノベーションの採用と富の有無」は，質問紙調査（アンケート）における自由回答型の質問を活用した研究事例である。質問紙調査はさまざまな分野で頻繁に利用される調査法であるため，そのよりよい実践の可能性を示すことは重要である。この章では，選択肢型の質問の分析だけでなく，自由な言葉で回答してもらった内容の分析を組み合わせることで，知見に相乗的な広がりが生じることを研究事例から示したい。この研究事例では，ウェブのようなイノベーションを生活に取り入れるかどうかという我々の選択が，富の有無によってどの程度強い制約を受けるのかを分析する。特に，情報化を好むかどうかといった我々の態度の影響と，富の影響の強さを比較することを試みる。

最後に第 7 章では，計量テキスト分析という方法を提案するための以上の試みを総括する。ここでは計量テキスト分析をいかに今後の社会調査に応用しうるかという筆者の展望を述べる。また計量テキスト分析という方法の研究や，分析用ソフトウェアの開発に関して，残された課題と展望についてもふれておきたい。

本書の第 2 版で追加した第 8 章「研究事例に学ぶ利用の方策」では，KH Coder を用いた研究事例の中で，筆者の目から見て成功したものを取り上げてレビューを行う。レビューを通じて第一に，さまざまな種類のテキストデータが，どのように研究に役立ちうるのかという可能性を示したい。各種のデータとして，インターネット上で行われたコミュニケーションの記録，マス・コミュニケーション内容，アンケート自由回答，インタビュー記録，会議録などを扱った研究事例を取り上げる。そして第二に，成功した研究事例に共通する点を探りつつ，計量テキスト分析および KH Coder をうまく利用して，データから意味のある発見を導くための方策を考える。

第 2 版における改訂

第 2 版における本書の主な変更点として，上述の第 8 章「研究事例に学ぶ利用の方策」を追加した。また KH Coder に機能を追加するプラグイン「文錦®」シリーズの紹介を資料 B として追加した。さらに初版の公刊後，7 年ほどにわたって KH Coder に加えてきた改良に応じて，KH Coder のチュートリアル（第 3 章）とマニュアル（資料 A）を刷新した。本書のチュートリアルとマニュアルは KH Coder 3 に対応している。このほか，全体を通じて細かな見直しを行った。

目　　次

第 1 章

内容分析から計量テキスト分析へ
———継承と発展を目指して

1.1　はじめに

　内容分析 (content analysis) とは，文章・音声・映像などさまざまな質的データを分析するための方法であり，社会調査データの分析に適した方法である。日本でも内容分析は早くから紹介されているものの（池内 1954, 1956），その後の普及・発展が十分に進んでいるとは言い難い。内容分析では多くの場合，データをいくつかのカテゴリーに分類した上で，各カテゴリーのデータの個数を数え上げたりといった，計量的分析を行う。その際，「分類基準作成が非常に困難で，その上，手数がかかるわりに報いられる点が少なく，一時の思いつきでは意味がなく，長期間の送り手の傾向を見るのが目的なので，だれでもが簡単にできるものではない」（加納 1961: 16）という印象をもたれたようだ。また日本国内では欧米に比して，内容分析を用いた研究そのものが少ないという報告もある（三上 1988b）。

　その一方で，どちらかというと商業的・実務的な局面での利用が多いようだが，「テキストマイニング」とよばれる方法が現在注目を集めており，次々と概説書が公刊されている（たとえば 藤井ほか 2005; 那須川 2006; 石田・金編 2012; 松村・三浦 2014; 石田 2017）。これは，質的データの中でも特に文章型すなわちテキスト型のデータを分析する方法で，情報科学の分野で活発に研究が行われている。テキストマイニングでは，コンピュータによってデータの中から自動的に言葉を取り出し，さまざまな統計手法を用いた探索的な分析を行う。それによってパターンやルール，ひいては知識の発見を目指すのだという。これを実際に行うためのテキストマイニング用ソフトウェアについても，1,000 万円を超えるものから無料のものまで，さまざまなものが国内でも販売・頒布されている。国内では，内容分析の概説書が 90 年代以降ごくわずかしか刊行されておらず[*1]，内容分析用と銘打って販売されているソフトウェアも現在は見あたらないという状況に比して，テキストマイニングの状況は対照的である。また，テキストマイニングの方法が語られる際に，内容分析がほとんど取り上げられないということも，内容分析の普及の程度をあらわしていよう。

　しかし，普及が進んでいないからといって，内容分析は役目を終えた過去の遺物ではない。

[*1] 標準番号（ISBN コード）を付されて書店に流通している書籍で，「内容分析」を書名に含むのは『内容分析の方法』（有馬 2021）および『内容分析の進め方』（Riffe et al. 2014＝2018）の 2 点である。これ以外には管見の限り，内容分析を比較的大きく扱ったものとして『テレビニュースの解剖学』（小玉編 2008），『プロセスが見えるメディア分析入門』（藤田・岡井編 2008）が見られる程度である。このほかは，「内容分析」そのものではないが，メディアの報道内容の分析法に焦点をあてたものとして『テレビニュースの社会学』（伊藤編 2006）がある。

　もちろん，テキストマイニングにおいて活用されているような，コンピュータやそれを用いた自然言語処理・統計解析の進歩は無視できない。だが，そうした技術の進歩が，テキスト型データの分析におけるあらゆる問題を解決してくれるのだろうか。自動要約が目的であれば話は別だが，分析という営みには人間の判断が必然的に含まれる。当然そこには，客観性ないし信頼性の維持という問題や，質的なデータを量的に分析することで得られるものと失うものの兼ね合いという問題，さらに，分析プロセスのどの部分までをコンピュータによって自動化するのかといった問題が生じる。これらの問題が技術の進歩によって自動的に解決されるとは考えにくい。そして，これらの問題については内容分析の分野で半世紀以上にわたって議論が行われてきた。少なくともこういった部分については，内容分析に学び，内容分析の分野における蓄積を継承すべきであろう。

　この章では以上のような観点から，まず内容分析の概略と定義，そして内容分析に学ぶべきと考えられる点をふり返る。その上で，内容分析の分野における蓄積を活かしたテキスト型データ分析方法として，新たに「計量テキスト分析」を定義し，この方法を提案する[*2]。これによって内容分析の分野における蓄積を継承し，そのさらなる発展に寄与することを目指す。なおこの章で主に扱うのは，上述の分析時に生じるいくつかの問題にいかに対処すべきかという基本的な方針である。言葉を換えると，具体的な方法というよりも，むしろ具体的な方法を背後から支える考え方・フィロソフィーの部分を中心に扱う。

1.2　内容分析

1.2.1　概略と定義

歴史と特長についての概略

　内容分析が初めて行われた時期を正確に述べることは難しい。だが，少なくとも現在の内容分析に直接的に寄与したと思われる初期の試みとしては，19 世紀から 20 世紀初頭のものを挙げられるだろう。この時期には新聞の印刷部数が増大したことを背景に，新聞記事の計量的分析が行われるようになった。この時期に行われた分析においては，いかに「堕落した」「取るに足りない」記事に紙面が占められているのかということが主要な関心事であった（たとえば Speed 1893; Mathews 1910）。その後，20 世紀の前半から第二次世界大戦の前後にかけて，価値観や世論，社会的ステレオタイプといった社会学的な概念を追究するために，新聞の分析が行われるようになった（Woodward 1934; Martin 1936）。そしてこの時期には，社会科学の理論・概念に加えて，心理学実験や市場調査のフィールドから優れた統計手法がもち込まれ，内容分析の方法論がまとめられている（Berelson & Lazarsfeld 1948; Berelson 1952）。また第二次大戦時に，ドイツやその同盟国のマス・メディアの分析，すなわちプロパガンダ分析が大規模に行われたことも，内容分析の方法論確立に寄与したとされている（Lasswell et al. eds. 1949; George 1959）。

　当初よりマス・コミュニケーション研究における利用が多いものの，いったん方法論がまとめられると，内容分析は多岐にわたる分野で用いられるようになった（Pool ed. 1959）。たと

[*2] 質的データの中でも特にテキスト型データを扱うのは，当初に取り上げられた新聞をはじめとしてこれまでに多くの分析が行われていることと，技術的な問題として，1.2.3 節で後述するようなコンピュータ処理が容易だということがある。これまでの分析例が多くあるテキスト型データを対象として方法を確立しつつ，技術的な問題の解決をみることができれば，いずれは音声・映像にも応用範囲を広げていきたい。

えば，質問紙調査における自由回答や，心理学実験における実験参加者の回答の分析といった，調査の補助手段として応用されている。その他にも，心理学における小集団のコミュニケーション過程の分析や（Bales 1950），神話や民話から共通するパターンを発見しようとする文化人類学の研究においても内容分析が利用されている（Sebeok & Orzack 1953）。また，歴史学では大量の資料を扱うために，文学では小説をはじめとする作品を扱うために内容分析が用いられた。さらに，実務的・商業的な局面でも内容分析は利用されている。たとえば CDC: Communication Development Company の試みにおいては，特定の製品やサービスについてのインタビュー調査を数多く行い，言葉の出現頻度を用いた分析を行ったという（Stone 1997）。また，McBer や Gallup といった企業においては，採用面接の評価を行うための方法として内容分析を活用する試みが見られる（Spencer & Spencer 1993; Schlesinger 1993）。

このようにさまざまな局面で内容分析が活用されていることは，以下のような内容分析の特長を考えれば，自然なことと言える。第一にコミュニケーションは，人間関係や社会を成り立たせるためには不可欠であり，人間の社会的な活動の中核をなしている。そしてコミュニケーション内容は，その内容を送り出した側や，その内容を受け取る側の状況を探るための，豊かな情報源となる。こうしたことから，コミュニケーション内容を分析するための方法である内容分析は，分野を問わず，多様な研究に応用できる（Riffe et al. 1998: 13）。

第二に，長期間にわたって保存・蓄積されてきた「内容」を分析対象とできることも，内容分析の特長である（Holsti 1969: 15）。たとえば，価値観や社会的ステレオタイプが長期間にわたっていかに変化してきたのかといった課題に対峙するときには，この点が重要な意味をもつ。J. Z. Namenwirth（1973）や W. A. Danielson & D. L. Lasorsa（1997）が行ったように 100 年前から現在に至るまでの文書資料を収集・分析することは可能であっても，100 年前にさかのぼって質問紙調査・インタビュー調査を実施することは言うまでもなく不可能だからだ。

第三に，内容分析は調査対象者に気づかれにくい調査技術，すなわち調査される対象の反応に影響されにくい調査技術である。実験法や質問紙調査の場合と比較して，内容分析ではデータを産み出す状況に加わる束縛が少ない。したがって，そうした束縛によってデータの妥当性を損なう危険性が低い（Krippendorff 1980=1989: 35-6）。質問紙調査のような他の調査法の補助手段として内容分析を利用する場合も，この利点は有効にはたらく。たとえば質問紙調査では，網羅的で完全な選択肢を提示することが難しいという選択型の設問がもつ問題を（安田 1970b），自由回答型の問いを設けて，得られた回答の内容分析を行うことで補いうる。

内容分析の定義

この内容分析の定義としては，たとえば表 1.1 に示すようなものがある。第二次大戦の前後にいったん方法論がまとめられたものの，その後も継続的に議論・検討がなされていることが，表 1.1 に見られる定義の変遷からうかがえるだろう。ここでは，これらの内容分析の定義とその変遷が，本書でも受け入れられるものか，あるいはそのまま継承できるものかどうかという観点から表 1.1 を確認しておきたい。

変遷の傾向としてまず目につくことは，内容分析が単なる記述（description）の方法から，推論（inference）の方法として定義されるようになり，さらに何を推論するのかという対象についても定義に盛り込まれるようになったことだ。内容分析が扱うデータがシンボリックなもの，すなわち対象や概念をあくまで間接的にあらわすものであることを考えれば，こういった変遷は穏当なものであろう。というのも，データ中には誰もが認めるような，たった 1 つの

表 1.1　内容分析の定義

The statistical semantics of political discourse.　　　　　　**Kaplan（1943: 230）**
A research technique for the objective, systematic, and quantitative description of the manifest content of communication.（表明されたコミュニケーション内容の客観的・体系的・数量的記述のための調査技術） 　　　　　　　　　　　　　　　　　　**Berelson（1952: 18, 1954=1957: 5）**
Any research technique for making inferences by systematically and objectively identifying specified characteristics within text.　　**Stone et al.（1966: 35）**
Any technique for making inference by objectively and systematically identifying specified characteristics of messages.　　　　　　**Holsti（1969: 14）**
A research technique for making replicable and valid inferences from data to their context.（データをもとにそこから（それが組み込まれた）文脈に関して再現可能でかつ妥当な推論を行うための1つの調査技法） 　　　　　　　　　　　　**Krippendorff（1980: 21, 1980=1989: 21）**
A research methodology that utilizes a set of procedures to make valid inferences from text. These inferences are about senders, the message itself, or the audience of the message.　　　　　　　　　　　　　**Weber（1985: 9）**
Quantitative content analysis is the systematic and replicable examination of symbols of communication, which have been assigned numeric values according to valid measurement rules, and the analysis of relationships involving those values using statistical methods, in order to describe the communication, draw inferences about its meaning, or infer from the communication to its context, both of production and consumption.（量的内容分析とは，体系的で再現性のあるやり方で，コミュニケーションのシンボルを調査することである。そうしたシンボルには，妥当な測定ルールに従って，数字で表される変数が割り当てられる。そして，それらの変数の関係を統計的な方法で分析し，コミュニケーションについて記述したり，その意味についての推論を導いたり，コミュニケーション内容からそのコミュニケーションの生産と消費に関する文脈を推し測ったりするのである） 　　　　　　　　　　　　**Riffe et al.（1998: 20, 2014=2018: 29）**

「真の意味」が表明・明示されており，それを記述するのが内容分析だという考えには明らかに無理があるからだ。1つのメッセージをもとに，送り手にとっての意味や，受け手にとっての意味といった複数の意味を推論することは当然可能である。あるいは1つのデータに対して社会学的な観点や精神分析的な観点からといったように，複数の観点から解釈・推論を行うことも同様に可能である。この点を明確に示しているということに関して，表 1.1 に挙げた中で B. Berelson（1952）より後の定義は共通している[*3]。

　もう1つの変遷の傾向として，統計的方法または量的方法を用いるということを明示していない定義が，近年では多くなっていることが挙げられる。確かに，量的方法を重視した定義が，質的な分析・記述を禁じているかのように解釈されることには問題がある。次節で後述するように，本書では量的方法を用いることを前提としつつ，質的な分析・記述についても推奨

[*3]　推論の対象を定義に含めるかどうか，また，定義に含める場合でも「送り手」「受け手」のように比較的具体的に示すのか，「データの文脈」のように一般化した形で示すのかといった差異は見られる。しかし本書の議論においては，これらの差異は互いに相容れないような考え方の違いというよりも，表現の違いと見なして差し支えないだろう。

しているためだ。それでも，量的方法が分析手順の一部として含まれることを明示していないことは，本書の立場からすれば不十分な点であり，本書における方法の説明・定義の中で明らかにしておくべきであろう。

　その他には「系統的（systematic）」「客観的（objective）」「再現可能（replicable）」「妥当（valid）」といった用語ないしはこれらの用語の組み合わせが定義によって異なっていることが目につくかもしれない。ここでは，これらの語の定義にまでは踏み込まず，これらの語によって，内容分析が科学的方法であることを強調している点で，表 1.1 に示した定義はおおむね共通していることを指摘するにとどめたい。たった 1 つの「真の意味」から距離を置き，さまざまな観点からの解釈・推論を容認する一方で，決して好き勝手をしてよいわけではないことを強調する意味でも，これらの用語は重要なものであろう。そして，これらの用語またはその組み合わせが必要であることは，本書においても変わりはない。

　以上に内容分析の定義をふり返ってきたが，近年の定義には穏当と考えられるものが多く，本書で継承すべき定義を 1 つだけ選ぶということは難しいだろう。強いて言うならば，表 1.1 に示した定義のうち，R. P. Weber（1985）における「a set of procedures」，あるいは K. Krippendorff（1980＝1989）や O. R. Holsti（1969）における「technique」といった部分が，本書で提案する方法にあたる部分と言える。すなわち本書では，「a set of procedures」ないしは「technique」と記述された部分について，新たな手順・方法の提案を行う。

1.2.2　質的データの計量的分析

計量的分析手法を用いる利点

　前節で取り上げた内容分析の定義においても，比較的新しいものでは，分析が統計的・計量的なものでなければならないという記述を避けているものが多かった。また，一般にテキスト型データのような質的データを分析する場合には，素データの中から分析者が典型的だと考える箇所を引用し解釈するという，質的な方法を用いることが多い。本書でもこのような素データの引用や解釈を否定するわけではない。だが，それを行うにしても，その前の段階で計量的分析手法を用いることで，以下のような量的方法の利点を活用することが望ましいというのが本書の立場である。

　Berelson（1952）や H. D. Lasswell（1949）は，科学的でない印象批評的な方法としての「質的」分析を徹底的に批判し，量的方法の利点として，より正確で厳密な形で分析を行えることを強調した。「頻繁に」「めったにない」といった表現に頼るよりも，量的方法を用いた方が，より正確かつ厳密な結果が得られる。そして，正確で厳密な数値指標を用いれば，分析結果を他の研究者による分析の結果と比較できるので，直接の比較に耐えるような研究の蓄積を築くことができる。もちろん，質的な方法による研究であっても比較は可能だが，数値指標を用いた研究の方が，より多くの研究をより正確に比較しうることは間違いない。

　また Lasswell（1949: 42–3）は多くの質的分析において，引用されている素データがたまたま研究者の目にとまったものなのか，それとも大量の資料を精査した結果，まぎれもなく典型的なものとして選ばれたのかという疑問が，曖昧なままに残されていると批判している。それに対して計量的な分析を行っていれば，引用した素データの特徴が，データ全体の傾向をどの程度代表するのかといったことを数値指標で示しうる。あるいはデータの全体像を計量的方法で示した上で，その中のどの部分を引用・解釈したのかを説明できる。

　質的データ分析における信頼性を論じた Y. S. Lincoln & E. G. Guba（1985）は，研究者がたどったデータ収集・分析の過程を他の研究者が監査（audit）できるかどうかということ

を，信頼性の一部である dependability として取り上げている。Berelson（1952）や Lasswell
（1949）が指摘したような曖昧さは，この dependability を，ひいては信頼性を危うくするも
のである。あるいは，研究手法が批判や検討や検証に耐えるオープンさを有しているという意
味での客観性（Phillips 1990）を，危うくするものである。こうした点で，信頼性ないしは客
観性を向上させ，直接の比較検証に耐える研究を蓄積できるということが，計量的分析を行う
利点の1つとして挙げられる。

　計量的分析を行うもう1つの利点として，広い意味でのデータ探索を行えることがある。こ
れは Holsti（1969: 11）が「それまでは見過ごされていたようなデータの質的側面が，量的分
析によって明らかになる場合がある（筆者訳）」と指摘している点である。言うまでもなく，
統計手法は正確さ・厳密さの追求や仮説検証のためだけに利用されるものではない。J. W.
Tukey（1977）の提唱した探索的データ解析（EDA: Exploratory Data Analysis）が示すよ
うに，統計手法はデータ探索を行うための手段としても有効に利用しうる。

　Holsti（1969）の述べた「質的側面」という言葉はきわめて曖昧な表現であるが，いくつか
の解釈が可能であろう。第一に，膨大な量のデータを扱う場合には，データ全体を記憶するこ
と，言葉を換えれば，データを読み進めながら理解を積み重ねてデータの全体像を把握するこ
とが難しい。この状態では，データに根ざした分析を行うことは難しいだろう。これについて
は，たとえば以下のような指摘がある。

> 　自分の得たデータを概念化したり，適切なデータ集約の方法，辞書の構成，分析の手続
> きを決定する前に，研究者はデータの多様性，種類，分布などについての全体像を得て
> おきたいと思うかも知れない。分析者が考慮すべきテクスト資料が膨大な量になる場合
> には，このような全体像を描くためにコンピュータを利用したいという動機づけが特
> に強く生じやすい。コンピュータの助けを借りなければ，分析者は偏った，不完全な，
> そして非常に選択的な印象を形成しがちである（Krippendorff 1980＝1989: 188, 傍点
> 筆者）。

　ここで指摘されている「データの多様性，種類，分布などについての全体像」は，明らかに，
量的方法によって得られるものである。また，データの全体像や概観を描くのに適していると
いうのは，コンピュータそのものの利点というよりも，むしろ量的方法のもつ利点である。大
量のデータに対して量的方法を適用するためには，コンピュータの助けが必要になるという観
点から，Krippendorff（1980＝1989）はコンピュータ利用を強調している。しかし，ここでは
むしろ量的方法によってデータの全体像を得ることで，「偏った，不完全な，そして非常に選
択的な印象」の形成を避けられる点を強調したい[*4]。こうしたデータ全体を見通す視点という
ものを，Holsti（1969）が述べた「質的側面」の一種として捉えられるだろう。

　第二に，素データから引用し解釈すべき部分が明らかになるという意味で，「質的側面」と
いう表現を捉えることもできる。量的方法を用いた内容分析に対する批判の1つとして，少数

---

*4 もちろん 1.2.3 節で後述するように，コンピュータ利用の利点の1つとして，量的方法を用いるた
　めの助けになるという点は本書でも重視している。だが，コンピュータはきわめて多様な使い方が
　考えられる道具であることから，本書では何のために，またどのようにコンピュータを利用するこ
　とが有効であるのかを極力明確に論じることを目指している。そこで，この節では量的方法の利点
　についてまとめ，1.2.3 節で，量的方法を用いる助けとして，コンピュータをどのように役立てら
　れるのかを述べる。

の重要なコミュニケーションに対して質的分析を行う方が，優れた洞察を得られるという A. L. George（1959）の主張がある。また，見田宗介（1965a）はデータの中から引用・解釈すべき部分を選択する基準として「類型に関するカバレッジ」「次元ないし要因領域に関するカバレッジ」「要因の顕現性」の 3 点を挙げている。しかし，多くのデータから少数の重要な部分，あるいは見田（1965a）の示した基準を満たすような箇所を適切に選定することは，必ずしも容易ではない。この選定のための助けとしても，計量的手法によるデータの探索・要約が役立つ。もちろん単に要約されたデータを参考にするというだけでなく，計量的分析の結果として得られる数値を，選定に直接利用することもできる。特異なパターンを含む部分であったり，あるいは何らかの特徴が最も明確に顕現している部分を，数値指標によって選択できる。つまり，量的分析によって，多くのデータの中から人間が詳しく読むべき箇所を見つけられる。

　以上に述べてきたように，計量的分析手法をテキスト型データに適用することの利点としては，大きく分けて信頼性・客観性の向上とデータ探索の 2 点を挙げることができる[*5]。伝統的な内容分析，なかでも初期の試みにおいては，このうち信頼性・客観性に関する部分が注目され，データ探索に役立つという点は軽視される傾向があった。だが，これら 2 点は量的方法を用いることの利点として，いずれも同様に重要なものであろう。

量的方法と質的方法

　「量的分析によって，データの質的側面についての発見が得られる」という指摘からも明らかなように，内容分析では，量的方法と質的方法とが互いに相容れない，断絶した，排他的なものであるとは捉えていない。むしろ両者は，連続した直線上にあるもので，互いに不可分なものである（Lazarsfeld & Barton 1951）。仮に，可能な限り厳格な形で量的分析を行ったとしても，研究のさまざまな段階で，量的ではない質的な作業が必要になる。

　まず，質的なデータを量的に扱える形に変換するという作業は，決して純粋に量的な作業ではない。通常この段階では，いくつかのカテゴリーにデータを分類していくような，コーディングとよばれる作業が行われる。たとえば新聞記事が，政権に対して好意的であるか非好意的であるか，あるいはアノミーに言及しているかどうかといった分類を行う。このコーディング作業によって，好意的な記事が多かったかどうか，アノミーに言及した記事が増加しているかどうかといった量的分析が可能になる。このコーディング作業を実際に行う前には，いくつかのカテゴリーを作成し，「特定の記述がデータ中にあればそのデータを特定のカテゴリーに分類すること」といった基準を作成する必要がある。本書ではこの基準のことをコーディングルールとよんでいるが，これを作成するという営みは，明らかに非量的なものである。P. F. Lazarsfeld & A. H. Barton（1951）はこの過程を，質的カテゴリーの形成（the formation of qualitative categories）として大きく取り上げているし，S. Saporta & T. A. Sebeok（1959）はこの過程でデータ全体を見通すような膨大な非量的作業が必要になることを指摘している。さらに，量的分析の結果がこの過程に依存していることを考えれば，D. Cartwright（1953: 424）のように内容分析とコーディングを同義語であると捉える論者があるのも無理からぬことである。

[*5] 信頼性・客観性の向上とデータ探索について，ここでは別々に述べてきた。しかし，計量的分析の結果を見ることで分析者が先入観にとらわれず，より正確にデータを理解できるならば，その同じ計量的分析の結果を第三者に示すことで分析の信頼性も向上する。このように，これら 2 つは表裏一体となった利点である（8.2.1 節）。

　コーディングは分析における1つのプロセスにすぎないが，コーディングルールを作成するという作業は，研究者の社会学的想像力が発揮されるべききわめて重要な，なおかつ質的な作業である。たとえば，データ中に「しわひとつない制服を着た」という表現があったときに，制服が示す権威に注目して人物の「権威主義的傾向」をあらわすものとして数え上げるのか，それとも単に「几帳面さ」をあらわすものとして数え上げるのかでは，分析の内容・結果ともにまったく異なるものとなるだろう。あるいは，質問紙調査における自由回答項目で「一番大切なものは何か」を尋ねた場合に，「夫」「妻」「親」「子供」などを「家族」というカテゴリーに分類して数え上げることも考えられるし，「夫」「妻」「恋人」などを「性愛の対象」というカテゴリーに分類して，「家族」と区別することも考えられる。このように，同じデータに向かい合う場合でも，研究者のもつ理論仮説や研究目的が異なれば，当然それにそって異なるコーディングルールが作成される。

　なお，Berelson（1952）は信頼性の維持，ないしは科学的方法としての厳密性の維持のために，あくまでコミュニケーション内容の明示的な側面だけに分析対象を，ひいてはコーディングルールを限定している。だが本書では，コーディングルールを開示して信頼性を維持するという条件のもとに，上に例示したようなコーディングルールを自由に作成して，社会学的想像力を発揮すべきだと考えている。すなわち，C. E. Osgood et al.（1957）が述べるように，コーディングルールを作成することによって，研究者のもつ理論や問題意識の操作化を目指すのである。これは質問紙調査において，質問文の作成によって理論や問題意識の操作化を行うのと同じことである。質問紙調査においては，さまざまな質問文，それも時として非常に個性的な質問文によって，回答者の特定の一側面を拾い上げることが目指される。

　たとえば，質問紙調査において用いられている，次のような設問がある。

　　　ある会社につぎのような2人の課長がいます。もしあなたが使われるとしたら，どちらの課長に使われる方がよいと思いますか。どちらか1つ挙げて下さい。
　　　　1. 規則をまげてまで，無理な仕事をさせることはありませんが，仕事以外のことでは人のめんどうを見ません
　　　　2. 時には規則をまげて，無理な仕事をさせることもありますが，仕事のこと以外でも人のめんどうをよく見ます
　　　　3. その他

　この質問は，回答者の意識における特定の側面を拾い上げることを目指して，巧妙に作成されたものと言える。そして，結果として日本人の国民性の一側面およびその変化を捉えることに成功している。日本では従来より面倒を見る方の課長に圧倒的な人気があったが，近年ではその人気にかげりが見え始めているという[*6]。このような質問文の作成と同様，自由かつ巧妙にコーディングルールを作成することでこそ，データから意味ある側面を取り出し，研究目的に合致した測定を行うことができよう。

　以上に述べてきたような点で，量的分析を行う前の段階，すなわち質問紙調査であれば質問紙を作成する段階であり，内容分析においてはコーディングルールを作成する段階では，質的な作業が，それも量的分析の結果を大きく左右するような重要な作業が必要になる。

　次に，量的分析がいったん完了した後の段階を考えても，やはり量的でない質的な作業が必

[*6] この質問は，統計数理研究所が1953年以降5年ごとに行っている「日本人の国民性調査」において用いられている（統計数理研究所 2004; 林 2001）。

要になることに気づくだろう。数値をまとめた表であれ，より視覚的な形で表現されたグラフであれ，解釈を行って結論を導くのは研究者，人間である。ここでは解釈そのものもさることながら，解釈を行うために素データを読み返したり，あるいは，行った解釈が妥当なものであるかどうかを確認するために素データにあたるといった質的な作業が必要である。すなわち，量的分析の結果を見るだけでなく，どのような素データの積み重ねによって当該の分析結果が得られたのかを確認せねばならない。また，量的方法によって，データの質的側面に関する新たな発見が得られるというのも，主としてこの段階においてのことである。

　この段階で新たな発見が得られれば，量的分析を行う前の段階にまで戻って，コーディングルールの作成からやり直すということも当然起こりうる。再び質問紙を作成して調査をやり直すことが難しい質問紙調査の場合と違って，テキスト型データを分析する場合には，コーディングルールを修正して，分析をやり直すことができる。このように質的な作業と量的な作業とを交互に，そして相乗的に行うようなプロセスこそ，次のような内容分析の考え方を実践に活かすものであろう。

　　　質的方法が洞察にあふれ，量的方法が仮説検証のための単に機械的なものだと決めつけるべきではない。この両者の関係は循環的なものである。すなわち，それぞれが新たな洞察をもたらし，それによって他方に資するものである（Pool 1959: 192, 筆者訳）。

1.2.3　コンピュータ利用のあり方

　上に述べてきたような形で量的方法と質的方法をともに用いるためには，コンピュータを適切に利用することが望ましい。単に統計計算のためだけでなく，内容分析のためにコンピュータを用いる初期の試みとしては，IBM 7090（図 1.1）上で動作する「General Inquirer」（Stone et al. 1966）というソフトウェアがある。そして，内容分析のためにコンピュータをいかに利用すべきかという点については，P. J. Stone et al.（1966: 68–71）の指摘した点が，現在でもほとんどそのまま通用するだろう。

（出典：Stone et al. 1966）

図 1.1　General Inquirer 製作当時のコンピュータ「IBM 7090」

　Stone et al.（1966）はまず，コーディング作業にコンピュータを用いる利点として，次のような指摘を行っている。コンピュータに意味の判断や文脈の理解を求めることはできない。しかし，「データ中に特定の表現があれば，そのデータを特定のカテゴリーに分類すること」と

いったコーディングルールをいったん与えれば，データがいくら大量にあったとしても，コンピュータが自動的にコーディング作業を行ってくれる[*7]。また，意味や文脈を理解できないコンピュータにでも実行できるほど明確なコーディングルールであれば，コーディングルールに曖昧さが残らない。さらにコンピュータが決まり切った手順を適用してくれるので，他の研究者の分析結果と自らの分析結果を直接比較したり，複数のコーディングルールを同じデータに適用して比較するといったことも容易に行える。

Stone et al.（1966）は信頼性または客観性という語を用いていないが，以上の点は前節でふれた信頼性・客観性に直接的に関わる事柄である。まず，コーディングルールに曖昧さがないということは，信頼性を維持するために必須の条件である。また統計的分析に耐えるような大量のデータを扱う場合，人手でコーディングを行うと，すべてのデータを一貫したルールのもとに分類することが難しくなり，コーディング作業の信頼性に問題が生じる。一人で大量のデータを扱えば作業が長期間にわたり，作業開始時から終了時まで一貫したコーディングルールを保つことが難しくなるためだ。また多人数でコーディングを行うにしても，各個人の間でコーディングルールを一致させることは決して容易ではない（川端編 1999: 2）。

加えて，コーディングに必要な時間と労力を節約できるという点でも，コンピュータはもちろん有効である。質的な作業と量的な作業とを交互に繰り返すような分析が可能になるのは，コーディング作業で消耗することなしに，研究者がコーディングルールの作成・統計的分析・質的分析に打ち込めるからこそである。

次に本書では，1.2.2 節で前述したように量的分析の結果をもとにしてデータの質的側面を探索するというプロセスを重視している。このプロセスでは，大量のデータの中から，特定の条件を満たすデータを瞬時に検索できるというコンピュータの利点が役に立つ。コンピュータを利用することで素データの中から，量的な分析の結果が顕現しているような部分，あるいはデータの典型例や特異例を抽出するといったことが瞬時に行える。言葉を換えれば，データの質的側面を活かすための素データ検索に，コンピュータが役立つのである。この点も Stone et al.（1966）が「データへの近接性（closeness to data）」とよんで指摘した点である。

要約すると，コーディングの信頼性を維持し，労力を軽減することに，そしてデータの質的側面を活かすための検索に役立つことがコンピュータ利用の重要な利点である。発達し小型化しパーソナル化した現代のコンピュータ（図 1.2）では，かつての IBM 7090 と違って，検索結果をプリントアウトしなくてもディスプレイ上で即座に確認できるようになった。コンピュータそのものの進歩は，上に挙げた Stone et al.（1966）の指摘を時代遅れなものにしたのではなく，むしろその有効性を高めたと言えよう。

1.3　国内での展開

1.3.1　国内における内容分析とコンピュータ利用

以上に量的方法と質的方法についての考え方やコンピュータ利用について，内容分析の議論に学ぶべきと筆者が考える点をふり返ってきた。もっとも，コンピュータを利用した分析の方法を考える際には，扱うデータが日本語であるということが大きな意味をもつ。日本語で使用

[*7] Stone et al.（1966）においては「コーディングルール」ではなく，「category systems」という用語が用いられているが，意味するところは同じである。本書では用語の混乱を避けるために「コーディングルール」で統一している。

(出典：日本 IBM 社のウェブページ・2004 年 11 月取得)

図 1.2 現代のノート型コンピュータ

される文字は 15 万種類以上ときわめて多い上に，英文におけるスペースのような，語と語の間の明確な区切りがない。英語データであれば単純な処理によって語が取り出せるので，頻出語リストを自動作成することも容易である。しかし日本語データに対して同様の処理を行うためには，形態素解析のような[*8]，自然言語処理の分野における近年の成果を待たねばならなかった（長尾編 1996）。こういった言語の壁を考えれば，これまでの日本における研究をふり返ることも重要であろう。

　ただし冒頭でふれたように，内容分析の国内での普及・発展は必ずしも十分とは言い難く，コンピュータを用いた試みとなると，ますますその数は限られたものとなる。しかも，内容分析に学ぶべき点についての考え方（1.2.2 節）が必ずしも本書と一致しないので，直接的な先行研究としては継承しにくいものが多い。それでも，優れて先駆的な試みとして次のような研究を挙げられるだろう。

　外務省大臣官房電子計算機室（1967）においては，1.2.3 節でふれた General Inquirer が紹介されており，独自のプログラム開発を予定しているという記述もあるが，それ以後の成果は公表されていない。また新聞記事データベースが整備されたことをきっかけに，それを主として内容分析のためのデータ収集に利用することが検討されている（河野 1992, 1993; 三上 1994; 竹下 1994）。実際の分析としては，データ中でよく一緒に使用される概念を線で結んでネットワークを描く方法（Osgood 1959; Corman et al. 2002），すなわち共起ネットワークを日本語データに適用した鈴木努（2002, 2006）の試みがある。また，形態素解析や構文解析のような要素技術の開発から始めて，内容分析に利用できるソフトウェア「TeX-Ray」を開発し，その応用にいたった吉田文彦の一連の研究は特筆に値しよう（吉田 1997, 2006b, 2010）。深谷昌弘編（2008）では，独自の理論にもとづく方法とソフトウェアが開発されている。このほか，総理大臣の演説における名詞の分布の様子を見ることで，演説の政治的役割を推論するという鈴木崇史・影浦峡（2008）の研究も先駆的である[*9]。

[*8] 現在では形態素解析によって，日本語の文章中から自動的に言葉を取り出すことができるようになった。次章以降で具体的な例を示す（4.2.2 節・5.3.1 節）。

[*9] これらの研究はいずれも優れて先駆的なものであるが，本書の方針（1.2.2 節）と異なる部分をあえて記しておくならば，以下の点を挙げられる。鈴木（2006）や吉田（2006b），鈴木・影浦（2008）の方法には，コーディングルール作成によって研究者の観点を分析に活かすという考え方が含まれていない。また本書では量的分析の結果をもとにして分析者が原文にあたって解釈を行うという，↗

　次に，これらの研究よりも本書の方針に近い形の先行研究は，むしろ内容分析という用語が必ずしも使われていないような分野に散見される。たとえば教育学ないしは教育工学という分野では，学校で行われた授業の逐語記録を分析する方法が検討されている。コンピュータを用いて授業の逐語記録から機械的に言葉を取り出した上で[*10]，計量的な分析を行っており（大谷・松原 1984; 大谷 1989），クラスター分析のような多変量解析も利用している（柴田 1995）。ここでは「量的な分析によって質的分析に取って代わろうとするものではなく，大谷と同様にむしろ全体としては質的な授業分析を支援するものとして，量的な手法をとりいれ」（柴田 1996: 217）ることが目指されている。これらの研究は，量的方法と質的方法を相補的に用いるという本書の方針（1.2.2 節）に合致する先行研究と言えよう。

　さらに社会学における社会調査法の分野でも，現在では内容分析という語があまり使われていないものの，原純輔（1988）や原編（1992）をはじめとして非定型データの分析方法についての検討が活発に行われている[*11]。なかでも，質問紙調査における自由回答項目の分析法が検討されるなかで，1.2.3 節でコンピュータの重要な用途の 1 つとしてふれた形，すなわちコーディング作業を自動化するという形で，コンピュータが利用されている。ここでは，都築一治（1992）や高橋和子（2000）のように職業を尋ねた自由回答項目への記述を分類するという，特定のコーディングルールに特化した研究と，佐藤裕（1992）や田中重人・太郎丸博（1996）のように汎用的なコーディングルールを扱うための研究とがある。自由回答のコーディングにコンピュータを用いるというこれらの研究は，その後，川端亮を中心に発展的に継承され，分析の中の 1 プロセスであるコーディングにとどまらず，分析プロセス全体を牽引する方法として「計量テキスト分析」が提案されている（川端 1997, 2001a, 2003b; 川端編 1999, 2004; 秋庭・川端 2004）。この計量テキスト分析について，節をあらためて論じる。

1.3.2　計量テキスト分析

　この研究は，もともと質問紙調査における自由回答項目のコーディング方法に関するものとしてスタートしたが，川端編（1999）がまとめられた時点ですでに，自由回答だけでなく新聞記事や雑誌記事，宗教教典等が分析対象となっている。さらに川端（2001a）ではインタビューデータの分析も加わり，現在ではテキスト型データ一般を扱う方法となっている。またこの方法は当初，コンピュータを用いてコーディングを行うという部分に重点が置かれており，「コンピュータ・コーディング」という名称でよばれていたが（川端 2001a），しだいに量的方法による探索という側面が重視されるようになる（川端 2003b）。そして，量的方法の利点を活かすことを強調し，単なる「コンピュータ・コーディング」という言葉と区別するため

　　量的方法と質的方法の循環を意識しているが，深谷編（2008: 85, 103）は分析者が原文にあたることがなるべく少なくなるようなソフトウェア開発を目指しているようである。なお，これらの点はあくまで方針の相違であると考えている。分析の目的やデータの種類が異なれば，方針もそれに応じて変化するのが自然であり，一概に優劣を論じることは難しいだろう。

*10　ただし，ここで挙げた研究の中で大谷尚・松原伸一（1984）については言葉を取り出す際にコンピュータを用いておらず，取り出しの方針を定めた上で，実際の作業は国語科の教師に依頼するという方法をとっている。

*11　質問紙調査の結果として得られるデータは通常，n 行 m 列の行列形式となり，行が個々のケース（回答者）にあたり，列が変数（質問）にあたるものとなる。このような形を取らないデータをすべて「非定型データ」とよんでいる。

に，計量テキスト分析という名称が考案されている。この方法の最も簡潔な説明としては，以下のものがある。

> 計量テキスト分析とは，インタビューデータなどの質的データ（文字データ）をコーディングによって数値化し，計量的分析手法を適用して，データを整理，分析，理解する方法である（秋庭・川端 2004: 235–6）。

なお，同じように計量テキスト分析とよばれている方法であっても，質問紙調査における自由回答を扱う場合と，インタビューデータを扱う場合とでは，具体的な手順・方法にはいくぶん違いがある。よって計量テキスト分析という名称は，唯一の具体的な分析手順・方法を指すというよりも，量的方法の利点を活かした分析方法の総称であると読み取ることができる。

この計量テキスト分析という方法には，内容分析に依拠したものである本書の方針と，多くの点で共通する部分がある。たとえば，単に信頼性を向上させるというだけでなく，以下のようにデータ探索を行うという目的で量的方法を用いている点がそうだ（川端 2003b, 2009）。

> 計量分析することによって，単なる自由回答やテキストデータを読んでいるだけでは気づかない，あるいは気づきにくいデータの「潜在的論理」を発見できる可能性があると考える。分析の対象とする文章を読んで，文字通りに解釈するのではなく，文をいったん語に分解し，その語と語の間の連関の強さを元に単語の使われる暗黙の意味構造を新たな「潜在的論理」として，いわば文法のように取り出し，データ理解の枠組みとして用いるのである。つまり計量的な分析が，多変量解析の手法を用いて潜在的な概念を見いだすのと同じようなことが，質的データを対象として実現可能となるはずである。これが実現すれば，文章を読んでいるだけではわからない分析のための新たな発想，発見を得ることができることがある（川端 2003b: 41）。

ここでは同時に，言葉を細かな文脈からいったん切り離して集計することで，インタビューを実施するときに要求されるような共感的・共同的な視点から距離を置いた，より冷静にデータを眺める視点を得られるという利点も指摘されている[12]。なお，量的方法によって，テキスト型データに潜在する論理を取り出すという考え方は，川端編（1999）においても記述されており，計量テキスト分析において一貫して追求されてきた事柄である[13]。そして最近では内容分析の分野においても，量的方法によって文章から潜在的な意味を取り出すという似通った発想が見られる。たとえば，近年の認知科学の分野では多変量解析の一種である SVD: Singular Value Decomposition を用いることで，文章から潜在的な意味を取り出す方法 LSA: Latent Semantic Analysis が提案され（Landauer & Dumais 1997），内容分析にも利用されつつある（Simon & Xenos 2004; Leydesdorff & Welbers 2011; Indulska et al. 2012）。

さらに川端（2003b）は分析やコーディングにおける試行の繰り返しを，以下のように重要なものと見なしている。

> そして現代の高性能のコンピュータによって，これらの道具を使った分析が，繰り返し

---

[12] ここで川端（2003b）は，グラウンデッド・セオリー・アプローチにおいて「データの切片化」とよばれている事柄を，自らの方法に援用している。

[13] 1.2.2 節で述べたように Holsti（1969）は，量的分析によってデータの「質的側面」に関する発見が得られることがあると指摘している。ここでふれた，テキスト型データに含まれる「潜在的論理」あるいは潜在的な意味や構造といったものは，この「質的側面」の一種として捉えられる。

試行錯誤することが可能になった。単語の統合の仕方を何度も変え，そのたびごとにクロス表やコーディングルールファイルを作り直し，等高線図を書き直すことが，短時間でできることによってこそ，試行錯誤は可能となる。きちんとした手順の中で，反復し，試行錯誤し，確かめるところに新たな発見，思いつきが生まれる（川端 2003b: 49）。

このような試行の繰り返しはまさに，1.2.2 節でふれた，質的な作業と量的な作業とを交互に行うようなプロセスにほかならない*14。

　また計量テキスト分析においては，量的方法と質的方法を相乗的に用いた上で，質的な分析・記述に重点を置いて最終的な報告がなされる場合がある。これは特に，インタビューデータを扱う場合に多く行われる。量的な分析をいったん行うことでデータの全体像が明らかになるとともに，量的な方法ではすくいとることが難しい部分，すなわち質的データのおもしろさとよばれるような部分がより明確になる。こうした点を活かすことで，質的データならではのおもしろさを見つけるためにも，量的分析が役立つことを川端（2001a: 144–5）は指摘している。そして，量的分析の結果を利用して質的な記述を行うための具体的な手順も，計量テキスト分析には準備されている。この手順では，量的分析によって得られるマップないし等高線図をもとに素データの特徴的な部分を探すことや，わずかな回数しか出現しない語，ないしはその箇所にしか出現しないような語に注目して，引用と解釈を行うことが推奨されている（川端 2001a: 141–3; 2003b: 168–70）。

　こうした点は，内容分析に対する，計量テキスト分析の大きな特色である。というのも 1.2.2 節でふれた，量的方法と質的方法を循環的に用いるという I. de S. Pool（1959）の考え方は，内容分析において十分に受け継がれてきたとは言い難い。内容分析の概説書を見ても，場合によっては，ほとんど無視されているようにさえ見える。そうでない場合にしても，たとえば Holsti（1969）は明示的にこの考え方を採用したが，実際に分析を行う方法として彼が提示したものは，量的方法に大きく偏ったものだった。分析の結果として報告・提示される最も重要な部分は，もっぱら量的な分析の結果であった。それに対して計量テキスト分析では，量的方法と質的方法とを循環的に用いるという考え方を，内容分析において以上に重視しており，また分析の実践に活かしている。この点で計量テキスト分析は，単に日本語を分析対象とした先行研究であるにとどまらず，日本語・英語という言語の壁を越えた方法論的示唆をもつ研究である。

1.4　計量テキスト分析の拡充

1.4.1　定　　義

　以上より，本書では計量テキスト分析を直接の先行研究と見なし，この方法を拡充することを本書全体を通じての目的とする。この目的のために，まずは計量テキスト分析という方法の輪郭を明らかにするべく，本書におけるこの方法の定義を示す。分析がいかに行われるべきかという基本的な考え方を簡潔にあらわし，なおかつ方法の輪郭が明確になるような定義を行えば，本書で拡充すべき部分も明確になるだろう。

---

*14 ここで述べられている「等高線図」とは，図 3.13 に似通ったグラフで，Excel の「等高線」グラフ機能を用いて作成したものである。

本書では計量テキスト分析を以下のように定義する。

> 計量テキスト分析とは，計量的分析手法を用いてテキスト型データを整理または分析
> し，内容分析（content analysis）を行う方法である。計量テキスト分析の実践におい
> ては，コンピュータの適切な利用が望ましい。

　第一に，この定義では「内容分析（content analysis）を行う方法」という言葉によって，計量テキスト分析を内容分析の一種または一部として位置づけている。すなわち1.2.1節の末尾でふれたように，内容分析の定義における「a set of procedures」ないしは「technique」という部分の具体的手順・方法を提供するものとして計量テキスト分析を位置づけている。これによって，分析方法が信頼性・妥当性を備えねばならないことや，単なるデータの記述ではなく推論を含むといった，内容分析の考え方を受け継ぐことを明示している[15]。

　第二に，この定義では「計量的分析手法を用いてテキスト型データを整理または分析」という言葉によって，量的方法を用いることを明示している。もちろん1.2.2節でふれたように，ここで言う量的方法とは，必然的に質的方法を含むものである。さらに前節でふれたように，量的方法と質的方法とを循環的に用いた結果として，量的分析の結果はデータの「整理」にとどまり，質的な分析・記述が主に報告される場合もあるだろう。また量的分析の結果が，主たる「分析」の結果として報告される場合ももちろんあるだろう。こういった意味で「整理または分析」という言葉を用いた。

　第三に，1.2.3節でふれたように，計量テキスト分析を行うにあたってはコンピュータをうまく利用することが望ましい。現実的に考えると，労力や時間の問題から，コンピュータなしに計量テキスト分析を行うことは難しいだろう。ただし計量テキスト分析の方法としての特長は，コンピュータ利用というよりも，上述の量的方法と質的方法の組み合わせという点にある。こうした考え方から，定義においてコンピュータ利用を必須の条件とすることはさけている。

1.4.2　具体的な方法と本書の課題

　定義の中で「整理または分析」という言葉を使ったが，このうち「整理」側の方法とは，たとえばインタビューデータを対象とするような分析である。ここでは量的な方法でデータを整理・探索しつつも，分析の中心となるのは質的な記述である。質的な記述ないしは素データの引用や解釈を行う部分については，内容分析というよりもグラウンデッド・セオリー・アプローチ（Glaser & Strauss 1967=1996; Glaser 1978; Strauss 1987; Strauss & Corbin 1990=1999）の考え方がより直接的に計量テキスト分析に取り入れられている。この点は，計量テキスト分析がグラウンデッド・セオリー・アプローチの影響を受けた部分と，両者が異なっている部分とを整理するという形で，川端（2003b, 2009）が詳述している[16]。この方法

---

[15] このような内容分析の考え方を受け継ぐことは，川端（2003b）の述べる計量テキスト分析と一切矛盾しないと考えられる。

[16] 計量テキスト分析では，量的分析の結果を利用しつつ質的な解釈・記述を行うことが提案されており，そのプロセスの中にグラウンデッド・セオリー・アプローチの考え方がもち込まれている。それに対して近年では，KJ法やグラウンデッド・セオリー・アプローチによる分析と，計量的分析とを別途に行い，その結果を突き合わせることで分析を深める試みが散見される（勝谷・坂本 2006; 勝谷ほか 2011; 稲葉・抱井 2011）。こうした方法の手順と利点については稲葉光行・抱井尚子（2011）が詳しく検討している。

の具体的な手順については，前掲の川端（2003b, 2009）のほかに，川端（2001a）が詳しい。さらに，この方法を実現するためのソフトウェアとしても，川端亮と谷口敏夫が制作した「KT2 システム」（谷口 1999, 2000, 2004）がある[*17]。

　次に「分析」側の方法，すなわち，量的な分析の結果が重視される場合の具体的な分析方法とソフトウェアについては，次章以降で詳しく扱っていく。この部分の方法とソフトウェアを新たに提案し，それによって計量テキスト分析を拡充することが本書の主な目的である。というのも，「整理」側の方法が充実しているのが計量テキスト分析の重要な特色である一方，「分析」側の方法については分析の事例が示されているだけで，これまでは検討が手薄であった。そこで本書ではこの部分を拡充することによって，計量テキスト分析を，上述の定義に示したあるべき姿に近づけることを目指す。これによって，社会調査によって得られるさまざまなテキスト型データを分析するためのより実用的な方法へと，計量テキスト分析を前進させたい。

　なお「分析」側の方法を考える際には，内容分析の考え方をできる限り活用する。量的な分析の結果を重視する方法となると，考え方から具体的な手順まで，内容分析の分野に非常に多くの蓄積があるためだ。その中には，自動的にデータ中から言葉を取り出し，多変量解析による探索を行うといった 1960 年代に試みられた方法，すなわち現在ならばテキストマイニングとよばれることが多いような方法も含まれている。内容分析の具体的な方法をより積極的に取り入れ，より大規模なデータの計量的分析を想定する点が，本書で提案する「分析」側の方法とソフトウェアの特徴である。こうした「分析」側の方法を準備することで，内容分析の分野における蓄積を実際の分析に活用できるようになれば，単に計量テキスト分析の拡充というだけでなく，内容分析の発展にも寄与しうるのではないだろうか。

[*17] KT2 システムは現在公開されていないが，その主要な機能は KH Coder に取り込んでいるので，KH Coder で代用することが可能と考えられる。

第 2 章

計量的分析の新たなアプローチ
───2 つのアプローチの峻別と接合から

前章の議論にもとづいて，この章ではテキスト型データを分析するための新たなアプローチを提案する。ここで提案するのは，計量的分析の結果が重視されるような局面を想定した，分析のアプローチと具体的な手順である。従来の内容分析では，Correlational アプローチか Dictionary-based アプローチという，考え方が大きく異なる 2 つのアプローチのうちどちらかを用いることが多かった。しかし分析の実践においてはこれら 2 つが混同されて，本来のメリットが発揮されないケースも散見される。そこでこの章では，混同されやすい部分を峻別した上で，これらの 2 つを接合したアプローチを提案する。また実現に必要なソフトウェア「KH Coder」を製作し，自由回答データの分析を行った事例を示す。その上で，従来のアプローチに対する本アプローチの有効性について若干の検討を加える。

2.1　新たな計量的分析アプローチの提案

2.1.1　先行研究───2 つのアプローチ

コンピュータを用いたテキスト型データの計量的分析は，内容分析の一手法として英語圏では非常に早くから行われており，1960 年代の後半にはすでに 2 つの異なるアプローチが登場している。1 つは，分析者が作成した基準（コーディングルール）にしたがって言葉や文書を分類するためにコンピュータを用いるアプローチである。もう 1 つは，同じ文書の中によく一緒にあらわれる言葉のグループや，あるいは，共通する言葉を多く含む文書のグループを，多変量解析によって自動的に発見・分類するためにコンピュータを用いるアプローチである。これらのアプローチはいずれもコンピュータを利用して言葉や文書を分類し，その結果を計量的に分析するという点では似通っている。しかし分類の基準を分析者が自ら指定するのか，それとも多変量解析に分類を任せてしまうのかという点で大きな違いがある。

前者のアプローチは現在 Dictionary-based アプローチとよばれており，ここでは分類基準すなわちコーディングルールを作成することで，分析者のもつ理論や問題意識を操作化することが目指される（Osgood et al. 1957）。それに対して，現在 Correlational アプローチとよばれている後者のアプローチでは，分類をクラスター分析のような多変量解析に任せてしまう[1]。これによって，分析者の理論仮説や問題意識によってデータを「汚染（contaminate）」せずに分析を行うことが目指される（Iker & Harway 1969）。1967 年にフィラデルフィアで

---

[1] Correlational アプローチは，近年 Statistical association アプローチともよばれる（Krippendorff 2019）。

開催された，内容分析に関するよく知られたカンファレンス「Annenberg Conference」では，これら 2 つのアプローチの間に際だった乖離が見られたという（Stone 1997）。以下に述べるように，これら 2 つのアプローチはそれぞれに独自の発展をとげており，その結果として半世紀近くを経た現在でも，両者の間には著しい乖離が見られる。

　まず，分析者の作成した基準にそって言葉や文書を分類する Dictionary-based アプローチでは，たとえば「aimless・anarchy・chaos などの言葉をアノミーのあらわれと見なす」といったコーディングルール（dictionary）が作成された。当初の研究では，このようなルールを数多く作成してコーディングを行い，アノミーのような概念ないしコンセプトがデータ中に出現した回数を数え上げる形の分析が行われた。このように概念の出現頻度に注目する方法は Thematic Text Analysis とよばれ，現在では，概念間の関係を詳細に分析する Semantic Text Analysis や，とりわけ多数の概念間の関係に注目する Network Text Analysis といった手法が，適宜組み合わせて用いられるようになっている。また，このアプローチにおける重要な進歩をもう 1 つ挙げるとすれば，コーディングルールの複雑化である。上述のアノミーの例では，単に 1 つひとつの言葉を何らかの概念に結びつけていたわけだが，これでは「労働政策の会議」も「井戸端の会議」も，同じ「会議」と見なしてしまうことになる。現在では，こういった言葉の曖昧さの問題に対処するために，たとえば「同じ文の中に井戸端という言葉がなければ」という条件を追加するなど，より複雑なコーディングルールによる「disambiguation（曖昧性解消）」が図られている（Popping 2000; Roberts ed. 1997）。

　次に，分析者が分類基準を作成するのではなく，多変量解析を用いて言葉や文書を分類しようとする Correlational アプローチでは，データから自動的に言葉が切り出され，その結果を用いて因子分析やクラスター分析などの多変量解析が行われた。このアプローチの進歩は，内容分析や社会調査というよりも，情報処理や統計科学の分野における研究成果に負うところが大きい。こうした分野では，文書の自動分類や自動要約，効率的な検索などを行うための研究が盛んに行われている。近年ではこれらの方法と，これらの方法を用いた探索的解析のことを，総じてテキストマイニングないしはテキストアナリティクスとよぶこともある（那須川ほか 2001; Feldman & Sanger 2007＝2010; 石田・金編 2012; 金 2018）。そして，こうした方法を社会調査に活用する試みとして，質問紙調査における自由回答項目の分析方法を扱った大隅昇・L. Lebart（2000）の研究がある[*2]。大隅・Lebart（2000）は，調査におけるテキスト型データの収集法まで含めて見直しを行ったほか，通常の選択肢型項目と自由回答項目を併用した分析方法を示すなど，質問紙調査の実践についての検討を重ねている。

2.1.2　接合アプローチの提案

　現在でも著しく乖離しているとはいえ，これら 2 つのアプローチは根本的に異なるものというよりも，むしろそれぞれに一長一短があり，互いに補い合うべきアプローチと見なすことができる。まず Dictionary-based アプローチの利点としては，コーディングルールを作成することで，分析者の理論や問題意識を自由に操作化し，テキスト型データのさまざまな側面に自

[*2] 大隅・Lebart（2000）の場合，Correlational アプローチを提案した H. P. Iker & N. I. Harway（1969）の研究に言及したり，明示的に Correlational アプローチを標榜しているわけではない。だが Correlational か Dictionary-based かという，本章で取り上げた観点から見れば，主に対応分析という多変量解析の手法によって言葉や文書（回答）を分類・布置する大隅・Lebart（2000）の手法は Correlational アプローチに含まれる。

由に焦点を絞れるということがある（1.2.2 節）。その反面，かつて Berelson（1952）が戒めたように，意図的ないしは無意識のうちに，分析者の理論や仮説にとって都合の良いコーディングルールばかりが作成されてしまう危険性も完全には否定できない。

　この客観性に関わる問題は，多変量解析によってデータを要約する Correlational アプローチを併用すれば，補うことができる。多変量解析によってデータ全体を要約・提示した上で，コーディングルールを公開するという手順を踏めば，データ全体の中から，どの部分，あるいはどの側面がコーディングルールによって取り上げられたのかを，第三者が把握できるようになる。これによって，1.2.2 節でふれた信頼性・客観性を大きく向上させることができよう。

　また，一方の Correlational アプローチでは，多変量解析に大きく依存する以上，理論や問題意識を自由に操作化し追究することはできない。たとえばクラスター分析による分類にしても，あくまで 1 つの数理的な観点にもとづく分類にすぎないので，研究者が抱くであろうさまざまな発想・観点（1.2.2 節）のすべてには対応できない。現在のところ，クラスター分析のような多変量解析にはこうした技術的制約があり，この制約が近い将来に取り払われることは考えにくい。仮にクラスター分析を行っても，この制約のために「アノミー」「権力」等をあらわすクラスターが形成されなかった場合，そういった概念にもとづく仮説は検証・追究できないのだろうか。もしそうだとすれば，多変量解析の技術的制約が，研究者の発想まで縛ってしまうことになる。この点についても，2 つのアプローチを併用すれば，Dictionary-based アプローチの利点によって補うことができる。

　そこで本書では次の 2 段階からなる接合アプローチを提案する。

段階 1　Correlational アプローチにならい，多変量解析を用いることで，分析者のもつ理論や問題意識の影響を極力受けない形で，データを要約・提示する。

段階 2　Dictionary-based アプローチにならい，コーディングルールを作成することで，明示的に理論仮説の検証や問題意識の追究を行う。

2.2　分析用ソフトウェア「KH Coder」の製作指針

　研究者がこれまでに開発・公開してきた分析用ソフトウェアとしては，以下のようなものが挙げられる。まず，Dictionary-based アプローチにおいては，当初の General Inquirer（Stone et al. 1966）にはじまり，日本語を扱うことができるソフトウェアとして Autocode（佐藤 1992; 田中・太郎丸 1996）が現在無償で公開されている。次に Correlational アプローチにおいては，当初のものとして WORDS（Iker & Harway 1969）があり，日本語を扱えるものとしては WordMiner（大隅・Lebart 2000）が販売されている[*3]。また 1.4.2 節でふれた KT2 システム（谷口 1999, 2004）がある[*4]。

[*3] WordMiner は対応分析・数量化 III 類を中心とする記述的多変量解析の機能が充実したソフトウェアである。KH Coder を用いて分析を行う場合も，WordMiner のこうした優れた機能を併用することができる（A.3.5 節）。

[*4] KH Coder 公開後のソフトウェアにはさまざまなものがあり，たとえば MTMineR（石田・金編 2012; 金 2016）は n–gram を用いた統計分析や，形態素解析済みのテキストの読み込みなどが可能で，細かな調整を行いやすいソフトウェアである。また RMeCab（石田 2017）を使えば，R 上で日本語テキスト型データの分析を行えるので，R のユーザーには特に便利であろう。次に Voyant Tools は，デジタルヒューマニティーズという，社会調査とは異なる分野で開発されており，↗

　これらはいずれも優れて先駆的な試みであるが，こうした既存のソフトウェアを使って本章で提案する分析アプローチを実現するのは難しい。第一に，コーディングルールを作成することで「disambiguation（曖昧性解消）」を行えるソフトウェアはきわめて限られている。この機能をもつのは Autocode のみであるが，製作時期を考えれば当然のこととはいえ，Autocode では文字列によるコーディングルールの指定しか行えない。この点は高橋（2000）にならい，あらかじめ自動的に語を切り出しておくことで，たとえば「父」という言葉を探そうとして「秩父」という地名を見つけてしまうようなことが起こらないソフトウェアの製作が望ましい。すなわち，文字列処理だけではなく自然言語処理を取り入れることで，「父」と「秩父」を自動的に区別できるソフトウェアである。

　第二に，ここに挙げた既存のソフトウェアは，上述の接合アプローチにおける段階 1 と段階 2 のうちどちらか一方の機能しか備えていない。分析の実践を考えると，段階 1 と段階 2 の両方を実行できるようなソフトウェアの使用が望ましい。段階ごとに異なるソフトウェアを使用すればよいと思うかもしれないが，ソフトウェアが異なると，たとえば言葉の切り出し方のような基本的な仕様ですら変化してしまう。このため，頻出する上位 20 語の表ですら，ソフトウェアごとに内容が顕著に異なるものとなる[5]。語の切り出し方のような基本的な仕様が異なるソフトウェアを，一連の分析の中で併用することは難しいだろう。

　そこで，本章で提案する分析アプローチを実現するのに適した分析用ソフトウェアとして，段階 1 と段階 2 の両方を実行することができ，自然言語処理を取り入れたソフトウェア KH Coder を製作する。また KH Coder は，学術分野において利用しやすいように，処理内容をすべて明らかにしたフリー・ソフトウェアとして公開する（資料 C）。さらに漏洩が許されない社会調査データを扱うことを考え，KH Coder では手元の PC 内でデータ処理が完結する仕組みとする。ウェブページ上で分析を行うサービスとは異なり，データが外部へ送信されることはない。以下に KH Coder の主な機能とその設計指針について述べる。

2.2.1　多変量解析によるデータ要約のための機能

　まず，多変量解析によるデータの要約を行うためには，それぞれの文書や回答の中にどんな言葉が何回出現していたのかを調べ上げねばならない。そして，その結果を表 2.1b に示す形に整理すれば，クラスター分析をはじめ各種の多変量解析が可能になる。よって，表 2.1a に示す形のデータを，自動的に表 2.1b に示す形に整理する機能を準備した[6]。さらに表 2.1b

---

　　コーディングの仕組みももたない。しかし J. Rockwell & S. Sinclair（2016）が述べる開発の考え方には，ツール開発を通じて分析方法についての問題提起を行うという点をはじめ，共感できる点が多い。TTM: Tiny Text Miner（松村・三浦 2014）は機能を絞り込むことで，扱いやすく使い始めやすく設計されている。これらのソフトウェアは Correlational アプローチを標榜しているわけではないが，「disambiguation（曖昧性解消）」を含むコーディングの機能をもたないソフトウェアについては，本書では Correlational アプローチ側に分類している。

[5]　大隅昇・保田明夫（2004: 148-9）は 4 種類のソフトウェアを比較し，頻出する上位 20 語の表ですら，ソフトウェアごとに顕著に異なったものとなることを示した。データ中から言葉を取り出すという処理はまさに分析の出発点であるが，この段階ですでに，ソフトウェアごとに無視できないレベルの差違がある。

[6]　データ中から語を切り出すために，形態素解析ソフトウェアとして「茶筌」（松本ほか 2003）ないしは「MeCab」（工藤 2013）を利用している。これらのソフトウェアが切り出すのは厳密には語ではなく形態素であるが，本書では便宜的にこれを語とよんでいる。なお現在の KH Coder は↗

の形に整理したデータを用いて，対応分析・クラスター分析・多次元尺度構成法・自己組織化マップ・共起ネットワークなどの多変量解析を行う機能を KH Coder に備えた。これらの多変量解析を行う際には，統計計算とグラフィックスのための環境 R を KH Coder の内部で利用している。

表 2.1 多変量解析のためのデータ整理

(a) 素データ

文書 1	データが多い。とにかく多い。
文書 2	データを読むのが難しい。
文書 3	データの把握も難しい。

(b) 各文書における語の出現数を整理

	データ	難しい	読む	把握	多い
文書 1	1	0	0	0	2
文書 2	1	1	1	0	0
文書 3	1	1	0	1	0

このデータ整理の際に，出現していた語をすべて用いると，語の種類が数千・数万を超えてしまい，解析が難しくなる場合も多い。そこで，多変量解析に用いる語の数をコントロールできるように，以下のような機能を KH Coder に加えた。まず，KH Coder は助詞・助動詞などを省いてデータ中から語を切り出すので，たとえば「データが多い」という文からは，「データ」と「多い」の 2 語が切り出される。また，活用をもつ語は基本形に直して抽出するので，たとえば「多ければ」「多くて」「多い」「多かった」といった記述がデータ中にあった場合，KH Coder は「多い」という語が 4 回出現していたものと見なす[*7]。さらに，一定の回数以上出現している語だけを多変量解析に含めたり，分析の目的に応じて名詞だけ，あるいは形容詞だけを解析に含めたりといった品詞による語の選択も可能である。同様に，平仮名だけからなる語には一般的なものが多く，分析では扱いにくいことも多いので，名詞や動詞であっても平仮名だけからなる語は省くといった選択も可能である。こういった選択をいかに行うかという具体的な方法については A.3.5 節を参照されたい。

KH Coder では，このような方法で語を選択することは容易だが，たとえば分析に含める語を逐一選択するといった「手作業」は困難な仕様とした。この仕様は，多変量解析によるデータの要約を行う段階では，恣意的なものとなりうる「手作業」を取り除くことで，分析者のもつ理論や予断によるバイアスを極力排除するための仕様である。

日本語・英語だけでなく，中国語・韓国語・ロシア語に加えて，ドイツ語・フランス語などの西ヨーロッパ言語の分析に対応している（A.2.4 節）。

[*7] この処理によって分析対象となる語の種類が減るので，多くの場合は分析結果を理解しやすくなるだろう。ただし分析の目的によっては，たとえば「多ければ」という仮定と，実態として「多かった」ことを区別したい場合もあるだろう。そうした場合には，分析の段階 2 すなわちコーディングルールを作成する段階で，活用形を区別して分析を行うとよい。分析の段階 1 では「多い」に統一されてしまうが，分析の段階 2 では，元の活用形を使ってコーディングルールを作成できる。さらに別売のプラグインを用いれば分析の段階 1 でも，「多くない」のように否定されている語を，「多い（否定）」として自動的に区別して抽出・分析できる（B.1 節）。

さらに，たとえば「製造」「製する」「作る」などを同じ語として扱うといった指定を無数に集めた既製の類義語辞典（シソーラス）を適用すれば，扱う語の種類がさらに減るだろう。これも別売プラグインによって実現できるが，やはり本来は異なる語と見なすべき語の組み合わせなのに，同じ語として扱ってしまう危険性がある（Krippendorff 1980＝1989: 195）。こうした語の統合を行う場合でも，事前にまったく統合していない状態で一度分析してみたり，統合される語の組み合わせを目で確認するなどの対策が必要であろう。

2.2.2　コーディングルールを扱う機能

　次に，KH Coder は当然，「aimless・anarchy・chaos などの言葉をアノミーのあらわれと見なす」といったコーディングルールを扱うための機能を備えている。KH Coder が扱うコーディングルールとは，たとえば次のようなものである。

> ＊仕事
> 仕事 or 会社 or （ 会議 and not 井戸端 ）

　この例では，「仕事という語が含まれるか，あるいは会社という語が含まれるか，あるいは会議という語が含まれていてなおかつ井戸端という語が含まれない」という条件を満たす文書に「＊仕事」というコードが与えられる。KH Coder では，この例で示したような抽出語の有無だけでなく，表 2.2 に示すような条件を自由に組み合わせて指定することができる。また，複数の条件を組み合わせる際には，上に挙げた例のように and・or・and not・or not・カッコなどの論理演算子を利用できる。コーディングルール記述法の詳細については A.2.5 節を参照されたい。

表 2.2　コーディングルールにおける条件指定

指定できる条件	条件の具体例
語の有無	「仕事」という語が出現していれば（出現していなければ）
語の出現数	「仕事」と「会社」が合計 3 回以上出現していれば
語のフレーズ	「卒業」と「論文」が連続して出現していれば
近接している語	「先生」と「奥さん」が近い位置に出現していれば
語の順序	「気の毒」が出現した後に「思う」が出現していれば
他に作成したコード	「＊交渉」または「＊相談」というコードが与えられていれば
外部変数	（データが自由回答の場合）女性の回答であれば
文書の番号	（先頭から数えて）50 番目以降 100 番目までの文書であれば
文書の長さ	（データが自由回答の場合）1 語のみからなる回答であれば
文字列	（基本形に直された抽出語ではなく）「多ければ」という文字列が出現していれば

　いったんコーディングルールを作成すれば，そこから先は KH Coder がコーディングを行い，表 2.1b のような形にコーディング結果を整理する。表 2.1b には「データ」「難しい」といった語の出現数が記述されているのに対して，ここでは「＊仕事」「＊アノミー」といったコードの有無が 0 と 1 からなる 2 値変数で記述される[*8]。さらに整理されたデータを使って各コードの出現数を集計することはもちろん，自動的に取り出した語の場合と同様に，各種の多変量解析を利用できる。

[*8] KH Coder におけるコーディングは，基本的には文書を分類するのではなく，文書から要素を抽出するという考え方をとっている。このため，1 つの文書が複数のコーディングルールに合致すれば，当然，複数のコードが 1 つの文書に与えられる。KH Coder では，たとえば 1 つのデータが「経済」に言及しているのか「買物」に言及しているのかを必ずしも区別する必要はない。「経済」と「買物」の両方に言及する文書もありうるだろうという考え方である。なお，他のコードが与えられていないことという条件指定を加えつつ，コーディングルールを作成することで，排他的な分類を行うことも可能である。

　このような仕組みによって，さまざまな理論仮説や問題意識に応じた柔軟なコーディングを，再現可能な形で行えるようになる。さらに，通常のプログラミング言語を用いてコーディングを行った場合のことを考えれば，記述されたコーディングルールも格段に短くて読みやすい，理解しやすいものとなる。これによってコーディングルールを開示した際に，第三者がそれを理解し，検討・検証することが容易になる。

2.2.3　データ検索の機能

　データを要約する段階では，抽出された語が，元のテキストデータ中でいかに用いられているのかを確認しなくてはならない。またコーディングルールを作成する時には，指定した条件によって妥当なコーディングが行われているかどうかを確認する必要が生じる。さらに，量的分析によって得られた知見が顕現している事例を適切に選択・引用するために，あるいは量的分析の結果を使ってデータの質的側面を探るためにも検索機能が役立つ。これらの点で，データ検索の機能は分析プロセス全般において利用されるべき重要な機能である。よって KH Coder には，どのような語が抽出されたのかを検索する機能や（A.5.1 節），元のテキストデータ中で語が用いられている文脈を検索するコンコーダンス機能（図 2.1・A.5.5 節），また特定のコードが与えられた文書や，複数のコードがともに与えられた文書を探すための文書検索機能などを備えた（A.6.1 節）。

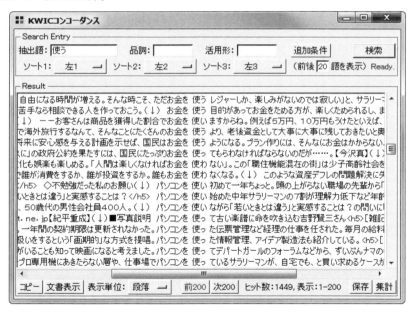

図 2.1　KWIC コンコーダンス

　なお以上のような KH Coder の機能は，Stone et al.（1966）の議論を土台として（1.2.3 節），コーディングの信頼性や「データへの近接性（closeness to data）」を高めるとともに，分析に必要な労力を軽減することを意図した機能である。以上に述べてきた機能を用いて，本章で提案する接合アプローチによる分析を行う手順を図 2.2 に示す。もちろん，図 2.2 に掲載した処理や KH Coder のコマンドを必ずしもすべて使用しなくても，必要に応じて取捨選択すればよい。

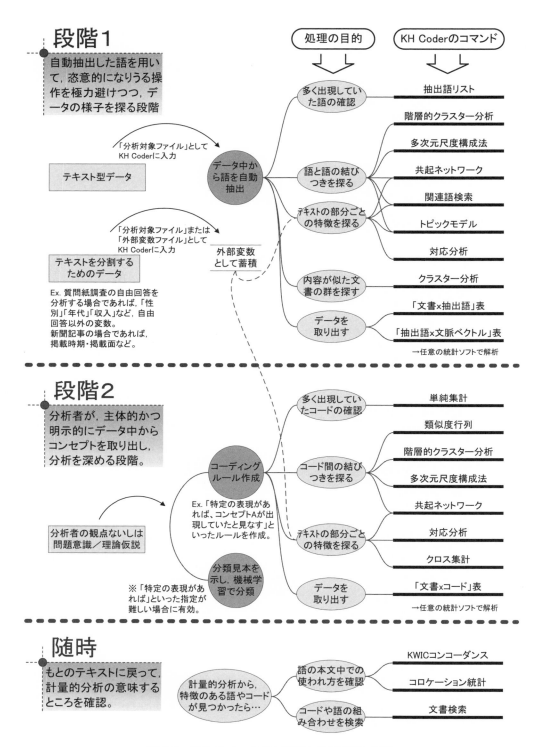

図2.2 KH Coder の主な機能と分析手順の概略

2.3 分析事例

本章で提案するアプローチにそったテキスト型データの分析を，KH Coder を用いて行った例として川端亮・樋口耕一（2003）の研究がある。これは，「情報化社会に関する全国調査（JIS2001）」に含まれる以下のような自由回答項目を用いて，インターネットに対する人々の意識を探索的に分析した研究である[9]。

> Q2. 最近，「インターネット」や「情報技術（IT）」という言葉を耳にすることが増えたと思います。情報技術（IT）やインターネットについてあなたが考えるとき，どんなことが思い浮かびますか。思いつくものから順に 3 つまで，何でもご自由にお答え下さい。

なお回答欄としては縦約 2.5cm，横約 15.5cm の枠を 3 つ縦に並べて準備した。

方法論的な注釈を加えつつ，川端・樋口（2003）が行った分析の概略を示すことで，分析の事例としたい。

2.3.1 データ概要の把握と提示

本章で提案した接合アプローチの段階 1 にあたる手順として，データ概要を把握・提示するために，頻出語を用いて自己組織化マップを作成した（図 2.3）[10]。この結果からは，どのような言葉が回答中に多く見られたのかということをまず確認できる。また，近くに布置されている言葉の組み合わせを見ることで，どのような言葉同士が似通った文脈で使われていたのかを読み取ることができる。図 2.3 を作成するにあたっては，KH Coder を用いてテキスト型データを表 2.1b に示したような形，すなわち統計ソフトウェアで扱える形に整理し，自己組織化マップの作成を行った。したがって，分析者が特定の語を選んだりといった「手作業」を一切まじえずに，語の布置が行われている。

ただし図 2.3 における図中の線については，似通った主題をあらわす語が集まったと思われる部分を，分析者の手によって区切ったものである[11]。この際には，必要に応じて図 2.1 に示した検索機能を用いることで，元のテキストを参照しながら図の解釈を行った。よって図中の線は，分析者の解釈の過程をあらわすものと言える。このような図 2.3 の解釈から，自由回答データは大きく分けて（I）悪用や犯罪への不安，（II）便利さへの評価・期待，（III）社会・経済が変化しつつあるという漠然とした印象という 3 つの主題からなっていたことがわかった。

---

[9] 「情報化社会に関する全国調査（JIS2001）」は，日本全国の 20 歳から 89 歳までの男女を母集団とし，層化 2 段無作為抽出を経て，2001 年 10 月に実施された。有効回収数は 1,011（67.4%）であった。この調査の詳細については直井優ほか（2003）ないしは直井編（2005）を参照されたい。

[10] 自己組織化マップとはニューラルネットワークの一種で，中間層をもたない 2 層型の教師なし競合学習モデルであり，高次元空間の複雑で階層的な関係を 2 次元平面に表現可能であるとされている（Kohonen 1988=1993）。文書空間は明らかにそのような高次元空間であり（Doszkocs et al. 1990），自由回答データもそれに準じるものと考えて自己組織化マップを用いた。自己組織化マップの作成には専用ソフトウェア Viscovery SOMine を利用した。このソフトウェアについては G. Deboeck & T. Kohonen（1998=1999: 252–254, 277–316）が詳しい。

[11] 本書で言う「主題」または「テーマ」とは，テキスト中に繰り返し出現するパターンから明らかになるデータ中の主要な題目という，Stone（1997）の定義にそったものを指す。

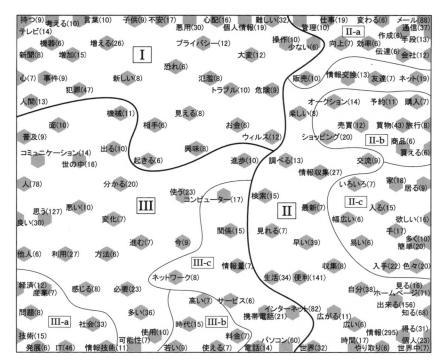

884 nodes, 31 (columns) × 29 (rows), *Quantization error* = .01543

カッコ内は語の出現数。線引きは筆者による（出典：川端・樋口 2003）。

図 2.3 頻出 140 語の自己組織化マップ (Self-Organizing Map)

2.3.2 問題意識の追究

　次に接合アプローチの段階 2 にあたる手順として，図 2.3 から発見された 3 つの主題をさらに詳しく追究するために，コーディングルールを作成することで，探索的に分析を進めた。たとえば同じ (I) 悪用や犯罪への不安にしても，漠然とした犯罪の増加への不安なのか，それとも個人情報の漏洩などへのより具体的な不安なのかを区別するといったように，この段階では分析者らの問題意識を反映させつつ，コーディングルールを作成した。

　その結果，同じ (I) 悪用や犯罪への不安であっても，3 つ用意された回答欄の中で増減を示すコードと，そうでないコードが存在することがわかった。さらに増減を示すコードに注目すると，1 つ目の回答欄で最も出現割合が大きく，2 つ目，3 つ目では出現割合が減少するコードには，(II) 便利さへの評価・期待をあらわすものが多かった。また逆に，後の回答欄になるほど出現割合が大きくなるコードには (I) 悪用や犯罪への不安をあらわすものが多いことがわかった（表 2.3）。ここから，インターネットや情報技術のことを考えたとき，まずはじめに想起されるのは便利さへの評価・期待であり，その後に文字通りの「second thoughts（思い直し）」として，悪用や犯罪への不安が想起される傾向が発見された（川端・樋口 2003）。

表 2.3 回答欄によるコード出現割合の変化

コード名	コードが与えられた回答の例	回答欄ごとの出現割合		
		1 つ目	2 つ目	3 つ目
パソコン	「パソコン」	6.60%	3.10%	3.81%
便利さ	「便利」	16.13%	6.01%	6.09%
情報収集	「分からない事を調べる」	18.91%	9.69%	7.11%
スピード	「速い」「早い」	7.48%	4.65%	3.05%
犯罪・トラブル・悪用	「犯罪」「ハッカー」	3.96%	8.33%	14.21%
人間関係・コミュニケーション (−)	「人のふれあいが減る」	0.88%	0.97%	3.81%
個人情報・プライバシー	「個人情報が漏れやすい」	1.17%	2.52%	3.55%
日常生活—その他	「旅行案内」「遠隔医療」	1.32%	2.91%	4.57%

回答欄ごとの出現割合に明らかな差異 ($p < .05$) があったコードのみを記述。
また，パーセントは各回答欄の中でのコード出現割合（出典：川端・樋口 2003 の表 5・表 6 より作成）。

2.4 接合アプローチの意義

　本章では，テキスト型データを計量的に分析する従来の 2 つの方法，すなわち分析者の作成したコーディング基準にそって言葉や文書を分類する Dictionary-based アプローチと，多変量解析によって言葉や文書を分類する Correlational アプローチとを，互いに補い合う形で接合することを提案した (2.1 節)。そして，この接合アプローチによる日本語テキスト型データの分析に適したソフトウェアとして KH Coder を製作し (2.2 節)，本アプローチならびにソフトウェアを用いた分析の事例を示した (2.3 節)。

　分析事例の段階 1 では，恣意的なものとなりうる「手作業」をまじえずにデータを要約したものとして，自己組織化マップによる語の布置を提示した（図 2.3）。これは，分析者と第三者が共有しうる資料としての意味をもつものである。そして分析の次の段階では，分析者の解釈ないし問題意識を追究するためにコーディングルールを作成し，コーディング結果を用いて，統計的検定を含む計量的分析を行った（2.3.2 節）。

2.4.1 2 つのアプローチの峻別

　分析事例で示したように，分析の最初の段階では，多変量解析によってデータを要約するという点で，一見すると従来の Correlational アプローチに似通った作業を行っている。だが，従来の Correlational アプローチとは大きく異なる部分もある。

　というのも，テキスト型データからそのまま言葉を取り出して表 2.1b に示した形に整理すると，多くの種類の言葉が取り出され，そのほとんどが数回程度しか出現していないという，一般的な多変量解析には不向きなデータ分布となることが多い。そこで，従来の Correlational アプローチではデータ分布の問題に対処するために，分析に用いる言葉を逐一選んだり，「以前」と「これまで」のような似通った言葉を同じものとして扱うよう指定するなどの，「手作業」を行うことが多かった（たとえば Miller & Riechert 2001; 大隅・Lebart 2000）。

　いくつかの言葉を同じものとして扱うという指定は，当初の Dictionary-based アプローチで用いられた「aimless・anarchy・chaos などの言葉をアノミーと見なす」といった単純なコーディングルールと，似通ったものに見えないだろうか。異なる点は，「アノミー」のような命名を行っていない点だけである。この観点から見ると，Dictionary-based アプローチと

似通った作業が，従来のCorrelationalアプローチには混入していたと言える。こういった作業を行っていると，Correlationalアプローチにおける当初の主張に反して，分析者が自らの理論や予断を知らず知らずのうちにデータに対して押しつけてしまうことも当然起こりうる。

　よって本アプローチでは，このような「手作業」に訴えることはしない。そのかわりに，十分な出現数がある頻出語を分析対象としたり，ニューラルネットワークのように，データ分布に関して厳しい前提をもたない解析手法を用いることとした[*12]。この点が，従来のCorrelationalアプローチとは大きく異なる点である。また，これによって（1）恣意的なものとなりうる「手作業」を一切まじえずにデータを要約・提示する段階と，（2）コーディングルール作成によって理論仮説ないし問題意識を明示的に操作化する段階とを，明確に区別している。言葉を換えれば，従来の2つのアプローチを峻別の上で接合したものが，本アプローチである。

2.4.2　従来のアプローチとの比較

　従来のCorrelationalアプローチと比較して本アプローチでは，データを要約・提示する際に「手作業」を省くことで，分析者のもつ理論や問題意識によるバイアスをより明確に排除できるようになった。また，意図的に理論や問題意識を分析に反映させるにしても，単にいくつかの似通った言葉を同じものと見なすだけでなく，たとえば「労働政策の会議」と「井戸端会議」とを区別できるようなコーディングルールを採用したことで，理論や問題意識をより正確に操作化し測定できるようになった。さらに本アプローチでは，データ全体にわたって似通った言葉の組み合わせを探し出し，同じものとして扱うよう指定するといった作業が不要になったので，分析に必要な労力が軽減されうる。分析の1つ目の段階で得られたデータ概要を参照しつつ，理論の検証や問題意識の追究に必要な部分だけをコーディングルールによって取り上げればよいためだ。

　次に，従来のDictionary-basedアプローチと比較して本アプローチでは，多変量解析によってデータを要約・提示するという手順を加えたことで，分析の客観性ないしは信頼性が向上している。全体としてのデータの中で，どの部分をコーディングによって取り出したかが，第三者にも確認できるようになったためである（2.1.2節）。さらに，前もって多変量解析によるデータ要約を行っているため，データに根ざしたコーディングルールの作成が容易になったことも，利点として挙げられよう[*13]。1.2.2節でもふれたようにSaporta & Sebeok（1959）は，コーディングを行う前の段階で，データ全体を見通すような膨大な非量的作業が必要になると指摘していた。しかしデータの量が一定以上になると，データ全体を記憶すること，言葉を換えれば，データを読み進めながら理解を積み重ねてデータの全体像を把握することが難しくなる。この点を多変量解析によるデータ要約によって補うことができる。また，それによってKrippendorff（1980=1989）が指摘していた「偏った，不完全な，そして非常に選択的な印象」の形成を避けることができよう（1.2.2節）。

[*12]　「手作業」を一切まじえずに多変量解析を行い，それによってデータ概要をできうる限り把握することが，本アプローチにおける重要な点である。よって，2.3節では一例として自己組織化マップを利用しているが，必ずしも自己組織化マップという手法に固執するものではない。より適切な手法がないかという検討を常に行うべきであろう。

[*13]　この点は，仮説検証というよりも，2.3節で例示したような探索的ないし帰納的な分析を行う場合に，とりわけ重要な利点となるだろう。

　なお，理論や問題意識を自由に操作化し追究できるという Dictionary-based アプローチの利点については，本アプローチでもそのまま継承している。つまり本アプローチでは，従来の Dictionary-based アプローチと同様に，テキスト型データに含まれるさまざまな側面に自由に焦点を絞ることができ，さらに従来よりも客観的かつ容易にそれを行えるようになった。以上のような点に，本アプローチの意義を見出すことができよう。

第3章

新たなアプローチによる分析の手順と実際
———漱石『こころ』によるチュートリアル

3.1　計量テキスト分析の実践

　前章では新たな計量テキスト分析の方法を提案したが，第三者がその方法を実践するのが難しいようであれば，提案の意義は薄れてしまうだろう。そこで第一に，この方法による分析を実現するために製作した KH Coder を，フリー・ソフトウェアとして公開する。フリー・ソフトウェアとは「自由なソフトウェア」の意であり，処理の内容を確認したり変更したりといったことが可能な状態で配布される点に特色がある（資料 C）。

　第二に KH Coder の使い方，すなわち KH Coder を用いて計量テキスト分析を行う手順と実際を，本章で詳しく紹介する。本章では読者の PC 上でまったく同じ分析を行うことができる，チュートリアルという形で記述を行う。したがって KH Coder の利用をお考えの読者は，実際に本章と同じ分析を行ってみることで，自分の操作が正しいかどうかを確認しながら利用方法を把握できる。この際には，少し分析のオプションを変更して，どのように結果が変わるか見るという試みを織り交ぜると，いっそう理解を深められるだろう。枠囲みコラムを除いて，必要な操作手順はすべて図 3.1 のように図示している。このため，図だけを見ながら容易に同じ分析を行えるし，図表以外の文章を読むことで，操作の意味や分析結果の読み取り方を理解できる。

　本章で分析の題材として用いるデータは夏目漱石の『こころ』である。計量テキスト分析ないしは KH Coder のようなツールを最初に試すときには，できれば，自分が内容をよく知っているデータを用いることが望ましい。よく知っているデータで試せば，データ中のどのような側面が可視化されやすいのかといった，ツールの特徴を理解しやすいからである。そこで比較的よく知られた作品として，漱石の代表作の 1 つ『こころ』を選択した。この作品の終盤で「先生」という登場人物が自殺するが，それがあまりに突然で不自然ではないかという指摘が散見されるようである（仲 2001）。本章のチュートリアルでは計量テキスト分析によって探索的に分析を進めつつ，こうした指摘の当否について検討したい。

3.2　ソフトウェアとデータの準備

　このチュートリアルでは Windows PC を念頭に置いて手順を記述しているが，Linux や Macintosh 上でも手順は同じであり，異なっているのは KH Coder をインストール・設定する手順（3.2.1 節）だけである。それ以降の分析についてはまったく同じ手順で実行できる。事前の準備として，KH Coder が作成した集計表を閲覧するために，表計算ソフトウェアをインストールしておく必要がある。Microsoft Excel でもよいし，フリー・ソフトウェアの

LibreOffice Calc でもよい[*1]。

3.2.1 KH Coder のインストールと起動

現在 KH Coder は http://khcoder.net からダウンロードできる。このウェブページから「Windows 版パッケージ」と書かれたファイルをダウンロードし、図 3.1 に示すように解凍（Unzip）する。これで KH Coder の準備は完了である。

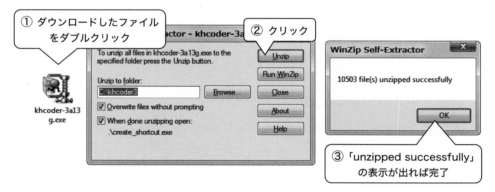

図 3.1 KH Coder のインストール（解凍）

次に図 3.2 の手順で、解凍された「kh_coder.exe」をダブルクリックすると KH Coder が起動する。無事に KH Coder が起動した場合、図 3.4 左側に示すメイン画面があらわれる。なお「kh_coder.exe」のようなファイル名については、PC の設定が異なるとピリオド以降が省略されて、「kh_coder」とだけ表示される場合もある。

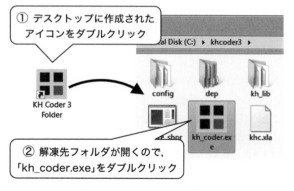

図 3.2 KH Coder の起動

[*1] Linux や Macintosh 上に KH Coder をインストールする手順は、Windows の場合に比べてかなり複雑で、相当の時間を要するので注意が必要である。また KH Coder は CSV 形式（*.csv）または Excel 形式（*.xlsx）で集計表を作成するので、必ずしも Calc や Excel でなくとも、このどちらかの形式のファイルを開くソフトウェアがあればよい。

3.2.2 分析対象ファイルの登録と前処理

チュートリアル用データについて

このチュートリアルで用いる夏目漱石『こころ』を入力したファイルや，サンプルのコーディングルール・ファイルなどは，「C:¥khcoder3¥tutorial_jp」というフォルダにまとめて解凍されている。『こころ』を入力したファイルは「kokoro.xls」であり，その内容を図 3.3 に示す。Excel を使ってデータを準備しており，1 つのセルに 1 つの段落という形で A 列にテキストを入力している。さらに，それぞれの段落がどの「部」に含まれていたか，またどの「章」に含まれていたかを B 列 C 列に入力している。

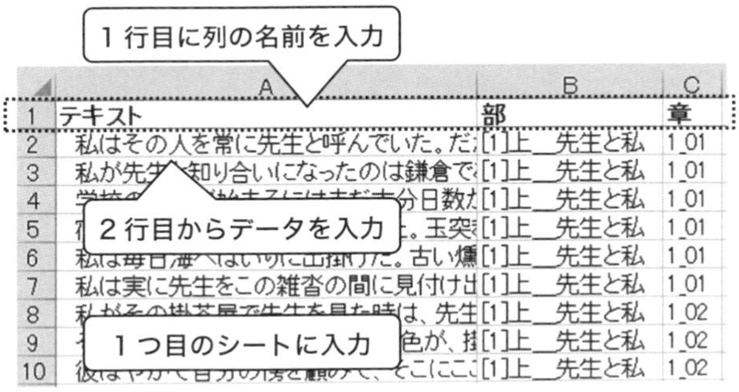

図 3.3 Excel を使ったデータ準備 (kokoro.xls)

漱石『こころ』は「上」「中」「下」という 3 つの部に分かれており，さらに，部のなかが複数の章に分かれている。この部や章の情報を図 3.3 の B 列 C 列のように入力しておけば，本章で後述する手順によって，それぞれの部の特徴や，章の特徴を統計的に分析できる。B 列 C 列のように，テキストに関する情報を入力した列のことを KH Coder では「外部変数」と呼んでいる。「外部」というのは，テキストの外側にある情報という意味合いである。分析のためのデータ準備についてさらに詳しくは，A.2.1 節を参照されたい。

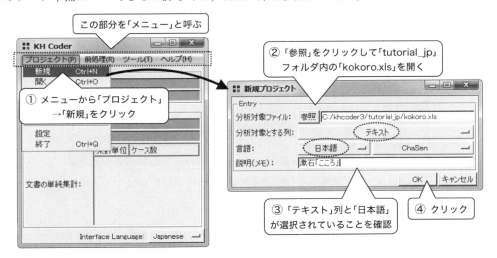

図 3.4 プロジェクト作成の操作

「プロジェクト」の新規作成

　KH Coder を用いてテキストデータの分析を行うには，まずはじめに分析対象のファイルを「プロジェクト」として KH Coder に登録する必要がある。このためには KH Coder のメイン画面を出発点として，図3.4 に示す操作を行う。図3.4 の「説明（メモ）」の部分には，必要に応じてテキストファイルについてのわかりやすいメモ書きを入力しておけばよい。たとえば図3.4 では「漱石『こころ』」と入力している。

　なお，この作業は一度行うだけでよい。次回以降に KH Coder を起動した際は，メニューの「プロジェクト」「開く」を順にクリックすれば，すでに作成したプロジェクトの一覧が表示される。そのなかから，分析を続けたいプロジェクトを選択する。

前処理の実行

　次に図3.5 に示す操作によって，データ中から自動的に語を取り出し，その結果をデータベースに格納するという前処理を行う。この前処理が完了すれば，実際の分析を行えるようになる。図3.5 に示す④の操作によって前処理が始まり，完了するまでには 10 秒程度を要するだろう。なお，自分自身で準備したテキストを分析する場合には，前処理を実行する前に，「前処理」メニューから「テキストのチェック」を実行しておくと安心である。必要に応じて「自動修正」の「実行」ボタンをクリックすることで，多くの場合はデータファイルの問題を解決できる。

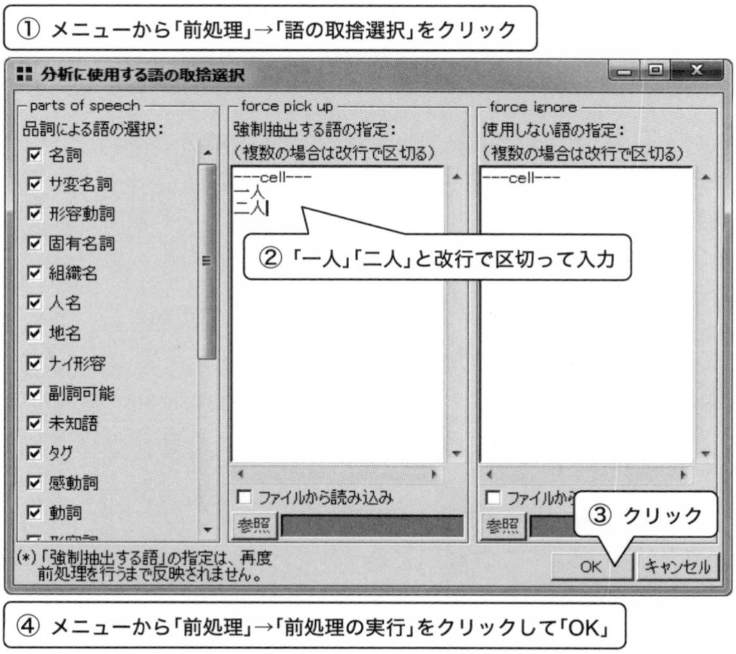

図3.5 語の取捨選択と前処理実行

　図3.5 で強制的に抽出する語として指定した「一人」「二人」は，この指定を行わなければ「一」「二」という数字と「人」という助数詞に分解される。その結果「一」「二」「人」のいずれも，助詞や助動詞などと同様に，どんな文章のなかにでも登場していて分析には利用しにく

い語と見なされ，無視されてしまう。しかし『こころ』のような小説においては，登場人物が「一人」でいることと，「二人」で一緒にいることの間には大きな違いがありうると考えて，ここでは強制的に語として抽出するよう指定した。重要な言葉であるかもしれないのに無視されてしまったり，あるいは語としてうまく抽出されない場合には，図 3.5 に示したように強制抽出の指定を行うとよい[*2]。ただし強制抽出の指定は，前処理を（再度）実行するまで反映されない点に注意が必要である。

3.3　データの全体像を探る

3.3.1　多く用いられていた語

まず，『こころ』のなかで多く出現している言葉にどんなものがあったのかを確認する。図 3.6 ①の操作を行うことで，データ中で特に多く用いられていた語がリストアップされる。「なぜこんな語が多く出現していたのだろう」と思うものがあれば，それはデータの特徴について新たな気づきを得るチャンスかもしれない。すかさずその語をクリックして KWIC コンコーダンス（図 3.9）を開き，その語がデータ中で用いられていた文脈を確認するとよいだろう。レポートや論文に貼り付けやすい表を得るためには，続けて図 3.6 ②から④までの操作を行う。これによって頻出していた上位 150 語の表が作成されるので，そのうち上位 60 語を取り出したものが表 3.1 である。

表 3.1 を見ると，まず「先生」595 回「K」411 回「奥さん」388 回「父」269 回といった，主要な登場人物をあらわす言葉が非常に多く出現していることがわかる。それに次いで多く出現しているのは一般的な動詞で，「思う」296 回「考える」130 回や「見る」225 回「聞く」219 回といったものである。強制抽出を行った語では「一人」73 回よりも「二人」115 回の方が多く出現しており，「二人」の様子についての描写が多かったようだ。ほかには，あまり一般的とは言えないインパクトの強い語である「死ぬ」が，89 回と多く出現していることが目にとまる。『こころ』においては，主人公の父が病気で死に瀕している様子や，「K」と「先生」の自殺が描かれているが，それにしても 89 回は相当な出現数と言えよう。

なお KH Coder は，「死ぬ」「死ねば」「死んで」「死にたい」「死なれた」などを，すべて「死ぬ」という 1 種類の語として抽出している。このように動詞・形容詞・形容動詞などの活用をもつ語は，すべて基本形としてカウント・抽出することに注意が必要である。また，主人公である「私」については，KH Coder によって抽出・カウントされていない。何も設定を変更しない場合，KH Coder は代名詞を抽出しないためである。よって「私」という語を抽出したい場合には 3.2.2 節にて前述した「強制抽出」の指定を行うか，KH Coder の品詞設定を変更す

[*2] KH Coder は「一人」を「一」と「人」に分割するというように，語を細かく切り出しがちである。強制抽出の指定を行うことで対処できるが，対処のためには，どの言葉が自分の意図よりも細かく切り出されたかを把握する必要がある。そこで，こういった細かすぎるかもしれない分割の組み合わせを洗い出すために「複合語の検出」コマンド（A.4.4 節）を準備した。「一人」「二人」についてもこのコマンドによって検出された言葉である。

なお，強制抽出の指定は必要最小限とすることをお勧めしている。徹底的に強制抽出を行おうとすると，いたずらに時間と労力を要する一方で，得るところが少ないケースがしばしば見られる。「一人」のように指定しないと無視されてしまったり，語が分割されることで意味が変化してしまうものに限定するとよいだろう。このどちらにも該当しないケースでは，たとえば「卒業証書」が「卒業」と「証書」の 2 語に分かれていても，分析結果の解釈には問題ないことが多い。

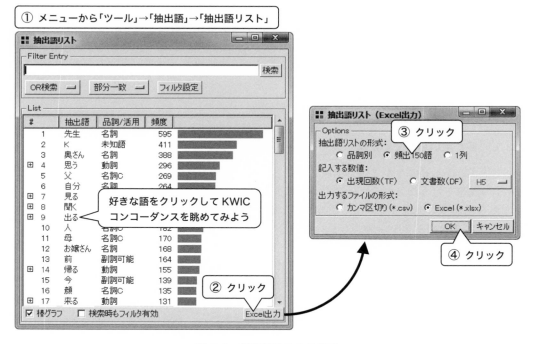

図3.6 頻出語リストの作成

表3.1 頻出語上位60のリスト

抽出語	出現数	抽出語	出現数	抽出語	出現数
先生	595	知る	118	解る	71
K	411	二人	115	手	71
奥さん	388	心	106	事	70
思う	296	妻	104	室	70
父	269	行く	102	叔父	70
自分	264	立つ	97	人間	70
見る	225	口	93	宅	70
聞く	219	答える	92	家	68
出る	185	好い	91	意味	67
人	182	死ぬ	89	男	66
母	170	見える	87	気	65
お嬢さん	168	少し	81	悪い	62
前	164	知れる	79	兄	62
帰る	155	話	78	出す	62
今	139	女	77	病気	62
顔	135	書く	75	様子	61
来る	131	手紙	74	声	60
考える	130	東京	74	外	59
言葉	126	一人	73	卒業	58
眼	123	頭	73	話す	58

る必要がある（A.2.2 節）。また「死ぬ」ではなく「死なれた」という表現・活用のままカウントしたい場合には，同様に「強制抽出」を行うか，3.4.1 節で後述のコーディングルール作成時に指定を行うとよい。

　以下の枠囲みコラムでは，抽出語の共起ネットワークを作成することで，データ中の主題を探索する方法を示す。ただし枠囲みコラムや脚注では全般にやや発展的な内容を扱っている。したがって実際に手元で同じ分析を行いつつ読み進めていらっしゃる読者は，コラムや注はいったん後に回して，チュートリアル本文の操作を最後まで行うとよいかもしれない。これによって全体としての KH Coder の様子をつかんだ上で，それぞれのコラムに取り組むと理解しやすいだろう。

―――――――― コラム　頻出語の共起ネットワーク ――――――――

　表 3.1 のように頻出語を並べて示すだけでなく，出現パターンが互いに似通っていたのはどんな語かということ，すなわち同じ文書中に共起することが多かったのはどんな語かを示すこともできる。出現パターンが似通った語のグループが見つかれば，そこから，データ中にどのようなテーマないしはトピックがあったのかを読み取れるだろう。

　こうした目的で利用できる KH Coder のコマンドとしては，「多次元尺度構成法」「階層的クラスター分析」「自己組織化マップ」「共起ネットワーク」などがある。普及の程度と，分析結果に含まれる情報の多寡という観点からそれぞれの特徴をまとめると表 3.2 のようになる。ここでは情報量が抑えられていて解釈しやすい「共起ネットワーク」の手順を紹介する。ここで取り上げないコマンドについても，操作方法は「共起ネットワーク」とおおむね同様である。

表 3.2　共起を探索する分析方法

		普及の程度	
		非常に広く知られている	そこまでは知られていない
情報量	大きい	多次元尺度構成法	自己組織化マップ
	小さい	階層的クラスター分析	共起ネットワーク

　共起ネットワークを作成するには，KH Coder のメニューから「ツール」「抽出語」「共起ネットワーク」を順にクリックする。するとオプション画面が開くので，画面左側で「集計単位」が「H5」となっていることを確認してから「OK」ボタンをクリックする。「H5」とは，分析対象ファイルとして指定した Excel ファイルの 1 つひとつのセルをあらわす単位である。したがって「H5」を選択すると，同じセルのなかによく一緒に出現している語の組み合わせほど，「出現パターンが似ている」「共起している」と見なされる。

　以上の操作によって作成された共起ネットワークが図 3.7 である。共起する語を線で結んだネットワークで，お互いに強く結びついている部分ごとにグループ分けされている。グループ分けの結果は，KH Coder の画面上では色の塗り分けによって表現されているが，図 3.7 では白黒印刷でもわかりやすいよう太い点線による区切りで示した。さらにグループの番号をカッコ数字で追加している。

　たとえば図 3.7 における (9) の部分では「男」と「女」が線でつながっている。さらにこの 2 語のペアが「お嬢さん」とつながっていることから，「お嬢さん」をめぐる男女関係が小説の 1 つのテーマとなっていたことをうかがえよう。また「お嬢さん」と共起して

いる登場人物は「奥さん」と「K」である。これらの人物が男女関係を展開ないしは補助していたのであろう。このように語の共起を探索することによって，データ中のテーマを読み取ることができる。

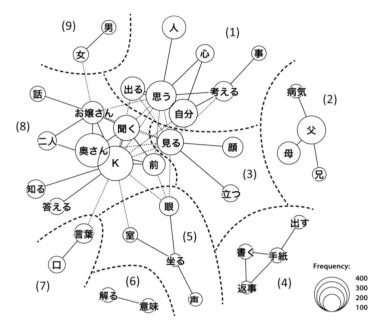

図 3.7　漱石『こころ』の共起ネットワーク

　ただし，共起ネットワークのような分析結果だけを見て，語の意味やデータ中のテーマを勝手に想像していると，ひどい勘違いをしてしまう恐れがある。データ中で語がどのように使われているのかという，前後の文脈を確認しながらこうした解釈は行わねばならない。この理由から共起ネットワークの画面でも，語をクリックすると KWIC コンコーダンス画面（図 3.9）が開き，前後の文脈を一覧できるようにした。あれこれの語をクリックしつつ解釈を行うとよいだろう。また，語のグループ分けは，あくまで機械的な基準を当てはめた結果に過ぎない。したがって，グループ分けの結果を「深読み」することは避けて，あくまで解釈の助けとして用いるとよいだろう。

　共起ネットワーク作成時，デフォルトの設定では，共起の程度がもっとも強い語のペア60 組だけを線で結んでいる。最初は強い共起関係だけを描くことで，読み取りやすい，理解しやすいネットワークを作成することを意図した設定である。したがって，最初に作成したネットワークからデータの様子をつかんだら，次に比較的弱い共起関係も線として描画して，さらに詳しく見ていくとよいだろう。このためには結果が表示されている画面の下部で「調整」ボタンをクリックし，「上位 60」となっている箇所を，たとえば「上位90」に変更して「OK」をクリックすればよい。なお，以上のように描画する共起関係を絞った結果，共起関係を1つももたない語はネットワーク上に表示されない。このため図 3.7 には「先生」という語が表示されていないが，上記の手順によって描画する共起関係を「上位 90」に変更すると，「先生」もネットワーク上にあらわれる。共起ネットワークの読み取り方やオプションについてさらに詳しくは A.5.10 節を参照されたい。

コラム　頻出語の共起ネットワーク

3.3.2 それぞれの部に特徴的な言葉

　次に，もう少し詳しく『こころ』の構成を調べるために，上・中・下それぞれの部において，特に多く出現している言葉，すなわちそれぞれの部を特徴づけるような言葉を見ていきたい。図 3.8 に示す操作を行えば，上・中・下それぞれに特徴的な語を上位 10 ずつリストアップした表 3.3 を作成できる。データファイル（図 3.3）を作成する際に，「部」のような外部変数を準備しておけば，たとえばこうした形で利用できる。表 3.3 の数値はそれぞれの語と上・中・下との関連をあらわす Jaccard の類似性測度で，この値が大きい順に 10 語を選択している[*3]。ここにリストアップされる語は，データ全体に比して，それぞれの部において特に高い確率で出現している語である。したがってこれらの語は，単なる頻出語ではなく，上・中・下それぞれの部を特徴づける語である[*4]。

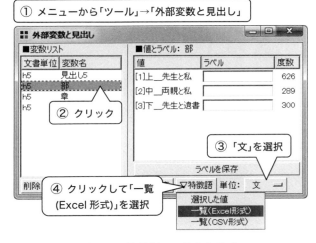

図 3.8　特徴語の一覧表を作成

[*3] Jaccard の類似性測度は 0 から 1 までの値をとり，関連が強いほど 1 に近づく。この係数には，どちらの条件もあてはまらない 0–0 対の影響を無視するという特徴があり，この点について詳しくは A.5.8 節および H. C. Romesburg（1984＝1992: 177–96）を参照されたい。

[*4] 表 3.3 を作成する過程では，KH Coder の「関連語検索」機能を使った検索が自動的に行われている。図 3.8 の操作を行うと「関連語検索」画面が自動的に開き，その入力欄には「<>部-->[3] 下＿先生と遺書」と入力されている。KH Coder では「<>変数名-->値」のように指定することで，外部変数を使った検索を行える。この指定によって「[3] 下＿先生と遺書」に含まれる文をすべて検索した上で，それらの文のなかに，データ全体と比べて高い確率で出現する語をリストアップしている。これが「関連語検索」画面の機能である。

　検索や確率の計算が文を単位として行われているのは，図 3.8 における③の操作で「文」を選択したためである。また，他の多くの分析機能と同様に，「関連語検索」機能でもデフォルトで助詞・助動詞や平仮名のみからなる語を分析結果から除く設定になっている。これらの語には，たとえば「する」「なる」「そう」といったように，どんな文章のなかにでも出現するような一般的な語が多いためである。「関連語検索」画面の「フィルタ設定」ボタンをクリックして，こうした品詞選択を変更してから再度図 3.8 の操作を行えば，変更を反映した一覧表（表 3.3）を作成できる。

表3.3　上・中・下それぞれの部を特徴づける語

上＿先生と私		中＿両親と私		下＿先生と遺書	
先生	.261	父	.195	K	.162
奥さん	.092	母	.119	奥さん	.074
人	.033	兄	.064	お嬢さん	.068
帰る	.031	手紙	.044	思う	.066
見える	.019	聞く	.042	自分	.062
解る	.018	来る	.040	見る	.050
少し	.018	卒業	.035	妻	.036
人間	.017	出る	.035	出る	.035
死ぬ	.017	書く	.031	前	.031
持つ	.015	東京	.031	今	.030

数値は Jaccard の類似性測度

　表3.3の内容を見ると，まず「上＿先生と私」においては，主人公が深い交流をもつように
なった「先生」と，その「奥さん」などの語が挙がっている。「解る」についても特徴的な語と
して挙がっており，文中では次のような用いられ方をしている。

　　　私はなぜ先生に対してだけこんな心持が起るのか解らなかった。それが先生の亡くなっ
　　　た今日になって，始めて解って来た。（上・四，傍点筆者）

また，次のような表現もある。

　　　「しかし気を付けないといけない。恋は罪悪なんだから（中略）」
　　　（中略）先生のいう罪悪という意味は朦朧としてよく解らなかった。その上私は少し不
　　　愉快になった。
　　　「先生，罪悪という意味をもっと判然いって聞かして下さい。それでなければこの問題
　　　をここで切り上げて下さい。私自身に罪悪という意味が判然解るまで」（上・十三，傍
　　　点筆者）

このように「上＿先生と私」では，主人公が「先生」について「解った」り「解らなかった」
りしたという記述が多かったことがわかる。そして恋は罪悪という言葉に加えて，「先生」の
「人間」観についても，「上＿先生と私」ではよく「解らなかった」事柄の1つである。

　　　先生の話のうちでただ一つ底まで聞きたかったのは，人間がいざという間際に，誰でも
　　　悪人になるという言葉の意味であった。単なる言葉としては，これだけでも私に解ら
　　　ない事はなかった。しかし私はこの句についてもっと知りたかった。（上・二九，傍点
　　　筆者）

　次に「中＿両親と私」では，「卒業」した主人公が実家で過ごす様子が描写されている。そ
のため，「父」「母」「兄」といった家族をあらわす語が挙がっている。ただし実家にいても時
折「手紙」を「書く」ことで，またその返事が「来る」ことで，「東京」にいる先生と主人公は
交流を絶やさなかった。

　最後の「下＿先生と遺書」は，先生が自殺にあたって，主人公に書き送った長い遺書となっ
ている。そして，先生の書生時代の親友であり，また同じ女性「お嬢さん」に恋した男でもあ
る「K」が登場する。「お嬢さん」は後に先生の「妻」となり，「K」は自殺している。なお，遺

書ということもあってか，「自分」自身をかえりみて，ものを「思う」といった描写も多いことがうかがえる。そういった先生の思いが語られるなかで，「上＿先生と私」では主人公にとっても読者にとってもよくわからなかった事柄が，すなわち先生が自殺した原因の核心にせまるような事柄が，解きほぐされていく。

　以上のように，それぞれの部に特徴的な言葉を，本文中での用いられ方とあわせて確認することで，『こころ』という小説の全体的な構成を再確認できる。

3.3.3　言葉の用いられ方を調べる

　上で行ったように，リストアップされた特徴的な語を見ていく際には，それらの語が，元のデータ中でいかに用いられていたのかを把握することがきわめて重要である。ある語が特徴的だとわかっても，その語がデータ中でどのように用いられていたのかはっきりわかっていなければ，データの特徴をつかんだことにはならない。また「なぜこんな語が多く出現しているのか」「なぜこれが特徴的な語として挙がっているのか」と思うような語がリストアップされていたときは，チャンスかもしれない。そうした語に注目することで，それまでは気づいていなかったデータの特性を発見しうるからである。そうした語が本文中でいかに用いられていたのか調べる作業を通して，データの特性を発見・確認することが，計量テキスト分析の目的の1つである。

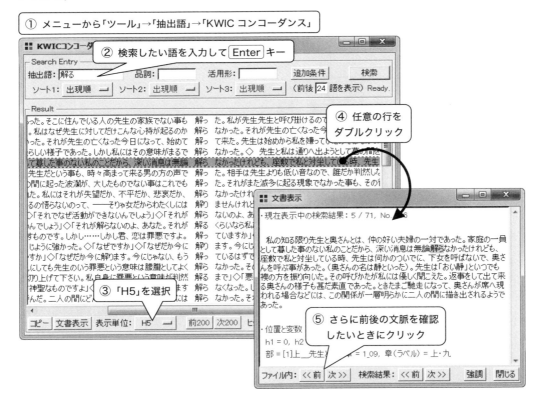

図 3.9　前後の文脈を見る KWIC コンコーダンス

　こうした考え方から，統計解析だけでなく，柔軟なデータ検索のための機能を KH Coder に備えるよう努めた。それらの検索機能のなかでも，語の用いられ方を調べる場合には，KWIC コンコーダンスが便利であろう。この機能を用いて検索を行う手順を図 3.9 に示す。

　図 3.9 に示した①および②の操作によって，抽出語が元のテキスト中でいかに用いられていたかという一覧が表示される。動詞のように活用形をもつ語の場合には，「解る」という基本形だけでなく「解った」「解らなかった」といったそれぞれの活用形についても検索・表示されることが図 3.9 からわかるだろう。一覧に表示されているよりも広い範囲の文脈を閲覧・確認したい場合には，図 3.9 に示した③〜⑤の操作を行って「文書表示」画面を利用すればよい。図 3.9 の③で選択した「H5」とは，分析対象として指定した Excel ファイル（図 3.3）のセルをあらわす単位である。この単位を選択したので，「文書表示」画面には個々のセルに入力したテキストが 1 つの「文書」として表示される。

─────── コラム　対応分析から見る上・中・下の特徴 ───────

　上・中・下の特徴を探る別の方法として，このコラムでは対応分析の手順を紹介する。対応分析を使えば，2 次元の散布図を通じたグラフィカルな探索を行える。まず KH Coder のメニューから「ツール」「抽出語」「対応分析」を順にクリックする。対応分析のオプション画面が開くので，画面右側で外部変数「部」が選択されていることを確認して「OK」をクリックする。これだけの操作で，図 3.10 に示したものと同等の分析結果が得られる。

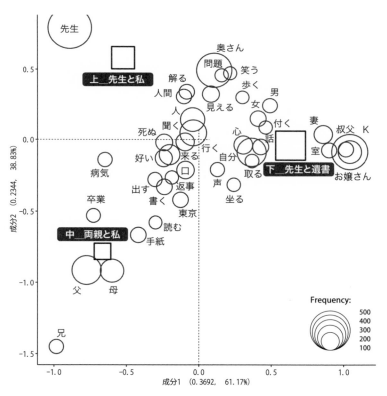

図 3.10　対応分析から見る上・中・下の特徴

　プロットの見栄えについても図 3.10 と同様にするためには，続けて以下の操作を行う。分析結果の画面下部にある「調整」ボタンをクリックして，開いた画面で「バブルプロット」にチェックを入れる。さらに「差異が顕著な語を分析に使用：上位」という入力欄の値を「40」にして「OK」をクリックする。最後に分析結果の画面で「表示：カラー」となっている部分をクリックして「グレースケール」を選択すれば，図 3.10 とほぼ同じ見栄えになる。

　図 3.10 に示す対応分析のプロットでは，出現パターンに取り立てて特徴のない語が，原点（0, 0）の付近にプロットされる。そして，原点から見て「上＿先生と私」の方向にプロットされている語，それも原点から離れている語ほど，「上＿先生と私」を特徴づける語であると解釈できる。図 3.10 を見ると「先生」「人間」「解る」などがこれにあたる。語をクリックして KWIC コンコーダンス（図 3.9）を開きつつ，このような確認を「中」「下」についても順に行っていくとよい。そうすれば表 3.3 から読み取れたのとおおむね同様の特徴を，対応分析からも読み取れるだろう。

　「関連語検索」（表 3.3）ではなく「対応分析」コマンドを用いる利点としては，分析結果を 2 次元の散布図という形で視覚的に表現できるという点を挙げられる。また図 3.10 のような同時布置を行えるので，上・中・下それぞれの部の間の関連も読み取れるという利点がある。図 3.10 の場合であれば，寄与率の高い成分 1 すなわち横軸（左右）の位置関係に注目すると，上・中は近く，下が少し離れた場所に布置されている。ここから，上と中の内容は比較的似通っていたのに対して，下の内容はやや異なっていたことがうかがえる。この点は上・中・下という 3 分類の場合よりも，分類の数が多い場合，たとえば 10 種類ほどの分類になっているような場合にいっそう役立つだろう。

　なお，KH Coder が表示する対応分析の結果は，図 3.10 のような 2 次元の散布図のみである。そのため，2 つだけでなくより多くの成分を抽出して比較したりといった詳細な探索を行おうとすると，煩雑な操作が必要になってしまう場合もあるだろう。そうした詳細な探索にあたっては，たとえば各成分の特徴を見やすい一覧表にまとめてくれるといった，充実した多次元データ解析の機能をもつ WordMiner を併用すると便利である。WordMiner と KH Coder を併用する手順については，A.3.5 節や，KH Coder のウェブサイトの「よくある質問（FAQ）」ページを参照されたい。

────── コラム　対応分析から見る上・中・下の特徴

3.4　特定のテーマへの注目

　全体で多く出現していた言葉と，それぞれの部に特徴的な言葉の確認を以上に行ってきた。ここまでが 2.1.2 節に示した接合アプローチの段階 1 に相当する部分である。すなわち，データ中から自動的に言葉を取り出して統計解析を行うことで，恣意的となりうる操作を避けつつ，データ探索・提示を行う段階である。そしてここから先が，コーディングルールを作成することで，より積極的に問題意識を追究していくという段階 2 に相当する部分である。

　ここでは，『こころ』に取り上げられている人の死という事柄に特に注目して，以下の分析を進めていく。というのも，『こころ』という作品のなかでは「死ぬ」という言葉が 89 回と非常に多く出現していた（表 3.1）。また作品の構成を見ても，「先生」の自殺の原因に関わる事柄が，「上＿先生と私」では主人公にとっても読者にとっても不可思議なものとして描かれた後に，「下＿先生と遺書」で詳細に解きほぐされていた。これらの点から，「先生」の自殺や人の生死が作品の主要なテーマとなっていることは明らかである。

ただし「死ぬ」という言葉が使われている箇所を検索し，一文一文確認してみても，「死ぬ」という言葉は非常に多く出現しているので，この言葉の用いられ方や作品中での役割を全体として理解することは難しい。そこで人の死や，その原因となりうるいくつかの事柄が，作品全体のどの部分で頻繁に出現しているのかを集計することで探索を進めていく。

3.4.1　コーディングルールの作成

そうした集計を行うためには，以下に述べるコーディングルールを作成する必要がある。コーディングルールを作成する目的は，1つひとつの言葉というよりも，むしろ概念・コンセプト・事柄といったものの出現数を数えることにある。たとえば，人の死という事柄は，必ずしも「死ぬ」という言葉によってのみあらわされるわけではない。「死ぬ」のほかに，「亡くなる」や「自殺」といった言葉があったときにも，「人の死」という事柄として数えたい。このためには，次のようなコーディングルールを作成すればよい。

> ＊人の死
> 死後 or 死病 or 死期 or 死因 or 死骸 or 生死 or 自殺 or 殉死 or 頓死 or 変死 or 亡 or 死ぬ or 亡くなる or 殺す or 亡くす or 死

このコーディングルールを KH Coder に与えれば，「死後」「死病」「死期」といった言葉が含まれる文書に「＊人の死」というコードが付与される。そして，コードの出現数や出現割合などを調べられるようになる。なお「or」以外の演算子や，語の有無以外の条件を用いて，より複雑なルールを作成する方法については KH Coder のリファレンス・マニュアル（A.2.5節）を参照されたい。

コーディングルールを作成する際には，おもむろに言葉を挙げていってもよいのだが，データ中に出現していない言葉，あるいは KH Coder によって語として抽出されていない言葉を指定しても意味がない。したがって抽出語リスト（表3.1）から語を拾ったり，抽出語リスト

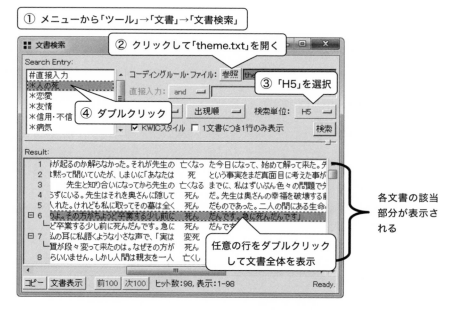

図 3.11　各コードが与えられた文書の検索

画面（図 3.6）の検索機能を用いると便利であろう。抽出語リスト画面（図 3.6）上部の入力欄に「死　殺　亡」と入力して Enter キーを押すと，これらの文字を 1 つでも含む語がリストアップされる。このように漢字を使って検索を行うと，人の死のような，特定の意味内容をあらわす語を一挙に取り出せる場合がある。

作成したコーディングルールによって，どのような文書にコードが与えられるのかを確認するには，文書検索の機能を用いると便利である。この機能を用いて，特定のコードが与えられた文書を検索する手順を図 3.11 に示す。図 3.11 における③の手順で「H5」を選択したので，分析対象の Excel ファイル（図 3.3）における 1 つひとつのセルを「文書」と見なして，検索が実行される。なお，図 3.11 の手順で用いているコーディングルール・ファイル「theme.txt」は，以下の節で行う分析にも利用している。よって図 3.11 の手順で検索を行いつつ，「theme.txt」をダブルクリックし，内容を確認しておくことをお勧めしたい。

3.4.2　部ごとの集計

まずは上・中・下という 3 つの部ごとに，それぞれのコードの出現割合を集計して，部ごとの推移を確認する。図 3.12 に示す操作を行うことで，上・中・下それぞれの部について，各コードが与えられた文書の割合（パーセント）を集計できる。図 3.12 では「H5」を選択することで，Excel ファイルの各セルを「文書」と見なすよう指定したので，各コードが与えられたセルの割合が表示されている。分析対象の Excel ファイルを作成する際に 1 段落を 1 セルに入力したので（3.2.2 節），図 3.12 では段落の割合を集計したことになる。また図 3.12 ④の操作によって，集計結果をバブルプロットの形で表現できる（図 3.13）。バブルプロットではコードの出現割合が大きいほど正方形が大きくなり，残差が大きいほど正方形の色が濃くなる[*5]。

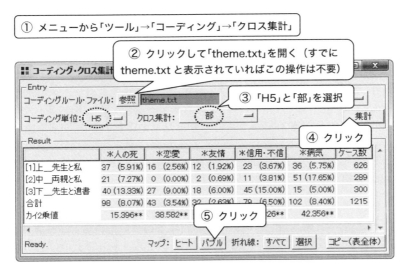

図 3.12　コード出現割合を部ごとに集計する手順

[*5] ここでは標準化残差（Pearson 残差）にもとづいて色を指定している。たとえば図 3.13 の「下＿先生と遺書」における「＊友情」「＊病気」に注目すると，出現割合には大差ないが，色の濃さが異なっている。「＊友情」は他の部分に比べて「下＿先生と遺書」で多く出現しているので，残差が↗

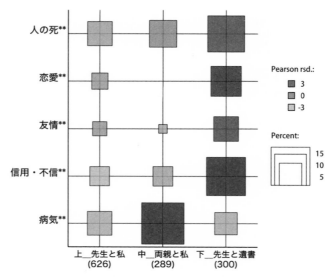

** $p < .01$ （コード出現割合に上・中・下で差があるかを見る χ^2 検定）

図 3.13 部ごとに見たコード出現割合のバブルプロット

　図 3.13 を見ると，コード「＊人の死」の出現割合をあらわす正方形の大きさは，「上＿先生と私」と「中＿両親と私」ではほぼ同程度であり，「下＿先生と遺書」で大きくなっている。ここからコード「＊人の死」は，「上」「中」には同程度の割合で出現したのに対して，「下」では出現割合が大きくなったことがわかる。同様に，人の死の原因として作成したコードについては，「＊病気」が「中＿両親と私」に，また「＊恋愛」「＊友情」「＊信用・不信」が「下＿先生と遺書」に多く出現している。

　「中＿両親と私」では病気のために死に瀕した「父」の姿が描かれ，「下＿先生と遺書」では「K」と「先生」が恋愛・信頼・友情といったことに関わる原因から自殺してしまう様子が描かれていたことを再確認できよう。その一方で，「上＿先生と私」には「中」と同程度に人の死をあらわす言葉が出現しているにもかかわらず，「中」での病気や，「下」での恋愛・信頼・友情にあたるものがない。「上」において人の死をあらわす言葉がいかに用いられていたのか，あるいは，人の死をあらわす言葉がいかなる役割を果たしていたのかを，図 3.13 から推し測ることは難しい。

3.4.3　章ごとの詳細な集計

　「上＿先生と私」において人の死をあらわす言葉がいかに用いられているのかという，前節では確認できなかった点に留意しつつ，ここでは人の死をあらわす言葉の増減をより詳細に見ていきたい。そのために前節の図 3.12 の操作に続けて，図 3.14 に示す操作を行う。これによって，より細かな章ごとの集計を行って，結果を図 3.15 に示す折れ線グラフの形で表現できる。

　図 3.15 を見ると，作品の最後の数章で，人の死への言及が急激に増加していることがわかる。このうち最後の 2 章，すなわち下・五十五と下・五十六は「先生」が自殺を決意する部分であり，その直前の下・四十八からの数章では「K」の自殺が扱われている。この部分だけを

───────────

　大きく，色が濃い。それに対して「＊病気」は他の部分に比べて少ないので，色が薄くなっている。

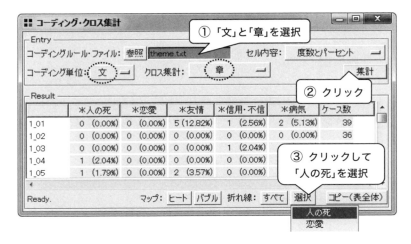

図 3.14 コード出現割合を章ごとに集計

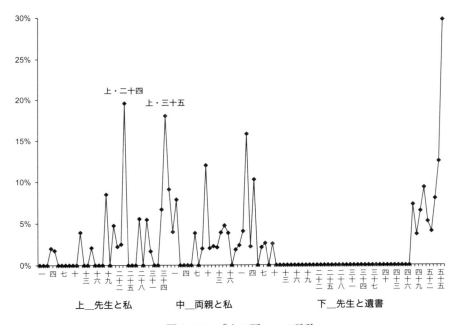

図 3.15 「人の死」への言及

見ると，「先生」の自殺の決意は，最後の数章で非常に急激に固められているようにも見える。

　しかし物語全体に視野を広げて，前節からの懸案であった「上＿先生と私」に目を移すと，人の死をあらわす言葉が集中的に出現している箇所がいくつか見受けられる。とりわけ顕著なのは上・二十四と上・三十五の2箇所である。このうち上・二十四を見ると，「先生」と主人公の間で以下のようなやりとりがなされている。

> 「しかし人間は健康にしろ病気にしろ，どっちにしても脆いものですね。いつどんな事でどんな死にようをしないとも限らないから」
> 「先生もそんな事を考えてお出ですか」
> （中略）

　　「よくころりと死ぬ人があるじゃありませんか。自然に。それからあっと思う間に死ぬ人もあるでしょう。不自然な暴力で」
　　「不自然な暴力って何ですか」
　　「何だかそれは私にも解らないが，自殺する人はみんな不自然な暴力を使うんでしょう」
　　「すると殺されるのも，やはり不自然な暴力のお蔭ですね」
　　「殺される方はちっとも考えていなかった。なるほどそういえばそうだ」（上・二十四，傍点筆者）

　この上・二十四における会話からは，「先生」がいつ途切れるかわからない，はかないものとして人の命を捉えていたことや，命が途切れる原因として「不自然な暴力」すなわち自殺のことを念頭に置いていたことが読み取れる。
　次に，同じく人の死への言及が顕著であった上・三十五を見ると，「先生」の死後のことについて，「先生」と「奥さん」とが話し合っている様子が描かれている。

　　先生はいくらともいわなかった。けれども先生の話は，容易に自分の死という遠い問題を離れなかった。そうしてその死は必ず奥さんの前に起るものと仮定されていた。奥さんも最初のうちは，わざとたわいのない受け答えをしているらしく見えた。それがいつの間にか，感傷的な女の心を重苦しくした。
　　「おれが死んだら，おれが死んだらって，まあ何遍おっしゃるの。後生だからもう好い加減にして，おれが死んだらは止して頂戴。縁喜でもない。あなたが死んだら，何でもあなたの思い通りにして上げるから，それで好いじゃありませんか」（上・三十五，傍点筆者）

　この上・三十五の記述から，自分は確実に「奥さん」よりも早く死ぬということや，自分の死後に「奥さん」がどうするのかといったことに，「先生」が執着していたことが読み取れる。このように「先生」の死や自殺への執着が描かれていたために，「上＿先生と私」では主要な登場人物の死が描かれていないにもかかわらず，人の死をあらわす言葉が頻出していたことがわかる。「下＿先生と遺書」のなかだけでなく，「上＿先生と私」においても「先生」が自殺のことを常に念頭に置いていた様子，もしかすると自殺の決意を徐々に固めつつあったかもしれない様子が，描写されていたのである[6]。

3.5　チュートリアルを終えるにあたって

「先生」の自殺　「先生」の自殺が突然で不自然であるという批判は，漱石の生前からなされてきたと言う（仲 2001）。実際，「下＿先生と遺書」だけに注目するならば，確かに「先生」は最後の2章であまりに急激に自殺の決意を固めているという見方もできるだろう。しかし作品全体にまで視野を広げれば，そもそも「上＿先生と私」のなかでも，「先生」は自らの死や自殺のことを常に念頭に置いた人物として描かれている。したがって自殺の決意が突然に固められたものとは言い難い（3.4.3節）。そして，突然でなくとも自殺の理由そのものが不自然だと

---

[6] この点については，例示している部分にいくぶん違いはあるものの，「私との交流の中で，先生は常に死や自殺の意識にとりつかれていたことを読者を想起できる。雑司ヶ谷の墓地でのエピソード，不自然な暴力をめぐる会話，私の父の病気から死についての対話などである」として仲秀和（2001: 155）も指摘している。

言うならば，それは「自殺する訳が明らかに呑み込めないかも知れませんが，もしそうだとすると，それは時勢の推移から来る人間の相違」（下・五十六）といった，漱石と読み手の哲学に関わる問題であろう[*7]。

計量テキスト分析によるデータ探索 「先生」の自殺が，突然で不自然なものかどうかといった問題を考える際に，文脈の細部に注目することはもちろん重要である。一度しか出現していない表現ではあっても，「明治の精神に殉死するつもりだ」（下・五十六）と「先生」が言うときの，「明治の精神」とはいったい何かを追究することも重要であろう。しかし，そういった細部にひたすら焦点を合わせれば，当然，同時に作品全体を見渡すことは難しくなる。計量テキスト分析ではこの点を補うために，たとえば図 3.15 のようなグラフやマップの形で，データの全体像をつかもうとするのである。作品の全体像をはっきり把握しておくことができれば，文脈の細部を追うときにも，解釈や分析がより行いやすくなるだろう。

また計量的な分析によってデータ中の特徴的な部分，すなわち人間が詳しく目で読むべき部分，引用・解釈するとよいかもしれない部分を見つけられる。たとえば「解る」という言葉はどのように本文中で用いられているのか（3.3.2 節），あるいは人の死に関する言葉が突出して多く出現している箇所では何が起きているのか（3.4.3 節）。こうした形で，多くの文章があるなかでどの部分に人間が注目すべきかというヒントが得られる。

以上のように，データの全体像を得たり，またデータ中の特徴的な部分を見つけたりといった形で，計量テキスト分析はデータ探索に役立ちうる。こうしたデータ探索の有効性を，上述の「先生」の自殺という問題において，部分的にでも例証できたのではないだろうか。

さらに分析を進めるために 以上のチュートリアルでは扱えなかったが，より多くのコードを作成した場合には，「共起ネットワーク」「多次元尺度構成法」といった KH Coder のコマンドを用いて，コード間の関連を探っていくのもよいだろう。これらのコマンドでは，2 つのコードが頻繁に同じ段落や章のなかに出現（共起）しているほど，強く関連しているものと見なす。「なぜこれらのコード同士が強く関連しているのか」という意外な組み合わせが見つかれば，扱っているテキストについて新たな気づきを得るチャンスかもしれない。このときには文書検索の機能を使って（図 3.11），それらのコードが両方とも出現する段落・章を見てみるとよいだろう。また別途統計ソフトウェアを利用すれば，KH Coder の機能として備わっていないより高度な解析や，個別の目的にそった解析を行える。

これらの方法の細かな手順にふれることはできなかったが，いったんこのチュートリアルの操作を終えれば，あとは適宜リファレンス・マニュアル（資料 A）を参照することで，自在に分析を進められるだろう。新たなコーディングルールを作成し，必要に応じてこれらの方法を用いれば，本章の分析では取り上げられなかった『こころ』の側面にも焦点をあてながら，独自の分析に挑戦できるのではないだろうか。

[*7] なお「上＿先生と私」の段階では主人公にとってよく「解らなかった」点について（3.3.2 節），物語の後半から読み解いていくと，「先生」の自殺の契機が見えてくる。それは，金銭や「恋」を前にすると「いざという間際に，誰でも悪人になる」という「人間」への失望であり，この「誰でも」のなかには「先生」自身も含まれる。かつて金銭に関して「叔父」にあざむかれた「先生」は，その後「恋」のいきさつから親友「K」を手ひどく出し抜いてしまう。そして「K」は自殺する。「自分もあの叔父と同じ人間だと意識した時，私は急にふらふらしました。他に愛想を尽かした私は，自分にも愛想を尽かして動けなくなったのです」（下・五十二）という状態に「先生」はおちいる。この状態が「先生」を孤独においやり，その後の自殺に結びついている。

第4章

手作業による伝統的な方法との比較
――――新聞記事の分析結果から

4.1　コンピュータを用いた新聞記事の分析

　第1章でもふれたように，初期の内容分析は主としてマス・コミュニケーションの分析，なかでも新聞の分析に利用されることが多かった。今日でも新聞記事は，人文・社会科学の領域における分析の対象として頻繁に取り上げられている。したがってテキスト型データの分析方法を考える際には，重要な分析対象の1つとして新聞記事の扱い方を検討しておくことが有効であろう。本書ではテキスト型データ一般を対象とする汎用的な方法として接合アプローチを提案したが，これを各種のデータの中でもとりわけ新聞記事に適用した場合，いかなる効用や難点が生じるのだろうか。

　また，コンピュータを用いた分析によって，伝統的な手作業による分析と同じ結果が得られるのかどうかも，十分には確認されていない問題である。前章で記述した接合アプローチの詳細な手順からもわかるように，接合アプローチの実践にはコンピュータ利用がほとんど不可欠である。多変量解析によってデータ概要を把握するためには膨大な作業が必要で，これを手作業で行うのは難しいだろう。コーディング作業についても1.2.3節でふれた通り，コンピュータ利用がほぼ必須である。それに対して伝統的な内容分析においては，必ずしもコンピュータが利用されていない。特に国内の研究では，コンピュータで日本語を扱うのが難しいことも相まって，コンピュータを利用しない場合が多い。こういった伝統的な手作業による分析と同様の結果が，KH Coder を用いた接合アプローチによって得られるのだろうか。

　以上2点を明らかにすることが本章の主な課題である。これらの課題にそって本章では，KH Coder を用いて新聞記事の分析を試験的に行い，できうる限りではあるが，その結果をすでに手作業で行われた分析の結果と比較することを試みる。そして試験的な分析の過程をふり返りつつ，新聞記事の分析に接合アプローチを用いる長所短所を検討する。

4.2　『毎日新聞』データの分析

4.2.1　データと比較対象

　本章では分析対象データとして『CD-毎日新聞』1991〜2002 年版を利用する。『CD-毎日新聞』には，新聞記事の見出しと本文に加えて，検索用に各記事のキーワードがテキスト形式で収録されており，これらのデータを学術研究のために使用することが許諾されている。なお，扱うデータが1991 年以降のものとなっているのは，それ以前の記事データが販売されていないためである。

データとして扱えるのが1991年以降の新聞記事に限られるため，比較対象とする分析・研究は比較的新しいものでなければならない。すなわち1991年以降の新聞記事を，手作業で計量的に分析している，国内の研究でなければならない。このような条件を満たす研究として，戦後の約50年にわたる新聞記事の中にあらわれる「サラリーマン」表象を分析した岡本智周・笹野悦子（2001）の研究がある[*1]。

　岡本・笹野（2001）は分析の前半で計量的な分析を行い，後半では記事の引用と解釈を行っているので，前半部分に関しては本章の分析結果と比較が行える。ただし，扱われているのは『毎日新聞』ではなく『朝日新聞』であるので厳密な意味での比較は難しい。それでも本章と岡本・笹野（2001）の分析結果の間に見られる差異が，『毎日新聞』と『朝日新聞』の差異と解釈できる程度かどうか，検討することは可能であろう[*2]。

　岡本・笹野（2001）はデータ収集にあたって，まず見出しデータベースを用い，見出しに「サラリーマン」を含む記事を検索した上で，記事本文については縮刷版にあたっている。この方法では，見出しには「サラリーマン」が含まれないものの，本文では「サラリーマン」にふれているような記事が，データから抜け落ちることになる。縮刷版50年分を目で読みながら「サラリーマン」を含む記事を探すことは，現実的には難しいので，この方法は見出しデータベースを用いる限り最善の方法であろう。しかし本書では記事全文データを使用するので，記事本文を検索することも容易である。よって，あえて分析対象記事を限定するような処理は行わず，記事本文でのみ「サラリーマン」にふれているような記事も分析対象に加えることとした。

　分析対象ファイルの作成にあたっては，『CD–毎日新聞』から，見出しまたは本文に「サラリーマン」を含む記事を抽出した。CD-ROMには大阪版の記事も含まれていたが，それらは除外し，東京本社の朝夕刊最終版のみを取り出した。またCD-ROMに収録されていた検索用キーワードは用いずに，全記事を対象に単純な文字列検索を行い，記事を抽出した。この結果，5,865件の記事が分析の対象として得られ，これらの記事を集めたテキストファイルの大きさは13.4MBとなった。このうち見出しに「サラリーマン」を含む記事はわずか346件であり，これは全体の6%程度にすぎない。見出しには「サラリーマン」を含まないが，本文中で「サラリーマン」にふれているという記事が，データの9割以上を占める。

4.2.2　多変量解析によるデータ概要の把握

自己組織化マップの作製

　新聞記事の内容を分析するための最初の段階として，すなわち接合アプローチの1つ目の段階として，分析対象として得られたのはどのような記事群かという，全体像をつかんでおきたい。そのために，データ中に数多く出現していた言葉を用いて，出現パターンの似通った言葉ほど近くに布置されるような言葉のマップを，多変量解析によって作成する。

　多変量解析を行うために，データ中から言葉を自動的に取り出し，その結果を統計ソフト

[*1] 岡本・笹野（2001）はコーディング・分析を手作業で行ったとは明記していないが，特にコンピュータによる自動分類，自動コーディングを行ったとの記述も見られない。おそらくは，この時期の国内における研究の通例として，伝統的な手作業による分析が行われたものと考えられる。

[*2] 記者クラブ制度や通信社の存在から，全国紙の報道内容にはある程度の類似性があると考えられる。その一例として，5.4.2節における朝日・読売・毎日3紙のコーディング結果もきわめて似通っており，こうした形での比較にも一定の意味があると考えられる。

ウェアが扱える形に整理するという作業を，KH Coder を用いて行った。たとえば，「会社に寄りかかり生きるのがサラリーマンなら，そう呼ばれたくはない」という文の場合，次のように分割され，語が取り出される。

> 会社／に／寄りかかる／生きる／の／が／サラリーマン／なら／，／そう／呼ぶ／れ／たく／は／ない

この例でもわかるように，活用をもつ語は基本形に直して取り出される。また，助詞・助動詞など，どのような文章の中にでもあらわれる一般的な語は分析対象から省かれるので，この例では傍点を付した語だけが分析対象となる。この結果 71,760 種類の語が抽出され，総抽出語数（のべ数）は 4,216,996 であった。ただし 71,760 種類のうち，分析対象として抽出された語は 59,108 種類であった。

あまりに多くの語を1つのマップに布置すると視認が難しくなるので，頻出していた 186 語を布置に用いた。この 186 語は，分析対象として抽出された語の中から，一般的な語であることが多い平仮名のみからなる語を省き，出現回数が 800 回以上 5,864 回以下であることという基準で選んだ語である。5,864 回以下というのは，データとして扱っている記事の数よりも多い回数出現しているような一般的な語を省くための指定である。

これら 186 語の布置とクラスタリングを行うために，186 語それぞれについて，その語が使われている文脈をあらわすようなベクトル $\vec{c}$ を川端・樋口（2003）と同様の方法で作製した。$\vec{c}$ の計算には，語$_1$〜語$_n$ までの n 個の抽出語を用いる。文脈をあらわしたい当該の語が出現している文における，語$_i$ の平均出現数を m_i とすると，文単位で計算したベクトル $\vec{b}$ は $(m_1, m_2, \ldots, m_i, \ldots, m_n)$ であらわされる。同様に段落単位で計算したものを $\vec{d}$，記事単位で計算したものを $\vec{k}$ とすると，$\vec{c} = 8\vec{b} + 2\vec{d} + \vec{k}$ となる。このベクトルは，当該の語がほかにどのような語とともにデータ中で用いられているかをあらわすもので，記事単位よりも段落単位，さらには文単位で算出したものを重視するよう重み付けしている[3]。

このような文脈ベクトルを作製した理由は，布置に用いる頻出 186 語だけでなく，より多くの語の情報を利用することで，データ内容をよりよく反映したマップを作成するためである。

---

[3] このベクトルは KH Coder の「『抽出語×文脈ベクトル』表の出力」コマンドを用いて作成した（A.3.7 節）。8・2・1 という重み付けの値については便宜的に付したものである。この重み付けの値を変えたり，クラスター化法を変更しても，クラスター分析の結果が安定しているかどうかを確認したところ，以下のような結果が得られた。まず，ベクトルの重み付けだけを変更した場合であるが，$\vec{c} = \vec{b} + \vec{d} + \vec{k}$ とした場合，および $\vec{c} = \vec{k}$ とした場合は，マップ上の位置に変化が生じたものの，同様のクラスターが作成された。ここで同様とは，次節で行っているような解釈をほぼそのまま行えることを指す。それに対して $\vec{c} = \vec{b}$ とした場合には，「家計」と「納税」が合わさって1つのクラスターが作成されるなど，解釈の変更が必要になった。$\vec{b}$ に8倍の重みを加えてあったものの，実際には $\vec{k}$ の影響の方が大きかったようだ。次に，$\vec{c} = 8\vec{b} + 2\vec{d} + \vec{k}$ という同じ重み付けのまま，クラスター化法を変更した場合であるが，自己組織化マップを作成せずに k-平均法を行った場合も，同様の解釈が可能な結果となった。Ward 法では若干解釈を変更する必要があるものの，似通った結果が得られた。それに対して，ユークリッド距離を用いた群平均法の場合には，連鎖の程度が著しく，解釈そのものが困難であった。なお，k-平均法，Ward 法，群平均法によるクラスター分析では「SPSS for Windows」を用い，同じクラスター数 (14) を指定して実行した。さらに，文脈をあらわすために用いる語の数 (5,163) を若干減らすといったことも試みたが，ほぼ同様の結果が得られており，ここで行ったクラスター分析の結果は総じて安定したものと考えられる。

このようなベクトルを作製すれば，186 語だけに限らず，n 語の出現位置情報を利用できるようになる。したがって，より出現回数が少ない語の出現位置情報をマップに反映させられる。一般に出現数が少ない語ほど，特殊な語，あるいは特徴的な語であることが多く，そういった語の出現パターン情報も，布置を行うための計算に利用できることが望ましいだろう。今回は分析対象語から平仮名のみの語を除き，40 回以上出現していた 5,163 語を用いて（$n = 5163$），186 行 5,163 列の行列を作成した。したがってマップ上に示すのは 186 語であるが，マップ上の位置を計算するために 5,163 語の出現位置情報を利用することになる。この行列を統計ソフトウェア上に読み込んで自己組織化マップを作成し，さらにクラスター分析を行った結果が図 4.1 である[*4]。なお図 4.1 には，それぞれのクラスターを識別するための番号を下線つきで示した。

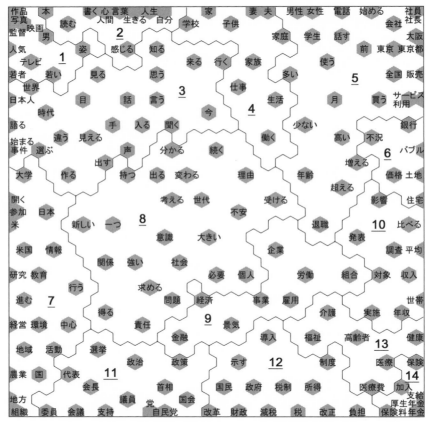

940 nodes, 29 (columns) × 33 (rows), *Quantization error* = .0183
下線つきの数字はクラスター識別用の番号

図 4.1　頻出 186 語の自己組織化マップ (Self-Organizing Map)

[*4] クラスター分析については，各ノードがもつベクトルを用いており，クラスターに「飛び地」ができないように Ward 法を修正した SOM-Ward 法とよばれる方法を用いた。自己組織化マップの作製と利用ソフトウェアについては，p. 25 注*10 を参照されたい。

自己組織化マップの解釈

　図4.1を見ると，出現パターンの似通った語が集まったクラスターの多くから，データ中の主題を読み取ることができる。岡本・笹野（2001）は分析の前半部分の中で，「納税」「労働」「趣味」などをはじめとする，データ中の主題を利用したカテゴリー8つを作成し，それらのカテゴリーに記事を分類するというコーディングを行っている。そこで，岡本・笹野（2001）が注目した「納税」「労働」「趣味」などの主題が，本章で行ったクラスター分析でも抽出されたかどうかに注意しつつ，図4.1に示したクラスター分析の結果を確認していく。

　まず，「納税制度をめぐる議論に絡めてサラリーマンに言及」（岡本・笹野2001: 21）した記事群である（I）「納税」カテゴリーについては，クラスター12がこれに対応するものと見なせる。クラスター12には，「税」「税制」「負担」などの語が集まっており，これらの語はたとえば「景気対策としての所得税減税論に代わって，サラリーマンの税負担軽減を目的にした減税論が浮上している」（『毎日新聞』1993.5.25朝刊）といった形で記事中で用いられていた。「同様に年金・保険制度をめぐる議論に絡めてサラリーマンに言及」（岡本・笹野2001: 21）した記事群である（II）「年金・保険」カテゴリーについては，クラスター13・14がこれに対応するものと見なせる。クラスター14には「年金」「保険」といった語が集まり，隣接したクラスター13には，「健康」「医療」「高齢者」などの語が集まっている。実際の記事中では「97・6　改正健康保険法成立でサラリーマンの負担が2割に」（『毎日新聞』2001.9.26朝刊）といった表現が見られた。

　「主に政府発表による消費支出などの統計記事においてサラリーマン家庭（統計処理上の雇用労働者を指す）の経済状態に言及」（岡本・笹野2001: 21）した記事群である（III）「家計」カテゴリーについては，クラスター10がこれに対応するだろう。クラスター10には，「世帯」「年収」「調査」「発表」などの語が集まっており，これらの語はデータ中で，たとえば「サラリーマン世帯，消費支出減少続く─総務庁・家計調査」（『毎日新聞』1994.1.26朝刊）といった形で用いられていた。

　「サラリーマンの生活実態に言及」（岡本・笹野2001: 21）した記事群である（IV）「生活」カテゴリーについては，「妻」「子供」「生活」「家族」などの語が集まったクラスター4がほぼそれに対応するものであろう。実際の記事としては，「妻の半数がへそくり＝首都圏のサラリーマン家庭」（『毎日新聞』1991.3.24朝刊）といったものがあった。ただし，クラスター4には「働く」「仕事」といった語も含まれているので，「サラリーマンの労働実態に言及」（岡本・笹野2001: 21）した記事群である（V）「労働」カテゴリーにも，クラスター4は一部対応している。クラスター分析の結果としては，「労働」と「生活」の2つが合わさって1つのクラスターが形成されており，「労働」を含む形で「生活」への言及がなされていたと推測される[*5]。

　対応するクラスターが見つからなかったカテゴリーとしては，「サラリーマンの個人的な趣味に言及」（岡本・笹野2001: 21）した記事群である（VI）「趣味」カテゴリーがあった。なお，「ルーチン化した賃金労働の担い手の代名詞として『サラリーマン』という語を用いただ

[*5] クラスター4に布置された「仕事」「働く」といった語のほかにも，「労働」がクラスター9に，「社員」「社長」「会社」がクラスター5に布置されている。だが，「サラリーマンの労働実態に言及」したものかどうかを考えると，周囲に布置されている語からしても，クラスター4が最もよくあてはまるだろう。

け」の（VII）「類比」カテゴリーと，サラリーマンではなく「サラリーマン新党」に言及した
だけの（VIII）「政党」カテゴリーの2つについても，対応するクラスターが見られない（岡
本・笹野 2001: 21）。「類比」「政党」の2つについては，およそ主題とは言い難いカテゴリー
であり，対応するクラスターがなかったことも自然な結果であろう。

　次に，岡本・笹野（2001）の8カテゴリーの中には見あたらないものの，クラスター分析
からは読み取れる主題として次のようなものがある。クラスター6・9に布置された「不況」
「景気」などの語からは，「景気動向」という主題を読み取れるし，「政治」「国会」などのクラ
スター11に布置された語からは「政治」という主題を読み取ることができる。さらにクラス
ター1・2には，「映画」「テレビ」「本」などの新聞以外のメディアをあらわす語が集まってい
る。記事を確認したところ，たとえば「『ヤクザ路線からサラリーマンものへ』第1弾　東映
の映画『集団左遷』」（『毎日新聞』1994.11.7 夕刊）といった，サラリーマンを描いた映画やテ
レビ番組，本などの紹介が多く見られた。最後に，クラスター3・5・7・8については解釈が
困難であった[*6]。

　以上の解釈から見出された主題群は，岡本・笹野（2001）が作成した8つのカテゴリーに完
全には対応・一致しないまでも，対応・一致する部分が多く見られた。対応・一致しなかった
部分についての検討は次節以降にもち越すが[*7]，以上に行ってきた多変量解析とその結果の解
釈によって，データ中の主題を概観することができたと言えよう。

4.2.3　コンピュータ・コーディングと手作業によるコーディングの比較

コーディングルールの作成

　データ概要の把握に続く次の段階として，特定の主題や事柄に言及した記事とそうでない記
事を分類するというコーディング作業を行う。この作業によって，分類結果すなわちコーディン
グ結果を数え上げ，記事数や割合を用いての比較を行うことが可能になる。なお前節における
データ概要の把握は，接合アプローチ（2.1.2節）における1つ目の段階に相当するので，
前節では恣意的なものとなりうる作業を極力避けて，不要なバイアスをまじえないよう注意し
た。それに対して，接合アプローチにおける2つ目の段階にあたるこれ以降の作業では，一般
に，理論仮説や問題意識にもとづいたコーディングと分析が目指される。

　本章の場合には，岡本・笹野（2001）が行ったコーディング・分析の結果と，コンピュータ
を用いた場合の結果を比較することが主な目的なので，基本的には岡本・笹野（2001）にそっ
た形でのコーディングを行う。さらに，前節で発見されたデータ中の主題群と，岡本・笹野
（2001）が作成したカテゴリーが対応・一致しなかった部分の検討が重要となるので，この検
討を行えるようなコーディングを目指す。そのために，岡本・笹野（2001）が作成したカテゴ

[*6] 解釈が困難なクラスターがあったものの，容易に主題を読み取れるようなクラスターも多く作成さ
　　れたことから，データ中の主題を探索するというクラスター分析の目的は達成されたと言えよう。
　　全体から見ればごく一部の語しか用いておらず，また機械的に語を選択しているので，特定の主題
　　と結びつかない一般的な語も完全には排除できていない。その結果として，解釈できないクラス
　　ターも作成されることになる。この点は，恣意的になりうる手作業を排除したことの，言わば副作
　　用として，許容しうるものと本書では考えている。

[*7] 岡本・笹野（2001）が8つのカテゴリーに記事を分類したのに対して，ここで行ったのは語のク
　　ラスター分析による主題の探索であるので，記事と語というように分析単位が異なっている。また
　　扱っているデータも異なるので，ここでの単純な比較から，対応・一致しなかった部分について性
　　急に判断・解釈を行うべきではないだろう。

リーの中には存在するものの対応する主題が見出せなかった「趣味」カテゴリーや，逆にカテゴリーが作成されていないものの主題として見出された「景気動向」「政治」「他のメディアで描かれるサラリーマン」なども利用してコーディングを行う。

KH Coder を利用してコーディングを行うために，「記事中に『税』『税金』『血税』などの語があれば，その記事に『納税』というコードを与える」といったコーディングルールを，必要な数だけ作成した。表 4.1 に作成したコーディングルールの一覧と，コーディングのために用いた主な言葉，そして KH Coder が実際のコーディングを行った結果いくつの記事に各コードが与えられたかを示す。なお，複数のコーディングルールが 1 つの記事にあてはまった場合，KH Coder では 1 つの記事に複数のコードを与える。それに対して，岡本・笹野（2001）はそれぞれのカテゴリーに記事を排他的に分類しているので，この点ではコーディングの方式が異なっている。

表 4.1　コーディング結果

コード名	コーディングに用いた主な語	記事数	割合
納税	税，税金，血税，租税，所得税	981	16.73%
年金・保険	年金，保険，保険料，厚生年金	1,071	18.26%
家計	家計，家計調査，ローン，貯蓄	647	11.03%
趣味	趣味，レジャー，囲碁，将棋	808	13.78%
生活	家庭，家族，休日，余暇，子供	2,894	49.34%
労働	仕事，働く，上司，部下，通勤	2,662	45.39%
政治	政治，政府，選挙，国会，首相	1,991	33.95%
他のメディア	映画，テレビ，ドラマ，小説	1,816	30.96%
景気動向	景気，不況，好況，不景気	931	15.87%

見出された主題と見出されなかった主題

ここではまず，コーディング結果をもとに，岡本・笹野（2001）のカテゴリーと本章におけるクラスター分析の結果が一致しなかった部分について確認する。なぜ一致しなかったのかという理由についても，可能な範囲で検討しておきたい。

表 4.1 を見ると，4.2.2 節で行ったクラスター分析からは主題として見出されなかった「趣味」に言及した記事が，データ全体の 14% と，一定数存在したことがわかる。データ中の主題を探索することはできたものの，クラスター分析によってデータ中のあらゆる主題を網羅的に把握するということはできなかったようだ。

その一方で「政治」と「他のメディア」に言及した記事が，データ全体の 30% と，数多く存在したことが表 4.1 からわかる。「政治」と「他のメディア」はいずれも，岡本・笹野（2001）が作成した 8 つのカテゴリーには含まれないものの，クラスター分析からは見出された主題であった。ここで，岡本・笹野（2001）が扱ったデータ中には「政治」「他のメディア」に言及した記事が少なかったために，これらのカテゴリーが作成されなかった可能性はあるだろうか。この点について，本章で扱っているデータを用いて，可能な範囲での確認を行っておきたい。

本章で扱っているデータと岡本・笹野（2001）が扱ったデータとの主な違いの 1 つに，データ収集時に見出しのみを検索したのか，見出しに加えて記事本文まで検索したのかという違いがある。そのため，見出しでは「サラリーマン」に言及せず本文でのみ「サラリーマン」に言及した記事群が，本章で扱うデータには含まれているのに対して，岡本・笹野（2001）が扱ったデータには含まれていない。このような検索方法の違いによって，データとして得られる新

聞記事の内容に偏向が生じるのだろうか。この点を明らかにするために，各コードが与えられた記事の割合を比較した結果が表4.2である。表4.2には，見出しに「サラリーマン」を含む記事群と，本文にのみ「サラリーマン」を含む記事群との間で，出現割合に明らかな差異（$p < .05$）が見られたコードのみを列挙した。

表4.2 コード出現割合の変化

| | 見出しに「サラリーマン」を | |
	含む	含まない
納税	11.6%	17.1%
年金・保険	13.6%	18.6%
家計	18.8%	10.5%
生活	43.9%	49.7%
労働	55.8%	44.7%
政治	14.5%	35.2%
他のメディア	20.8%	31.0%

　見出しに「サラリーマン」を含む記事群と含まない記事群とを比べると，含まない記事群では「政治」と「他のメディア」に言及した記事が10〜20ポイントと大幅に多い（表4.2）。見出しに「サラリーマン」を含まず，「他のメディア」に言及している記事では，たとえば「岸谷ふんする風太郎はかつて駅伝の花形選手だったが，足の故障で競技をあきらめてから気楽なサラリーマン生活に甘んじている」（『毎日新聞』1998.9.20朝刊）といった表現が見られる。見出しのみを検索してデータを収集した場合，確かに記事の主となるトピックとして「サラリーマン」が扱われているわけではないものの，こういった表現を含む大量の記事が分析から抜け落ちてしまうことがわかる。また，このことが，岡本・笹野（2001）のカテゴリーとクラスター分析の結果に違いが生じる原因の1つであったようだ。

コーディング結果の比較

　それでは，手作業によるコーディングの結果と，KH Coderによるコンピュータ・コーディングの結果はどの程度一致するのだろうか。

　見出しに「サラリーマン」を含む記事群と，本文にのみ「サラリーマン」を含む記事群との間には内容に違いがあることがわかったので，コーディング結果の比較にあたっては，見出しに「サラリーマン」を含む記事群だけを取り出した。さらにその中から，岡本・笹野（2001）が扱った『朝日新聞』データと発行年が重なっている，1991年から1999年までの記事だけを比較に用いたところ，該当する『毎日新聞』の記事数は250であった。

　またコーディングの方式についても，岡本・笹野（2001）は記事を各カテゴリーに排他的に分類しているのに対して，KH Coderは指定された条件があてはまれば，1つの記事に複数のコードを付与している。そこで，少なくともある程度までは排他的なコーディングをKH Coderに行わせるよう，コーディングルールを編集した。まず生活コードに関しては，非常に包括的な主題をあらわしており，表4.1を見ても半数近くの記事に付与されている。そこで「家計」「趣味」など他のコードが与えられた記事には，「生活」に関連する言葉が含まれていても「生活」コードを付与しないこととした。また，「生活」に次いで多くの記事に付与されていた「労働」についても同様の手当を行った[8]。このほかにも，「納税」と「年金・保険」の

---

*8 「生活」と「労働」の両方に関する言葉を含む記事については，4.2.2節で行ったクラスター分析／

両方に関する言葉を含む記事については，所得控除の対象としての保険料に言及したものや，「今回の税制改革では，国民年金保険料が月 500 円アップする」（『毎日新聞』1997.1.29 夕刊）といった形の言及が多かったので，「納税」コードのみを与えることとした。

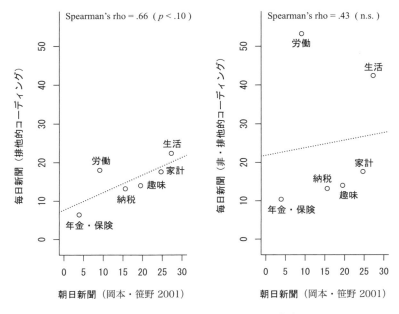

図 4.2 コーディング結果の比較（%）

以上のような形で記事の選択とコーディングルールの修正を行った上で，各コードがそれぞれ何パーセントの記事に付与されたかという集計結果を比較したものが図 4.2 である。図 4.2 では，x 軸を岡本・笹野（2001）のコーディング結果における出現割合，y 軸を本章のコーディング結果における出現割合として各コードを布置した。また 2 つのコーディング結果がどの程度似通っていたのかを示す参考情報として，回帰直線を点線で示し，Spearman's ρ の値を添えている[9]。

図 4.2 を見ると，岡本・笹野（2001）によるコーディング結果に多く出現したコードほど，KH Coder によるコーディング結果にも多く出現する傾向がある。たとえば，「年金・保険」コードよりも「生活」コードの方が出現割合が大きいといった傾向が，岡本・笹野（2001）と本章のコーディング結果に共通している。特に KH Coder による排他的なコーディングの結果においては，この傾向が顕著である[10]。扱っているデータに違いがあり，また集計結果の

の結果を踏まえて，「労働」を含む形で「生活」への言及がなされているものと見なし，「生活」コードだけを与えることとした。これによって，クラスター 4 に見られるような「家族」「生活」「働く」などの語がともに用いられている記事には「生活」コードのみが付与されることになる。

[9] 岡本・笹野（2001）はコーディング結果を 1 年ごとに集計していたので，1991 年から 1999 年までの結果を合算し，図 4.2 に取り入れた。なお，ここでの p 値は，正の相関があることを対立仮説とした片側検定の結果である。

[10] 本文中でのみ「サラリーマン」に言及した記事を加えてコーディングを行っても，「家計」コードが与えられた記事の割合が「年金・保険」コードと同程度まで減少するほかは，概して似通った結果が得られた。

みの比較には限界もあるが，ひとまず手元のデータから確認できる範囲では，KH Coder を用いたコーディングによって手作業と同様の結果が得られていると言えよう。

　ただし排他的なコーディングを行わない場合には，「生活」のようにさまざまな主題を包括するコードの出現数が著しく増大することがわかる。また，「労働」は辞書的な意味では包括的な主題とは言えないが，サラリーマンを見出しに含む記事においてはさまざまな主題と絡めて言及されることが多かったようで，「生活」と同様の傾向を色濃く示している。このような傾向が見られることは，KH Coder によるコンピュータ・コーディングの特性であると言えよう。

「生活」と「労働」

　ここまでに行ってきたコーディングの結果，それも排他的なコーディングを行わない場合には特に，「生活」および「労働」コードが非常に多くの記事に与えられている。そこで本章における分析を終えるにあたって，『毎日新聞』が描写するサラリーマンの「生活」と「労働」の内容を確認しておきたい。

　4.2.2 節のクラスター分析で，これら 2 つが合わさって 1 つのクラスターを形成していたことからすれば，「生活」と「労働」の両方のコードが与えられた記事が多かったものと推測できる。「生活と労働」「生活のみ」「労働のみ」という 3 つのコードを作成してこれを確認したところ，やはり「生活と労働」（両方）に言及した記事がデータ全体で 1,550 と，最も多かった。それに対して「生活のみ」に言及した記事は 1,344，「労働のみ」に言及した記事は 1,112 であった。

　次に，これら 3 つの記事群の特徴を確認するために，他のコードとの関連の強さを測定した結果を表 4.3 に示す。ここではデータ全体での関連を Jaccard 係数によって測定している。表4.3 を見ると，「生活と労働」「生活のみ」「労働のみ」という 3 つのコード間に大きな違いが見られない部分が多いものの，「趣味」「他のメディア」との関連には顕著な差異が見られる。

表 4.3　労働・生活と他のコードとの関連

	生活と労働	生活のみ	労働のみ
納税	0.094	0.114	0.087
年金・保険	0.115	0.103	0.098
家計	0.085	0.080	0.051
趣味	0.170	0.097	0.068
政治	0.155	0.143	0.140
他のメディア	0.211	0.188	0.115
景気動向	0.137	0.081	0.101

数値は Jaccard の類似性測度

　まず「趣味」については，「生活と労働」との関連が 0.170 と最も強く，「生活のみ」や「労働のみ」との関連は比較的弱い。これは，たとえば以下のような形で，「生活と労働」の両方に言及した記事の中で，「趣味」にも言及するケースが多かったということである[11]。

---

[11]　「生活」「労働」「趣味」コードを付与するためのルールで用いた語に傍点を付した。

◇休日を過ごす理想のベスト3は⑴趣味を楽しむ⑵スポーツで体を鍛える⑶読書や勉強。でも，現実はゴロ寝が圧倒的トップで，次が家庭サービス，五番目にはズバリ仕事が。

（『毎日新聞』1991.5.2 朝刊，傍点筆者）

　ここから，「生活と労働」に言及した記事は，単に「生活」と「労働」の両方に言及していたというよりも，むしろ「労働」をその一部として含むような広い意味での「生活」に言及していたものと考えられる。そのような広い意味での「生活」に言及するなかで，「趣味」にも言及するケースが多かったのだろう。

　次に，「他のメディア」については，「生活と労働」や「生活のみ」との関連が強いのに対して，「労働のみ」との関連が 0.115 と比較的弱い。これは，映画やドラマをはじめとする「他のメディア」の中では，「サラリーマン」の働く姿というよりも，生活する姿が描かれることが多かったためであろう。「サラリーマン」という語は一般に労働の対価として「サラリー」を得る者を指すにもかかわらず，映画やドラマといった虚構の中にあらわれる「サラリーマン」は，「労働者」というよりも「生活者」であったことがわかる。

　以上に表 4.3 の解釈を行ってきたが，コードが与えられた記事の数からしても，「生活」と「労働」，もしくは「労働」を含む広い意味での「生活」が，今回扱った「サラリーマン」記事における中心的な主題であったと言える。この点は，不況期においてはもっぱら「生活」状態への言及と絡めて「サラリーマン」が語られることが多いという，岡本・笹野（2001）がコーディング・集計の結果から得た知見に一致している[*12]。その一方で，映画やドラマといった「他のメディア」の中にあらわれる「サラリーマン」の特徴については，データ収集時に見出しだけでなく記事本文も検索し，「他のメディア」に言及した多くの記事を漏らさず分析に含めたからこそ，明らかになったことである。

4.3　　議　　　論

4.3.1　手作業による分析結果との比較

　以上に，新聞記事の分析において接合アプローチを用いることの長短を検討するために，試験的な分析を行ってきた。試験的な分析では KH Coder を利用して「サラリーマン」に言及した『毎日新聞』記事のコーディング・分析を行った。そして限られた範囲ではあるが，岡本・笹野（2001）が手作業で『朝日新聞』記事のコーディング・分析を行った結果との比較を試みた。以下が，本章で行った分析の主な結果である。

　まず，自己組織化マップやクラスター分析といった多変量解析の手法を用いて，データ中の主題を探索した。その結果，岡本・笹野（2001）が記事分類・コーディングのために用いた 8 つのカテゴリーに対応・一致するような主題が，データ中から複数発見された（4.2.2 節）。またコンピュータによるコーディングによって，岡本・笹野（2001）の結果に近いコーディング結果を得ることができた（図 4.2）。さらに多変量解析では見出されなかった「趣味」に言及した記事が一定数存在した点や，「生活」状態への言及と絡めて「サラリーマン」が語られることが多かった点で，基本的には岡本・笹野（2001）の知見に一致する分析結果が本章でも得られた。ただし，見出しに「サラリーマン」を含む記事群と，本文でのみ「サラリーマン」に言

[*12] なお，岡本・笹野（2001）は同じコーディング・集計の結果から，ほかにも好況期においては「サラリーマン」がもっぱら「納税」役割との関連で語られることが多い点や，同じ不況期であってもポスト・オイルショック期とポスト・バブル期には違いがあることを指摘している。

及している記事群では内容に明らかな違いがあることがわかった。このデータの差異に起因する部分に関しては，たとえば本章で扱ったデータでは政治への言及が多いといった点で，コーディング作業による確認を経ても分析結果が異なる点があった。

　以上の分析結果から第一に，新聞記事のコーディング・分析においてコンピュータを利用しても，手作業による場合と一致した知見を得られるようである。ただし，多変量解析からは「趣味」という主題を見出せなかったことからもわかるように，一致した知見を得るためには同様のコーディングルールを用いて分析を行う必要がある。また KH Coder を用いる場合，たとえば「生活」のようにさまざまな主題を包括するようなコードを作成する際には，排他的なコーディングとなるように手当をしなければ，非常に多くの記事にコードが与えられることがわかった。特に，手作業による排他的な分類の結果と比較するような場合には，この点に注意が必要である。また手作業でのコーディングからコンピュータ・コーディングに移行する場合にも，この点に注意せねばならないだろう。

　第二に，付随的な発見として，見出しだけを検索して新聞記事データを作成すると，記事内容に偏りが生じる場合があることがわかった。記事の数という点でも，見出しで特定の事項に言及した記事よりも，記事本文内でその事項に言及した記事の方が圧倒的に多い。本章の場合には，本文でのみ「サラリーマン」に言及した記事も取り上げることで，映画やドラマといった虚構の中に取り上げられる「サラリーマン」の特徴が明らかになった。このように見出しだけでなく，本文も検索してデータを収集することで，新たな発見・解釈が得られる可能性が多分に考えられる。したがって，本文の検索が可能なデータベースを使用できるならば，わざわざ検索対象を見出しだけに絞ることは必ずしも得策ではないだろう。

4.3.2　新聞記事の分析における接合アプローチの利用

　見出しだけでなく記事本文も検索してデータを収集した場合，結果として得られるデータの量は劇的に増大する。本章で扱った「サラリーマン」の場合であれば，記事本文も検索することで，見出しだけを検索した場合の 20 倍程度の記事がデータとして得られている。見出しだけでなく本文も検索してデータを収集することが望ましいとすれば，新聞記事を扱う際には，このような大量のデータをコーディング・分析せねばならない場合が多くなるだろう。ここに，大量のデータを扱いうるという，接合アプローチの利点が意味をもつこととなる。

　2.4.2 節で述べた通り，大量のデータを扱う際には，多変量解析を用いてデータの概要を把握することが有効である。本章でも，多変量解析によってデータ中の主題を概観することで，データを要約することができた。そればかりか，岡本・笹野（2001）は「労働」と「生活」を別個のカテゴリーとしていたが，本章で扱ったデータにおいては「労働」を包摂する形で「生活」に言及した記事が多かったことが多変量解析から示唆された。こういった発見が得られることは，量的方法を用いることがデータ探索に役立つという点（1.2.2 節）の具体例である。あるいは川端（2003b: 41）が述べていた点，すなわち字義通りの解釈をせずに計量的分析を行うことで，単に読んでいるだけでは気づきにくいデータの「潜在的論理」とでも言うべきものを取り出せるという点（1.3.2 節）の具体例である。

　ただし，「趣味」に言及した記事が一定数出現していたにもかかわらず，クラスター分析ではこの主題を抽出できなかったことからわかるように，多変量解析も決して万能ではない。ここに，コーディングを行う意義があると言える。また本章においては，「生活」「労働」を2つのコードとした場合と，「生活と労働」「生活のみ」「労働のみ」の3つとした場合の違いを確かめるといった試行から，データの新たな側面が浮かび上がった。1.2.2 節でふれたように，必

要に応じて素データにあたりつつコーディングルールを何度も作り直して再集計するという試行の繰り返し，すなわち質的な作業と量的な作業とを循環的に行うようなプロセスは重要である。それも，やみくもにあれこれ試すというのではなく，川端（2003b: 49）の言葉を借りるならば「きちんとした手順の中で，反復し，試行錯誤し，確かめるところに新たな発見，思いつきが生まれる」のである。

　本章の分析では，多変量解析から「生活」と「労働」の関係に関する示唆を得て，さらに「生活と労働」「生活のみ」「労働のみ」という形でコーディングをやり直すなかで，映画やドラマなどに取り上げられる「サラリーマン」の特徴が明らかになった。多変量解析とコーディングとを接合した分析アプローチは，テキスト型データ一般を扱う汎用的なものとして提案したものだが，本章における新聞記事の分析においても有効に機能していたと言える。むしろ，そもそもデータ量が多い上に，見出しだけでなく本文も検索することでいっそうデータ量が増大する新聞記事においては，以上に述べてきたような利点がより重要な意味をもつと言えよう。

第 5 章

現代における全国紙の内容分析の有効性
——社会意識の探索はどこまで可能か

5.1　現代の新聞と人々の意識

　議題設定研究や培養分析のような 1970 年代以降のマスメディア効果研究が示すように，マスメディアの報道が我々の意識に及ぼす影響は決して無視できないものである。またマスメディアの送り手の側でも，常識や社会通念を踏まえて，より多くの人々に求められるような内容を報道すべく努力を重ねている。したがって，マスメディアの報道内容と，「ある社会集団の成員に共有されている意識」（見田 1979: 101）としての社会意識の間には，強い関連ないしは類似性が生じているはずである。また我々は，マスメディアが提示する「現実」の分析を通じて，人々が頭に思い描く『現実』の姿，すなわち擬似環境（Lippmann 1922＝1987; 藤竹 1968）を探索できるだろう。

　実際にこうした前提にもとづいて，マスメディアの内容分析から社会意識ないしは擬似環境を探ろうとする研究や，人々の意識に色濃く影響を及ぼすものとしてマスメディアを取り上げ，その報道内容を分析する研究がしばしば行われている（たとえば 岡本・笹野 2001; 井田 2005; 牧野 2006; 李 2007; 日比野・永田 2008; 水野 2008; 張 2010; 松葉・上田 2011; 御旅屋 2012; 柳瀬 2012; 谷本 2013; 松井 2013a; 原口・安藤 2014; 倉田 2015; 山田 2017; 久保・杉本 2018; 中嶋 2018）。このような方法には，蓄積されたデータをもとにして過去の社会意識を探りうる，そして過去と現代を比較しうるという，一般的な社会調査法にはない利点がある。さらに，マスメディアの中でも特に新聞に注目すると，データベース化が進んだことで記事の利用が容易になり（三上 1994; 竹下 1994），現代では分析を行いやすくなっている。また前章では，新聞記事を分析する場合にも，計量テキスト分析の利点が有効にはたらくことを確認できた。

　しかし，マスメディアないしは新聞の報道内容と社会意識について，両者の類似性を実証的に確認する試みが十分に行われてきたわけではない。確かに 70 年代以降マスメディアの効果研究は活発に行われ，議題設定研究においては，政治・選挙に関してマスメディアが強調した争点ほど，受け手である人々も重要な争点だと認識することが確認された（McCombs & Shaw 1972; McCombs 2014＝2018; 竹下 2008）。また培養分析によって，テレビの視聴時間が長い人ほど，暴力に巻き込まれる可能性を高く見積もりがちだという傾向が明らかになった（Gerbner & Gross 1976; 斉藤 2002）。だが，政治や暴力といった，多くの人にとっては直接体験することができず，伝聞でしか知りえないような領域だけでなく，その他の一般的な領域，あるいはより身近な領域に目を移しても，報道内容と社会意識の間に類似性が見られるのだろうか。

またマスメディアの中でも特に新聞については，現代における情報環境のめざましい変化という問題がある。広告費の推計額を見ると，新聞がテレビの後塵を拝してから 30 年以上が経過し，その間テレビと新聞の差は開く一方であった。利用の面でも，若者では新聞購読よりテレビ視聴の方が活発であり，そこに追い打ちをかけるようにインターネットの普及が進んでいる（東京大学大学院情報学環編 2006）。インターネット利用者は，非利用者に比べて，新聞を情報源として重要視しておらず（遠藤 2005: 79），インターネット利用時間の長い人は，新聞を読む時間が減る傾向にあるという（斉藤 2001）。このような現代の状況においては，新聞報道と社会意識の間に必ずしも類似性が見られない可能性が考えられよう。

本章では以上のような観点から現代の新聞に注目した上で，政治や暴力に限らない一般的な領域における，報道内容と社会意識との類似性を確認したい[*1]。これは言葉を換えると，現代の日本において，全国紙の内容分析が社会意識を探るための方法として有効なのかどうかという問題である[*2]。この問題について実証的な方法で検討を行うことが，本章の主な目的である。

5.2 データと方法

政治・選挙や暴力に限らない一般的な意識といっても，あらゆることについての意識全体を調査することは不可能である。そこで本章では調査の対象として，「インターネット」および「情報技術（IT）」についての意識を取り上げる。第一にこの対象は，新聞紙面にある程度以上頻繁に登場しているので，報道内容の詳しい分析や，社会意識との比較を行いやすい。第二に，この対象に直接的に接触した経験のある人と，伝聞でのみ知る人とがバランスよく存在する。そのため，直接的に接触することで意識がいかに変化するのか，特に，意識と新聞報道との類似性がいかに変化するのかを分析しやすい。もちろん限られた事例ではあるものの，こうした点で，政治や暴力に限らない一般的な意識の例として，「インターネット」「情報技術（IT）」に対する意識は本章の目的に適したものである。なお，インターネットはそれ単体で利用しうるものではなく，その利用にはコンピュータや携帯電話などの情報機器が必要となるので，インターネットを中心として，それらの機器を含む情報技術（IT）について調査を行っている。

まず社会意識の分析を行うために，2004 年 10 月に実施された「情報化社会に関する全国調査（JIS2004）」において自由回答型の質問を設けた。この調査では日本全国の 20 歳から 79 歳までの男女を母集団として，選挙人名簿を用いた層化 2 段無作為抽出を行っており，有効回

[*1] もしも，情報環境の中で新聞が衰退していくことが自明であるとすれば，わざわざ新聞を取り上げて調査・分析を行う意義は乏しいかもしれない。しかし上述の議題設定効果については，テレビよりも新聞の方が強力であったり，長期的な効果を示すという調査結果がしばしば得られている（McClure & Patterson 1976; McCombs & Shaw 1977; Weaver et al. 1981＝1988; Wanta 1997）。また，新聞が報道したニュースをテレビが取り上げることは頻繁に見られるし，紙の新聞を読まない若者もインターネット上では「新聞記事」を読む傾向がある（遠藤 2005）。これらの点から新聞は根強い影響力を維持しているということも考えられる一方で，竹下俊郎（2010）が示すように，新聞の影響力低下を示唆する近年の調査結果も存在する。よって本章では，可能性はあるにしても，必ずしも新聞の衰退は自明ではないという立場のもとに，新聞を取り上げての実証研究を試みる。

[*2] 新聞記事を社会調査データと見なしうるかという，本章と似通った問題意識にもとづく先行研究として，中野康人（2009, 2010）は新聞の読者投稿欄に注目して分析を行う可能性を示している。

収数は 1,294（64.7%）であった。自由回答型の設問のワーディングは以下の通りである[*3]。

　問 2.　最近,「インターネット」や「情報技術（IT）」という言葉を耳にすることが増えたと思います。情報技術（IT）やインターネットについてあなたが考えるとき, どんなことが思い浮かびますか。思いつくものから順に 3 つまで, 何でもご自由にお答え下さい。

　回答内容が他の質問の影響を受けにくいように, この項目は質問紙の先頭近くに配置した。この質問項目より前にあるのは「あなたは, インターネットやパソコン通信をご存じですか」という問いだけである。

　この設問に回答したのは 929 人であった。回答者数がやや少ないのは, 表 5.1 からわかるように, インターネットのことを知らない人からは回答があまり得られなかったためである。インターネットを知っている人々からは 85% と, 自由回答型の設問としては高い割合で回答が得られており（太郎丸 1999a）, 全体としては妥当な回答率であると言える[*4]。回答のあった929 人について見ると, 3 つの回答欄を合わせた記入文字数の平均は 29.7, 標準偏差は 33.6 であった。

表 5.1　インターネットを知っているかどうかと回答の有無

インターネットを知っているか	自由回答（問 2）への記入	
	なし	あり
知っている	132 (15.0%)	750 (85.0%)
言葉は知っている	166 (52.4%)	151 (47.6%)
まったく知らない	61 (76.3%)	19 (23.8%)
合計	359 (28.1%)	920 (71.9%)

$\chi^2 = 259.67, \quad df = 2, \quad p < .01, \quad Cramer's\ V = .451$

　次に, 新聞の報道内容を分析するためのデータとして,『朝日新聞』『読売新聞』『毎日新聞』の 3 紙から「インターネット」「情報技術」「IT」という言葉のいずれかを含む記事を, 2004 年1 月から 10 月にかけて収集した[*5]。この収集期間は, 上述の全国調査 JIS2004 が 2004 年 10月に行われたことから設定した期間である。収集の結果,『朝日新聞』から 1,999 件,『読売新

[*3] 2001 年調査（JIS2001）でも同じ質問をしており, 2.3 節の分析事例では 2001 年調査におけるこの質問への回答を扱った。また次章では, 2001 年と 2004 年のデータを併合して分析している。

[*4] 回答者の社会的属性を確認したところ, 性別に関しては偏りがなかったが, 初等・中等・高等の 3分類で見ると学歴が高いほど回答が多く（.275）, 年代別では高年齢層である 60 代・70 代の回答が少なく（.278）, SSM 職業 8 分類では農林の回答が特に少なかった（.200）。また世帯収入を 4 分類して見ると, 高収入になるほど回答率が高かった（.197）。カッコ内の値はすべて Cramer's V で, 回答有無との関連の強さを示す。これらの値を見ると, いずれの社会的属性についても, 表 5.1 に示したインターネットを知っているかどうか（.451）に比べれば, 弱い関連しかなかったことがわかる。

[*5] 記事の収集には日外アソシエーツを通じて販売されている学術研究用データ『朝日新聞記事データ集 2004』『読売新聞記事データ集 2004』『CD–毎日新聞』2004 版を用い, 各紙の地方版記事は除外した。なお『日本経済新聞』『産経新聞』については, 同様の学術研究用データが販売されていないという調査上の都合に加えて, 周知の通り, 他の全国紙に比して発行部数も少ないことから, 分析対象に含めていない。

聞』から 2,011 件，『毎日新聞』から 1,559 件の記事が得られた。各紙とも，朝夕刊を合わせて 1 日あたり 5〜6 件は，「インターネット」または「情報技術（IT）」に言及した記事があったという計算になる。

　これらのデータを，KH Coder を用いた計量テキスト分析によって分析・比較する。特に，新聞記事中に多く出現する主題や用語ほど，自由回答にも多くあらわれる傾向があるかどうかという観点から，両者の類似性を検討していく。これによって社会意識および新聞報道の中で，インターネットや情報技術（IT）が，他のどんな事柄や表現と関連づけて扱われ，意味づけられているのかを析出・比較することを目指す。

5.3　新聞記事データの概要

5.3.1　多変量解析によるデータ概要の把握

　5,000 件を超す新聞記事がデータとして得られたものの，これほど大量のデータとなると，順に読み進めながら理解を積み重ねてデータの全体像をつかむというのは困難である。だが，朝日・読売・毎日 3 紙の内容を検討し，さらに自由回答データとの比較を行うためには，新聞記事データ全体の見通しを得ることが不可欠である。そこで分析の最初の段階として，新聞記事中にどのような主題が多く見られたのかを概観するために，多変量解析を試みた。

　多変量解析を行うための準備として，まずデータ中から自動的に言葉を取り出すという処理を行った。この処理において，たとえば「小中学生のインターネット利用が急速に進んでいる」という文は，以下のように分割される。

小中学生／の／インターネット／利用／が／急速／に／進む／いる

　そして「小中学生」「インターネット」「利用」のように傍点を付した語だけが分析対象となる。これは助詞や助動詞など，どのような文の中にでも出現する一般的な語を省き，データの内容をあらわすような語に注目するためである。また，「進んで」「進まない」「進めば」などはすべて「進む」という 1 種類の語として数えるというように，活用のある語は基本形に直して取り出している。このような KH Coder の処理によって全体で 65,283 種類，そのうち分析対象としては 54,023 種類の語が取り出された。

　以上の処理によって，新聞記事データ中に多く出現していた語が明らかになった。ここでは，それらの頻出語を単に並べて示すのではなく，クラスター分析を行って似通った文脈で使われていた語のグループを見ることで，どのような内容の記事が多かったのかという探索を試みた。具体的な手順としては，まず 500 回以上データ中に出現していた頻出語 155 種類をクラスター分析の対象として取り出した。そして，155 語それぞれについて，その語が使われている文脈をあらわすようなベクトル $\vec{c}$ を，川端・樋口（2003）および 4.2.2 節と同様の方法で作成した。$\vec{c}$ の作成には，データ中に 40 回以上出現していた 2,640 語，語$_1$〜語$_{2640}$ を用いた。文脈をあらわしたい当該の語が出現している文における，語$_i$ の平均出現数を m_i とすると，文単位で計算したベクトル $\vec{b}$ は $(m_1, m_2, \ldots, m_i, \ldots, m_{2640})$ であらわされる。同様に段落単位，記事単位で計算したベクトルと $\vec{b}$ とを，重み付けしつつ加算することで目的の文脈ベクトル $\vec{c}$ を作成した[*6]。このベクトルは，当該の語がほかにどのような語とともにデータ中で

[*6] このベクトルの作成には KH Coder の「『抽出語 × 文脈ベクトル』表の出力」コマンドを用いた（A.3.7 節）。クラスター分析には SPSS for Windows を利用している。なお，この分析を行っ↗

用いられているかをあらわすもので，記事単位よりも段落単位，さらには文単位で算出したものを重視するよう重み付けされている。このベクトルを用いることで，クラスター分析の対象となる頻出 155 語だけでなく，より多くの語，すなわち出現数の比較的小さい語の出現位置情報についても，クラスター分析に利用できるようになる。

　このベクトルを用いて 155 語のクラスター分析を行ったので，クラスター分析に利用したデータ行列のサイズは 155 行 2,640 列となった。ここではクラスター化法として，広く一般に用いられており，アルゴリズムないし挙動がよく知られている Ward 法を採用した。分析結果としてデンドログラムを示すことはスペースの制約から難しいので，12 のクラスターに分割した結果を表 5.2 に示す。なおクラスター数については，クラスター結合水準の値の変化や，ある種のデータ要約が目的なので数が多すぎないこと，また分析結果の解釈のしやすさなどを総合的に判断して 12 に設定した[*7]。

5.3.2　各クラスターの解釈

　表 5.2 を見ると，まずクラスター 1 については「インターネット」「パソコン」「メール」のように，情報技術そのものをあらわすやや専門的な用語が集まっている。

　次にクラスター 2 には「会社」「販売」「商品」などが集まっており，たとえば「ヤフーは 5日，インターネット上で保険商品を販売する保険販売代理事業に，今春参入すると発表した」（『読売新聞』2004.2.6 朝刊）といった形でこれらの語は用いられていた[*8]。またクラスター 3および 4 についても，「東京」「社長」「会長」といった会社組織のトップやその人事に関わる語，「経済」「市場」「金融」など経済に関わる語が集まっている。これらのクラスターからは，経済・ビジネスについての記事がデータ中に多かったことを容易に読み取れよう。

　クラスター 5 を見ると，「選手」「野球」「プロ」といったスポーツに関わる語が集まっている。ただし実際の記事を確認すると，「楽天のプロ野球参入」（『朝日新聞』2004.10.5 夕刊）といったものが多く，単なるスポーツ記事というよりはやや経済色を含むものが多かった。

　クラスター 6 には「事件」「容疑」「被害」など，インターネットに関連する犯罪についての用語が集まっている。実際の記事としては「京大を家宅捜索　不正アクセス事件」（『朝日新聞』2004.2.6 夕刊）といったものがあった。

　次にクラスター 7 から 10 にかけては，主として政治に関わる語が集まっている。クラスター 7 と 8 には「日本」「米国」「中国」など，政治の中でも特に国際問題に関する語が見られる。実際の記事としては，「中国の民間団体，尖閣へ『28 日再出港』──ネットで公表」（『毎日新聞』2004.3.26 夕刊）といったものがあった。それに対してクラスター 9 と 10 には国内の政治に関する語が集まっており，クラスター 9 には「政府」「改革」「政治」などの政治そのものをあらわす語が，クラスター 10 には「地域」「環境」「医療」などのより具体的な問題をあ

　　た当時にはなかった機能であるが，現在は KH Coder でもクラスター分析を行える。

[*7]　クラスター数 8 から 16 にかけての結合水準（小数点以下は四捨五入）は順に 294,639; 286,937;
　　280,874; 275,175; 269,648; 264,354; 259,241; 254,374; 249,665 と，総じてなめらかに変化して
　　いた。そこでデータ要約の目標として，あくまで便宜的にではあるが，ケース数 155 の平方根
　　（12.4）程度のクラスター数とすることを考えて 12 を選択した。なお，クラスター数 10 から 14 に
　　かけての結果を確認したが，次節以降の内容，特にコーディングルールの変更が必要なほど重要と
　　考えられるような分析結果の変化は見られなかった。

[*8]　新聞記事引用箇所の傍点はすべて筆者による。

表 5.2 新聞記事中に頻出していた語のクラスター分析

クラスター 1		クラスター 3		クラスター 5		クラスター 9		クラスター 11	
インターネット	5,984	東京	4,425	選手	1,669	政府	1,703	人	4,183
情報	5,915	写真	3,734	野球	1,463	改革	1,351	思う	2,638
電話	3,724	社長	2,295	球団	1,461	制度	1,170	社会	2,518
ネット	3,399	説明	1,953	プロ	1,183	国民	1,149	見る	2,411
使う	2,830	委員	1,622	参入	971	政治	1,090	多い	2,365
利用	2,760	参加	1,358			政策	1,047	自分	2,169
サービス	2,339	開く	1,151	クラスター 6		年金	1,039	言う	1,982
パソコン	2,077	代表	1,037	事件	2,076			出る	1,851
携帯	1,923	担当	1,026	容疑	1,197	クラスター 10		考える	1,845
技術	1,843	組織	1,007	被害	962	問題	2,731	話す	1,815
メール	1,751	会長	993			必要	2,399	持つ	1,792
開発	1,613	会議	975	クラスター 7		関係	2,046	女性	1,791
通信	1,601	大阪	940	日本	6,282	行う	1,791	知る	1,442
サイト	1,584	グループ	925	米	2,985	個人	1,765	子ども	1,413
電子	1,432			世界	2,364	受ける	1,753	時代	1,371
システム	1,378	クラスター 4		調査	2,069	可能	1,671	生活	1,361
ソフト	1,207	企業	4,464	米国	2,023	地域	1,647	作る	1,275
始める	1,189	経済	2,553	中国	1,918	求める	1,359	聞く	1,219
ホームページ	1,171	事業	2,186	増える	1,516	支援	1,302	入る	1,169
提供	1,049	IT	2,112	全国	1,458	活動	1,282	声	1,113
		経営	1,565	高い	1,449	対策	1,202	仕事	1,058
クラスター 2		投資	1,537	国際	1,304	環境	1,161	新聞	1,025
会社	3,380	市場	1,468	対象	1,126	国	1,142	分かる	1,009
販売	1,977	消費	1,444	大きい	1,119	管理	1,120	男性	999
テレビ	1,740	関連	1,223	続く	1,076	公開	1,029	読む	927
発表	1,596	国内	1,186	中心	987	示す	1,018	本	914
大手	1,195	証券	1,094	日	987	指摘	995		
商品	1,100	産業	1,090	進む	953	強い	994	クラスター 12	
価格	1,069	成長	1,053			対応	950	研究	1,770
デジタル	1,051	拡大	1,014	クラスター 8		進める	947	教育	1,576
同社	1,031	回復	979	イラク	1,688	機関	931	学校	1,279
放送	922	取引	972	大統領	1,143	基本	926	大学	1,248
		金融	966	首相	1,052	出す	910	教授	948
		情報技術	906	選挙	1,030	計画	906	科学	925
						医療	904		

数値はそれぞれの語の出現回数

らわす語が集まっている。

　クラスター 11 では先程の政治とはうって変わって，「人」「思う」「考える」「生活」「仕事」「女性」「男性」などが見られ，一般の人々の日常生活に関わるような語が集まっている。これらの語は記事中で，たとえば「力仕事も機械化や IT 化でカバーできるようになり，女性が進出しやすい環境が整ってきている」（『読売新聞』2004.2.5 夕刊）といった形で用いられていた。このクラスターからは，人びとの日常生活についての記事も，データ中に一定数存在したことがうかがえる。

　最後にクラスター 12 には「研究」「教育」「学校」など，教育・研究に関わる語が分類されている。

　以上のように自動処理によってデータ中から言葉を取り出して多変量解析を行うことで，分析者の予断を極力まじえない形で，データ中にどのような主題が多く含まれていたのかを明らかにできた。インターネットや情報技術（IT）に関する新聞記事をデータとして収集したところ，多く含まれていたのは経済・ビジネス，犯罪，政治，日常生活，教育・研究などについての記事であった。

5.4　新聞報道と人々の意識の比較

5.4.1　コーディングの枠組み

　分析の次の段階としてコーディング作業を行う。コーディングとは，たとえば「『情報』と『探す』の 2 語が近くに出現していれば，その記事に『調べ物』というコードを与える」といったコーディングルールをまず作成し，そのルールにそってそれぞれの記事にコードを付与していく作業である。よって本書で言うコーディングとは，数え上げのためのラベルを各記事に貼り付けていくような作業であり，このラベルのことをコードとよんでいる。この作業を行うことで，「調べ物」というコードが付与された記事，すなわち「調べ物」という主題に言及した記事の数・割合を調べられるようになる。さらに，そうした主題の出現割合を比べることで朝日・読売・毎日 3 紙の内容を比較したり，ひいては新聞記事データと自由回答データの比較を行えるようになる。

　コーディングルールの作成はここまでの分析結果を参考にしつつ行い，以下のような，由来と内容にいくぶん違いがある 3 つのコード群を準備した。1 つ目はインターネットや情報技術そのものをあらわす「a. 専門的用語」群で，「メール」「ホームページ」などのコードが含まれる。これらのコードは表 5.2 のクラスター 1 を参考にして作成した。なお，これらのコードはその名が示す通り，主題というよりも，用語の出現する頻度を測るためのものである。2 つ目のコード群は，前節で見出された「経済・ビジネス」「犯罪」などの主題が，コードとして各記事に付与されるようにしたものである。これらは「社会面」「経済面」といった新聞の紙面分類を直接的に反映するような主題であることから「b. 紙面分類主題」と名づけた。

　ここで，新聞記事データだけでなく，自由回答データ中に頻出していた語についても確認を

行った[*9]。本章ではこの後に自由回答との比較を行うので，新聞記事中では目立たないが自由回答中には頻出しているような主題を取りこぼしてしまうと，比較が不正確になるおそれがあるためだ。その結果，自由回答には表5.2のクラスター11「日常生活」にあたる部分で，より具体的な用途や評価をあらわす語が多く見られた。よって「日常生活」というコードは作成せず，より細分化した形で「仕事」「買い物」などのコードを作成し，これらを3つ目のコード群「c. 生活関連主題」とした[*10]。

実際のコーディング作業には，与えられたコーディングルールにそって自動的にコードを付与するという，KH Coder のコーディング機能を用いた。この方法であれば手作業で行う場合と違って，単に労力が軽減されるだけでなく，作業中にコーディングルールが揺らぐ恐れがないという利点がある。なお本章で行うコーディングは記事を分類するというよりも，記事に含まれる要素をカウントするという考え方なので，1つの記事が複数のコーディングルールに合致した場合には，複数のコードを1つの記事に与える形で行った。これは，必ずどれか1つのカテゴリーに排他的に記事を分類するのではなく，たとえば「経済・ビジネス」と「買い物」の両方に言及した記事の存在を認めるという方針である。

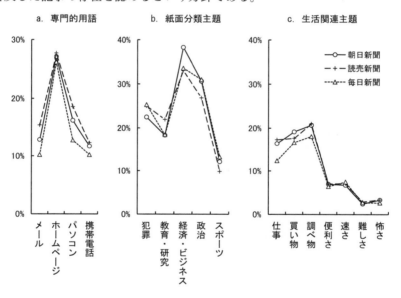

図5.1 朝日・読売・毎日3紙の比較

[*9] 本章では自由回答データ中に頻出していた語の一覧を示していないが，第3章および第6章でも同じ自由回答項目を扱っているので，これらの章における分析結果が参考になるだろう。なお一覧を示していない理由は，主として初出論文（樋口 2011）において紙幅の制約が厳しかったためである。本書の一部として編集する際にも，他の章の分析結果と似た内容になることを考えて追加を控えた。

[*10] このように，コーディングルールを作成するという過程には，先に行った多変量解析とは異なる意味合い，すなわち機械的にデータを要約するというよりも，研究の目的にそった形での集計を行うという意味合いがある（第2章）。なお作成したコードの一覧については図5.1を参照されたい。

5.4.2 朝日・読売・毎日 3 紙の比較

上述のようなコーディングルールを用いて，まずは朝日・読売・毎日 3 紙の内容を比較し，それぞれがどの程度似通っていたのかを検討する。というのも，もしもこの 3 紙の内容に大きな隔たりがあるならば，3 紙の内容をまとめて「新聞の報道内容」として扱うことには無理があるだろう。したがって，新聞の報道内容と人々の意識との比較を行う前に，まず 3 紙の内容を比較・確認しておかねばならない。

そこでコーディングを行い，朝日・読売・毎日の各紙ごとに，それぞれの主題・用語に言及した記事の割合を集計した結果が図 5.1 である。図 5.1 を一目見てわかるように，a から c までのすべてのコード群について，3 紙の内容はきわめて似通っている。記者クラブ制度や通信社の存在に加えて，今回の分析では各紙の政治的な姿勢に関係が薄い分野に注目したことから，このような結果が得られたのであろう。このように 3 紙の内容は似通っていることがわかったので，以下の分析では 3 紙の記事を別個に集計するのではなく，新聞記事データ全体のコーディング結果を一括して自由回答データと比較する。

5.4.3 新聞記事と自由回答の比較

新聞記事との比較を行うために，新聞記事に用いたのと同様のコーディングルールにそって，自由回答データのコーディングを行った。そして，回答者のうち何パーセントの人がそれぞれの主題・用語に言及していたかを集計し，新聞記事データ全体のコーディング結果と対比したものが図 5.2 である。図 5.2 では x 軸を新聞記事での出現割合，y 軸を自由回答での言及割合として各コードを布置し，参考までに回帰直線を点線で示した。

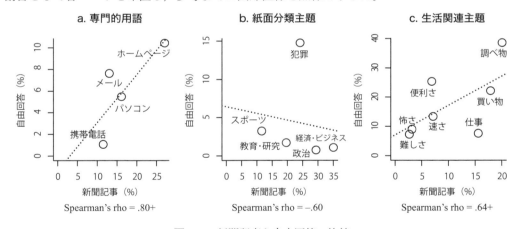

図 5.2 新聞記事と自由回答の比較

図 5.2 を見るとコード群 a および c に関しては，新聞記事での出現割合が大きいコードほど，自由回答における言及割合も大きいという傾向がある。a. 専門的用語では，全体に自由回答よりも新聞における出現割合の方が大きいという違いがあるものの，「携帯電話」よりも「メール」「ホームページ」の方が多く言及されているというような増減の傾向は，新聞記事と自由回答とに共通している。またコード群 c でも，「難しさ」「怖さ」よりも「買い物」「調べ物」の方が多く言及されるといった，新聞記事と自由回答に共通する傾向が見られる。こうした新聞記事と自由回答との相関をあらわす Spearman's ρ の値を見ても a. 専門的用語で

0.800（$p = .10$），c. 生活関連主題で 0.643（$p < .10$）と，一定の関連が存在することを示す値であった[*11]。

　ここから b. 紙面分類主題を除いては，新聞報道に多く登場する主題や用語ほど，「思い浮かぶこと」を問われた時に人々の念頭に浮かびやすいという相関関係を，すなわち新聞報道と社会意識の類似性を確認できた。ただし b. 紙面分類主題については，Spearman's ρ の値も -0.600（n.s.）であり，そうした類似性が見られない。全体にわたって類似性が見られるわけではなく，類似性が見られない部分も存在することがわかる。

　それでは，類似性が見られない部分とは，どのような部分なのだろうか。類似性が見られる部分と，何が異なっているのだろうか。図 5.2 を詳しく見ると，特に類似度が低い，異なっている部分として「経済・ビジネス」「政治」「教育・研究」の3つの主題がある。これら3つの主題は，新聞の紙面には多く登場しているものの，人々の念頭にはあまりあらわれていないことがわかる。そこでこれら3つが他の主題と異なっている点を考えてみると，多くの人にとってはあまり身近なものとは捉えにくいであろうことや，具体的か抽象的かという見方をすると，他の主題に比して抽象的であることなどが挙げられるだろう。ここまでの点を確認した上で，類似性が見られる主題とそうでない主題の差異については，これ以降の分析結果と合わせて 5.5 節で詳しく解釈を行うこととする。

5.4.4　直接的な接触の有無による意識の変化

　次に，インターネットに直接的に接触し利用している人々とそうでない人々の意識が，どのように異なっているのかを探索する。特に，新聞報道との類似性・相関の程度に違いがあるのかどうかに注目して分析を行いたい。そのために，インターネットを実際に使っている人とそうでない人に分けて自由回答の集計を行い，その結果と新聞記事のコーディング結果を合わせて示したものが図 5.3 である[*12]。先に示した図 5.2 と同様に x 軸を新聞記事での出現割合，y 軸を自由回答での言及割合としている。ただし図 5.2 と異なる点として，図 5.3 では利用者と非利用者の言及割合を別の記号で布置している。

　図 5.3 を見ると，a. 専門的用語と b. 紙面分類主題については利用者と非利用者の間に大きな違いがないことがわかる。a. 専門的用語については，非利用者よりも利用者の回答で言及割合がやや増加する傾向があるものの，新聞記事に多く出現するほど，自由回答でも多く言及されるという傾向には変化がない。新聞記事との相関をあらわす Spearman's ρ の値についても，利用者・非利用者ともに同じ値 0.800 であった。それに対して c. 生活関連主題では，利用者と非利用者の間で言及割合に明確な差のあるコードが多く，新聞記事との相関をあらわす Spearman's ρ の値も利用者で 0.679（$p < .05$），非利用者で 0.393（n.s.）となった。これは，インターネットに直接的に接触している利用者の意識の方が，新聞の報道内容との類似性・相関が強いという結果である。

[*11] ここでの p 値はすべて，正の相関があることを対立仮説とした片側検定の結果である。なお，4から7といったケース数で，順位相関係数を算出し統計学的仮説検定を行うことについては無理がないとは言い切れないのだが，議題設定研究の分野では多用されてきた方法であるので，値と検定結果を付すこととした。

[*12] PCと携帯電話を問わず，電子メールとホームページの両方を利用している人を利用者，それ以外の人を非利用者と定義して集計した。この定義にもとづいて分類した結果，利用者は 410 人，非利用者は 519 人であった。

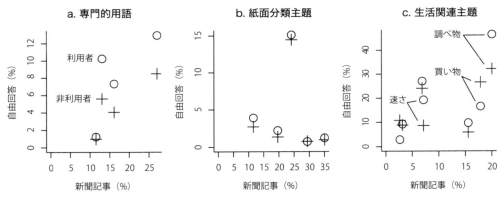

図 5.3 インターネット利用者と非利用者

c. 生活関連主題について詳しく見ると，利用者と非利用者の間で特に大きな差があり，なおかつ対照的なのは「買い物」と「調べ物」の２つである。利用者に比して非利用者では，「買い物」への言及が多く，「調べ物」への言及が少ない（ともに $p < .01$）。こうした差異によって非利用者の意識と新聞報道との類似性が低下しているのだが，それでは「買い物」と「調べ物」は何が異なっていたのだろうか。新聞記事の内容から確認してみると，「調べ物」に関する記事に比して，「買い物」に関する記事では「メール」や「ホームページ」に言及する割合が明らかに低い（表 5.3）。ここから「買い物」についての記事には，「メール」「ホームページ」といったインターネット関連用語，あるいはインターネットについての専門的用語を含まない，「初心者向け」でわかりやすい記事が多かったことがうかがえる。

表 5.3 メール・ホームページへの言及割合の変化

	メール	ホームページ	記事数
「買い物」も「調べ物」も含まない記事	10.34 %	21.49 %	3,713
「買い物」を含む記事	11.10 %	28.42 %	739
「調べ物」を含む記事	22.82 %	44.70 %	859
「買い物」と「調べ物」両方の記事	25.19 %	44.57 %	258
記事全体（合計）	13.05 %	27.06 %	5,569

メール： $\chi^2 = 132.20$, $df = 3$, $p < .01$, $Cramer's V = .154$

ホームページ： $\chi^2 = 234.57$, $df = 3$, $p < .01$, $Cramer's V = .205$

たとえば以下のような記事であれば，メールやホームページが何かをまったく知らなくても，容易に理解できよう。

　　石川達三さんの長編小説「七人の敵が居た」を（中略）友人に頼んでインターネットで買ってもらった。とっくに絶版になっていて神田の古書店街を歩き回っても探し出せそうにない本でも，この方法だと見つけることができる。（『毎日新聞』2004.7.7 朝刊）

それに対して，「買い物」だけでなく，「調べ物」も含むような記事ではそうはいかない。

　　価格比較サイト運営会社カカクコムの「価格.com」は（中略）十四分野の商品やサービスを比較できる。利用は無料で，製品の名前や型番番号（一部でも可）を検索画面に入力すると，その商品の最安値や，扱っている店舗などが表示される。取扱店のホームペ

ージアドレスも記載されており，その場で購入できる。（中略）最低価格が変動したことを知らせるメールを配信するサービスも利用できる（『読売新聞』2004.4.13 夕刊）。

これでは「ホームページ」や「メール」といった用語の意味するところを知らなければ，内容を理解することは難しいだろう。

ここから，「調べ物」のように，新聞には多く登場していても非利用者の念頭に浮かびにくかったのは，非利用者にとって身近ではなく難解な主題であったことがうかがえる。非利用者の言及が著しく少ない（$p < .01$）「速さ」に関しても，「高速大容量の通信」（『読売新聞』2004.5.28 朝刊），インターネットによって「行政手続きが便利で早くなる」（『毎日新聞』2004.1.19 夕刊）といった記述は，非利用者にとって想像しにくく，わかりにくいものであろう。c. 生活関連主題については非利用者の意識と新聞報道との間に類似性が見られなかったのだが，差異を生じる主な要因の1つは，非利用者にとって身近でない難解な主題であったことがわかる。

5.5 新聞記事にもとづく社会意識探索の有効性

テレビやインターネットの普及が進んだ現代の日本においても，新聞の報道内容と社会意識の間に強い類似性ないし相関関係が見られるのかどうか。それも先行研究が注目してきた政治や暴力だけでなく，より身近な領域においても類似性が見られるのかどうかという観点から，本章では実証的検討を試みた。その結果として，一部のものを除いては，新聞紙面に多くあらわれる主題や用語ほど，人々の念頭にも浮かびやすいということ，その意味で社会意識においても高い顕出性（salience）を示すという関連が見出された（図5.2のa・c，図5.3の利用者）。部分的にではあるが，新聞報道と社会意識の類似性・相関関係を確認できる結果である。

こうした類似性が見られる部分については，全国紙の内容分析をもとに，日本の社会意識についての推論を行うことができよう。すなわち，内容分析によって，新聞記事中に多く出現する用語や主題がわかれば，それらの用語・主題は，社会意識においても高い顕出性を示すと考えてよいだろう。たとえば，新聞記事に「メール」よりも「ホームページ」の方が多く出現していれば，「ホームページ」の方が人々の念頭にも浮かびやすいと推論できる。また，特定の事柄について考えるときに念頭に浮かびやすいような用語・主題は，当然，その事柄について人々が考えたり，意味づけたりする際にも利用されやすいだろう。よって，たとえば「インターネット」のような特定の事柄について，人々が他のどんな主題と関連づけて考えているのか，他のどんな主題と結びつけて意味づけているのかを，新聞の内容分析から探索しうると言えよう。

ただし「経済・ビジネス」「政治」「教育・研究」や，非利用者にとっての「調べ物」については，上述のような類似性が見られなかった点にも注意が必要である。これらの身近でない，抽象的ないしは難解な主題は，新聞記事中に多く出現していても，人々の念頭にはあまり浮かばなかったのである。したがって，こうした主題については，新聞報道中に多く出現していたからといって，即座に人々の意識においても存在感を示すだろうと考えてしまうと，誤った推論を導くことになる。以上の結果から，(i) 現代でも全国紙の内容分析をもとに，日本の社会意識を一定程度まで探索しうるものの，(ii) その際には受け手にとって身近で，具体的かつ理解しやすい主題に注目して探索を行わなければ，誤った推論を導く危険性があることが明らかになった。以上が，分析結果にもとづく本章の主要な発見である。

最後に，抽象的ないし難解な主題については，なぜ新聞報道と社会意識の間に類似性が見ら

れなかったのかという問題について，仮説的な解釈を示しておきたい。

　ここでは，新聞報道に多く出現した主題を人々が何度も目にすることで，そうした主題が人々の意識にも定着したという因果関係を仮説として考える。これは議題設定にとてもよく似た効果であり，このような効果を仮定するならば，A. Yagade & D. M. Dozier（1990）の研究に依拠することで，類似性が見られなかった部分を説明できる。というのも彼らは，具体的（concrete）でない，抽象的（abstract）な争点はマスメディアに多く登場しても，社会意識に影響を及ぼしにくいこと，すなわち議題設定の効果が生じにくいことを明らかにしている。彼らの言う具体的とは，理解しやすく，生き生きとした像を頭に思い描けることである。ここから，「経済・ビジネス」「政治」「教育・研究」，また非利用者にとっての「調べ物」といった主題は，Yagade & Dozier（1990）の言う意味で抽象的であったために，新聞記事中に多く出現しても，人々の意識には定着しなかったという説明が可能であろう[*13]。

　Yagade & Dozier（1990）は主題が具体的か抽象的かを測定するために6つの質問項目からなる尺度を作成している。したがって，こうした因果関係を仮定できるならば，彼らの尺度による測定を行うことで，新聞記事中に頻出していた主題が具体的かどうか，そして社会意識にも根付いているかどうかを統計的に推測できることになる。こうした推測が行えれば，新聞の内容分析をもとに，より正確な社会意識の推論が可能となるだろう。

　ただし本章の分析では，新聞報道と社会意識の相関を確認できたものの，両者の因果関係を特定するまでには至っていない。上述のような因果関係を検証できれば，社会意識を探索するための方法として，新聞の内容分析の正確さ・有効性をさらに高められるだろう。また，本書の射程を超える領域ではあるが，もちろんマス・コミュニケーション理論の観点からしても興味深い課題であろう。

[*13] こうした説明が行える場合，新聞の内容分析を行う際には特に「経済・ビジネス」「政治」「教育・研究」などの主題に注意が必要であろう。紙面構成の都合からこうした主題を含む記事は常に多数送り出されているにもかかわらず，これらの主題は人々の意識に定着していない可能性が考えられるためである。
　もっとも，本章では「情報技術（IT）またはインターネット」について考えるときに思い浮かぶことを尋ねて分析したことが，こうした結果に至った一因であろう。もし「情報技術（IT）またはインターネット」よりも，政治や経済との関連が強いテーマを扱うならば，政治や経済が人々の念頭に浮かびやすくなる場合もあると考えられる。

第 6 章

情報化イノベーションの採用と富の有無
―――自由回答データを用いた研究事例

　ここまでの 2 つの章で取り上げた新聞記事も重要な分析対象であるが，質問紙調査（アンケート）もまた，さまざまな分野で頻繁に利用される調査法である。この章では，計量テキスト分析を活用することが質問紙調査のよりよい実践につながる可能性を，実際の研究事例から示したい。従来の質問紙調査において，回答を統計的に処理するためには，限られた選択肢の中から答えを選ぶよう回答者に求めざるをえない場合が多かった。しかし計量テキスト分析を用いれば，回答者の自由な言葉で答えてもらう自由回答についても，統計処理を通じた分析が容易に行える。

　自由回答型の質問項目を用いる利点の 1 つは，網羅的で完全な選択肢を準備できないような場合にも，質問を行えることである。たとえば，定番の質問文や選択肢が確立されてない場合でも，自由回答項目を使えば探索的に研究を進められる。あるいは，選択肢の数が 100・200 とあまりに多くなってしまうような場合にも，自由回答項目が適している（6.1.3 節）。こうした利点については，自由回答データだけを単独で分析することによって享受できるだろう。また，自由回答データを単独で扱う分析例はすでに第 2 章に示している。

　次に，自由回答データの計量テキスト分析は，通常の選択肢型質問の分析と組み合わせることで，より大きな利点を生じうる。たとえば，通常の質問を使ったクロス集計・回帰分析・共分散構造分析などの結果を見て，その解釈に悩んでしまうことは決して珍しくないだろう。なぜ学歴の高い人は，大学の授業で直接的に習ったわけでもないのに，一定の行動をとる傾向があるのか。なぜ特定の社会的属性が，ある従属変数に対して強い効果を示すのか。このような解釈が難しい部分について，言わばごく小規模なインタビューである自由回答項目の分析が大きな手がかりとなる。そして，通常の質問の分析と，自由回答の計量テキスト分析の組み合わせによって，知見が相乗的に広がりうる。

　選択肢の中から答えを選ぶよりも自由な言葉で答える方が明らかに負担が大きいので，自由回答項目は慎重に利用するべきであるが，以上のようにその利点も大きい。先に挙げた自由回答そのものの利点に加えて，通常の質問の分析と組み合わせることで生じる相乗的な利点についても，おそらくは以下の研究事例から読み取れるだろう[1]。

---

[1] 通常の選択肢型質問を使った線型モデルと，自由回答の分析を組み合わせた例として，ほかにも樋口耕一（2012b）や，8.3.4 節で紹介している阪口祐介・樋口耕一（2015）がある。

6.1 目　的

6.1.1 富の有無による制約

　World Wide Web（ウェブ）のような情報化イノベーションを生活に取り入れたり，あるいは採用を見送ったりという我々の選択は，富の有無によってどの程度強い制約を受けるのだろうか。ここで述べる「情報化イノベーション」とは，「個人が情報を送信，受信，あるいは変換・蓄積などの処理をするための機器」（石井 2003: 1）という定義に準じるものである。ただし，必ずしも「機器」に限らず，新しい製品・サービス・技術などのイノベーションを含むものとする。

　E. M. Rogers に代表される普及研究によると，経済的豊かさは，より早期のイノベーション採用をうながす重要な要因である（Robertson 1971; Kennedy 1983; Rogers 2003＝2007）。普及が進んでいない初期のイノベーションは概して高価である上に，役立つのかどうかもはっきりしない場合が多い。よって，そうしたものを購入・採用する人には，経済的に豊かな人が多くなるという（Rogers 2003＝2007: 240–1）。

　もちろんイノベーションにはさまざまな種類のものがあり，その種類によってこうした採用の規定構造は異なりうる。しかしパソコン（Dutton et al. 1987）やインターネット（Martin & Robinson 2007; Kim 2011）などの情報化イノベーションについても，収入の多い人ほど採用するという傾向が複数の量的調査から見出されている。また国内の実証研究でも，ワープロ・パソコン・携帯電話・インターネットなどについて同様の傾向が確認されている（石井 2003; 橋元編 2011）。

　もしも，こうした富の有無による制約が強固なものだとすると，普及研究の見地からは，情報化イノベーションによって経済的格差が拡大すると予測できる。というのも，他の人々に先駆けて普及初期にイノベーションを採用することで，何らかの利潤が得られる場合が多い。これを「意外の利潤（windfall profits）」とよぶ。それに対して，他者の後を追って自分も採用するという場合，この利潤は得られない。経済的に豊かな人々がいち早くイノベーションを採用して「意外の利潤」を得るので，通常はイノベーションによって経済的な格差が拡大するという（Rogers 2001, 2003＝2007）。

　情報化イノベーションの採用が富の有無によって制約を受けるならば，それは単に趣味・嗜好の問題ではなく，情報へのアクセスや編集・発信の機会が制約を受けることになる。それに加えて上述のような格差拡大に寄与する可能性を考慮すれば，富の有無による直接的な制約の強さを正しく把握しておくことは，重要な課題と言えよう。

6.1.2 態度か富か

　富の有無による制約の強さを測るための重要な比較対象として，我々の態度の影響を挙げられるだろう。情報化を好むかどうか，そしてイノベーションの価値を認めるかどうかといった，個人の主観的側面を本書ではまとめて態度とよぶ[*2]。この態度よりも富の影響が強いとすれば，我々の行為はまさしく富による制約を受けていることになる。それとも，富の有無によ

[*2] 態度については心理学の分野での研究も多い。しかし，態度は社会的行為に対して直接の影響力をもつとともに，社会構造にもとづいて形成されることから，社会学的研究の対象としても重要である（吉川 1998: 25）。

る制約は限定的なもので，我々の態度次第で乗り越えられるのだろうか。

　この態度か富かという問題については，普及研究においても明確な結論は出ていない。理論的には，富・態度・知的能力などがいずれも初期における採用の規定要因として併記されている（Rogers 2003=2007: 239–243）。経験的研究においても，一方では前節でふれたように，経済的豊かさとイノベーション採用との関連が繰り返し確認されている。他方で，富よりも態度の影響が色濃く見られた事例も報告されている。たとえばテレビの普及初期をふり返ると，社会階層が高い人はテレビを低俗な娯楽と見なす態度をとったため，むしろ貧しい層の方が多く採用したという（Graham 1954）。このほか，富ではなく態度がイノベーションの採用・普及を妨げた事例は多い（Wellin 1955; Kedia & Bhagat 1988; Freeman et al. 2007）。

　ここで近年の情報化イノベーションに関する経験的研究に注目すると，経済的豊かさのほかに，学歴が採用と強く結びついている場合が多い。パソコン採用に関する複数の調査のメタ分析では，学歴が最も一貫して採用と結びついていた（Dutton et al. 1987: 228）。国内の情報化イノベーション採用においても，「娯楽メディア」では年齢が，「専門的メディア」では学歴が関係している（石井 2003）。ただし経済的豊かさないし収入と，学歴の効果のどちらが強いのかという点については，統一的な調査結果が得られていない。両者の効果を比較できる回帰分析でも，収入の係数の方が大きい場合もあれば（石井 2003: 113），逆に学歴の係数が大きい場合もある（太郎丸 2004; 橋元編 2011）。

　もしも（i）学歴の効果が収入の効果よりも強く，なおかつ（ii）学歴の効果が，「より高学歴の人は情報の重要性に気づき，その必要性を感じがち」（Rogers 1986=1992: 141）という態度によって生じているならば，富よりも態度の影響が強い可能性がある。しかし（i）は上述のように判然とせず，（ii）学歴の効果についても，態度の違いに起因するという解釈のほか（Rogers 1986=1992; Dutton et al. 1987），情報リテラシーの有無や（石井 2003; 鈴木 1996），職業の違いに起因するという解釈が提示されており（橋元 2001），実証的な手がかりに欠けている。そこで本章ではこれら 2 点について実証的に検討することで，態度か富かという問いに，たとえ部分的にでも答えることを目指す。

6.1.3　普及の段階に注目した実証研究

　まず（i）情報化イノベーション採用の規定要因として，学歴と収入のどちらが強い効果を示すのかについて，なぜ従来の研究では一貫した結果が得られていないのだろうか。その理由として，標本設計の違いや誤差といったことだけでなく，実際に規定構造が変化した可能性が考えられる。たとえば，普及の初期段階では，技術愛好家がお金に糸目を付けずに採用していたが，その後から採用する人々は経済的コストにより敏感であったといった変化である。もしこうした変化があったならば，当然，普及の段階に応じて異なる調査結果が得られることになる。

　そして，普及とともに採用を規定する要因が変化することは十分に起こりうる。というのも普及の初期と後期に採用する人々では，採用動機やコミュニケーション行動などの特徴が異なっている（Rogers 2003=2007: 139, 166）。実証的な裏付けは十分でないが（Rogers 2003=2007: 231），初期に採用する人々と後を追う人々の特徴には断絶があるという，より極端な見方もある（Moore 1991=2002）。普及が進むとともに採用者の特徴が変化するならば，それに応じて，採用を規定する要因も変化しうるだろう。

　規定構造が変化するならば，学歴や収入の効果を正確に把握するためには，普及の段階ごとに，どの要因の影響が強いのかを調査せねばならない。また，普及初期の採用者にのみ「意外の利潤」がもたらされるので，初期の規定要因が富なのかどうかを確認するためにも，普及の

段階に注目することは重要である。そこで本章では，適切な時期と間隔で行われた繰り返し調査のデータを用いることで，普及のどの段階で，どの要因が採用を左右するのかを分析する。

また，複数の理論的解釈が示されている（ii）学歴の効果についても，実証的な手がかりを得たい。ただし学歴の効果が生じる要因として態度・情報リテラシー・仕事などが示唆されている上に，特に当該の態度については実証研究の蓄積に乏しいため，多様な質問の仕方が考えられる。そして適切な質問を行わなければ，本来は存在する傾向であっても，調査・分析から明らかにすることはできない。こうした，網羅的で完全な質問を準備するのが難しいという制約は，自由回答法によって補いうる（安田 1970b: 50）。また選択肢法では，ある選択肢を提示すること自体によって，肯定的反応が誘発される場合もある（林 1975）。そこで，回答者が思いついたことを自由に記入してもらった内容から，「高学歴の人は情報の重要性に気づ」く傾向を見出せるのか，それとも学歴による別種の変化があるのかを実証的に検討する。

本章ではこれらの分析をもとに，情報化イノベーションの採用に対する富の影響について，普及の段階による変化を考慮したモデルを提示したい。

6.2　データと方法

6.2.1　ウェブ普及の早い段階を捉えられるデータ

近年の代表的な情報化イノベーションとして，本章ではウェブを事例として取り上げる。分析に用いるのは，「情報化社会に関する全国調査」（直井ほか 2003）の 2001 年および 2004 年データである。同調査では日本全国の男女を母集団として選挙人名簿にもとづく層化 2 段無作為抽出を行っており，2001 年と 2004 年の有効回収数および回収率は 1,011（67.4%）と 1,294（64.7%）である。母集団の年齢は 2001 年調査では 20 歳から 89 歳まで，2004 年調査では 20 歳から 79 歳までであるが，分析には 20 歳から 65 歳までのケースを使用する。これ以上年配になるとウェブの採用が非常にまれとなり，外れ値がモデルを歪めうるためである[*3]。

この調査データを用いるのは，現時点の状況というよりも，普及の段階による変化の解明を本章では重視するからである。普及過程の後期にはイノベーションの価格が下落するので，採用に対する経済的要因の効果が薄れていくことがすでにわかっている（Wei 2001; Rogers 2003=2007）。したがって本章で明らかにせねばならないのは，普及初期すなわち「意外の利潤」が生じるような段階と，その後に続く段階における採用の規定要因である。これらの早い段階を捉えるためには，現在から少しさかのぼった時点における調査データを用いる必要がある。

さらに調査を繰り返す間隔としても，2001 年から 2004 年にかけての 3 年間は，普及が急激に進み，インターネットの人口普及率が半数を超えた時期である[*4]。普及が急激に進んでいるほど，新たな採用者が多く加わり，全体としての採用者像が変化していることを期待でき

[*3] 65 歳という境界については，なるべく多くのケースを分析対象としつつ，ウェブの採用率が極端に低くならない年代までを分析に含めることや，企業・法人等の定年退職年齢などを勘案しつつ便宜的に定めた。

[*4] 総務省（2010: 160）によると，2001 年から 2004 年にかけてインターネットの人口普及率は 46.3% から 66.0% へと急伸している。なお，この値が本章の分析におけるウェブ採用者割合（表 6.1）よりも大きいのは，総務省の調査では 6 歳以上という若い世代を含むほか，ウェブ利用だけでなくメール利用等も含むこと，また「利用しているか」ではなく「過去 1 年間に利用したことがあるか」を尋ねていることなどが原因であろう。

る。またウェブ普及の急激さを考えれば，3 年という全国調査としては比較的短い繰り返し間隔が，普及の段階による変化をきめ細かく捉えるのに有利にはたらくと考えられる。加えて，次節で述べる自由回答項目を含む点で，「情報化社会に関する全国調査」は本章の目的に合致した調査データである。

6.2.2　変数と分析方法

　回答者のウェブ採用については，利用の有無だけでなく，利用の頻度・時間を使って分析を行う。これは，情報化イノベーションの普及を分析する際には，単に購入・採用の有無だけでなく，どの程度活発に利用しているかを考慮することが望ましいためだ（Rogers 1986=1992; Dutton et al. 1987）。2001 年調査ではパソコン・携帯電話を区別せずにウェブ利用を尋ねているので，本章におけるウェブ利用の操作的定義もこれにあわせて，パソコン・携帯電話を問わずにウェブを閲覧することとする[*5]。

　次に規定要因としては，経済的な豊かさを世帯収入で，学歴を教育年数で測定するほか，主にコントロールのために性別・年齢・職業を用いる。職業については，ホワイトカラーと，無職を含むそれ以外とを区分する 2 値変数を使用する[*6]。

　これらの変数を用いて，構造方程式モデリングによる多母集団の同時分析を行い，2001 年と 2004 年の規定要因を比較する。この方法の利点として，不確かさを含む回顧型の質問を用いないこと，また多母集団分析の手法による厳密な時点間比較を行えることがある。一方でこの方法では，2001 年までに採用したすべての人と，2004 年までに採用したすべての人とを比較することになる[*7]。そのため 2001 年に採用した人とそれ以前に採用した人とを直接比べるようなことはできない。そこで重要な点については，2001 年より早い段階の採用者についても調べるために，採用の時期を年単位で尋ねた変数を用いて補足的な分析を行う。

　また情報化イノベーションに対する態度の違いを探るために，以下の自由回答項目につい

[*5] 機器を区別して分析できた方が理想的ではあるが，第一に，ウェブを利用していれば情報へのアクセスや発信が可能であることは，パソコンであれ携帯であれ違いはない。どちらか一方を使った方が便利な局面はあるだろうが，たとえ不便でも，まったくアクセスできないのとでは大きく状況が異なる。第二に 2000 年頃の調査では，利用者が少なかったこともあり，機器を区別せずに尋ねている場合が多い（東京大学社会情報研究所編 2001; 直井ほか 2003）。よって 2000 年頃という比較的早い段階から分析を始めるためのトレード・オフとして，この操作的定義を受け入れることとした。

[*6] 「SSM 職業大分類」（直井 1978）における「専門」「管理」「事務」をホワイトカラーとした。この変数は，採用をうながす一要因として，ウェブまたはそれに近い情報化イノベーションに接する仕事内容を想定して作成した。どちらもそうした仕事に就いていないという観点から，無職とブルーカラーをこの変数では区別していない。

[*7] Rogers は採用が最も早い 2.5% の人々を「イノベータ」とよぶといった類型を論じているが，この類型はあくまで連続的な状況をいくつかに区分したものである。これは「連続体である社会的地位を，上流，中流そして下層階級に区分するようなもの」（Rogers 2003=2007: 229）である。そして Rogers 自身による命題化も，類型別の特徴ではなく，「採用が早い人ほど」という相関にもとづいている（Rogers 2003=2007: 239–47）。ここから，互いに隣接する類型同士を合併して分析しても，問題は生じないと考えられる。2001 年時点の採用者には「イノベータ」ほか複数の類型が含まれているが，本章ではこれらを合併し「比較的早い段階の採用者」と見なして分析する。

て[8]，KH Coder を用いた計量テキスト分析を行う。

> 最近，「インターネット」や「情報技術（IT）」という言葉を耳にすることが増えたと思います。情報技術（IT）やインターネットについてあなたが考えるとき，どんなことが思い浮かびますか。思いつくものから順に 3 つまで，何でもご自由にお答え下さい。

6.3　ウェブ採用を規定する要因の分析

6.3.1　ウェブ採用有無の規定要因とその変化

ウェブ採用の有無に対して，収入や学歴が及ぼす影響の大きさはどの程度で，その影響は普及の進行とともに変化したのだろうか。この点を見るために，ロジスティック回帰モデルによる 2001 年と 2004 年の多母集団分析を行った（表 6.1）。

表 6.1　ウェブ採用のロジスティック回帰モデルによる多母集団分析

	2001（37% が採用）			2004（48% が採用）		
	b	S.E.	標準化	b	S.E.	標準化
性別（女性ダミー）	−.777 **	.218	−.118	−.556 **	.184	−.096
年齢	−.071 **	.010	−.265	−.074 **	.009	−.298
教育年数 +	.290 **	.058	.202	.157 **	.047	.117
ホワイトカラーダミー	.379	.234	.055	.765 **	.197	.127
世帯収入	.061 +	.036	.063	.110 **	.032	.119
N / R^2 (McFadden)	538 / .233			665 / .207		

Menard (2002) の方法で標準化。変数名末尾の記号は 2001・2004 間の有意差を示す。
$-2LogLikelihood = 2928.118, AIC = 2954.118,$　** $p < .01,$　* $p < .05,$　+ $p < .10$

　表 6.1 における 2001 年から 2004 年にかけての変化を見ると，教育年数の効果がおおむね半減している。2001 年と 2004 年の係数を比較した結果[9]，この教育年数の係数が小さくなったことだけが，2001 年から 2004 年にかけての有意な変化であった（$p < .10$）。2001 年の時点では世帯収入よりも教育年数の効果の方が強いが，2004 年時点では教育年数の効果が薄れた結果，両者の効果が同程度の強さとなっている。

　2001 年から 2004 年にかけて教育年数の効果が低下していたということは，普及の早い段階ほど教育年数の効果は強力であった可能性が考えられる。この可能性について，どの程度早い時期にウェブを採用したかをあらわす変数，すなわちウェブの利用年数を用いて確認を行った結果が表 6.2 である。表 6.2 の標準化係数を見ると，教育年数の値が 0.282 と，他の独立変数よりも格段に大きい。ここから 2001 年以前を含めて，初期の採用者ほど学歴が高いという顕著な傾向が読み取れる。

---

[8] この質問項目の分析は第 2 章および第 5 章でも行った。第 2 章では 2001 年調査，第 5 章では 2004 年調査のデータを分析しているのに対して，本章では 2001 年と 2004 年のデータを併合して分析する。

[9] 教育年数の効果が 2001 年と 2004 年で変化していないという等値制約を付して推定を行うと，モデルの適合度指標である $-2LogLikelihood$ が 3.220 増加し（$p < .10$），AIC も 1.220 増加した。他の独立変数についても同じ方法で有意な変化の有無を検討した。なお多母集団分析には Mplus ver. 6.1 を用いた。

表 6.2　ウェブ利用年数の重回帰分析

	相関係数	b	S.E.	標準化
性別（女性ダミー）	−.126 *	−.415	.266	−.083
年齢	−.102 *	−.025 +	.013	−.110
教育年数	.354 **	.326 **	.066	.282
ホワイトカラーダミー	.195 **	.465	.284	.093
世帯収入	.174 **	.098 +	.049	.115

2004 年データのウェブ採用者を分析。　$N = 308$, $adj.R^2 = .146$**

　これらの結果から第一に，普及の初期における採用の規定要因としては，富の有無ではなく，学歴が際だって強い効果を及ぼしていたこと。第二に，その後，普及が進むともに学歴の効果が低下したことで，相対的に富の効果が強まったことがわかる。

6.3.2　学歴による態度の違い

　それでは，普及の初期に採用をうながす学歴の強い効果は（表 6.1・表 6.2），どのようにして生じたのだろう。前節の分析では性別・職業・年齢・収入の影響をコントロールしているので，これらとは直接関連しない学歴由来の要因が存在するはずである。先行研究が示唆するような「高学歴の人は情報の重要性に気づ」くという態度の違いは，実証的に確認できるのだろうか。この観点から「インターネットについてあなたが考えるとき，どんなことが思い浮かびますか」という自由回答項目について，記述的多変量解析による探索を行う。

　KH Coder を用いて，記入内容から自動的に頻出語を取り出し，学歴・採用有無との対応分析を行った結果が図 6.1 である[*10]。図 6.1 は対応分析によって抽出された最初の 2 つの成分による同時布置で，これらの成分の累積寄与率は 82.2% であった。図 6.1 では学歴・採用有無をあらわす変数の値を長方形の枠で囲んでいる。このうち学歴については中等教育までと高等教育に二分割し，さらに 2001 年と 2004 年とを区別したので，「2001 中等」「2001 高等」「2004 中等」「2004 高等」の 4 種類の値となっている。また図 6.1 の点線は筆者が結果を解釈する際に特に注目した語を囲んだものである[*11]。

　図 6.1 を見ると，2001 年と 2004 年に共通して，中等教育の左上方向に高等教育がプロット

[*10] 助詞・助動詞のように，どのような文章の中にでもあらわれる一般的な語は省いた。さらに，対応分析に用いる名義変数の値が変化すれば，出現割合が大きく変化するような語を機械的に選択した。この選択には KH Coder の「差異が顕著な語を分析に使用」オプションを用いた（A.5.7 節）。ここでは 1,362 人の回答から抽出された 2,360 種類の語のうち，20 回以上出現していた 74 語をまず選択し，そのうち変化が比較的顕著な 55 語に絞って分析を行った。これらの頻出語を表頭に置き，学歴・採用有無をあらわす変数を表側においたデータ表を入力として，対応分析を行った。

[*11] すべての語について解釈を行わず，一部の語に注目しているのは，以下の理由による。この分析に用いたのは，自由回答から自動的に取り出した語である。この方法には恣意的になりうる操作を含まないという利点があるが，一方で分析結果として意味がない語や，分析者の問題意識とは関係しない語も分析に含まれてしまう。よって 50 種類以上の語のすべてについて解釈を行うことは現実的とは言えない。そこで，なるべく多くの部分について解釈するとともに，図表全体の中でどの部分に注目して解釈を行ったのかを明確に示すことにした。これによって，分析者の解釈の妥当性や，分析者とは異なる解釈の可能性について，第三者の判断が可能な状態にしておくことが，現在の技術的状況では最善の方法と考えられる。

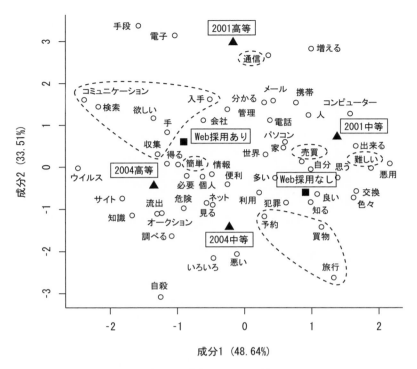

図 6.1　学歴・採用有無と頻出語の対応分析

されている。また「ウェブ採用なし」の左上方向に「ウェブ採用あり」がプロットされている。これらの布置と累積寄与率の高さから，学歴の高低による記入内容の変化と，ウェブ採用の有無による記入内容の変化とが，非常に似通った変化であったことを読み取れる。そして，図 6.1 の原点（0, 0）から見て左上方向には学歴が高い人・ウェブを採用した人に特徴的な語が布置され，右下方向には学歴が低い人・ウェブを採用していない人に特徴的な語が布置されたことがわかる。

　布置された語を見ると，学歴が高い人に特徴的な語では，インターネットの用途をあらわす語として，情報の「検索」「収集」「入手」や「通信」「コミュニケーション」などがある。これらの語を用いた実際の回答には「欲しい情報が簡単に手に入る」（20 代女性・高等教育）「解らないことを検索」（50 代男性・高等教育）などがあった。一方で学歴の低い人に特徴的な語には「買物」「予約」「旅行」などがある。

　これらの語からは，学歴の高低によって，インターネットの用途として想起する内容に大きな違いがあることがわかる。学歴の低い人が想起するのは主に買物であり，これは従前のメディアでも可能であったテレビショッピング・通信販売が，新しいメディアでも可能になった用途である。それに対して学歴が高い人では情報の検索や収集・コミュニケーションといった，ウェブという情報化イノベーションの登場によって新たに可能になった情報行動を想起している。学歴の高い人は，ウェブを採用すればこれらの情報行動が可能になることを知っており，そこに価値を見出したために採用に至ったという経過を，図 6.1 から読み取ることができるだろう[12]。

---

　[12] ここでは，態度の違いがウェブを採用するかどうかに影響するとともに，採用の有無がまた態度↗

　なお採用の有無に関連しうる他の語としては，学歴の低い人に特徴的な「難しい」と，高学歴の人に特徴的な「簡単」がある。実際の回答には「難しそうで怖い」（40 代女性・中等教育）といったものがあった。利用能力に自信をもてないことも，1 つの採用の歯止めになっていたことがわかる。また「会社」からは，職業の違いが採用に結びつくケースがあったこともうかがえる。ただし職業や操作の難易度に関わる語は，これらの比較的わずかな種類の語であり，出現数を見ても「難しい」38 回「会社」23 回である。用途をあらわす語である「検索」59 回「収集」99 回「買物」105 回などの方が明らかに多い。ここから，学歴の高低による最も顕著な記入内容の変化は，上述の用途の変化と言えよう。高学歴の人がインターネットの用途として「買物」ではなく，情報の「検索」「入手」「収集」などを念頭に置いているという発見は，「高学歴の人は情報の重要性に気づ」くという態度の違いを示唆する，実証的な手がかりと言えよう。

6.3.3　ウェブ利用量の規定要因とその変化

　ここまでは採用の有無について分析を行ってきたが，いったんウェブを採用しても，その後の利用がごくわずかであれば，採用の意味は薄れてしまう。ウェブの利用量についても同様の検討を行うために，ウェブ採用者を対象として MIMIC: Multiple Indicators MultIple Causes モデルによる多母集団分析を行った[13]。図 6.2 がその結果で，スラッシュの左側に 2001 年の，右側に 2004 年の標準化係数を示した。また内生変数の右上には決定係数を示した。

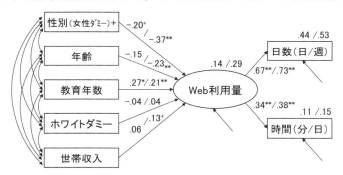

$\chi^2(df) = 3.51(10), \ p = .97, \ CFI = 1.00, \ TLI = 1.17$
$AIC = 8222.43, \ RMSEA = .00, \ SRMR = .01, \ N = 198 \ / \ 310$

図 6.2　ウェブ利用量の多母集団分析（2001 / 2004）

　図 6.2 を見ると第一に，利用量の規定要因としても，世帯収入より学歴の効果が強いことを読み取れる。ただし両者の効果は 2001 年から 2004 年にかけて有意な変化を示していない。第二に，時点間で唯一変化が見られたのは，性別の効果が 2004 年に著しく強まっている点で

　　　に影響するという双方向の作用があったと考えられる。そのうちの一方向として，情報の検索や収集に価値を認める態度がウェブ採用を促したという経過を読み取りうるだろう。なお，ウェブの用途という知識に限らず，学歴の高い人の方が新しい知識やニュースを早く得る傾向があることは，繰り返し確認されている（青池 2012）。

[13]　日数と時間の 2 変数については，ウェブ利用量からのパス係数および切片が 2001 年と 2004 年とで等しいという制約，すなわち測定不変性をあらわす制約を置いた。なお内生変数とは，モデル（図 6.2）の中で，一方向の矢印を 1 つでも受けている変数のことである。

ある[*14]。2004年には，男性の方が利用量が多いという男女差がより顕著になっている。

職業・学歴・収入などの影響をコントロールしてもなお性別が強い効果を示す理由としては，男女の間にも明確な態度の違いがあったことを考えうる。利用量の規定構造に変化をもたらしている性別の効果が，どのようにして生じたのかを，前節で扱ったのと同じ自由回答項目から探索する。

6.3.4 性別による態度の違い

採用後の利用量に男女差をもたらすような態度の違いを見るために，ここではウェブ採用者の自由回答だけを分析する。6.3.2節と同様に，調査時期および性別をあらわす名義変数を作成し，頻出語との対応分析を行った結果が図6.3である。図6.3は対応分析によって抽出された最初の2つの成分による同時布置で，これらの成分の累積寄与率は85.0%であった。また図6.3の点線で囲んだ語は，筆者が図を解釈する際に特に注目した語である。

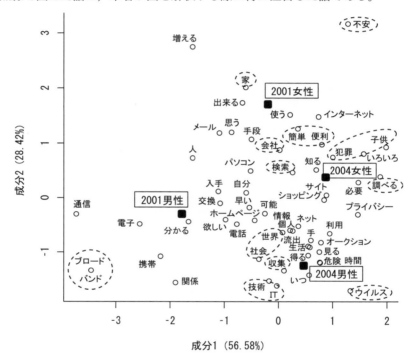

図 6.3 性別と頻出語の対応分析

図6.3の名義変数の布置を見ると，原点（0, 0）から見ておおむね右上方向に女性の回答に多い語が，左下方向に男性の回答に多い語が布置されたことがわかる。性別による回答内容の違いとして第一に，女性の場合には「簡単」「便利」という好ましい評価がある一方で，たとえば「子供に与える影響が心配」（20代女性）「詐欺や迷惑メール等，犯罪に結びつく事も」（20代女性）といった日常生活に直結する「不安」も混在している。こうしたアンビバレントな態度をもつ女性に対して，男性の場合には「ブロード」「バンド」「IT」「ウイルス」といった技

[*14] 2001年と2004年の性別のパス係数に等値制約を置くと，モデルの適合度を示す χ^2 値が3.435増加し（$p < .10$），AICも1.434増加した。他の独立変数についても同様の検定を行った。

術用語への親和性を読み取ることができる。

　第二に，女性の場合には「家」「会社」「調べる」「検索」のように，具体的な場所や用途をあらわす言葉が多く，実際の回答には「自宅から会社へ連絡」（40 代女性）といったものがあった。それに対して男性では，「世界」「社会」「収集」のように場所や用途がより抽象的で，回答には「世界の広がり」（30 代男性）「幅広い情報収集」（40 代男性）などがあった。これらの語からは，女性が日々の用事をこなすための道具としてインターネットに言及するのに比べて，男性は道具そのものによって開かれる可能性や，その可能性への期待に言及する傾向をうかがえる。

　以上のような，便利さに好感をもってはいるけれど不安もあるという両価性や，インターネットないしウェブを純然たる道具と見なす傾向は，いずれも女性の利用量を抑える要因としてはたらいていたと考えられる。そして，こうした態度による利用量の差が 2004 年には拡大していたようである。

6.4　議　論

6.4.1　ウェブの普及にともなう採用規定要因の変化

　ウェブのような情報化イノベーションを生活に取り入れるかどうかという我々の選択が，富の有無によっていかに制限されているのかに注目して，本章では「情報化社会に関する全国調査」（直井ほか 2003）のデータを分析してきた。その結果からは，ウェブの普及過程における採用規定要因とその変化について，以下の 3 つの傾向が明らかになった。

　第一に，普及過程の初期には，富の有無よりも学歴の方がはるかに重要な採用の規定要因であり（表 6.1・表 6.2），学歴が強い効果を発揮した理由として「高学歴の人は情報の重要性に気づ」く傾向を読み取れた（図 6.1）。ここから，普及の初期においては態度の影響が大きく，富の有無による直接的制約は限定的なものであったことをうかがえる。こうした傾向が生じたのは，普及の初期には学歴が高く，情報の検索や収集に価値を認める一部の人々しか採用を望まなかったためであろう[15]。また，採用に必要な金銭的費用が極端に高くはなかったので[16]，採用したいと望む人が手持ちの資源を集約することで，その費用を支出できたことが考えられる。

　第二に，ある程度普及が進んだ 2004 年の段階では，学歴の効果が低下し，富の有無が相対的に強い影響を及ぼすようになっていた（表 6.1）。学歴の効果が低下したのは，より多くの人が有用性を認めるようになったためと考えられる。普及の初期には限られた人しか重要性に気づいたり魅力を感じたりしなかったのに対して，普及が進む中で，多くの人にとって「経済的に余裕があれば利用したいもの」へとウェブが変化したのだろう。そして，こうした変化は普及が進む条件でもあるだろう。ただしこの時期でも，富の有無による影響は他の要因に比して

---

[15] 学歴の効果が生じる要因として，先行研究では態度・情報リテラシー・仕事が示唆されていた。このうち仕事については線形モデルでコントロールしているので除外しうる（表 6.1・表 6.2）。ただし情報リテラシーないし利用能力については，これと関連しうる語として「難しい」「簡単」などが少数とはいえ自由回答に出現していた。用途ないしは態度の違いをあらわす語の方が格段に顕著に出現していたので（6.3.2 節），本章では態度の違いを中心に議論しているが，今後の課題として態度と能力の影響を正確に測定・区分することが望まれる。

[16] 採用時の購入にかかる費用は携帯電話よりもパソコンの方が高価で，たとえば『日経コンピュータ』誌 2001 年 10 月 8 日号の広告群を見ると，およそ 15 万円程度を要する。

さほど強いものではなかった（表6.1）。

　第三に，採用後の利用量を見ると，富の有無による影響はわずかであり，2004年には性別による差が顕著になっていた（図6.2）。そして，性別が強い効果を発揮した理由として，性別による情報化への態度の違いを読み取ることができた。すなわち女性には，便利さを認めつつも不安を併せもち，純然たる道具として利用する傾向があったのに対して，男性には技術や道具そのものに思い入れをもつ傾向があった（図6.3）。採用後の利用量についても，富の有無による差はわずかで，こうした態度の違いによる差が大きかったことがわかる。いったん採用してしまえば，利用量が増大してもさほど費用がかさまないので[*17]，こうした傾向が生じたのであろう。

6.4.2　情報化イノベーションの採用と富の有無

　普及過程の後期に情報化イノベーションの価格が下がり，経済的に豊かでなければ採用できないという制約が弱まることは，すでにわかっていた（Wei 2001; Rogers 2003=2007）。一方で普及過程の初期には，富の有無よりも態度の影響が強いこと。また，普及が進む中で魅力が多くの人に認識され，態度の影響が薄れることによって，相対的に富の有無による影響が強くなること[*18]。ただし採用後の利用量には富よりも態度が強く影響すること。これらは，普及の段階に注目しつつ繰り返し調査の分析を行うことで得られた経験的知見であり，ささやかなりとも普及研究に対する貢献と言えよう。

　既存の知見と本章で得られた結果を総合すると，情報化イノベーションの採用に対する富の影響について，次のようなモデルを考えられる。すなわち，普及過程を初期・中間・後期に三分するならば，富の有無が比較的強い影響を及ぼす時期はこのうち中間段階に限られる。中間段階とは，情報化イノベーションの魅力が多くの人に認識されつつあるが，低価格化があまり進んでいないという段階である[*19]。これより早い初期段階では態度の影響が支配的であるし，これ以降の後期段階では低価格化によって富の影響は弱まっていく。しかも限られた期間である中間段階においても，富の有無による影響は，他の社会的属性と同等程度かそれ以下の強さである。本書では以上のようなモデルを，富による効果の「限定段階モデル」とよぶ。

　この限定段階モデルにおいて情報化イノベーションを初期に採用するのは，経済的に豊かな人というよりも，「情報の重要性に気づ」き，手持ちの資源を集約することで必要な出費をまかなう人である。また採用後の利用量についても，富の有無よりも態度による影響が大きい。

[*17] パソコン・携帯電話ともに，定額料金でウェブを使い放題というサービスが2004年10月の調査時点ですでに始まっているためである。一例として，携帯電話の定額サービス「パケホーダイ」（NTTドコモ）は2004年6月開始である。

[*18] 表6.1・図6.2ともに世帯収入の標準化係数は2004年にやや大きくなり，有意水準にも変化が見られるが，2001年との直接比較では有意差がなかった。したがって本章では「相対的に強まった」としか述べられないが，サンプルサイズが十分に大きければ，影響が実質的に強まっていたことを検証できた可能性がある。

[*19] 普及率をもとに段階を分けるRogersのモデルにならうと（Rogers 2003=2007: 229），ここで述べる中間段階とは，急激な普及が始まってから普及率が50%に達するまでの段階，すなわち「アーリー・マジョリティ」が採用を行う段階におおむね相当するだろう。本章で扱った調査データは，このアーリー・マジョリティが採用を行う段階の中ほど（2001年・37%）と終わり頃（2004年・48%）を捉えている。なお本章の注*7で述べたように，こうした段階分けは，連続的な状況にいくつかの区切りを入れたものであるため，1つの段階の中でも効果の強弱に変化が見られる。

したがって必ずしも経済的に豊かでなくとも，情報化イノベーションを人に先駆けて採用・活用し，「意外の利潤」を獲得しうる。

　以上より，情報化イノベーションの場合には，他のイノベーションに比して「意外の利潤」による経済的格差の拡大は生じにくいと考えられる。また，情報化イノベーションを採用するかどうかという選択において，富の有無がもたらす直接的な制約は総じて限定的なものと言えよう。

　なお富による効果の限定段階モデルは，ウェブという単一の事例から導いたものだが，普及過程のありようには一定の普遍性がある（Rogers 2003＝2007）。また本章の分析結果は，普及の初期には富よりも態度の方が強い効果を発揮した点で，6.1.2 節にふれたテレビの事例（Graham 1954）とも整合性がある。さらに前節でふれた費用が極端に高くないことや[20]，初期には「情報の重要性に気づ」いた一部の人しか魅力を感じないこと，利用量が増大しても費用がかさまないことなどは，ウェブに限らず多くの情報化イノベーションにあてはまるだろう。検証は今後の課題だが，これらの特徴をもつ情報化イノベーションに対しては，富による効果の限定段階モデルを一般化しうるであろう。

---

[20] 先行研究の中で学歴と収入のどちらの効果が強いかが異なっていた点については，普及の段階からおおむね説明できるものの，費用の多寡を考慮せねばならない例もある。たとえば 1991 年当時の携帯電話となると収入の影響が色濃く（石井 2003），あまりに費用が高いものについては収入の影響を無視できないことがわかる。それでは普及の各段階において，費用がどの程度以下であれば，態度の影響が上回るのだろうか。本章では単一のイノベーションを詳しく見ることで限定段階モデルを得たが，こうした点の解明には，費用の異なる複数のイノベーションの比較が望まれる。よって，こうした比較を通じて費用の影響をモデルに組み込むという精緻化を，もう 1 つの今後の課題としたい。

第 7 章

社会調査と計量テキスト分析

7.1 計量テキスト分析の現在

7.1.1 本書における拡充と方法の全体像

　本書では内容分析（content analysis）に依拠しつつ，分析方法の基本的な考え方・フィロソフィーをまとめた上で（第 1 章），分析の具体的な方法を考案し（第 2 章），必要なソフトウェアを製作した（第 2 章・第 3 章）。そして新聞記事や質問紙調査における自由回答をデータとして扱いながら，考え方・具体的な方法・ソフトウェアという 3 つの組み合わせが有効に機能するかどうかを確認してきた（第 4 章以降）。これらの作業を通じて，計量テキスト分析を実現するための具体的な方法に 1 つのバリエーションを加えるということが，本書で試みた計量テキスト分析の拡充である。

　計量テキスト分析を定義する際に，「計量的分析手法を用いてテキスト型データを整理または分析」すると述べた（1.4.1 節）。本書でバリエーションの 1 つとして付け加えたのは，どちらかというと質的な解釈や記述よりも，量的な分析の結果を主に報告するという方法である。これは「整理」と「分析」のうち，「分析」寄りの方法である。一方で，計量的方法によってインタビューデータの探索を行いつつ，質的な分析・記述に重点を置いて報告するという「整理」寄りの方法は，従来から充実していた（1.4.2 節）。比較的不十分なままに残されていた「分析」寄りの方法を本書で拡充したことで，計量テキスト分析は「整理」と「分析」の両方をより手厚くカバーする方法となり，定義の中で示したあるべき姿に一歩近づいたと言えるだろう。

　なお，ここで注意が必要なのは，「整理」と「分析」が決して排他的なもの，あるいは分離したものではないことである。たとえば，本書で提示してきたような「分析」側の方法を用いる場合でも，素データを例示しようとする際には，「整理」の方法を利用できる。すなわち量的分析の結果を参考にして，質的な記述を行うという，川端（2003b: 168–70）が提示した手順・方法を利用できる。また逆に，「整理」側の方法でインタビューデータを分析するにしても，ある程度データの量が多い場合には，量的方法を用いる際に「分析」側の方法ないしはKH Coder を有効に利用できる。

　このように，「整理」を行うにせよ「分析」を行うにせよ，互いの手順・方法を部分的に共有できるのは，分析方法の基盤をなすフィロソフィーが共通しているからである。共通している点の中でも特に重要なのは，量的方法と質的方法を循環的に用いることで，相乗的な分析を目指していることだろう。まったく異なる別々の方法を，同じ計量テキスト分析という名前でよんでいるわけではない。「整理」と「分析」は，共通するフィロソフィーのもとに互いの手順・方法を部分的に共有する，計量テキスト分析のバリエーションである[*1]。

[*1] 重要な部分では共通しているものの，「整理」と「分析」はそれぞれある種の対極に位置するもの／

7.1.2 技術的な課題と展望

本書で新たなバリエーションとして加えた方法は，実際のデータ分析に応用できるという点で，少なくとも必要最低限の完成度にまでは達していると考えられる。しかしこの方法は完成したものではなく，本書では十分に扱えなかった技術的な課題がいくつか残されている。いかなる課題が残されているのかということ，そして実際に分析を行う場面ではそれらの課題といかに向き合えばよいのかという見通しについて，以下に述べておきたい。

コンピュータ・コーディングの精度

第4章で行ったような，新聞記事が「労働に言及しているかどうか」といった単純なコーディングであれば，KH Coder によって容易に実行できる。すなわち，コーディングルールの指定も容易であるし，コーディングをコンピュータの自動処理に任せてしまうことができる。しかし，たとえば「性別役割分業を前提として，労働に言及しているかどうか」といった複雑なコーディングとなると，とても同じように容易にはいかない。このような複雑な事柄・概念となると，非常に広範なバリエーションをもつ表現としてデータ中にあらわれる可能性がある。そのため，「これらの語が記事中にあれば『性別役割分業を前提としている』と見なす」といった KH Coder 向けのコーディングルールを準備することが難しくなる。

こうした場合に考えられる1つの方策は，機械学習を用いることである。すなわち，「この記事は言及あり」「この記事は言及なし」といった「見本」（教師信号）を分析者が準備すれば，そこから KH Coder が分類基準を学習できる。そして学習した分類基準にもとづいて，「見本」以外のデータの自動分類を行える（A.6.5節）。ただし，ここで自動的に学習されるのは，あくまで抽出語ベースの分類基準である。すなわち「これらの語が出現していれば『言及あり』の可能性が高い」「これらの語が出現していれば『言及なし』の可能性が高い」といった形の基準である。したがって機械学習も決して万能ではなく，こうした基準による分類ではうまくコーディングを行えない場合もあるだろう[2]。なお，機械学習でうまく分類を行えるかどうかは，「見本」（教師信号）を使った交差妥当化（cross-validation）を行うことで，おおむ

であるから，その中間的な段階も考えうる。本書で示した分析例は，ほとんど限界まで「分析」の側に傾斜しているが，同様の分析を行う場合でも事例の引用と解釈をより多く行うことは当然可能である。同様に，「整理」の側に寄った分析を行う場合でも，量的な分析の結果をどの程度報告するかということは，必要に応じて調節することができる。こういった意味で，「整理」と「分析」を両極として，その間には多様な中間的段階が存在する。

分析を始める際に「整理」の側に寄った方法を用いるか，それとも「分析」の側に寄った方法を用いるのかは，主として研究目的や，データの性質・量によって決定されることだろう。質的な分析・記述が必要となる研究目的のもとでは，当然，量的方法に過度に重点を置いたとしても得られるものは少ない。また，データの量が少ない場合や，統計的検定が効果を発揮しにくいような形で収集されたデータについても同様である。そういったことに加えて，分析によって得られた発見・結論がいかなるものであるか，すなわち，それを記述するのに質的方法が適しているのか量的方法が適しているのかといったことによって，最終的に分析が「整理」と「分析」のどちらの側にどの程度傾斜するかが決まるだろう。

[2] KH Coder では，自動的に学習した分類基準の内容を分析者・第三者が確認できることを重視して，機械学習の手法としてナイーブベイズ・モデルを採用している（A.6.5節）。しかし精度の面では SVM: Support Vector Machine やランダムフォレストといった手法が優れているという報告もある。よって，分類基準を人間が理解できることよりも，精度を優先させたい場合にはこれら↗

ね見当をつけられる。

　もしも機械学習による分類も難しい場合には，できる限り自動処理を活用しつつ最後の一線では人間の判断に頼るというのが，現時点では最善の方法であろう。「性別役割分業を前提として，労働に言及しているかどうか」というコーディングの場合には，まず「性別役割分業」と「労働」の両方に言及した記事を取り出すようなコーディングルールを作成する。ここまでは自動処理が可能であろう。「性別役割分業」についてはいくぶん難しいが，関係のない記事を誤って取り出してしまうことがあっても，必要な記事を取りこぼすことのないような形で自動処理を行う。その上で，取り出された記事を順に目で確認し，コーディングの目的にそぐわない記事を除外していくとよいだろう。言わば，自動処理によっていくぶん広めに網をかけておき，最終的には人間の判断によって絞り込むという方法である。もちろんこの際には，データ中の文をそのまま引用してコーディングルールを作成するといった形で，人間の判断をコーディングルール・ファイルに記述しておくとよい。これによって，コーディングの客観性・信頼性を向上させうるという，コンピュータ・コーディングの利点のうち 1 つについては活用できるだろう[*3]。

大規模データ

　何十万件もの新聞記事といった，あまりに大規模なデータを一度に分析することには問題が多い。第一に，分析のための処理にいちいち長い待ち時間が発生するので（表 7.1），さまざまな分析の試行を繰り返すことが難しい。いろいろな角度からの分析を試みることは，分析の質を上げるために不可欠である。しかし 1 回の試行に 2 時間かかるのでは，試行を繰り返して様子を見ることが困難になる。第二に計量テキスト分析では，量的方法と質的方法とを循環的に用いるような分析プロセスを推奨している（1.2.2 節）。たとえば，量的分析の結果を見るだけでなく，どのような素データの積み重ねによって当該の分析結果が得られたのかを確認することが望ましい。しかし極端にデータ量が多いと，こうした素データの確認も難しい。第三に，複雑なコーディングのために人間の判断を必要とする場合には，巨大なデータを扱うことは困難である。大量のデータに対して人間が判断を下すとなると，単に時間と労力を要するだけでなく，判断基準がゆらぎかねないという信頼性の問題が生じるためだ。

　したがって大規模なデータが手元にある場合でも，無作為に一部のデータを取り出すランダム・サンプリングによって，一度に扱うデータ量を抑えることが穏当であろう。たとえば日本の成人人口は 1 億人を超えているが，きちんとしたランダム・サンプリングを行えば，2,500

　の手法を用いるのも 1 つの方法であろう。KH Coder から出力したデータを，たとえばフリーの機械学習ソフトウェアである Weka に入力することで，こうした手法を利用できる。

[*3] なお，人間の判断が必要になるようなコーディングを行うためには，時間と労力という点でより多くのコストが必要になる。よって，そのようなコストに見合う結果が得られそうかどうかを，多変量解析によって把握したデータ概要や単純なコーディングの結果から，できる限り事前に検討しておくことが推奨される。また複雑なコーディングを実際に行う場合には，できる限り自動処理を活用できるように工夫することが望ましいだろう。たとえば出現する文脈によって意味が変わるような言葉の場合でも，ほかにどの言葉と一緒に用いられた場合に，コーディング目的に合致した意味となるのかがわかれば，ある程度自動処理を活用できる。一緒に用いられる言葉によって，意味合いが変わるような言葉の具体例としては，秋庭裕・川端亮（2004）が第 5 章で行った分析に見られる「自分」ないし「自己」といったものが参考になるだろう。

表 7.1 データサイズと KH Coder の処理時間（hh:mm:ss）

	データ件数	データ容量	前処理の実行	共起ネットワーク
新聞記事データ・大	150,000	224MB	02:10:44	00:05:43
新聞記事データ・小	10,000	14MB	00:06:03	00:00:22
論文タイトルデータ	106,000	5MB	00:01:46	00:00:52

Core i7 CPU と SSD を搭載した PC で計測

人の標本によって ±2% 程度の誤差で内閣支持率を知ることができる[*4]。全体における割合を知りたいといった場合をはじめとして，多くの場合，ランダム・サンプリングによって扱うデータ量を抑えてもほとんど弊害が生じない。

　また仮に，サンプリングによって得られたデータ中に，特定のパターンを示す記事がわずかしかなく，同じパターンを示す他の記事も分析・確認したいという場合には，当該パターンに合致する記事を全データから検索し直せばよい。あるいは，理論的には「少数かもしれないが存在するはず」と推測されるパターン・特徴であるにもかかわらず，それに合致する文章が見あたらないという場合にも，全データを対象として検索を行えばよい。

　以上のように，あまりに大きなデータについてはサンプリングを行った上で分析を進め，必要に応じて全データからの検索や，データの補充を行うことが有効であろう。

データ中の語彙への依存

　本書では接合アプローチにおける 2 つ目の段階で，理論仮説や問題意識を操作化するためにコーディングを行うことを提案したが，このコーディングという作業について注意しておくべき点がある。それは，同じコーディングルールをそのまま他のデータに対して適用するのは難しいということだ。たとえば，コーディングを行うことで何らかの主題を数え上げるという場合に，その主題に関係する語彙をすべてもれなくコーディングルールに組み込むということは難しい。また年月とともに，同じ主題が新しい語彙によって表現されるようになることもある。当然そういった場合には，データ中の語彙に合わせて，コーディングルールを微調整する必要が生じる。つまり，コーディングルールはデータ中の語彙に依存する。

　それに対して，データ中の語彙に依存しない指標を算出することで，理論仮説や問題意識を操作化・測定できる場合がある。たとえば大谷・松原（1984）は小学校の授業記録からエントロピー指標を算出し，ベテラン教師よりも実習生の授業の方が値が大きかったことを報告している。そしてこの値の差異は，ベテラン教師が「収束的」な授業を展開したのに対して，実習生はより「発散的」な授業を展開したためではないかと解釈している。また瀬尾雄三・矢野正晴（2000）はインターネット上の掲示板における会話の記録から，自己相関係数とパワースペクトルを算出することで，参加者間の対立を検出しうることを示した。さらに鈴木崇史らは総理大臣の国会演説を分析し，名詞の分布特徴量をもとに，演説の政治的役割を推論する方法を提案している（鈴木 2009, 2012; 鈴木・影浦 2008, 2011）。

　このように，データ中の語彙に依存しない指標によって理論仮説や問題意識の操作化・測定が可能な場合には，コーディングを行うよりも，そういった指標を用いることが望ましいだろう。データ中の語彙にかかわらず，常に同じ手順で定式的に算出できる指標であれば，他の

[*4] ランダム・サンプリングの方法については社会調査法のテキストが（盛山 2004; 大谷ほか 2013; 轟・杉野 2013），また特に新聞・雑誌などからのサンプリング法については内容分析のテキストが（Riffe et al. 2014=2018），それぞれ参考になるだろう。

データとの比較がより容易になるためだ。データの内容を分析するという場合に，こうした指標を利用できるケースは必ずしも多くないかもしれない。だがコーディングを行う前に，こうした指標を利用できないかどうか，一度は検討しておくことが賢明であろう。

接合アプローチと紙幅の制限

　本書で提案した接合アプローチには，抽出語の多変量解析による探索を行う段階 1 と，コーディングを行う段階 2 とが含まれる（第 2 章）。段階 1 において分析の目的が達成されれば，必ずしも段階 2 に進む必要はないものの，そうした場合ばかりではないだろう。そして段階 2 に進むとなると，紙幅の制約が問題になるケースが生じうる。特に第 6 章で示したように，テキスト型データの分析と，通常の数値データの分析を組み合わせて推論を行うような場合，この問題は深刻になる。この場合には，原稿用紙 50 枚・20,000 字という一般的な論文の紙幅の中ですべての分析結果を提示することはおそらく難しい。

　こうした場合の次善の策としては，分析結果を複数の論文を通じて公表することが考えられる。たとえば分析の段階 1 と，段階 2 の予備的な部分，すなわちコーディングの枠組みを決めるまでの部分を，紙幅の制限が比較的穏やかな報告書や紀要論文で公表する。その上で，分析の段階 2 と通常の数値データの分析とを組み合わせた推論を，別の論文で報告するといった方法が考えられる。この方法であれば，接合アプローチの全過程を公表することが可能である。こうした方法をとることも難しい場合には，段階 1 の結果はデータ探索のための参考とするだけにとどめ，段階 2 の結果のみを公表することも，やむをえないかもしれない。ただし接合アプローチの利点を十全に享受するためには，段階 1・段階 2 の両方の結果を 1 つの論文中で公表することが，最も望ましいだろう。

多変量解析ないし自動処理の手法

　接合アプローチにおける段階 1 で，データを要約するための多変量解析ないし自動処理を行う際には，KH Coder の機能に不足を感じることもあるだろう。というのも，本書の分析に使用した自己組織化マップや Ward 法によるクラスター分析などの手法は，どちらかというとオーソドックスで各分野における利用例が多く，アルゴリズムや挙動がよく知られた手法である。KH Coder の機能として準備しているのも，そうしたよく知られた手法が中心である。強いて言えば自己組織化マップは比較的新しい手法である。また，共起ネットワークは内容分析の分野では伝統的に用いられているものの（Osgood 1959; Danowski 1993），分野によっては新奇な方法と見なされるかもしれない。それでも，広く利用されているオーソドックスな方法からまず準備するというのが KH Coder 製作におけるこれまでの方針である。

　しかし，テキスト型データを対象とした多変量解析となると，より新しい手法も多くあるし，今後も新たな手法が次々と提案されるだろう。一例として，1.3.2 節でもふれた LSA: Latent Semantic Analysis を含む，トピックモデルとよばれる方法群が情報科学の分野では活発に利用されているようである（上田・斉藤 2004a, b）。具体的な手法としては LSA のほか，LDA: Latent Dirichlet Allocation や（Blei et al. 2003），NMF: Non-negative Matrix Factorization をテキスト型データに適用する方法がある（Lee & Seung 1999）。

　こうした新しい手法を利用したい場合には，KH Coder のデータ出力機能を用いて（A.3.5 節），表 2.1 に示したような「文書×抽出語」表をいったん取り出すとよい。取り出したデータを，たとえば統計計算とグラフィックスのためのフリー・ソフトウェア R に入力すれば，上述のトピックモデルを利用することができる。なお KH Coder の開発においても，有効な方

法は徐々に取り入れていきたいと考えているが，新しい方法をことごとく取り入れていくのは難しい。そのため，新しい手法を取り入れるのは，評価が十分に定まってからとなりがちである。

　以上に，技術的な課題として残されている点をいくつか挙げてきた。分析の実践において，以上のような課題にどう対処するかは，扱うデータや研究目的に大きく依存する問題である。よって，対応策として決まり切った手順を準備することは難しい。しかし，本書で提案した方法をさまざまなデータに対して実際に適用し，より多くの応用事例をもとに検討を行えば，将来的にはより明確な指針を提示しうるだろう。

7.2　社会調査における計量テキスト分析

7.2.1　応用の可能性

　本書における定義では，内容分析を行うための具体的方法として計量テキスト分析を位置づけた（1.4.1 節）。内容分析はきわめて多様な形で応用されてきた調査技法であるから（1.2.1 節），計量テキスト分析もそれに準じて応用範囲の広い方法であると考えられる。さらに従来の内容分析と比較すると，計量テキスト分析ではより柔軟に質的方法と量的方法とを組み合わせられるようになった。たとえばインタビューデータを分析対象として質的な記述を主に行うといった，従来の量的内容分析の枠組みには必ずしもおさまらない形での応用も可能となっている。

　このように方法の柔軟性が向上したことに加えて，分析の対象となるようなデータの整備も急速に進んでいる。従来の内容分析においてもデータベースを用いたデータ収集は行われているが（Dyer et al. 1991），現在では周知の通り，さまざまなデータを電子化およびデータベース化する動きが加速している。KH Coder の最初の版を公開した 2001 年の段階では，新聞記事を収録した CD-ROM の学術利用を許可していたのは『毎日新聞』だけであったが，現在では『朝日新聞』『読売新聞』『スポーツ報知』が後に続いている[*5]。また国会議事録や首相演説，それぞれの年に制定された法律のタイトルや条文もウェブを通じて検索・入手できるようになった。小説や流行歌の歌詞などに関しても電子化が進んでいる。このように多様な情報が電子化の上で整理されつつあり，データ収集に必要なコストが劇的に低下している。これによって，従来は社会調査の対象としてあまり取り上げられなかった種類のデータにも，計量テキスト分析の応用範囲が広がることを考えうる。

　なお，計量テキスト分析の直接の対象となるのはテキスト型ないし文章型・文字型のデータである。しかし，インタビューデータのようにもともとは音声型のデータであっても，書き起こすこと（トランスクライブ）によってテキスト型データに変換すれば，分析を行える。それと同様に，本来はテキスト型でないテレビ番組・マンガ・流行歌といったデータについても，台本・台詞・歌詞のようにテキスト型データとして得られる部分の分析は可能である[*6]。もち

[*5] 学術利用が可能な CD-ROM は現在，日外アソシエーツ株式会社を通じて販売されている。『朝日新聞』については 1984 年以降，『毎日新聞』は 1991 年以降，『読売新聞』は 1987 年以降，『スポーツ報知』は 1998 年以降の記事がそれぞれ販売されており，1 年分の記事を購入するためには 12 万円から 27 万円程度の費用がかかる。なお現在のところ，このうち『朝日新聞』のデータについては「3 年間の利用権」が販売されており，購入から 3 年が経つとデータを使用できなくなる。

[*6] 台詞や擬音語など，マンガに含まれる言葉に対して計量テキスト分析を適用した試みとして，大瀧友織・樋口耕一（2006）による『はだしのゲン』の分析がある。

ろんこういった場合には，テキストとして得られる部分だけを取り出すことで，さまざまな制約が生じうる。研究目的上，そういった制約が大きな問題になる場合には，あくまでテキスト型データの分析は補助的なものとなる。しかし計量テキスト分析の対象は，もともとテキスト型であるデータだけに限られているわけではない。音声・画像・映像などのデータを扱う際も，計量テキスト分析によって意味のある結果を得られる可能性はないか，一度検討してみる価値はあるだろう。

さらに現在の KH Coder は日本語データだけでなく，英語データの分析にも対応している。いくぶん実験的な段階の対応ではあるが，中国語，韓国語，イタリア語，カタロニア語，スペイン語，スロヴェニア語，ドイツ語，フランス語，ポルトガル語，ロシア語データの分析も行える（A.2.4 節）。したがって，日本語データを扱いながらいったん分析の考え方やソフトウェアの操作手順を理解すれば，同じ方法をそのまま各国語データに対しても適用できる。

以上のように方法の柔軟性が向上し，分析対象となりうるデータの整備が進み，文章・音声といったデータの種類の壁だけでなく，日本語・英語といった言語の壁も乗り越えられるようになった。こうしたことから，計量テキスト分析を応用しうる範囲はいっそう広がったものと考えられる。加えて，分析用ソフトウェアの整備によって，単純作業による消耗を避けられるようになった。分析時の試行の繰り返しを完全に省くことはできないが，やみくもな試行錯誤ではなく，きちんとした手順の中で試行を繰り返す方法であることが，実用性を高めていよう。少なくとも「手数がかかるわりに報いられる点が少ない」というかつての内容分析の印象を否定できる程度には，実用的で応用範囲の広い方法として，ここに計量テキスト分析を提案したい。

7.2.2 実証研究における役割

質問紙調査における自由回答の分析やインタビューデータの分析といった形で，計量テキスト分析は，伝統的な社会調査においてももちろん役立つだろう。ここで，日本国内における伝統的な社会調査のイメージとは，質問紙調査やインタビューのように「現地調査によって，直接に」データを得るという作業を含むものであろう。安田三郎の定義における社会調査とは「一定の社会または社会集団における社会事象を，主として現地調査によって，直接に（first hand）観察し，記述（および分析）する過程である」（安田・原 1982: 2）。この定義は日本の学界に広く影響を及ぼし，現在もその力を保っているように見受けられる。

一方で計量テキスト分析は，「現地調査」をともなう社会調査のデータだけでなく，新聞記事をはじめとする各種テキスト型データの分析にも寄与するだろう。たとえ「現地調査によって」得られるデータではないとしても，新聞記事は社会状況を色濃く反映するデータである（第 5 章）。そのようなデータを収集・分析する試みは，純粋に理論的な思索とは異なる種類の試み，すなわちエビデンスにもとづいて人々が生きる実社会の姿を描こうとする，実証的な試みである。仮に「現地調査」を含むものが狭義の社会調査であるとしても，こうした実証研究のためのデータ収集と分析は，広義の社会調査とよびうる営為であろう[7]。計量テキスト分析

---

[7] 社会調査をこのように捉えることは，近年ではそれほど珍しいわけではない。たとえば社会調査の教科書において，社会調査法（Social Research Method）の一環として内容分析や言説分析が紹介されることは多い。この際には「ドキュメント分析」という用語が用いられることもある。これは必ずしも英米に限ったことではなく，近年では国内でも見受けられる（May 2001＝2005; Neuman 2011; Bryman 2012; 盛山 2004; 大谷ほか 2013; 轟・杉野 2013）。また赤川学（2009）は「言説↗

は，質問紙調査やインタビューのような狭義の社会調査だけでなく，上述のような広義の社会調査にも活用しうる。

　「現地調査」を含む狭義の社会調査のために役立つことはもちろん重要であるが，新聞記事をはじめとする各種電子データを扱うような広義の社会調査に貢献することも，等しく重要であろう。というのも，対象にアクセスできるかどうかや，費用を負担できるかどうかといったさまざまな事情で，狭義の社会調査を実施することが難しいこともある。そうした場合でも広義の社会調査によって，純粋に理論的な思索だけで終わらずに，実証的な研究を行える場合がある。またここで述べる広義の社会調査は，必ずしも安価で劣った代用品というわけではない。たとえば対象者の反応に依存しないことや，過去のデータを収集できることといった固有の価値が存在する（1.2.1節）。したがって狭義の社会調査だけでなく，ここで述べるような広義の社会調査も活発に実施されることが，全体としての実証研究が発展していくためには重要である。そうした社会調査ひいては実証研究の促進に，計量テキスト分析とKH Coderがわずかなりとも寄与することを期待したい。

　そのために残された課題として，各種のデータにこの方法を適用した場合の有効性を明らかにすることがある。本書では計量テキスト分析を汎用的な方法として提案しているが，技術的な制約があることも確かであり（7.1.2節），ある程度の向き不向きはあるだろう。さらに，技術的な適合性だけでなく，研究の理論的な側面も重要である。たとえば本書では，全国紙の内容分析によって社会意識の探索を行えることや（第5章），自由回答の分析によって線形モデルの解釈が難しい部分を補えることを示した（第6章）。こうした形で，各種のデータがどのように研究に役立つのかを明らかにしていけば，計量テキスト分析はより使いやすい方法となるだろう[8]。新聞記事や自由回答にしても他の役立て方がありうるし，これら2つ以外にも多くの種類のデータがある。したがって，これは大きな課題であり，一朝一夕には明らかとならないだろう。それでも，内容分析の分野における蓄積や，さまざまな研究事例のレビュー，そして筆者自身による応用研究への取り組みなどを通じて，一歩ずつでも進めていきたい。

　　分析は，社会調査の手法たりえるか」について前向きな議論を展開している。実証研究のためのデータ収集と分析は，たとえ「現地調査」を含まなくとも広義の社会調査と見なしうるという本書の見方は，こうした傾向とも合致している。

[8]　内容分析を行うことで，分析対象となっているデータを産み出したコミュニケーションの送り手側や，データを消費する受け手側の置かれた社会的状況について，推論を行えるとされている（Riffe et al. 1998: 13, 20）。こうした内容分析の考え方と用語にならえば，ここで明らかにすべき問題とは，各種のデータをもとにどのような社会的状況を推論できるのか，ということである。よって内容分析の分野における蓄積は大きな助けとなるだろう。

第 8 章

研究事例に学ぶ利用の方策

8.1　はじめに

本書の初版が 2014 年に公刊されてから年数を経るうちに，幸いにして，研究に KH Coder をご利用いただく事例が徐々に増加している[*1]。したがって現在は，ただ利用を広げるだけでなく，計量テキスト分析と KH Coder がいっそう効果的に利用され，優れた応用研究が生み出されることを企図しての努力が重要と考えられる。

そこで本章では，KH Coder を用いた研究事例の中でも，筆者から見て成功したと目される事例を取り上げてレビューを行う。レビューの目的は 2 つあり，そのうち 1 つは，さまざまな種類のテキストデータがどのように研究に役立つのかを示すことである。これによって，前章の終わりに挙げた課題に部分的にでも答えたい。各種のデータとして，インターネット上で行われたコミュニケーションの記録，マス・コミュニケーション内容，アンケート自由回答，インタビュー記録，会議録などを扱った研究事例を取り上げる。こうしたデータを分析した手順に加えて，こうしたデータを役立てるための，研究の組み立て方にも注目してレビューを行う。

もう 1 つの目的は，計量テキスト分析および KH Coder をうまく利用して，データから意味のある発見を導くための方策を，成功事例に学ぶことである。テキストを KH Coder に投入すればなんらかの分析結果が得られるが，おもしろい結果や，学術的意義のある結果が得られるとは限らない。そうした意味のある発見に至るために，データ収集や分析に先立って，準備しておくべきことは何か。分析の計画を立てるときに，特に比較のしかたを考えるときに，注意するとよいことは何か。こうした点について，成功事例のレビューを踏まえて検討する。

以上の目的のもとに本章では，第一に計量テキスト分析および KH Coder 提案のねらいについてごく簡潔に振り返る。第二に，そうした提案の狙いにそった形で KH Coder を利用した研究事例，それも成功したと目される研究事例のレビューを行う。このレビューにもとづいて第三に，計量テキスト分析や KH Coder をうまく利用するための方策を検討する。また今後の展開についても最後にふれておきたい。

8.2　計量テキスト分析と KH Coder 提案のねらい

8.2.1　なぜ言葉を計量的に分析するのか

応用研究のレビューに進む前に，計量テキスト分析を提案したねらいをこの節で簡潔に確認する。計量テキスト分析では，なぜ言葉をそのまま読まずに，計量的に分析するのだろうか。1 つの答えはデータ探索のためである。データ探索にはいろいろな側面があるが，第一にデー

[*1] 筆者が把握している研究事例の一覧は `https://khcoder.net/bib.html` に掲載している。

タの全体像をつかみやすい。たとえば機械的に言葉を数えてみると「意外とこんな話題が多かったのか」と気づくことがある。また，ある言葉と一緒に使われることが多い「共起語」を機械的にリストアップすれば，その言葉の使われ方や果たしている役割について，新たな気づきがあるかもしれない。「この言葉は，データ中のこの部分に特に多く出現している」と判明することもある。こうした計量的分析によって，探索の第二の側面として，データ中のどの部分を人間が詳しく見るべきかという示唆を得られる。

　もう1つの答えは，データ探索と表裏一体となっていることだが，分析の信頼性向上である。機械的に数え上げることで，分析者が先入観や思い込みにとらわれず，データの全体像を正確に把握できれば，その結果を第三者に対しても提示できる。データを自分の言葉で説明するだけでなく，誰が操作しても同じ結果になる図表を示せば，第三者による比較・検証が行いやすくなる。また，データ中の注目・引用すべき部分が計量的分析から示唆されれば，「引用部分をどのように選んだのか？」「都合の良いところだけを引用したのではないか？」といった第三者の疑問に対しても答えやすくなる。これらの点は，研究手法が批判・検討・検証に耐えるオープンさを有しているという意味での客観性を高めることにつながる。

　ただし計量テキスト分析では，人間が文章を目で読み，質的に解釈することを決して否定していない。むしろ，計量的な分析の結果を参考にして，元の文章の質的解釈を行うという方法である。質的な解釈から発見があれば，その内容に応じて計量的分析の方法を修正することも有効だろう。このように計量テキスト分析では，計量的分析と質的分析とを循環的な関係にあるものと捉えている。それぞれが新たな洞察をもたらし，それによって他方に資するものである。KH Coder はこうした分析を行うために開発したソフトウェアであり，計量的な分析の機能だけでなく，元の文章を検索・閲覧するための機能にも力を入れている。なお以上のような方針は筆者独自のものというより，川端（2003b）が提案した「計量テキスト分析」を，内容分析（content analysis）の考え方に依拠しつつ拡充したものである（第1章）。

8.2.2　言葉の分析から何を知ろうとするのか

　内容分析の方法については，短く見積もっても第二次大戦の前後から現在に至るまで議論の蓄積がある。この内容分析の考え方は，現代の発達した自然言語処理・統計分析・コンピュータを活用することで，いっそう分析の実践に活かしやすくなるのではないか。そう考えたことから筆者は，内容分析（content analysis）を行うための具体的な手順・方法の1種として，計量テキスト分析を定義した。これによって，たとえば分析方法が信頼性・妥当性を備えねばならないことや，単なるデータの記述ではなく推論を含むといった，内容分析の考え方を受け継ぐことを明示している（第1章）。

　内容分析が直接的に分析の対象とするのは，コミュニケーション内容である。ただし内容分析とは，ただ内容を記述するだけでなく，その内容を送り出す側や，その内容を受け取る側の状況を推論する方法である（Riffe et al. 1998）。たとえば政治家による Twitter 発信内容を扱うのであれば，単に内容を記述するだけでなく，送り手である政治家の意図や，おかれた状況を推論しうる。またマス・コミュニケーションの内容を分析するならば，送り手である新聞社の報道姿勢を推論する場合もあれば，そうした報道内容を受け入れているその時代の社会意識について推論する場合もあるだろう。

　コミュニケーションは人間の社会的な活動の中核をなしているので，こうした推論の方法として，内容分析は学問分野を問わずさまざまな研究に利用できる。そして計量テキスト分析も，内容分析に準じて，応用範囲の広い方法であると考えられる。もっとも「考えられる」の

と実際に研究を行うのとは別の話であるし，日本国内では内容分析そのものの利用が活発でないという指摘もある（三上 1988b）。そこで本章では，多様なデータを対象とした日本国内の応用研究を取り上げて，各データをもとに，社会についてどのような推論が可能なのかを概観したい。

8.3 各種データを対象とした研究事例

8.3.1 レビューの進め方

ここではなるべく成功した応用研究を取り上げて，方法やソフトウェアをどのように利用しているかを記述する。取り上げる応用研究の選択にあたっては，主として以下の 2 つの基準を念頭に置きつつ総合的に判断した。1 つは，分析によって意義深い発見または検証を行っているかという一般的な評価基準である。特に，データの内容を記述するだけでなく，データ内容をもとに社会についての推論を行った応用研究に注目する。もう 1 つの基準は，前節でふれた提案のねらいに合致する形で，方法やソフトウェアを利用しているかどうかである。

それぞれの応用研究を取り上げる際には，研究者がデータ内容をもとに推論を行ったプロセスをたどれるような，詳しい記述を目指す。というのもデータ内容にもとづく推論は，研究の成否を左右する重要なプロセスであり，コンピュータによって自動化できないプロセスでもある。計量テキスト分析の手順（第 2 章）は KH Coder の利用法について示唆を与えるし，KH Coder を利用して計算を行えば結果としてさまざまな図表が得られる。しかし，結果として得られた図表の中でどの部分が重要なのかを判断し，その部分をもとに推論を行うのは研究者の役割である。研究者がこの決定的に重要な役割を果たすために用いた方策が見えてくるように，ある程度まで詳しく応用研究を紹介する。

なおインタビューやアンケートの方法をはじめ，社会調査法はさまざまな学問分野で活用されるもので，計量テキスト分析や KH Coder にもそうした面がある。よって社会学的問題を含む研究に注目しつつも，狭い意味での社会学に限定せずに応用研究を収集した。その上でさまざまなデータ活用の可能性を描くために，インターネット上のコミュニケーション，マス・コミュニケーション，社会調査データ，会議録という 4 種類のデータを分析対象とした応用研究を取り上げる。

8.3.2 インターネット上のコミュニケーション

Twitter の分析——特定の発信者に注目して（上ノ原 2014）

人々がインターネットのようなコンピュータ・ネットワークを使ってコミュニケーションを行うようになると，コミュニケーションの記録が蓄積されていく。この記録を分析することで，人々のコミュニケーションや人間関係についての研究が進むのではないかと早くから指摘されてきた（Rogers 1986＝1992）。インターネット上の各種コミュニケーションの中で，誰でも気軽に公開メッセージを発信できる Twitter は日本でも広く利用されている。この Twitter における特定の人々の発信内容を分析した応用研究が，上ノ原秀晃（2014）による論文「2013年参議院選挙におけるソーシャルメディア——候補者たちは何を『つぶやいた』のか」である。

上ノ原（2014）は冒頭で次の 2 つの出来事を取り上げている。まず「国民の政治への参加意識向上」（自民党）や「主権者である国民が気軽に多面的に選挙に参加できる」（共産党）ことを目指して，「ネット選挙」が解禁された。また Twitter のようなソーシャルメディア普及によって，誰でも容易にネット上で発言できるようになった。2008 年の米国大統領選における

オバマの成功や，2011年のアラブの春は，ソーシャルメディアのもつ新たな可能性を示している。こうした背景から上ノ原（2014）は，Twitterにおいて政策議論が盛り上がる様子があるかどうか，また米国の先行研究で見つかったのと同様の，政党による発信内容の違いが見られるかどうかを検証している。

　もしも研究の目的がこのように明瞭になっていない場合，計量テキスト分析の結果から学術的意義を見いだすプロセスは大変に困難なものとなりうる。頻出語や特徴語の表にしても，対応分析にしても，50種類以上の語が並ぶ場合が多い。目的が明瞭でなければ，多くの語の中からどの語に注目すべきなのか，どの語から学術的意義を見いだせばよいのかという選択が難しくなる。この場合，仮にいくつかの語に注目して考えてみても，意味のある結論に至らなかったという試行錯誤も生じるだろう。

　それに対して上ノ原（2014）の場合は，計量テキスト分析によって何を明らかにすべきかという問いが明確である。その恩恵を受けて，まずTwitterでは政策議論は少ないということが明らかになる。計量的分析では一般に，出現回数が多い言葉や概念に注目して分析を行うことが多い。にもかかわらず，多くて目立つ語ではなく，少ない語に注目して解釈を行えるのは，明確な目的をもって分析結果を見ているからこそだろう。次に米国の先行研究に倣った，政党による違いの分析が行われる。その結果，たとえば自民党で極端に政策発信が少ないといった，先行研究と整合的な結果が得られた。モデルとなる先行研究を用いて比較の枠組みを定めたことが，スムーズな分析と推論につながっている。

　以上のように先行研究や問題意識にもとづいて分析の目的を具体的に設定することで，分析結果から意味を見出しやすくなっている点が，上ノ原（2014）の特徴である。なお上ノ原（2014）はTwitterでの発信内容だけを分析するのではなく，発信の有無や多寡の傾向を併せて分析することで，Twitter利用の全体像にいっそう接近している。

Twitterの分析──特定のキーワードに注目して（高 2015）

　上ノ原（2014）が参院選の候補者という特定の発信者に注目したのに対して，発信者ではなく，特定のキーワードに注目したのが高史明（2015）である。著書『レイシズムを解剖する──在日コリアンへの偏見とインターネット』の第2章において，高（2015）はコリアンがどのようにTwitter上で語られているかを分析している。

　不特定多数の人々によるTwitter上での語られ方を分析することには，どんな意義があるのだろう。この点について高（2015: 18）は，Twitterのようなソーシャルメディアが「レイシズム言説が伸長するのに欠かせない役割を果たしている」ことをまず挙げている。またTwitterにおける発言は人々が日々接触し影響を受けると同時に，彼ら自身の意見をアウトプットしたものでもある。これらの理由から，Twitterにおける語られ方を分析することで，レイシズムの実態について重要な手がかりを得られるはずであると指摘している（高 2015）。こうした意義づけに加えて高（2015）は，第2章でTwitterの計量テキスト分析を行ったあと，第3章以降では質問紙調査と共分散構造分析によって第2章で得られた知見を確認し発展させている。

　高（2015）は第2章におけるTwitter分析において，アメリカでの黒人に対するレイシズムの研究から生まれた「現代的レイシズム」概念を用いている。そして，この概念が，現代日本のコリアンに対するレイシズムにも当てはまるのかどうかを第2章で明らかにしている。コリアンが劣っていたり凶悪であったりすると見なす「古典的レイシズム」に対して，「現代的レイシズム」の特徴はコリアンが不当な利益ないしは特権を有していると見なすことにある。そして，この現代的レイシズムの背景にはマスコミ不信やインフォーマルなメディアへの依存が

あると考えられている。

　こうした目的設定のもとに計量テキスト分析を開始しているので，大まかな方針としては「古典的レイシズム」「現代的レイシズム」「マスコミ」などに注目している。ただし高（2015）の場合，事前に調べることにしていた概念の有無・多寡を調べて分析完了という形では必ずしもなく，データ分析から新たに見えてくることを探索する帰納的な姿勢も併せもっている。そうした探索のために，コリアンと中国人の語られ方を比較し，さらには日本人の語られ方とも比較している。その結果「コリアンに対するレイシズムを特徴づけるのは，古典的レイシズムよりも現代的レイシズムである」（高 2015: 71）ことがわかった。またコリアンに関するツイートでは，中国人に関するものに比べて，ネガティブな情報を「拡散」しようという動機が強かったことが示唆された（高 2015: 72）。

　KH Coder が作成する図表には 50 種類以上の語が並ぶ中で，どこから学術的意義を見いだすのかという問題を，高（2015）は 2 方向からのアプローチによって乗り越えている。1 つはレイシズムの種類に注目するという，既存の理論をもとにして事前に設定した仮説を追究する演繹的アプローチである。もう 1 つは，コリアン・中国人・日本人を比較した結果をもとにして，つまりデータ分析の結果をもとにして，仮説を発展させるという帰納的アプローチである。先に取り上げた上ノ原（2014）のように，演繹的に設定した課題を追究することで分析を完了できた方が，試行錯誤の苦労を避けやすい。しかし通常は，そこまで明確な課題を事前に設定することは容易でないだろう。往々にして予想外の結果が得られるのが，データ分析の難しいところでもあり，面白いところでもある。したがって高（2015）のような 2 方向からのアプローチは，現実的で穏当な方法と言えよう。

　高（2015）は 2016 年度日本社会心理学会出版賞を受賞しているが，そうした評価にも増して重要と考えられるのは，後に続く研究が生まれていることである。高（2015）はレイシズムを分析するためのコーディングルールを作成し，その内容を明示している。コーディングルールとは「発言にこの言葉が含まれていれば『現代的レイシズム』と見なす」といった基準を集めたものである。このルールを KH Coder に入力すれば，それぞれの発言が「現代的レイシズム」に言及しているかどうかを自動的に調べられる。したがって高（2015）のコーディングルールを用いれば，高（2015）による分析の切り口ないしは分析概念を，自分の研究にもち込むことができる。そうした研究がすでに複数発表されていることは，高（2015）が切り開いた道をたどる後続の研究が生まれていることにほかならない（田村・田村 2016; 曺 2017a, b）。コーディングルールの公開は，分析の信頼性を高めるだけでなく，分析概念の汎用性を高め，その分野における研究の発展につながることがわかる。

8.3.3　マス・コミュニケーション

『アサヒ芸能』目次の長期的分析（景山 2010）

　マス・メディアの報道内容は我々の社会を映す鏡にたとえられる。すなわち，マス・メディアが提示する「現実」の内容分析を通じて，社会で共有されている意識，すなわち社会意識の様相を探ることができる（第 5 章）。しかも，過去にさかのぼって社会調査を行うことは不可能だが，何十年も前から蓄積されてきた新聞記事・雑誌記事を分析することは十分可能である。

　景山佳代子（2010）の著書『性・メディア・風俗——週刊誌「アサヒ芸能」からみる風俗としての性』は，マス・メディアの内容分析という方法がもつこのような利点を有効に活用している。景山（2010）は日本の性風俗の変化を探るために，20 年分の『アサヒ芸能』の目次を分析対象とした。景山（2010）が『アサヒ芸能』を取り上げたのは，次のような点を重視した

ためである。すなわち「『アサヒ芸能』が性的なストーリーを制作し，流通させてきたメディア」であることが広く知られており，また「戦後日本の社会において中心的なアクターであった『中年のサラリーマン層』に消費される」（景山 2010: 10）という点である。

　景山（2010）は目次データの計量テキスト分析によって，1970 年からの 20 年間における，日本の性風俗の変化を明らかにしている。その背景として，性風俗記事を長年にわたって執筆してきた記者へのインタビューから，この時期に変化があったことが示唆されている。「なになに地帯」「場所」「ゾーン」をつくる「線」から，「ピンポイント」の「点」へという変化である。このうち「線」の風俗について前の章で詳しく見てから，景山（2010）は著書の第 6 章で「線」から「点」への変容を明らかにしていく。

　景山（2010）の第 6 章では，インタビューから示唆されたあいまいな「点」の性風俗の様相を，データから明らかにしていく帰納的な分析が展開される。まず「線」の時期（70 年代前半）の性風俗と一緒に出現する語には「温泉」「東京」「北陸」「熱海」など，土地に関連するものが多い。ところが「点」の時期（80 年代後半）の性風俗と共起する語には，土地に関連する語が見られなくなり，かわりに性やセックスを露骨に示唆する語が多くなる。また，それぞれの時期には特有の造語が見られる。「戯」「技」という文字は造語のパーツとして 20 年間一貫して使用されているが，組み合わされる文字が変化する。「線」の時期には「性」「愛」などと組み合わされていたが，「点」の時期になると「指」「口」「舌」などの身体部位と組み合わされるようになる（景山 2010）。

　元のテキストすなわち記事の見出しを数多く引用・解釈しつつ景山（2010）は，上述のような言葉の変化は，背後にある物語の変化を意味することを解き明かしていく。ある境界線で区切られた土地を舞台に，男が女を探し求めて言葉を交わし，一夜をともにするというのが「線」の性風俗であった。それに対して，会話によってつながりを演出するまでもなく，セックス（に類する行為）から関係が始まるのが「点」の性風俗である。そこでは身体を性的に反応させる「技」が重要になり，それを言葉で表現しなくてはならない。そのためには漢字 1 字ごとの視覚イメージを利用した「指技」「口戯」といった造語を多用して，「性的に見える言葉をネオンサインのようにチカチカと点滅させる」（景山 2010: 161）ことになる。こうした分析を通じて，「点」の性風俗とは，「性的であるだけのセックスをコンビニ感覚で消費できるというフィクション」（景山 2010: 164-5）であることが明らかになる。

　以上のような景山（2010）の分析においては，KH Coder の分析結果を参考にして元のテキストに戻り，テキストを引用してそこに解釈を加えるという作業が繰り返される。そうした丁寧で豊かな解釈によって，「線」から「点」への変化を驚くほど生き生きと描いていることが，景山（2010）による分析の特徴である。KH Coder の分析結果は，文脈から切り離された単語単位で示されることが多い。しかし，このような質的分析を併せて行うことで，単語の背後にある文脈やその変化を描き出すことができる。

大宅壮一文庫の索引を利用した研究（松井 2013b）

　研究テーマが「普通の中年男性」の性風俗である場合，景山（2010）が取り上げた『アサヒ芸能』はまたとない分析対象であろう。しかし，研究したいテーマについて集中的に報じているような雑誌が見当たらない場合にはどうすればよいだろうか。また，中年男性にのみ注目するのではなく，男女をあわせた日本人について分析したり，男女間の意味世界の違いを見たい場合はどうだろう。

　こうした場合に役立つのが多様な雑誌を集めた大宅壮一文庫の索引データベースである。特

定のテーマに関する記事を多様な雑誌メディアから体系的に収集・集計することで，人々の間に共有された一般的な意識を探索しうる（Gamson & Modigliani 1989; Humphreys 2010）。また大宅壮一文庫の索引データベースには，たとえば「一般週刊誌」「女性週刊誌」といった，「雑誌ジャンル」という情報が付されている。「雑誌ジャンル」情報を使って，男性向けの雑誌と女性向けの雑誌を比較すれば，男女間の意味世界の違いを明らかにすることもできる。

　このような大宅壮一文庫の利点を活かした研究として，松井剛（2013b）による論文「言語とマーケティング――『癒し』ブームにおける意味創造プロセス」がある。人間は現実のありようをそのまま認識するのではなくて，たとえば「きれい」とか「散らかっている」といった言葉を当てはめることで現実を認識する。したがって言葉は人間の思考を型にはめる強制力をもつが，一方で人間の活動が言葉の意味を変えていく場合もある。松井（2013b）は特に，商業活動（マーケティング）によって言葉の意味が変わっていくプロセスに注目しており，その具体例として「癒し」を取り上げている。

　松井（2013b）は 1988 年から 2007 年にかけての雑誌記事見出しのうち，「癒し」関連語を含む 8,033 件を取り出して分析している。言葉の活用形に注目した集計では，「癒される」「癒されたい」といった受け身表現が癒しブームの時期に増加していることが示される。自ら「癒す」のではなく，誰かによって与えられる「癒し」を求める構図が見られる。このように言葉の活用形の変化を見るというのは，ほかの研究ではあまり見られない松井（2013b）ならではの分析である。次に，男性向けの雑誌には「OL」「フーゾク」「ポルノ」などの特徴語が見られ，男性の意味世界においては「女が癒し，男は癒やされる」という認知が成立したことが示唆される。一方で女性においては「動物」「映画」「リゾート」などの特徴語があり，「消費が女を癒やす」という認知が示唆される。かつては宗教的・精神的であった「癒し」という言葉に対して，上述のような世俗的で物質的，さらに商業的な意味が付与されていったことが判明した。

　松井（2013b）はデータベースの特徴を活かして，時期による比較や，「雑誌ジャンル」情報を使った男女間の比較を行っている。また，使われる言葉の変化だけでなく，言葉の活用形の変化にも注目しており，結果として非常に明瞭な差異があらわれている。このため，分析結果を見てもどの語に注目すればよいのかわからないという問題はあまり生じず，「癒し」という言葉の意味の変化が明らかになっている。このように「見ればわかる」ほど明瞭な分析結果が得られたのは，おそらく偶然や幸運によるものではなく，「癒し」ブームに関する年来の研究にもとづいて分析が計画されたためであろう（松井 2004a, b, 2011, 2012）。なお松井は以上のような意味の分析に加えて，意味の変化を引き起こしたと考えられる商業活動の分析も別に行っている。そして，すべての分析を著書（松井 2013a）にまとめている。

8.3.4　社会調査データ

アンケート自由回答（阪口 2015; 阪口・樋口 2015）

　アンケート（質問紙調査）はさまざまな研究分野で利用される調査法である。このアンケートのなかに自由回答型の質問を含め，回答の計量テキスト分析を行うことで，アンケートという調査法の可能性を拡げられると筆者は考えている（第 6 章）。通常の選択肢型の質問を使った分析では，たとえば女性の方が特定の考え方に賛成しがちであるといった傾向を容易に確認できる。しかし選択肢型の質問では，なぜ女性が賛成しがちなのかということを調べるのは非常に難しい。従来は研究者がなぜかを必死に考えたり，インタビュー調査を追加的に行うといった方法がとられた。

　ここで自由回答型の質問を用いれば，回答者自身の言葉で考えを書いてもらえる。すなわち自由回答項目をごく小規模なインタビューとして，言わば「マイクロ・インタビュー」として利用できる。得られた回答の計量テキスト分析からは，なぜ女性が賛成しがちなのかを明らかにするような，男女間の理由付けの違い，ロジックの違いを探索できる。しかもアンケートの計量分析という枠組みの中で，こうした追加的な探索を行えるので，得られた知見を対象母集団に対して一般化しうる。以上のように，通常の選択肢型質問の分析に加えて，関連する自由回答の計量テキスト分析を行うことで，アンケートから得られる知見が相乗的に深まりうる。

　こうした分析を実施した応用研究として，阪口祐介を中心に実施された一連の研究がある（阪口 2015; 阪口・樋口 2015）。筆者自身も携わった研究をここで取り上げるのは自画自賛のようだが，提案手法をみずから実践した事例としての紹介をお許しいただきたい。これらの研究は書籍『リスク社会を生きる若者たち』（友枝編 2015）の第 8 章・第 9 章に収録されている。このうち第 8 章（阪口 2015）では高校生を対象とするアンケートから，だれが原発リスクを認知し，だれが脱原発へと向かうのかが分析されている。この章では通常の選択肢型質問の分析が行われ，そこから，女子が脱原発に向かいがちであることと，理系の生徒は原発を支持しがちであることが明らかになる。その上で第 9 章（阪口・樋口 2015）では，自由回答の計量テキスト分析を通じて，なぜこれらの傾向が生じたのかという探索が行われる。

　第 9 章の自由回答の分析においては，先行研究が示す解釈の中で，当てはまるものとそうでないものとを実証的に区別することが目指される。たとえば女子の自由回答においては「家族や友達の大切さを考えました」（阪口・樋口 2015: 195）といった形で，身近な人間関係を想起しつつ恐怖を感じる傾向が見られた。この結果は，女性は子どもや家族を思いやり介護するというケア役割の担い手として社会化されるので，環境保護意識が高く脱原発に向かいがちであるという先行研究の解釈に適合的である。一方で，女性が脱原発に向かうことを，科学技術から受ける便益が少ないことや，政府への信頼の低さから説明する先行研究の解釈は，日本の高校生には当てはまらないようであった。なお理系の生徒が原発を支持する傾向についても，ほぼ同様の形式で分析を行っている。

　この研究では，分析結果の中から，意味のある部分を見つけ出すという作業を非常に容易に進めることができた。第一の理由は，選択肢型の質問を事前に分析したことによって（阪口 2015），自由回答から何を見つけ出すべきかという問いが明瞭になっていたためである。女子や理系以外の高校生が脱原発に向かう理由を見つけるという，はっきりとした問いがあった。ここから，アンケート自由回答を分析する際は，事前に選択肢型の質問の分析を十分に行うことが望ましいだろう。第二の理由は，注目すべき概念が事前にリストアップされていたためである。たとえば男女差については，ケア役割・科学技術からの便益の少なさ・政治不信などの概念をあらわす語を探すという方針が明確になっていた。先行研究や問題意識にもとづいて分析の目的を設定することの重要性を改めてうかがえよう。

インタビュー記録（武田・渡邉 2012）

　アンケートと同様にインタビューも多くの研究分野で活発に利用されている調査方法である。インタビューの記録を分析・記述する際には，インタビューの一部を引用して，研究者が解釈を加えるという質的な分析の占めるウェイトが大きくなる。その場合でも，事前に計量テキスト分析を行ってインタビューの全体像をつかんだり，複数グループ間の発言内容の違いを把握しておけば，質的な分析を行うための道しるべとして役立つことがある。

　こうした形で，インタビュー記録を分析する際に計量テキスト分析を用いたのが武田啓子・

渡邉順子（2012）である。武田・渡邉（2012）は論文「女性看護師の腰痛の有無と身体・心理・社会的姿勢に関連する因子とその様相」において，看護師に対するインタビュー記録を分析している。分析の目的は，多くの看護師にみられる腰痛について，身体的要因だけでなく心理的・社会的要因を探ることである。というのも腰痛は心理状態によって引き起こされたプロセスの結果として生じること，また患者からの大きな期待といった社会的要因の関連が，先行研究から示唆されている。武田・渡邉（2012）はこれらの点について，腰痛のない看護師に対してもインタビューを行うことで知見を深めようとしている。

　武田・渡邉（2012）は質的な分析に先立って，腰痛のある看護師とない看護師に対するインタビュー記録の共起ネットワークを比較している。共起ネットワークとは，データ中の言葉同士のつながりをネットワークの形にあらわした図で，KH Coder がおおむね自動的に作成するものである（A.5.10 節）。この比較から興味深い違いがいくつか見つかっている。たとえば腰痛あり群の共起ネットワークにおいては，「プレッシャー」や「緊張」が直接「ストレス」につながるが，腰痛なしの群では「ストレス」につながっていない。そして「自信」「持つ」や「イメージ」「聞ける」「分かる」「慣れる」など，プレッシャーや緊張への対処法と関連しているであろう語が腰痛なし群にのみ見られる。このほかにも腰痛なし群では「意識」という語が多く出現しており，「姿勢」「腰」「負担」「ボディメカニクス」などの語と共起している。これらの計量的な分析の結果を確認した上で，元の発言を引用・解釈する質的な分析が行われる。たとえば腰痛なしの看護師の発言には，緊張への対処法として「自信がなくても自信をもったフリ」（武田・渡邉 2012: 119）といった前向きな姿勢が見られた。一方で腰痛ありの群では「自分の姿勢を気にするよりも，やることがたくさんあって」（武田・渡邉 2012: 118）といった発言が見られ，姿勢を正すことよりも仕事や時間を優先してしまう傾向があった。

　以上のような武田・渡邉（2012）の分析においては，腰痛のある看護師とない看護師を比べるという比較の枠組みと，心理的・社会的要因に注目するという方針を事前に設定したことが奏功していた。なお武田はその後，この研究で判明した要因を考慮しつつ，腰痛予防や改善のための教育プログラム開発と，その効果の確認へと研究を進めている（武田 2013）。今後の発展という面では，他の研究者が，自分のインタビュー記録から作成した共起ネットワークを，武田・渡邉（2012）のものと比較できることも重要であろう。自分の実施したインタビュー記録だけでなく，他の研究者が実施した記録も比較の対象として役立てやすくなるので，当該分野における研究の発展につながることを期待できよう。

8.3.5　会　議　録

国会（孫 2007）

　会議が開かれるとき，そこでは組織の意思決定が行われることが多い。したがって会議における参加者の発言の記録を分析すれば，意思決定のプロセスについての研究が可能になる。さまざまな会議の中でも国会の記録を分析すれば，立法のための意思決定プロセス，すなわち政治過程の一部について研究を行えるだろう。国会の会議録は電子化され，Web 上で容易に検索できる。この会議録がどれほど発言に忠実かということも検討されており（松田 2008），分析のための準備が進んでいるように見受けられる。

　この国会会議録を用いた研究として，孫斉庸（2007）は論文「ポスト保革イデオロギー時代における日本政治の対立軸」において，沖縄出身議員の発言内容を分析している。孫（2007）は研究の背景として，全国的には保守対革新というイデオロギー対立がなくなっていくなかで，一見すると，沖縄においては近年でも保革の対立が政治を規定しているようであることを

指摘する。しかし実際には沖縄も「保革溶解」の影響を色濃く受けていたことを，政府文書や回顧録などを用いた歴史分析から明らかにする。そして，この結果について言わば傍証を示すために，国会会議録を用いた計量的分析を補足的に行っている。

　孫（2007）は歴史分析の結果をもとにして，「利益重視型（保守）」「理念重視型（革新）」などのコーディングルールを作成して，国会会議録の分析に用いている。分析の結果，「保革溶解」の時期には，保守系議員でも利益重視型の議案を取り上げる程度が減少する一方で，基地問題に対して従来よりも積極的な態度をとっていた。また革新系議員でも，理念重視型の言説が減少したり，利益重視型の発言が従来よりも増加するといった変化があった。こうした変化は，保革対立にゆらぎが見られるという歴史分析の結果を裏付けるものであった。

　コーディングルール作成は，データ中のどの言葉に注目するかを決める作業であり，分析のための独自の切り口を設定する作業でもある。したがってこの作業は，分析の目的が定まっていないと大変難しい作業になる場合がある。しかし孫（2007）の場合は，事前に行った歴史分析の結果を利用することで，円滑にコーディングルールを作成できている。

裁判（堀田 2009, 2010）

　次に，国会よりも少人数で行われる重要な会議の一例として裁判がある。現在の日本では裁判における会話を録音することはできないが，裁判傍聴時にメモをとることは可能である。また，裁判を録音できる国または地域においては，記録を書き起こしての計量テキスト分析も可能であろう。

　日本では2009年に「私の視点，私の感覚，私の言葉で参加します」というキャッチフレーズのもと，一般市民が「裁判員」として裁判に参加する制度がスタートした。それでは，この制度によって裁判にもち込まれる市民の「視点」や「感覚」そして「言葉」とは，具体的にどのようなものか。2005年から2009年にかけて実施された法曹三者合同模擬裁判における評議の会話データを計量的に分析することで，この問いに答えているのが堀田秀吾（2009, 2010）の研究である。

　堀田（2009）による分析の結果，裁判員の発言に特徴的な語として「意識」「思い込み」「気付く」「嫌」などがあり，ここから裁判員は事件関係者の心理的な側面について多く発言していることが明らかになる。また裁判員は事件関係者の家族関係・人間関係に高い関心をもつこと，議論においては「おそらく」「ひょっとしたら」などの仮定を頻繁に用いていたことなどがわかった。これらの点は，裁判官が公判廷の中で提示されたもの，とくに客観的証拠を重視して，刑事裁判の原則に即した形で議論を進めるのとは異なっている点であった。これらの点は，裁判員制度がもたらす市民の「視点」「感覚」の一端と呼びうるものだろう。

　堀田（2009, 2010）は裁判員の特徴語や，裁判官の特徴語を列挙しているのだが，裁判の仕組みに明るくない筆者が最初に特徴語のリストを見たときには，実のところ単語の羅列にしか見えなかった。どの語が重要なのかわからなかった。しかし堀田（2009, 2010）は裁判についての造詣が深いからこそ，「裁判員には心理的側面をあらわす語が多い」といった発見を得ている。すなわち扱っているデータや研究分野についての詳細な知識と理解があるからこそ，市民の「視点」「感覚」をあらわす重要な語を見出せている。

8.4 利用の方策

8.4.1 事前に準備できること

本章では成功した応用研究を，そして多様な種類のデータを分析した応用研究を振り返ってきた。このレビューをもとに，計量テキスト分析と KH Coder をどのように利用すれば優れた研究につながるのか，利用の方策について以下に検討する。

まず，データの種類が異なれば，データにもとづく推論のあり方も変化していた。たとえばマス・コミュニケーションの内容を分析することで，受け手の社会意識を推論したり（8.3.3節），社会調査データを分析することで回答者の意識を推論していた（8.3.4 節）。このような推論は，内容分析や社会調査の分野では一般的なもので，標準的な形がある程度まで定まっている。推論の標準的な形を知るためにも，研究全般の進め方について知るためにも，内容分析や社会調査についての基礎的な素養をもつことは有効な方策となる。

次に，データの種類にかかわらず，(i) 分析から明らかにすべき問いや，(ii) 比較の枠組み，(iii) データ中のどんな概念・言葉に注目するのかを，分析を始める前の段階で設定しておく応用研究が多かった。たとえば上ノ原（2014）はこれら 3 つすべてを事前に具体的に設定していたので，分析結果が出るとともに，研究の結論がほぼ定まったのではないかと考えられる。一方で景山（2010）の分析には，データを比較してどんな差が出たかを見ながら，仮説を発展させていく帰納的な側面があった。そのため，分析が進むとともに，予想外の発見にふれられるおもしろさがあった。ただし，その景山（2010）の分析においても，(i) 明らかにすべき問いと，(ii) 比較の枠組みがあらかじめ設定されていたことに注意が必要である。

さらに景山が結論を導けたのは，分析結果から単に言葉の違いだけを読み取るのではなく，それが「物語の変更さえも意味していた」（景山 2010: 155）ことに気づいたからである。裁判の研究事例からも明らかなように（堀田 2009），言葉の違いから，言葉の背後にある物語・考え方・状況の違いを推論できるような，当該分野についての知識や理解が必要になる。

つまり (i) 問い (ii) 比較の枠組み (iii) 注目する概念・言葉をできる限り具体的に決めておくことと，扱う分野についてよく知っておくことが，より確実に成果を上げるための方策となる。「分析さえすれば，何か意味のある結果が出るだろう」という取り組み方は推奨できない。「言葉が違うな」というだけで，背後にある物語の違いに気づけなければ，意味のある結論は導けないからだ。分析を始めたものの結果が思わしくないと感じるときには，分析方法やデータの変更を考えるだけでなく，理論的な準備の段階に立ち戻ってみるのも良いだろう。すなわち上述の (i) から (iii) までを明瞭に言葉にできるかどうか，自らふり返ってみるのも良いだろう。

ただし，以上のような準備は確かに役立つのだが，完全な準備などということは不可能である。予想外の発見にふれられることが，社会調査・データ分析の困難でもあり，魅力でもあるからだ。分析結果を見て，新たに何か重要な点に気がつくことも多い。それによって計画が変わったり，新たな準備が必要になったりする。したがって実践においては，(i) から (iii) までの理論的な準備の側面と，調査・分析からわかることという側面，これら両面からのアプローチが有効である。このため準備に注力しつつも，あるところで思い切って調査・分析を始める判断も重要である。特に，調査対象者に負担をかけずにデータを収集できる場合，また大きなコストをかけずにデータを収集できる場合には，この判断を早めに下すとよいだろう。

8.4.2 比較の枠組み

　事前に準備できることのうち特に（ii）比較の枠組みについては，本章で取り上げた応用研究をもとに，さらに方策を検討する。取り上げた 8 つの応用研究すべてにおいて，時期ごと，送り手の属性ごと，テーマごとなど，何らかの形で比較が行われており，比較の重要性は明らかである。そして各応用研究においては，何と何を比べるかという比較枠組みをたくみに設定することで，興味深い差異を発見していた。そうした比較においては，データ中のある部分で特に多く出現する言葉やコード，すなわち特徴的な語やコードを見ることが多い。それに加えて特徴的な共起を見ると，発見につながりやすいようである。たとえば武田・渡邉（2012）の分析結果では，腰痛のある群でのみ「プレッシャー」「緊張」が「ストレス」と共起していた[*2]。以上に述べてきたような比較を行うためにはデータの準備を要するので，ある程度早い段階で比較の枠組みを考えねばならないだろう。

　それでは，どのような比較枠組みを設定すれば，発見につながりやすいのだろうか。第一に，明確な区別のあるものを比較することが望ましい。たとえば景山（2010）は時期による比較をしていたが，ただ単に 60 年代と 70 年代といった比較では，その間に明確な区別があるのかどうかわからない。そうしたあいまいな形ではなく，「線」と「点」という区別がある時期を比較したことで景山（2010）は発見を得た。また高（2015）は，Twitter におけるコリアンと中国人の語られ方を比較していた。コリアンと中国人であれば区別が十分に明確であるが，もし仮に若年のコリアンと年配のコリアンを比較していたなら，高（2015）のような発見にはいたらなかっただろう。若年と年配の間に「線」と「点」のような区別ができないと，有益な比較にはなりにくい。

　第二に，比較対象は明確に区別できるものでありながら，同一概念に含まれていなければならないし，この同一概念はいくつかの条件を満たすことが望ましい。たとえば高（2015）が比較したコリアンと中国人はどちらも，「レイシズムの対象となりうる民族」という同一概念に含まれる。この同一概念に関する 1 つの条件として，先行研究や事前調査などの検討を十分に行うことが望ましい。そうすれば何と何を比較するか決めやすくなるし，比較の結果を解釈しやすくなる。たとえば高（2015）は，日本人が親しみを感じにくい国であることをあらかじめ他のデータから確認した上で，中国を比較対象に選んでいる。また先行研究から示唆を得て，「現代的レイシズム」に注目して比較したことで，それがコリアンに特徴的であることを発見した。次にこの同一概念が満たすべきもう 1 つの条件として，あまりに抽象的すぎない，適度に具体的な概念であるべきだろう。高（2015）の比較における同一概念「レイシズムの対象となりうる民族」は適度に具体的である。これが仮に，より抽象的な「社会的弱者」という同一概念で考えると，たとえば「高齢者と女性」を比べるという枠組みになってしまうかもしれない。これでは差異が見つかっても，どこからその違いが生じたのかという解釈が難しくなる。まず比較を行うこと。そして比較の枠組みを考える際に以上の点に留意することが，発見を得るための方策となるだろう。

[*2] 現在の KH Coder は，こうした特徴的な共起を探すための機能を備えており，この機能を利用した事例として川端（2021）がある。この機能は「共起ネットワーク」（A.5.10 節）のオプション画面で，「共起パターンの変化を探る（相関）」というチェックボックスをオンにすると利用できる。

8.4.3　自　　由

　最後に，今回取り上げた 8 つの応用研究だけを見ても，研究目的やデータの種類，分析の方針などに応じて，さまざまな形で方法とソフトウェアが利用されていた。研究者の創意工夫によって，方法やソフトウェアの使われ方は変化するし，それによって優れた研究が生まれることは明らかである。「量的分析と質的分析とを循環的に用いることでデータへの理解を深める」といった基本的な考え方さえ押さえておけば，自分の研究にあわせて自由に計量テキスト分析をカスタマイズできる。方策とは呼べないかもしれないが，こうした自由があると知っておくことには意味があるだろう。たとえばクリティカル・ディスコース・アナリシス（van der Does-Ishikawa 2015; ファン・デル・ドゥース石川 2016）やグラウンデッド・セオリー・アプローチ（稲葉・抱井 2011），KJ 法（勝谷ほか 2011）のような，ほかの質的分析の方法と計量テキスト分析を組み合わせて利用した例もある。ソフトウェアについても，KH Coder は利用者が自由に機能を修正・追加できるフリー・ソフトウェア（自由ソフトウェア）という形式で頒布している（資料 C）。

　これまでも，お仕着せの方法やツールとしてではなく，利用者の創意工夫を発揮できる「環境」として，計量テキスト分析と KH Coder を提案してきた。今後の展開においても，こうした柔軟性やオープンさを維持しつつ，データ分析のために役立ちそうな分析手順や機能を拡充していきたい。ただし自由に使えるということは，うまくもまずくも使えるということであるから，いくつかの標準的な利用法と，有効なカスタマイズを整理した方がよいだろう。また本章では比較の枠組みについてしか検討できなかったが，今後の課題として，計量テキスト分析に適した問いの立て方や，注目概念の決め方についても検討できれば役立つだろう。ソフトウェア開発については従来は筆者 1 人で行ってきたが，新技術を取り入れつつ使い勝手も改善できるよう，これまで以上に開発を推進するためには，産学連携が 1 つの方法となりうる。第三者企業による機能追加プラグインの開発・販売という形で（資料 B），現在は一部この方法を取り入れている。なお産学連携をさらに進める場合も，処理内容を開示し，利用者が自由に機能を変更できる自由ソフトウェアであることは維持していきたい。

資料 A

KH Coder 3 リファレンス・マニュアル

はじめに

　KH Coder を用いて計量テキスト分析を行うための基本的な手順については，チュートリアル（第 3 章）の操作を追うことで，およそ把握できるだろう。しかし実際の分析を進めるにあたっては，KH Coder の機能についてより詳細な説明が必要になる局面も多いはずである。そういった詳細な情報を提示することを目的として，このマニュアルを準備した。よって「リファレンス・マニュアル」という名前が示すとおり，KH Coder を利用する中でこのマニュアルの必要な部分を，必要な時に，参照していただくとよいだろう。

　ただし，新たなテキストデータを分析のために準備する際には，A.2.1 節を事前に一読しておくと作業がよりスムーズに進むだろう。またコーディングルールを作成する際には，同様にA.2.5 節に目を通しておくとよいだろう。さらに本マニュアル全体に目を通して KH Coder の全貌をつかむことにも意義はあるだろうが，ある程度 KH Coder を使い始めてから試みた方が理解しやすそうに思う。KH Coder の数多くの機能の中で，特に重要なものを樋口ほか（2022）で紹介しているので，こちらから着手した方が理解しやすいだろう。

　各コマンドの利用法について説明している部分（A.3 節以降）では，時折「内部処理」という節が目にとまるだろう。KH Coder に用意されているコマンドをそのまま利用する場合，これらの節に目を通す必要はほとんどない。資料 C にて後述する通り，KH Coder はフリー・ソフトウェアであるため，誰でも自由に KH Coder の処理内容を修正・改善することができる。あるいは A.8.2 節で詳しく述べているように，KH Coder が MySQL データベースに格納したデータを，KH Coder を介さずに直接検索することで，自由に検索を行える。こういったことを行うためには必要と思われる事柄を「内部処理」の節に記した。

　なお現在の KH Coder は Windows，Linux，Macintosh に対応しており，いったんインストールが完了すれば，Windows 上であれ Linux 上であれ仕様や操作方法にかわりはない。しかし，インストールや設定の手順はプラットフォームごとにいくぶん異なっているので，本マニュアルについても冒頭の「A.1 準備」節だけは，Windows 上での操作と Linux 上での操作を別個に解説している。なお Macintosh でのインストール手順は Linux の場合とほぼ同様である。ただし Mac では設定の操作が一段と煩雑になるため，現在は有償サポートの一環として自動設定ソフトウェアを提供している。

A.1 インストールと準備

A.1.1 必要条件

Windows の場合

Windows 上で KH Coder を利用するためには，Windows 7 以降が動作するコンピュータ が必要である。なお KH Coder の動作に必要な茶筌，MySQL，Perl，R 等のソフトウェアに ついては，KH Coder の Windows 版パッケージに同梱しており，設定も自動的に行われる。 ただし英語データ・中国語データの分析を行う場合には別途 JAVA をインストールする必要 がある。

Linux の場合

Linux 上で KH Coder を利用するためには茶筌・MySQL・Perl が必要である。また，統計 解析とグラフィックスのための環境「R」がないと，KH Coder の一部の機能が利用できない。 日本語データを分析する場合には，茶筌のかわりに MeCab を使うこともできる。英語・中国 語・韓国語・ヨーロッパ言語のデータを分析する際には，文章中から自動的に語を取り出す ために Stanford POS Tagger，FreeLing，Snowball Stemmer のいずれかを利用する（A.2.4 節）。以下に，Linux 上で茶筌・MySQL・Perl・R を準備する際の留意点について述べる。

茶筌 茶筌の辞書（IPADIC）は文字コードが EUC-JP のバージョンを準備する必要がある。 また辞書をフォルダごとホームフォルダ内にコピーして，それを KH Coder で用いることが 望ましい。これは，KH Coder が辞書の設定を必要に応じて編集できるようにするためであ る（A.2.3 節）。辞書をコピーした際には，コピー先の「chasenrc」ファイルの内容を編集し， 茶筌がコピー先の辞書を使用するように設定しておくとよいだろう。「chasenrc」ファイルの 「文法ファイル」行の設定で，どの場所にある辞書を使用するかを設定できる。

MySQL 第一に MySQL のバージョンは文字コード utf8mb4 を扱えるものでなければなら ない。第二に MySQL 上で特権（privilege）の設定を行っておく必要がある。KH Coder から MySQL を利用する際に，データベース作成を含むすべての操作が可能なように設定しておか なければならない。MySQL を利用するために必要な KH Coder 側の設定については p. 119 を参照されたい。なお KH Coder の開発環境では，MySQL バージョン 5.6 を利用している。

Perl Linux 上で KH Coder を実行するためには，各種 Perl モジュールをインストールしな ければならない。たとえば，「DBI」「DBD::mysql」「Jcode」「Tk」等をはじめとする各種の モジュールが必要になる。必要な Perl モジュールが不足している場合には，KH Coder 起動 時に「Can't locate ○○.pm in @INC (@INC contains: ...)」といったエラーメッセージが表 示される。この○○の部分から足りないモジュールの名前がわかるので，適宜インストールす るとよいだろう。なお，KH Coder の開発には現在のところ Perl 5.14 を主に用いている。

R KH Coder の開発環境では R 3.1 および ggplot2 2.1 を主に利用している。上述の Perl の場合と同様に，パッケージが不足しているとエラーメッセージが表示されるので，それを見 て必要なパッケージを追加していくとよいだろう。R がインストールされていない場合には統 計解析や可視化，プロット作成などの機能が利用できなくなる。

A.1.2　インストールと起動

Windows の場合

Windows におけるインストール手順については 3.2.1 節（p. 32）を参照されたい。

Linux の場合

Linux 上に KH Coder をインストールするには，KH Coder のソースコードをダウンロードし，適当なフォルダに解凍する。そして解凍フォルダに移動してから「`perl kh_coder.pl`」をターミナル・アプリケーションで実行すれば KH Coder が起動する。

A.1.3　設　　定

Windows の場合

Windows 版パッケージでは，必要な設定が自動的に行われるので，特に自分で設定を変更しなくとも KH Coder を利用できる。よって，以下の設定項目は必要に応じて変更すればよい。KH Coder を起動し，上部のメニューから「プロジェクト」▷「設定」をクリックすれば設定画面（図 A.1）が開く。

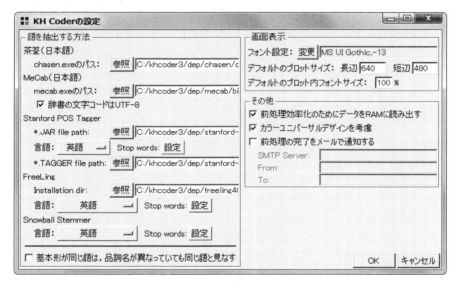

図 A.1　設定画面

画面表示　「フォント設定」部分の「変更」ボタンをクリックすると，KH Coder の画面表示に使用するフォントの種類と大きさを変更できる。ここで指定したフォントが，メニューとプロットをのぞいて，すべての KH Coder 上の文字表示に利用される。なお，フォントの変更を反映させるためには，KH Coder を再起動する必要がある。

　対応分析や共起ネットワークのような統計分析の結果を示すためのプロットについては，「プロットサイズ」と「フォントサイズ」のデフォルト値を設定できる。これらの値は個別の分析画面でも指定できるが，適当な値をデフォルトとして設定しておくと，個別の画面でいちいち指定する手間が省けて便利だろう。たとえば 24 インチ 4K ディスプレイのような高解像

度環境では，元の 640 × 480 ではなく，1200 × 900 のような大きめの値を設定するとよい。高解像度ディスプレイでは，Windows による拡大を無効にした上で，KH Coder 側でフォントやプロットを大きめに設定すると，ぼやけていない，クリアな見え方の表示になる。Windows 10 による拡大を無効にするには，「kh_coder.exe」を右クリックして「プロパティ」を選択し，「互換性」タブの「高 DPI 設定の変更」から「高い DPI スケールの動作を上書き」にチェックを入れるとよい。

語を抽出する方法　日本語データ中から語を取り出すための外部プログラムとして，KH Coder は茶筌か MeCab のどちらかを利用する。利用するために，茶筌ないし MeCab がコンピュータ上のどの場所にあるのかということを，この項目で設定する。「chasen.exe」ないし「mecab.exe」のフルパスを入力してもよいし，「参照」ボタンをクリックしてマウス操作で選択してもよい。

　MeCab を利用する場合で，なおかつ MeCab の辞書の文字コードが Unicode（UTF-8）となっている場合には，MeCab に投入するテキストの文字コードも同じ Unicode にしなければならない。そのためには MeCab 設定部分の「Unicode 辞書」にチェックを入れればよい。この部分にチェックが入っていない場合，KH Coder は Windows では Shift-JIS，Windows 以外では EUC-JP のテキストを MeCab に投入する。

　英語・中国語・韓国語・ヨーロッパ言語を分析する際には，データ中から語を取り出すために Stanford POS Tagger，FreeLing，Snowball Stemmer のいずれかを利用する。これら 3 つをどの言語の分析に使用できるかということや，分析に使用しない語（stop words）の扱いについては，A.2.4 節を参照されたい。分析に使用しない語（stop words）を指定する際には，「Stop words:」と書かれた部分の「設定」ボタンをクリックする。3 つのプログラム別，さらに言語別に指定する点に注意が必要である。3 つのプログラムについては図 A.1 に示す画面上の「設定」ボタンの位置で区別し，言語については「言語：」と書かれた箇所のプルダウンメニューで選択する。たとえば FreeLing でフランス語データを分析する場合の stop words を指定するには，図 A.1 の画面において，「FreeLing」部分の「言語：」プルダウンメニューで「フランス語」を選択してから，「FreeLing」部分の「設定」ボタンをクリックすればよい。

　どの言語のデータを分析する場合でも，「基本形が同じ語は，品詞名が異なっていても同じ語と見なす」というオプションを使用できる。たとえば同じ「大抵」という基本形であっても，「名詞」「副詞」「形容動詞」のように異なる品詞名が与えられていると，KH Coder 上では 3 種類の異なる語として扱われる。この扱いを変更し，基本形が同じ「大抵」であれば，1 種類の語として扱いたい場合にはこのオプションを有効にすればよい。ただし，ここで挙げた「大抵」であれば 1 語として扱っても問題なさそうに思えるが，本来なら別々に扱うべき語についても 1 種類にまとめられてしまう可能性がある。たとえば漱石『こころ』データの場合，このオプションを使うと「向う（むかう）」という動詞と，「向う（むこう）」という名詞が同じ語として統合されてしまう。このオプションによって統合される語を確認したい場合には，次の SQL 文を実行すればよい（A.8.2 節）。

```
1  SELECT    genkei.name, COUNT(*) AS types, SUM(genkei.num) AS tokens
2  FROM      genkei, hselection
3  WHERE
4            genkei.khhinshi_id = hselection.khhinshi_id
5            AND hselection.ifuse = 1
```

```
6          AND genkei.nouse = 0
7 GROUP BY  genkei.name
8 HAVING    types > 1
9 ORDER BY  types DESC, tokens DESC
```

確認の結果，統合するのが好ましくない語も存在する場合には，特定の語だけを統合するよう指定することもできる。この手順はやや複雑であり，詳細については次の URL を参照されたい。この URL に記載の対処法を使えば，いわゆる同義語や表記ゆれへの対応も可能である。

https://github.com/ko-ichi-h/khcoder/issues/101

MySQL に接続するための設定　KH Coder はデータの整理や検索のために MySQL を使用するので，MySQL に接続するために必要な情報を登録しておく必要がある。Windows 版パッケージの場合は自動的にすべての情報が登録されるが，もしも設定内容を変更したい場合には以下を参照されたい。

　MySQL 関連の情報は，KH Coder をインストールしたフォルダの「config/coder.ini」というファイルに直接書き込む必要がある。このファイルはテキスト形式のファイルであり，1 行に 1 つの設定項目を記入する形となっている。「sql_username」「sql_password」のような設定項目の名前が左側にあり，タブ文字で区切った右側に項目内容を記入する。KH Coder が MySQL を使用できるように，少なくともこの 2 つの項目に MySQL のユーザー名とパスワードを記入しておかなくてはならない。また必要に応じて MySQL が稼働しているコンピュータの IP アドレス「sql_host」と接続用ポート「sql_port」も指定できる。

そのほかの設定　「前処理の完了をメールで通知する」というボックスにチェックを入れ，「SMTP Server」「From」「To」などの設定を行えば，前処理が完了した時に通知メールを送信することができる。「SMTP Server」および「From」は，KH Coder がメールを送信するために必要な設定であり，「To」に指定したアドレスに通知メールが送信される。ただし，認証が必要な SMTP サーバーには対応していない。

　次に，図 A.1 の画面で「前処理効率化のためにデータを RAM に読み出す」というボックスにチェックを入れると，MySQL の機能を使って，前処理（A.4.2 節）を若干効率化できる場合がある。もしメモリ内にデータがおさまらなければ，前処理中に「MySQL データベースの処理に失敗しました。（中略）The table 'rowdata' is full」といったエラーが表示される。エラーになる場合は，この効率化オプションのチェックを外さなければならない。

Linux の場合

　KH Coder を起動し，上部のメニューから「プロジェクト」▷「設定」をクリックすれば設定画面（図 A.1）が開く。Windows の場合と共通する点も多いので，Windows とは操作が異なっている点についてのみ以下に記載する。

茶筌の設定ファイル　日本語テキストから語を取り出すために茶筌を利用する場合，茶筌の設定ファイル・辞書ファイルのパスを入力することで，KH Coder がこれらのファイルを編集できるようにする必要がある（A.2.3 節）。KH Coder がこれらのファイルに変更を加えられるよう，「ipadic」フォルダごと，ホームフォルダ内にコピーして利用するのが便利だろう。

外部アプリケーション　ここでは KH Coder とともに利用する外部アプリケーションの設定を行う。KH Coder が出力ファイルをほかのアプリケーションで開いて表示するときに，この設定内容を利用する。具体的には「%s」の部分をファイル名や URL で置き換えた文字列を，KH Coder の起動シェルに渡している。

A.2　共通事項

A.2.1　分析対象ファイルの準備

　KH Coder でテキストデータを分析する際には，どのようにデータを準備するかという形式を，大きく分けて 5 種類の中から選択できる。ここでは全般的な制限事項についてふれてから，選択しうる①から⑤までの形式を紹介する。一般に④ CSV・Excel 形式でデータを準備すると便利な場合が多いと考えられるが，分析の目的やデータによっては，別の形式が便利な場合もあるだろう。もしも，どの形式を選べばよいのかまったく見当も付かない場合は，①単純なテキストファイルを作成して分析の一歩目を踏み出すことをお勧めしたい。

制限事項

　主に KH Coder と茶筌の仕様に起因する制限として，以下のような点がある。日本語データを分析する場合には，「テキストのチェック」コマンド（A.4.1 節）によって，自動的にデータを修正できることがほとんどである。したがってあまり神経質になる必要はないが，知っておくとデータ準備をよりスムーズに行える場合があるだろう。

1. 分析対象ファイルは原則としてテキスト形式（.txt）または Excel・CSV・TSV 形式で準備しなくてはならない。このほか Word 形式をはじめ，一部のオフィス文書形式のファイルについても，分析対象ファイルとして指定できる。対応しているオフィス文書形式は .docx および .odt である。さらに Macintosh では .rtf 形式にも対応する。なおテキスト形式以外のファイルはすべて，テキスト形式に自動的に変換される。
2. 分析対象テキストに半角の山カッコ「<」「>」を含めてはならない[1]。ただし，後述する H1 から H5 までの HTML タグはすべて半角で入力する必要があり，この際には半角の「<」「>」を用いる。
3. 日本語データを分析する場合には次の点に注意が必要である[2]。
   (a) EUC-JP という文字コードで定義されていない文字を含めてはならない。EUC-JP で定義されていない文字には，たとえば「①」（全角まる数字）や「Ⅱ」（全角ローマ数字）などがあるほか，文字化けしている部分も該当する。これらの文字は「テキストのチェック」コマンド（A.4.1 節）を使えば自動的に削除できる。あるいは

---

[1] KH Coder において半角山カッコには特別な意味があり，このカッコで括られた部分は強制的に 1 つの語として抽出される。したがって「この部分を 1 つの語として取り出したい」という場合に意図的に山カッコで括ることはありうるが，多くの場合は「強制抽出」（A.4.3 節）の機能を用いた方が便利だろう。

[2] ここで述べる (a) の制限は，文章中から語を取り出す際にデフォルトの形態素解析ソフトウェア「茶筌」を使用した場合にのみ生じる制限である。「茶筌」ではなく「MeCab」を使う場合にはこの制限は生じない。「茶筌」と「MeCab」のどちらを使うかは，プロジェクトの新規作成を行う際に選択できる（A.3.1 節）。

株式会社 SCREEN アドバンストシステムソリューションズが販売しているプラグイン「文錦® クレンジング for KH Coder」を使用すれば，「①」を「１」へというように，意味の近い文字に自動的に変換できる。ただし自動変換できるのは変換先があらかじめ設定されている文字のみである。

(b) 改行で区切られていない１つの行ないし段落が，全角 4,000 字を超えてはならない。この制限についても，「テキストのチェック」コマンド（A.4.1 節）によって，ほとんどの場合は自動的に対処できる。

(c) 原則的には，分析対象ファイル中で半角文字を用いないことが望ましいだろう。半角の文字列は「未知語」として認識されがちである。

(d) テキスト形式（*.txt）ファイルの文字コードは Shift-JIS, JIS, EUC-JP, UTF-8 のいずれかでなくてはならない。通常はこれらのうちいずれかの文字コードでファイルが保存されるので，あまり気にかける必要はないだろう。

4. 日本語以外のデータについては，テキストファイルの文字コードは UTF-8, ISO 8859-1 (Latin-1)，ASCII のいずれかでなくてはならない。

5. 255 文字を超える長さの語が抽出された場合，KH Coder はこの語を 255 文字に短縮した上で保存する。またこの場合には，短縮が行われた旨のメッセージが画面に表示される。もっとも，一部の語が短縮した状態で保存・表示されることを気にしなければ，このメッセージが表示されても特に問題なしに分析を進めることができる。

6. 一部の特殊文字は自動的に変換または削除される。たとえば基本多言語面（BMP: Basic Multilingual Plane）に含まれていない文字はすべて「?」に変換される。これは Perl/Tk がこれらの文字を表示することができず，エラーが発生するためである。このほかバックスラッシュ「¥」についても自動的に全角に変換されるか削除される。

①単純なテキストファイルを作成して分析の一歩目を踏み出す

分析のためにデータを準備する最も簡単な方法は，おそらく，すべてのテキストを１つのテキストファイルに保存することである。Windows に付属の「メモ帳」や，「サクラエディタ」「秀丸」のようなテキストエディタと呼ばれるソフトウェアを開いて，すべてのテキストを貼り付けていく。あとは名前を付けて保存すれば分析対象ファイルが完成する。

このファイルを新規プロジェクトとして登録し（A.3.1 節），「テキストのチェック」を行って，必要に応じて自動修正を実行する（A.4.1 節）。あとは前処理を実行すれば準備は完了である（A.4.2 節）。

抽出語リストを開けばどんな語がデータ中に多く出現していたのかを確認できる（A.5.1 節）。また共起ネットワークを作成すれば，それらの語がお互いにどのようにつながっていたのかを通じて，テキスト中の主要なトピックを見て取ることができるだろう（A.5.10 節）[*3]。

[*3] ただし，日本語データの場合は文が「。」で区切られているか，改行によって部分ごとに区切られているか，少なくともどちらかの形で区切られている必要がある。たとえば新聞記事であれば，段落が変わるところで改行してあるか，あるいは記事が変わるところで改行してあるとよいだろう。↗

こうした分析結果の中に表示されている語をクリックすれば，KWIC コンコーダンス画面が開くので，それぞれの語がデータ中で使われていた文脈を確認できる（A.5.5 節）。コーディング結果の単純集計を見ることで，分析者が注目したいコンセプトについて，出現数の多寡を調べることもできるだろう（A.7.1 節）。

以上のような分析によって目的をすべて達成できるとは限らない。しかしこうした分析を行うことで，KH Coder を用いた計量テキスト分析からどんな成果が得られそうかという，手応えをつかめるだろう。またこうした分析の結果を参考にすれば，さらに詳細な分析を行うためには，どのようにデータを準備すべきかという計画も考えやすくなる。これらの点で，分析の一歩目を早期に踏み出すことには大きな意味がある。たとえ完全な分析結果が得られなくとも，たとえ一部のデータだけしか準備できなくともかまわない。そうした点に拘泥せずに，なるべく早い段階で予備的な分析を実行することを推奨したい。

② 2〜3 程度のテキストを比較する───別個のテキストファイル

一歩先へと分析を進めるために，いくつかのテキストを比較したい場合について考えよう。たとえば東日本大震災前の新聞記事と，震災後の新聞記事を比べてみたいという場合には，震災前と震災後とで別々のテキストファイルを作成するのが手軽であろう。別個のテキストファイルをそれぞれ別のプロジェクトとして KH Coder に登録する。そして頻出語リストや共起ネットワークを別々に作成する。こうすれば，震災前の共起ネットワークと震災後の共起ネットワークを別々に作成し，並べて比べることができる。

ただし，こうした比較のためにはじっくりと図表を読み解く必要がある。2 つないし 3 つ程度の共起ネットワークであれば見比べられるだろうが，5〜10 以上となると苦しいだろう。このように比較したいテキストの数が多い場合や，統計的な比較を行いたい場合，また 1 枚の図表に情報を集約したい場合には，以下に述べる見出しを用いる方法が便利だろう。

③ 3〜10 以上のテキストを比較する───1 つのテキストファイルを見出しで区切る

たとえば原子力発電所を扱った新聞記事が，10 年のあいだにどのように変化してきたかを調べたいとしよう。ここで仮に 1 年ごとに 1 つのテキストファイルを作成したとすると，10 個の共起ネットワークが作成される。共起ネットワーク 10 個を見比べて，変化の過程を読み取ることはかなり難しいだろう。こうした場合には，10 年分のテキストを 1 つのプロジェクトとして KH Coder に読み込み，統計的な方法を使って比較するとよい。

このためには，「<H1>2010 年</H1>」というような見出しの行を含めることで，テキストファイルの内部を区切る必要がある。この見出しの直後に 2010 年の記事を列挙してから，次の見出し行を挿入する。もし，すでに 1 年分の記事を 1 つのテキストファイルに保存する形で準備してある場合は，「インポート」▷「フォルダ内の複数テキスト」コマンドによって，こうしたファイルを自動的に作成できる（A.3.11 節）。見出し行で区切ったテキストファイルは，以下のような見栄えになる。

またアンケート自由記述であれば，1 つの回答が終わって次の回答に行く前に改行するといった形である。こうした区切りがあれば，同じ文・同じ記事・同じ回答などによく一緒に出現する語を線でつないだ共起ネットワークを作成できる。共起ネットワーク作成時には，集計単位として「文」か「段落」のどちらかを指定することで，「。」と改行のどちらを区切りとして利用するか選択できる。

```
1  <H1>２０１０年</H1>
2  ２０１０年の記事・・・・・・・・・・・・・・・・・
3  ・・・・・・・・・・・・・・・・・・・・・・・・・・
4  <H1>２０１１年</H1>
5  ２０１１年の記事・・・・・・・・・・・・・・・・・
6  ・・・・・・・・・・・・・・・・・・・・・・・・・・
7  <H1>２０１２年</H1>
8  ２０１２年の記事・・・・・・・・・・・・・・・・・
9  ・・・・・・・・・・・・・・・・・・・・・・・・・・
```

　こうしたテキストファイルを準備すれば，見出しで区切られた各部分の特徴語を表の形式でもまとめられるし（A.8.1 節），各部分の特徴を対応分析でグラフィカルに探索できる（A.5.7 節）。10 年分の新聞記事の例であれば，2010 年の特徴語，2011 年の特徴語，2012 年の特徴語…という一覧表を自動的に作成できる。対応分析であれば，「2010 年」「2011 年」といった年号と抽出語を 1 つの散布図に布置できる。年号と抽出語の対応を見て取れるし，近くに布置されている年号があれば，それらの年は記事内容が似通っていたという解釈も行える。さらに，分析者が注目したいコンセプトを取り出すためのコーディングルールを作成すれば，各コンセプトの出現割合が年ごとにどう変化したかを「クロス集計」から確認できる（A.7.2 節）。

　ただし，こうした形式のテキストファイルでは，1 つの切り口による比較しかできないことに注意が必要である。1 年 1 年が過ぎゆくとともに新聞記事がどう変化したかという比較はできても，新聞社が違えば記事内容がどう異なっていたかという比較をするためには，別のテキストファイルを作成しなくてはならない。掲載年という切り口だけでなく，新聞社や朝夕刊の別など，いろいろな切り口で比較したい場合には，次に述べる CSV・Excel ファイルを作成する方法が便利である。

④複数の切り口から比較を行う────CSV・Excel ファイルの作成

　新聞記事が掲載された年・新聞社・朝夕刊といった複数の切り口による比較を行いたい場合には，CSV・Excel 形式のファイルを作成するとよい。掲載年・新聞社のような，比較を行いたい切り口の情報は，「外部変数」という形で KH Coder に入力する（A.8.1 節）。そうすれば，好きな変数（切り口）を選んで分析を行える。特徴語の一覧表作成・対応分析・クロス集計などを行う際に，自由に変数（切り口）を選択できる。外部変数はテキストとは別途に準備して読み込むこともできるが，CSV・Excel 形式のファイルを作成すれば，テキストと外部変数を同時に KH Coder に取り込むことができて便利である。

表 A.1　CSV・Excel ファイルの例

記事	掲載年	新聞社	朝夕刊
記事内容・・・・・・・・・・・・・	2010	朝日	朝刊
記事内容・・・・・・・・・・・	2010	読売	朝刊
記事内容・・・・・・・・・・・	2011	毎日	夕刊
記事内容・・・・・・・・・	2012	日経	夕刊

　この CSV・Excel 形式ファイルは表 A.1 に示すような形で作成すればよい。1 行目にはその列の内容をあらわすタイトルを入力し，ファイル内の 1 つ目のシートにデータを入力する。原

則として 1 つの行に 1 つの記事（文書・ケース）を入力する。表 A.1 の「記事」列のように，テキストを入力するセルには，セル内の改行があってもかまわない。テキスト以外の列は自動的に「外部変数」として KH Coder に読み込まれる。ただし新規プロジェクト作成時には，分析対象とするテキストがどの列に入力されているかを選択する必要がある（A.3 節）。おそらく，この形式でデータを準備するのが最も便利な場合が多いだろう。

　この形式でデータを準備する際に注意すべき点として，1 行目に入力する列の名前・変数名は，わかりやすい名前にしておくとよい。KH Coder は 2 行目からはデータの内容と見なすので，2 行目 3 行目も使って列の名前・変数名を入力するようなことは行えない。このほか，データは必ず 1 つ目のシートに入力しなければならないし，セルの結合を行ってはならない。テキストの量が多く，Excel ファイルを開いた際に KH Coder がエラー・メッセージを表示する場合には，ファイルを CSV または TSV 形式で保存してから KH Coder で開いてみるとよいだろう。タブ区切り（TSV）形式のファイルについては，拡張子を「*.tsv」とする必要がある。こうした形式のファイルの扱い方についてさらに詳しくは A.3.1 節を参照されたい。

どこからどこまでを 1 つの文書と見なすか──集計や検索の単位

　KH Coder の主な機能として，特定の条件を満たす「文書」を検索する機能や，特定の条件を満たす「文書」に特定のコードを付与するコーディング機能などがある。また，よく同じ「文書」中に出現する語の組み合わせを探ることで，関連が強い語の組み合わせにはどんなものがあったのかを推測し，共起ネットワークを作成する機能もある。これらの機能を用いる際には，どこからどこまでを 1 つの文書と見なすのか，どの単位を文書と見なすのかということが重要になる。

　KH Coder では，どこからどこまでを 1 つの文書と見なすのかという単位を，ユーザーが自由に設定できるだけでなく，分析中にこの単位を自在に切り替えられる。KH Coder の操作画面で「検索単位」「コーディング単位」「集計単位」などを選択することで，この単位を切り替えられる。

　特別な準備を行わなくても常に利用できる単位として「段落」と「文」がある。KH Coderは改行によって段落を認識し，「。」（句点）によって文を認識する。これによって，1 つひとつの段落を文書と見なしてのコーディング・検索・集計，すなわち段落単位でのコーディング・検索・集計が可能になる。また同様に，文単位でのコーディング・検索・集計も行える。

　それに加えて，③テキストを「<H1>2010 年</H1>」のような H1 見出しで区切った場合は，「H1」という単位を利用できるようになる。この単位では，H1 見出しから次の H1 見出しまでが 1 つの文書と認識される。H1 だけでなく H2・H3・H4・H5 まで用いることができる。これらの見出しを用いれば，複数の段落を含む単位，すなわち段落よりも大きな単位を設定できる。たとえば上述の④ CSV・Excel 形式ファイルを作成した場合，新規プロジェクト作成時に，自動的にテキストファイルに変換される（A.3.1 節）。この際にそれぞれのセルの内容がH5 見出しで区切られるので，分析時に H5 単位を選択すれば，セル単位での集計・検索を行える。なお CSV・Excel 形式のファイルで利用できるのは，自動的に作成される H5 見出しのみである。自分で見出しを作成・入力したい場合にはテキスト形式の分析対象ファイルを作成する必要がある。

⑤ HTML マーキングでテキストの階層構造を表現する

階層構造を表現する利点　H1 から H5 までの 5 種類を利用できるのは，データの階層構造を表現するためである。テキストファイル中で複数の種類の見出しを用いれば，CSV・Excel 形式のファイルを作成するよりも，複雑な階層構造を表現できる。たとえば，漱石『こころ』の場合であれば，データ全体がまず上・中・下という 3 つの部に分かれている。そして，3 つの部の中がさらに複数の章に分かれている。こうした構造は，まず H1 見出しで部を区切り，それぞれの部の中を H2 見出しで区切ることで以下のように表現できる。

```
1   <H1>上</H1>
2   <H2>章題 1 </H2>
3   本文・・・・・・・・・・・・・・・・・・・・・・・・・・・・・・・
4   ・・・・・・・・・・・・・・・・・・・・・・・・・・・・・・・・
5   <H2>章題 2 </H2>
6   本文・・・・・・・・・・・・・・・・・・・・・・・・・・・・・・・
7   ・・・・・・・・・・・・・・・・・・・・・・・・・・・・・・・・
8   <H1>中</H1>
9   <H2>章題 1 </H2>
10  本文・・・・・・・・・・・・・・・・・・・・・・・・・・・・・・・
11  ・・・・・・・・・・・・・・・・・・・・・・・・・・・・・・・・
```

　このようなデータを準備しておけば，KH Coder で分析を行う際に，集計や検索の単位を自在に切り替えられる。段落単位を選択すれば，段落ごとの集計・検索を行えるし，H2 単位を選択すれば章ごとの集計・検索に切り替えられる。また H1 単位を選択すれば部ごとになる。文・段落・節・章・部といった単位を自由に切り替えながら分析を行いたい場合には，このように H1 から H5 までの見出しを複数の種類用いて階層構造を表現することが有効である。

　なお，H1 見出しで区切った部分をさらに細かく区切る場合に H2 見出しを用いるというように，小さな単位になるほど H の後に続く数字は大きくする。このルールを守って見出しによるマーキングを行わなければならない。こうした見出し作成を，HTML マーキングと呼んでいる。

それぞれの単位でのコーディングや検索　以下のように 3 種類の見出しを使って HTML マーキングを行ったとしよう。

```
1   <H1> 2 0 0 4 年</H1>
2   <H2> 1 月</H2>
3   <H3>記事見出し 1 </H3>
4   記事・・・・・・・・・・・・・・・・・・・・・・・・・・・・・・
5   ・・・・・・・・・・・・・・・・・・・・・・・・・・・・・・・・
6   <H3>記事見出し 2 </H3>
7   記事・・・・・・・・・・・・・・・・・・・・・・・・・・・・・・
8   ・・・・・・・・・・・・・・・・・・・・・・・・・・・・・・・・
9   <H2> 2 月</H2>
10  <H3>記事見出し 3 </H3>
11  記事・・・・・・・・・・・・・・・・・・・・・・・・・・・・・・
```

12 ・・・・・・・・・・・・・・・・・・・・・・・・・

　この場合に，仮に H3 単位での検索やコーディングを行った場合，どこからどこまでが 1 つの文書（ケース）として扱われるのかを図 A.2 に示す。図 A.2 を見ると，H3 タグで括られた記事の見出しと，記事の本文が合わさって 1 つの文書（ケース）となり，H1 タグおよび H2 タグで括られた見出し部分は無視されていることがわかるだろう。このように，コーディング・検索の際に指定した単位よりも上位の見出しは，分析から除外される。よって段落単位を指定すれば，H1〜H5 タグで括られたすべての見出し文が除外される。ただし文単位を指定した場合は，見出し文も 1 つの文として，コーディングや検索の対象となる点に留意されたい。

図 A.2 H3 単位でのコーディングや検索

　原則として KH Coder は，H1 から H5 までのタグで括った見出し文を 1 つの「文」として扱う。しかし例外として，長さが 0 の見出し文は「文」としてカウントせず，「文」単位でのコーディングや検索の対象としないことにした。文書と文書を区切る働きはするが，「文」とは見なされない。これは KH Coder のバージョン 3 における仕様変更である[4]。たとえばExcel・CSV 形式のファイルをテキスト形式に自動変換した場合や（A.3.1 節），複数のテキストファイルを自動的に 1 つにまとめた場合（A.3.11 節），データを区切るために見出し文が自動挿入される。これらの自動挿入された見出し文は長さが 0 という扱いになり，「文」としては存在しないものと見なされる[5]。

---

[4] H1 から H5 までのタグで括った見出し文も，1 つの「文」としてコーディング・検索できるようにしたのは，見出し文の内容が重要な意味をもつ場合が考えられるためである。たとえば書籍における章や節のタイトルは重要な意味をもつであろうし，新聞記事の見出しも同様である。こうしたものを 1 つの「文」としてカウントできるように KH Coder を設計した。

　　しかしその後，さまざまな用途で KH Coder が利用されるようになったり，筆者自身が KH Coder に機能を追加したりする中で，見出し文の内容に「文」としての意味がない場合も散見されるようになった。単なる区切りとして見出しを用いる場合がそうである。ただの区切りにすぎないものを「文」として数えることには違和感があるだろう。そこでこのような仕様変更を行った。

[5] Excel・CSV 形式のファイルをテキスト形式に自動変換した場合，セルとセルの区切りとして「<H5>---cell---</H5>」という見出し文が自動挿入される。この際には「---cell---」を↗

A.2.2　KH Coder による語の抽出

活用のある語について

　動詞や形容詞など活用のある語を抽出する際，KH Coder はそれらの語を基本形に直して抽出する。たとえば，データ中に「買う」「買いに」「買って」「買おうと」「買えば」などの記述があった場合，KH Coder は「買う」が5つ出現したものと見なす。

　この処理によって，語の頻度を数えたり，語と語の関連を推定したり，コーディングルールを作成したりといった分析の際に，必要な労力が軽減される。「買いに」「買って」「買えば」などを別々に指定せねばならないよりは，基本形の「買う」1つですべての活用形を含めて指定できる方が，多くの場合は便利であろう[*6]。

　これに関連して，たとえば「身勝手」のように，用法によって名詞と形容動詞など複数の品詞に分類される語についても，文書検索時やコーディング時には単に「身勝手」とだけ指定すれば，すべての品詞に分類された「身勝手」が検索される。

KH Coder の品詞体系

　KH Coder は茶筌（IPADIC）の形態素解析の結果をほぼそのまま利用しているので，KH Coder の品詞体系も茶筌の品詞体系に準じるものである。ただし分析時の利便のために若干の変更と簡略化を行っている。表 A.2 に KH Coder の品詞体系の詳細を示す。なお表 A.2 の「タグ」とは，強制的に1つの語として抽出した語（A.4.3 節）に与えられる品詞名である。

　助詞・助動詞をはじめとする，どのような文書の中にでも出現するであろう品詞にはすべて「その他」という品詞名を与えている。茶筌が「未知語」として抽出した語についても，たとえば1文字の半角記号のように，全角文字やアルファベットを含まない語の場合には品詞名を「その他」としている。この品詞名が与えられた語は，取捨選択オプション（A.4.3 節）を変更しない限り，分析の対象外として扱われる。これらの一般的な語は分析に利用しにくいと考えられるためである。ただし，否定の意味をあらわす助動詞「ない」「まい」「ぬ」「ん」については，コーディング時に利用される可能性が高いことから，特に「否定助動詞」という品詞名を与えている。

　また名詞・形容詞・動詞などの中でも平仮名のみからなる語には，「名詞 B」「形容詞 B」「動詞 B」といった品詞名を与えている。これは，平仮名のみからなる語についても，たとえば「ある」「する」のように分析に利用しにくい一般的な語が多いためである。そういった一般的な語を一括して分析から排除できるように，以上のような品詞名を付与している。

品詞体系の変更方法

　たとえば，「特に助詞に注目して分析を行いたい」といった場合には，デフォルトの KH Coder の品詞体系では，操作が煩雑になってしまうであろう。この場合には，KH Coder の品詞体系を変更すると便利である。

　　1つの語として強制的に抽出しつつ，この語を「使用しない」（A.4.3 節）という設定が自動的に行われる。「使用しない語」として指定すると，存在しなかったものとして扱われるので，この見出し文の長さが0という扱いになる。

[*6] もちろん，A.2.5 節で述べるように，特定の活用形で出現した語だけにコードを与えるといった細かな指定も可能である。

表 A.2　KH Coder の品詞体系

KH Coder 内の品詞名	茶筌の出力における品詞名
名詞	名詞–一般（漢字を含む 2 文字以上の語）
名詞 B	名詞–一般（平仮名のみの語）
名詞 C	名詞–一般（漢字 1 文字の語）
サ変名詞	名詞–サ変接続
形容動詞	名詞–形容動詞語幹
固有名詞	名詞–固有名詞–一般
組織名	名詞–固有名詞–組織
人名	名詞–固有名詞–人名
地名	名詞–固有名詞–地域
ナイ形容	名詞–ナイ形容詞語幹
副詞可能	名詞–副詞可能
未知語	未知語
感動詞	感動詞またはフィラー
タグ	タグ
動詞	動詞–自立（漢字を含む語）
動詞 B	動詞–自立（平仮名のみの語）
形容詞	形容詞（漢字を含む語）
形容詞 B	形容詞（平仮名のみの語）
副詞	副詞（漢字を含む語）
副詞 B	副詞（平仮名のみの語）
否定助動詞	助動詞「ない」「まい」「ぬ」「ん」
形容詞（非自立）	形容詞－非自立（「がたい」「つらい」「にくい」等）
その他	上記以外のもの

　KH Coder を一度でも起動すると，KH Coder をインストールしたフォルダに「config」というフォルダが作成され，その内部に「hinshi_chasen」というファイルが作成される。KH Coder はこのファイルから品詞体系の設定を読み取っているので，このファイルを編集することで，KH Coder の品詞体系を変更することができる。ただし既存のプロジェクトについては，再度前処理を実行するまで変更が反映されない点に注意が必要である。

　この設定ファイルは CSV 形式のファイルであり，内容の一部を表 A.3 に示す。それぞれの行が，品詞名を与えるための規則となっている。茶筌が抽出したすべての語に関して，ファイル内で上に記述されている規則から順に，その規則があてはまるかどうか確認していく。1 つの規則があてはまった瞬間に，その語の品詞名は「kh_hinshi」列に記載の名前に決まり，最初にあてはまった規則よりも下に記述されている規則のチェックは行われない。

　「condition1」列の記述は，茶筌の出力する品詞名が，この部分の記述内容ではじまっているという規則をあらわしている。たとえば「名詞–一般」と記述されている場合，茶筌の出力する品詞名が「名詞–一般」であるか，「名詞–一般」ではじまっていれば，この条件があてはまる。

　「condition2」列に記述できる内容は，「ひらがな」「一文字」「HTML」「否定」の 4 種類である。「ひらがな」は，茶筌に抽出された語が，平仮名のみからなっていることという条件をあらわす。「一文字」は，茶筌に抽出された語が，一文字からなっていることという条件をあらわす。また「HTML」は，茶筌に抽出された語が H1〜H5 の HTML タグであることという条件をあらわしている。最後に「否定」は，語の基本形が「ない」「まい」「ぬ」「ん」のいずれかであ

ることという条件をあらわす。これらの記述が「condition2」列にある場合は，「condition1」
と「condition2」の両方に合致した場合のみ，その行の規則があてはまることになる。

そのほかの注意事項として，新たな品詞名を作成する場合には，ほかの品詞とは異なる番号
を「hinshi_id」列に入力しなければならない。また，同じ品詞名を与えるための規則を複数作
成してもよい。

表 A.3 品詞体系設定ファイルの一部（`config/hinshi_chasen`）

hinshi_id	kh_hinshi	condition1	condition2
16	名詞 B	名詞—一般	ひらがな
20	名詞 C	名詞—一般	一文字
1	名詞	名詞—一般	

A.2.3　茶筌と MeCab の設定

KH Coder は必要に応じて茶筌の設定を自動的に変更する。もしも茶筌の設定を自ら変更
する場合には，KH Coder が加える変更と競合しないように注意する必要がある。KH Coder
が茶筌の設定に加える変更は以下の通りである。

「grammar.cha」ファイルへの変更（茶筌）

KH Coder の設定にかかわらず，以下の 2 行が「grammar.cha」ファイルに加えられる。

```
1 （複合名詞）
2 （タグ）
```

「chasenrc」ファイルへの変更（茶筌）

次の 2 行が，KH Coder の設定にかかわらず「chasenrc」ファイルに加えられる。ただし
「文法ファイル」の行が加えられるのは Windows 版のみであり，この行の内容は KH Coder
ないし茶筌をインストールした場所によって変化する。

```
1 （文法ファイル  "C:/khcoder3/dep/chasen/dic"）
2 （注釈（（"<" ">"）（タグ）））
```

また，「複合語の検出」▷「茶筌を利用」コマンド（A.4.5 節）を実行すると，次の記述が一
時的に「chasenrc」ファイルに付け加えられる。

```
1 （連結品詞
2     （（複合名詞）
3        （名詞）
4        （接頭詞名詞接続）
5        （接頭詞数接続）
6        （記号 一般）
7     ）
8 ）
```

なお，同コマンドの処理が完了すると同時に，この記述は取り除かれる。

MeCab の設定

KH Coder は MeCab の設定を自動的には変更しない。ただし KH Coder の Windows 版
パッケージに同梱してある MeCab では，未知語があったときに，品詞名を MeCab に推定さ
せるのではなく「UNKNOWN」と出力するよう設定している。これによって KH Coder 上で
の品詞名は「未知語」となる。このような設定を行っているのは，MeCab に自動推定をさせ
た場合，同じ語でも前後の文脈によって品詞名が変化するためである。こうなると KH Coder
上では別の品詞名をもつ別の語と認識されて，分析の際に戸惑ってしまうことがある。この設
定は「dic/ipadic/dicrc」ファイルで行っており，「unk-format-chasen」で始まる行を変
更している。

```
1  ; ChaSen
2  node-format-chasen = %m\t%f[7]\t%f[6]\t%F-[0,1,2,3]\t%f[4]\t%f[5]\n
3  unk-format-chasen  = %m\t%m\t%m\tUNKNOWN\t\t\n
4  eos-format-chasen  = EOS\n
```

もし MeCab のユーザー辞書を作成していて，それを分析に用いたい場合には，「mecabrc」ファ
イルに辞書の記述を追加しておく必要がある。Windows 上の KH Coder は，「mecab.exe」
から見て「..¥etc」フォルダにある「mecabrc」を設定ファイルとして常に利用する。した
がって必ずしも MeCab の「インストール」を行っていなくても，「mecab.exe」や「mecabrc」
をはじめとするファイル群が整っていれば MeCab を使用できる。

辞書を入れ替える場合

茶筌・MeCab を問わず，IPADIC 以外の辞書を使用する場合には，使用する辞書の品詞体系
ないし品詞名を確認しておくとよいだろう。品詞名が IPADIC と異なる場合には，KH Coder
の品詞設定（A.2.2 節）についても変更する必要があるためだ。デフォルトの品詞設定では，
たとえば IPADIC の「名詞—一般」を KH Coder は「名詞」として扱う。しかし IPADIC 以
外の辞書では，「名詞—一般」ではなく「名詞–普通名詞–一般」のように，品詞名が異なってい
る場合がある。この場合には KH Coder の品詞設定も，「名詞—一般」ではなく「名詞–普通名
詞–一般」に変更しなければならない。

また，品詞設定を変更しても，「複合語の検出」コマンドについてはそのまま使用するこ
とができず，コマンドの処理内容を書き換える必要がある。IPADIC ではなく UniDic を使
用する場合には，どのようにコマンドを書き換えればよいかという例を，プラグインの形で
KH Coder に同梱している。必要に応じてこのプラグインの内容を確認するとよいだろう
（A.9.4 節）。

A.2.4 英語・中国語・韓国語およびヨーロッパ言語データの分析

文の分割と語の取り出し

KH Coder は日本語以外にも，英語・中国語・韓国語・イタリア語・オランダ語・カタロニ
ア語・スペイン語・ドイツ語・フランス語・ポルトガル語・ロシア語の分析に対応している。
ただし日本語・英語以外の言語への対応はいくぶん実験的な段階にある。したがって，これら
の言語のテキストを扱う際には，慎重に分析結果を確認していただきたい。また不具合や改善

すべき点などがあればご一報いただけると大変ありがたい。

各国語のデータを分析する際，まずは段落を文に分けて（sentence splitting），文から語を取り出し（tokenize），さらに語を基本形に戻す（lemmatize or stemming）という処理を行っている。

文の分割を行うために，中国語については句点「。」で文を区切り，韓国語についてはピリオド「．」で文を区切っている。しかし英語とそのほかの西ヨーロッパ言語では，単純にピリオド「．」で文を区切ることができない。ピリオドという同じ記号が，省略をあらわす場合のように，文末以外にも多用されるためである。したがって文を分割するために各言語に応じた処理が必要になる。こうした文の分割（sentence splitting）には Perl モジュールの Lingua::Sentence を使用している。

次に，文の中から語を取り出す tokenize についても，たとえば英語の場合であれば「aren't」を「are」と「n't」に分けるといった処理が必要である。単にスペースで区切るだけというわけにはいかず，より複雑な処理が必要である。さらに，取り出した語を基本形に直すためには各言語の辞書が必要になる。こうした語の取り出しと，基本形への変換のために KH Coder が用いているソフトウェアを表 A.4 に示す。表 A.4 の日本語・英語のように複数のソフトウェアをコンマで区切って列挙してある言語については，使用するソフトウェアをそれらの中から選択できる。この選択はプロジェクトの新規作成時に行う（A.3.1 節）。それに対して，中国語のように複数のソフトウェアが「&」で区切ってある場合は，両方のソフトウェアを使用することを意味する。

表 A.4 各国語データの分析に使用するソフトウェア

言語	ソフトウェア
日本語	茶筌, MeCab
英語	Stanford POS Tagger, FreeLing, SnowBall
中国語	Stanford POS Tagger & Stanford Word Segmenter
韓国語	MeCab & HanDic
イタリア語	FreeLing, SnowBall
オランダ語	SnowBall
カタロニア語	FreeLing
スペイン語	FreeLing, SnowBall
ドイツ語	FreeLing, SnowBall
フランス語	FreeLing, SnowBall
ポルトガル語	FreeLing, SnowBall
ロシア語	FreeLing

原則的には表 A.4 に挙げたソフトウェアを使って文を語に分割（tokenize）するが，SnowBall にはこの機能がない。よって SnowBall を選択した場合には，KH Coder による分割を行っている。KH Coder が語への分割（tokenize）を行う場合，英語データに対しては Penn Treebank 方式を用いているので，たとえば「aren't」を「are」と「n't」に分けるなど，英語の特徴にそった分割となっている。しかしほかの言語についてはクォートや文末のピリオドを切り離すといったごく基本的な処理にとどまっている。かろうじてフランス語については語頭の「c'」「d'」「l'」「s'」を切り離しているが，それ以外については各言語の特徴に対応できていないのが現状である。もしも各言語の標準的な tokenize 方式について，日本語または英語で読める説明か，あるいは Perl スクリプトの形になったものをご存知であれば，ご一報いただけると

大変ありがたい。

基本形への変換と品詞判別

　語を基本形に直すための処理には，Lemmatization と Stemming の 2 種類がある。このうち Stemming とは単純な規則にしたがって語尾を切り落とすという処理である。よって「says」や「saying」については「say」という基本形に直して抽出できるが，「said」の場合はそのまま「said」として取り出す。それに対して Lemmatization では，内蔵の活用辞書を用いることで，「said」も基本形の「say」に直して取り出すことができる。

　また KH Coder で Stemming を利用する場合は，品詞による語の分類は行わない。動名詞の「thinking」も，現在分詞の「thinking」も，同じ基本形「think」に縮約されて同じ語として抽出される。それに対して Lemmatization を行うソフトウェアは，同時に品詞の判別も行うので，動名詞の「thinking」と動詞の「think」とを区別して抽出することが試みられる。

　表 A.4 に挙げたソフトウェアのうち Stemming を行うものは「SnowBall」のみである。したがってプロジェクトの作成時に「SnowBall」を選択すれば語を取り出す時に Stemming が行われるし，「SnowBall」以外を選択すれば Lemmatization が行われる。表 A.4 からわかるように，一部の言語については選択の余地がないものもある。

　なお品詞体系については，日本語を分析する場合と同様（A.2.2 節），設定ファイルを変更することでユーザーによる修正が可能である。設定ファイルの名称は，Stanford POS Tagger で英語を分析する場合は「hinshi_stanford_en」というように，ソフトウェアの名称と言語を組み合わせたものになっている。英語の Lemmatization を行った場合，Stanford POS Tagger は Penn Treebank の品詞分類（part of speech tag set）にしたがって品詞名を出力する。この品詞分類には活用形による区別も含まれているが，KH Coder 上でのデフォルトの品詞名は単に「Verb」「Noun」といった簡略化したものにした。ただし，元の Penn Treebank の品詞分類名も「活用形」として KH Coder に取り込んでいる。したがって KH Coder 上で「活用形」による指定を行えば，Penn Treebank 品詞分類を用いた検索や集計が可能である。

Stop Words の扱い

　たとえば英語の be 動詞のように，どのような内容の文章にでも出現する一般的な語は，「stop words」として指定を行い，分析から省くことが一般的に行われている。ただし stop words のリストとして必ずしも定まったものはなく，分析の目的に応じて設定しなければならない。KH Coder のチュートリアルには stop words のサンプルを同梱しているので，これを参考にしつつ各自で設定を検討していただくのがよいだろう。

　設定画面（A.1.3 節）で指定した stop words は「その他」品詞に分類される。ここで stop words かどうかという判定は，Lemmatization ないし Stemming を経た状態で行われる。したがって stop words を指定する際は，「saying」のような活用・変化した状態ではなく，「say」という基本形を入力する必要がある。

　「その他」品詞はデフォルトで分析対象外となっているので，stop words として指定した語は分析対象から外れることになる。ただし，分析には用いないものの，語として存在した扱いになっており，語数を数えるような場合には数に含められる。それに対して，「語の取捨選択」画面（A.4.3 節）で「無視する語」として指定した語は，存在しなかったものとして扱われるという違いがある。

　なお，日本語以外のデータを分析する際には，「その他」「タグ」「HTML タグ」などの品詞

名はそれぞれ「OTHER」「TAG」「HTML_TAG」と表記される。

A.2.5　コーディングルール

コーディングルール・ファイルの記述法

　コーディングの基準，すなわちコーディングルールをファイルに記述すれば，KH Coder はそれにもとづくコーディングを自動的に行える。コーディングルールは，「『逮捕』『容疑』『捜査』の3語のうちいずれかが含まれればその文書に『犯罪』というコードを与える」といった単純なものだけでなく，複数の条件を AND，OR，NOT などで組み合わせた複雑なものも作成できる。そして自由にルールを作成することで，たとえば「犯罪」のように，分析者が注目したいコンセプトを取り出せる。

　KH Coder を用いればコーディングによって取り出したコンセプトを数え上げるだけでなく（A.7.1 節），データをいくつかの部分に区切っての集計や（A.7.2 節），コード間の関連の推定（A.7.3 節 A.7.7 節など），特定のコードと関連が強いと推測される語のリストアップ（A.5.6 節），特定のコード内容を典型的にあらわすと推測される文書の検索などを行える（A.6.1 節）。コード出現数の集計だけでなく，文書の検索を行う場合にも，さまざまな条件を自在に組み合わせられるコーディングルールの利用は有効であろう。

　なお，コードを付与する条件の指定内容によっては，1つの文書が複数の条件に該当するということが起こりうる。この場合には，1つの文書に対して複数のコードが付与される。というのも KH Coder によるコーディングは，「犯罪」か「合法」かのどちらか一方といった，排他的なカテゴリーに文書を分類するという処理ではない。むしろ，文書の中から要素を取り出すという考え方の処理である。1つの文書がたとえば「犯罪」と「人情」のような複数の要素を含むことはありうるという前提にもとづいている。

　KH Coder 用のコーディングルールは，テキストファイルに記述すればよい。したがって KH Coder 用のコーディングルール・ファイルは，「メモ帳」をはじめとするテキストエディタで容易に作成・編集できる。コーディングルール・ファイルの記述形式は以下の通りである。

```
1  ＊コード名1
2  条件1
3  ＃ コード1についてのメモ（必要に応じて記入）
4
5  ＊コード名2
6  条件2
7
8  ＊コード名3
9  条件3
```

　コード名の前には「＊」（アスタリスク）を付けて，その行がコードの名前をあらわすことを KH Coder に対して示す必要がある。このアスタリスクについては全角でも半角でもよい。ただし，このアスタリスク以外の記号類に関してはすべて半角で入力しなければならない。そして，次の行にそのコードをいかなる場合に与えるべきかという条件を記述する。この形式さえ守れば，1つのファイル内に，いくつでも必要なだけコードを記述できる。

　空行は単に無視されるので，好きなだけ空行を入れて，コーディングルール・ファイルを読みやすいように整理することができる。また行の1文字目に半角の「#」（シャープ）があった

場合，その行はコメントと見なされ，無視される。よってコメントとしてコードの説明ないしはメモを記述しておくとよいだろう。

コーディングルールの条件部分は「+ - == ! & | ( )」などの区切り文字（演算子）を用いたブール代数の式，もしくは論理式によって記述することができる。以下に，これらの区切り文字を使った条件の記述について述べる。以下の記述において「␣」は半角スペースを意味する。

さまざまな条件の記述
単一の語 最も単純な条件の記述は，語を 1 つだけ指定することである。コードを与える条件として 1 つだけ語を指定する場合には，単にその語を記述すればよい。ただし，活用のある語を指定する場合には常に基本形で指定を行う必要がある。たとえば，「『逮捕』という語が文書中に存在すれば，その文書に『＊犯罪』というコードを与える」というコーディングルールは以下のように記述できる。

```
1 ＊犯罪
2 逮捕
```

抽出語だけを指定するのではなく，品詞の指定も行いたい場合は「抽出語-->品詞」のように記述を行えばよい。なお，ここでは抽出語と記号の間や，記号と品詞名の間などにスペースを入れてはならない。後述の算術演算子や論理演算子を用いる場合には，演算子の前後にスペースが必要だが，ここで用いる記号についてはスペースを入れてはならない。たとえば，名詞の「米」が文書中に存在すれば「＊コメ」というコードを与え，地名の「米」が文書中に存在すれば「＊アメリカ」というコードを与えたい場合，コーディングルールは次のように記述できる[7]。

```
1 ＊コメ
2 米-->名詞 C
3
4 ＊アメリカ
5 米-->地名
```

この品詞の指定を行わずに単に「米」とだけ指定した場合には，品詞にかかわらずすべての「米」という語が指定の対象になる。

次に，ある語が，特定の活用形で出現している文書のみにコードを与えたい場合は，「抽出語->活用形」のように記述を行えばよい。品詞を指定する場合と同様，抽出語・記号の間にスペースを入れてはいけない。たとえば，「買う」という語の未然形にのみコードを与えたい場合には次のように記述すればよい。

```
1 ＊買う（未然 1）
2 買う->未然形
```

---

[7] ただし，このような指定を行う際には，コンコーダンス（A.5.5 節）を用いて，茶筌がどの程度正確に品詞の識別を行っているのかを確認しておくことが好ましい。

この活用形の指定を行わなかった場合には，たとえば「買う」「買って」「買わず」など，活用形にかかわらずすべての「買う」という語が，指定の対象となる。また，品詞の指定と活用形の指定を両方同時に行いたい場合には，「抽出語-->品詞->活用形」のように記述すればよい。

「未然形」のような活用形の名称ではなく，「買わ」のような，活用した語そのもの（表層形）による指定を行いたい場合は次のように記述すればよい。

1 | ＊買う（未然2）
2 | 買う=>買わ

活用形を指定する場合と同様に，「抽出語-->品詞=>表層形」のような指定が可能である。ただし，活用形と表層形を両方指定することはできず，どちらか片方の指定しかできない。なお，KH Coder では全般に半角アルファベットの大文字と小文字を区別していないので，基本形の指定では大文字で指定しても小文字で指定しても同じ検索結果が得られる。ただし，この表層形の指定箇所では特別に大文字と小文字を区別するようにした。基本形だけではなく，表層形まで指定する場合には，大文字と小文字の違いといった詳細な識別を行いたいケースがありうると考えたためである。

語のフレーズ　単一の語ではなく，「複数の語が連続していること」という条件を指定したい場合には，「語1+語2+語3+...」のように記述を行えばよい。たとえば，「卒業」という語と「論文」という語が連続して出現している文書に「＊卒業論文」というコードを与えたい場合，コーディングルールは次のように記述すればよい。

1 | ＊卒業論文
2 | 卒業＋論文

この場合も，抽出語と「+」記号の間にスペースを入れてはならない。

近接している語　複数の語がともに出現していて，なおかつそれらの語が近い位置に出現している文書だけにコードを与えたい場合は，「near(語1-語2-語3-...)」のように指定すればよい。たとえば，「先生」と「奥さん」が近い位置に出現している文書に「＊先生夫婦」というコードを与えるには，次のように記述すればよい。

1 | ＊先生夫婦
2 | near(先生-奥さん)

どの程度「近い位置」に出現していればコードを与えるのかについては，上の例のように何も指定をしなければ，前後 10 語が「近い位置」と判断される。よって上の例では，「先生」の前後 10 語以内に「奥さん」も出現していれば，その文書に「＊先生夫婦」というコードが与えられる。たとえば，これを前後 3 語以内に変更したい場合には，「near(先生-奥さん)[3]」のように，最後に [3] というオプション指定を加えればよい。ここでは任意の数値に加えて，b および d という指定を以下のように組み合わせて用いることができる。

[15]　　前後 15 語以内
[b]　　　同じ文の中で，なおかつ前後 10 語以内
[b15]　 同じ文の中で，なおかつ前後 15 語以内

[b0] 同じ文の中ならばどれだけ離れていてもよい
[d] 同じ段落の中で，なおかつ前後 10 語以内
[d15] 同じ段落の中で，なおかつ前後 15 語以内
[d0] 同じ段落の中ならばどれだけ離れていてもよい

　このリストからわかるように，数値を何も指定しなければ自動的に「前後 10 語以内」という条件が加わる。また 0 を指定すると，「前後何語以内か」というチェックが行われなくなる。よって「near(先生-奥さん)[0]」と指定すると，「先生」と「奥さん」がともに出現している文書すべてにコードが与えられる。ただし，このような指定はあまり推奨できない。後述する論理演算子を用いて「先生&奥さん」と指定する方が，コーディングルールも読みやすいだろうし，処理時間も若干短くなるはずである。

　なお b および d は，文単位でコーディング・検索を行う際には当然無視される。同様に段落単位でのコーディング・検索時には，b は有効であるが，d は無視される。コーディングや検索の単位については，A.2.1 節を参照されたい。また，現時点では，同じ語を複数回用いての指定はできない仕様となっている。たとえば，「先生」という語が 2 回と「奥さん」という語が近い位置に出現していること「near(先生-先生-奥さん)」といった指定はできない。

語の順序　KH Coder のコーディングルールでは，「ある語が出現した後，近い位置に別の語が出現していること」というように，語の順序を条件として指定することができる。「seq(語 1-語 2-語 3-...)」のように記述すればよい。たとえば以下のようにコーディングルールを記述すれば，「お嬢さん」という語が出現した後，近くに「頬」という語が出現していれば，「＊お嬢さんと頬」というコードが与えられる。

```
1 ＊お嬢さんと頬
2 seq(お嬢さん-頬)
```

　どの程度「近い位置」に出現していればコードを与えるのかについては，上で述べた「近接している語」の場合と同様である。オプションについても，上の「近接している語」とまったく同じようにオプションを指定できる。KH Coder の内部では，この「語の順序」の指定と「近接している語」の指定は，ほとんど同じ形で処理されている。異なるのは，「近接している語」では語の順序が考慮されないという点だけである。

表 A.5　利用できる算術演算子

演算子	意味
+	足し算
-	引き算
*	掛け算
/	割り算
>	大なり
<	小なり
>=	大なりイコール
<=	小なりイコール
==	イコール

算術演算子　単に語が出現しているかどうかではなく，語が何回出現しているのかということにもとづいてコーディングを行いたい場合は，表 A.5 に示すような算術演算子を利用すればよい。これらの算術演算子を用いれば，たとえば「『メール』という語が 2 度文書中に出現している場合には『＊メール（2 回）』というコードを与える」といったことが行える。このコーディングルールは次のように記述すればよい。「␣」は半角スペースを意味する。

```
1  ＊メール（2 回）
2  メール␣==␣2
```

　なお，算術演算子や後述の論理演算子を使用する場合には，演算子の前後に半角のスペースを挿入する必要がある。このスペースがなければ，エラーメッセージが表示されて正しくコーディングが行われないので，注意が必要である。

　また，「『メール』『メッセージ』『DM』といった語が合計 2 回以上出現している場合には，『＊メール（2 回以上）』というコードを与える」といった指定も行える。これは以下のように記述すればよい。

```
1  ＊メール（2 回以上）
2  メール␣+␣メッセージ␣+␣DM␣>=␣2
```

　これらの算術演算子を用いた場合，コーディング時にはまず抽出語部分がその語の出現回数に置き換えられ，次に式があてはまるか否かが判断される。ここで出現回数というのは，特定の文書中における語の出現回数であり，この判断が文書の数だけ繰り返される。よって，たとえば「メール␣+␣メッセージ␣+␣DM␣>␣ホームページ」というように，語の出現回数同士を比較するような条件も作成できる。

外部変数　外部変数（A.8.1 節）を読み込んでいる場合には，「<>変数名-->値」という記述によって，外部変数の値による条件指定が行える。ここでも，記号と変数名の間，記号と値の間，記号と記号の間などにスペースを入れてはならない。たとえば質問紙調査の自由回答項目の場合であれば，「男性の回答に『＊男性の答え』というコードを与える」といったことができる。このコーディングルールは次のように記述すればよい。

```
1  ＊男性の答え
2  <>性別-->男性
```

　ここでは「性別」という名前の変数があり，その値として「男性」「女性」などが入力されていると仮定している。なお，外部変数による指定を行う場合には，変数値をそのまま指定することもできるし，KH Coder 上で付与した値ラベル（A.8.1 節）による指定も可能である。変数名または値にスペースが含まれている場合には，前後をダブルクォートで括って「"<>章-->Chapter I"」のように記述する。この際，もし値の中に半角ダブルクオート「"」がある場合は，「""」のような 2 連続のダブルクォートによって 1 つのダブルクォートを指定できる。ただし変数名や値の中にスペースやダブルクオートを含めることは推奨しない。

見 出 し　HTML タグ（H1〜H5）によるマーキングを行っていれば，特に読み込みの操作を行わなくても，「見出し 1」から「見出し 5」までの特殊な外部変数を利用できる。たとえば図 A.2 に示した新聞記事データの場合であれば，次のようなコーディングルールを作成できる。

```
1 ｜ ＊２００４年の記事
2 ｜ <>見出し 1-->２００４年
```

　見出しの番号については，H1 タグで括られた見出しを使って指定する場合には「見出し 1」を，H2 タグで括られた見出しの場合には「見出し 2」を，といった形で対応している。なお「見出し 1」ではなく「heading1」のように書いても同じ意味の指定となる。

文書の番号（ID）　「No.」という記述によって，テキストファイルの先頭から数えて何番目の文書かという番号を利用できる。この番号を使えば，たとえば次のような指定を行える。

```
1 ｜ ＊ 5 番目の文書
2 ｜ No.␣==␣5
3 ｜
4 ｜ ＊ 100 番目以降の文書
5 ｜ No.␣>=␣100
```

　「統計ソフトウェアを用いて多変量解析・自動分類を行ったところ，36 番目の文書が特徴的らしいとわかった」といった場合には，この番号を使うことで，特定の文書を容易に検索・閲覧できる。

文 書 長　コーディングルール中で，特殊な文字列「lw」および「lc」を用いることで，文書の長さに関する条件を記述することもできる。たとえば次のようなコーディングルールを記述することで，語を 10 以下しか含まない文書にコードを与えられる。

```
1 ｜ ＊ 10 語以下からなる文書
2 ｜ lw␣<=␣10
```

　この例からわかるように，「lw」を用いると，文書に含まれる語の数が算出される。それに対して「lc」を用いた場合には，文書に含まれる文字の数が算出される。KH Coder 3 以降では全角文字も半角文字もどちらも同じように 1 字として数えている。

文 字 列　KH Coder が抽出した語ではなく，テキストファイル内の文字列そのものを使って条件を指定したい場合には，文字列の前後を「'」（シングルクォート）で括ればよい。たとえば，次のようなコーディングルールを作成できる。

```
1 ｜ ＊やや柔らかい逆説
2 ｜ 'けれどさ，'
```

　多くの場合は，KH Coder が抽出した語を用いて指定を行う方が便利であろうし，その方が検索やコーディングの処理も高速に行われる。しかし KH Coder が 1 つの語として抽出しなかった言葉を，強制的に語として抽出させる手順（A.4.3 節）を経ず，直ちに検索したいといった場合には，この指定方法が有効であろう。ただし，複数の文をまたぐ文字列を指定することはできない。たとえば「'である。しかし，'」といった指定はできない。

複数の条件を組み合わせる

　以上，語の有無や出現数・文書長・外部変数などによる条件指定の方法を示したが，論理演算子を用いればそういった指定を複数組み合わせることで，より複雑な条件指定を行える。コーディングルール内で利用できる論理演算子には，表 A.6 に示すようなものがある。それぞれの演算子の意味と記述法について以下に述べる。なお，上述の算術演算子と同様に，論理演算子を使用する場合にも，演算子やカッコの前後には半角スペースを挿入する必要がある。このスペースがなければ，エラーメッセージが表示されて正しくコーディングが行われないので注意が必要である。また，下の例示では「|」や「&」などの記号を用いているが，コーディングルール中では表 A.6 に示した「or」や「and」などの代替文字列を用いてもよい。もし，英語データの分析時に抽出語としての「and」「or」「not」を指定したい場合は，ダブルクォートで括って「"and"」のように記述すればよい。

表 **A.6**　利用可能な論理演算子

演算子	代替文字列
|	or
&	and
!	not
|!	or not
&!	and not

| 演算子　複数の条件を or 接続で指定する際にこの演算子を用いる。この演算子を用いれば，たとえば「『逮捕』『容疑』『捜査』などの語がどれか 1 つでも文書中に出現すれば，その文書に『＊犯罪』というコードを与える」ように指定できる。このコーディングルールは次のように記述すればよい。「␣」は半角スペースを意味する。

```
1 ＊犯罪
2 逮捕␣|␣容疑␣|␣捜査
```

& 演算子　複数の条件を and 接続で指定する際にこの演算子を用いる。この演算子を用いれば，たとえば「『通信』『傍受』『法案』などの語がすべて出現していた場合に，『＊盗聴法』というコードを与える」ように指定できる。このコーディングルールは次のように記述すればよい。

```
1 ＊盗聴法
2 通信␣&␣傍受␣&␣法案
```

! 演算子　「後に続く条件があてはまらないこと」という指定を行う際にこの演算子を用いる。この演算子は条件記述部分の最初にしか用いることはできず，それ以外の場合は，後述の「&!」「|!」という形で用いなければならない。この演算子を使えば，たとえば「文書中に『有罪』という語が存在しなければ，その文書に『＊無罪』というコードを与える」ように指定できる。このコーディングルールは次のように記述すればよい。

```
1 | ＊無罪
2 | !␣有罪
```

|! 演算子　条件を or not 接続で指定する際にこの演算子を用いる。この演算子を使えば，たとえば「文書中に『逃げる』という語が存在するか，あるいは『逮捕』という語が存在しなかった場合，その文書に『＊逃亡』というコードを与える」ように指定できる。このコーディングルールは次のように記述すればよい。

```
1 | ＊逃亡
2 | 逃げる␣|!␣逮捕
```

&! 演算子　条件を and not 接続で指定する際にこの演算子を用いる。この演算子を使えば，たとえば「文書中に『盗聴』という語が存在し，なおかつ『法案』という語が存在しない場合，その文書に『＊盗み聞き』というコードを与える」ように指定できる。このコーディングルールは次のように記述すればよい。

```
1 | ＊盗み聞き
2 | 盗聴␣&!␣法案
```

( ) カッコ　上述の演算子と，このカッコを用いることで，より複雑な条件の指定が可能になる。

```
1 | ＊犯罪 2
2 | (␣逮捕␣|␣容疑␣|␣捜査␣)␣&!␣(␣通信␣&␣傍受␣&␣法案␣)
```

たとえば上のようなコーディングルールを記述すれば，「逮捕」「容疑」「捜査」のうちいずれかの語が出現し，なおかつ，「通信」「傍受」「法案」の 3 語が出現していない文書に「＊犯罪 2」というコードが付与される。

このカッコは入れ子にして用いることもできるので，より複雑な条件指定も可能である。なお以上の例示では語の有無による指定を組み合わせているが，外部変数や文書長など，そのほかの条件指定についても同様に自由に組み合わせられる。

すでに定義したコードの利用　これらの論理演算子を併用すれば，同じファイルの上の方ですでに定義したコードを再利用することができる。再利用するためには，コード名を「<>」（山カッコ）で括ればよい。

```
1 | ＊教育関係
2 | 学校␣|␣先生␣|␣教師␣|␣...（後略）
3 |
4 | ＊教育の場での交流
5 | <＊教育関係>␣&␣交流
```

たとえば上のような記述を行った場合，「＊教育関係」というコードが与えられ，なおかつ「交流」という語を含む文書にのみ「＊教育の場での交流」というコードが与えられる。

条件記述時の注意事項

スペース　算術演算子や論理演算子を用いる場合には，演算子やカッコの前後に半角スペースを挿入する必要がある。すなわち，語と演算子の間，語とカッコの間，および演算子とカッコの間などには必ず半角スペースを挿入しなければならない。以上の例示では，半角スペースを意味する文字として「␣」を用いた。ただし，品詞や活用形を指定する際に用いる「-->」のような記号の前後には，スペースを挿入してはならない。また near や seq の記述時に用いるカッコについても，前後にスペースを挿入してはならない。つまり，算術演算子・論理演算子・論理指定のためのカッコの前後にはスペースが必要であるが，そのほかの記号の前後にはスペースを挿入してはならない。

半角と全角　コーディングルールの条件部分で使用する算術・論理演算子や，「-->」「->」「<>」などの記号はすべて半角で入力しなければならない。全角で入力してもよいのは，コード名の先頭につける「＊」（アスタリスク）のみである。

スペースと改行の利用　コーディングルールファイルの条件記述部分には自由に改行やスペース・タブを入れることができるので，これらを活用して読みやすいコーディングルールを記述するように心がけることが望ましい。たとえば，次のように記述されたコーディングルールは理解しづらく，確認も困難である。

```
1  ＊掲示板（BBS）
2  電子掲示板␣|␣掲示板␣|␣(␣BBS␣&!␣((␣Big␣&␣Brothers␣&␣and
3  &␣Sisters␣)␣|␣(␣ビッグ␣&␣(␣ブラザー␣|␣ブラザース␣)␣&␣アンド␣&␣シ
4  スターズ␣)␣|␣(␣アルミ␣&␣ホイール␣)␣|␣(␣英国␣&␣番組␣)␣|␣BigB
5  rothersandSisters␣)␣)
```

同じコーディングルールでも改行とスペースを利用して次のように記述すれば，確認が比較的容易になる。

```
1   ＊掲示板（BBS）
2   ␣␣電子掲示板
3   |␣掲示板
4   |␣(
5   ␣␣BBS
6   ␣␣&!␣(
7   ␣␣␣␣␣␣(␣Big␣&␣Brothers␣&␣and␣&␣Sisters␣)
8   ␣␣␣␣␣|␣(␣ビッグ␣&␣(␣ブラザー␣|␣ブラザース␣)␣&␣アンド␣&␣シスターズ␣)
9   ␣␣␣␣␣|␣(␣アルミ␣&␣ホイール␣)
10  ␣␣␣␣␣|␣(␣英国␣&␣番組␣)
11  ␣␣␣␣␣|␣BigBrothersandSisters
12  ␣␣␣␣)
13  ␣␣)
```

A.2.6 メイン画面と画面操作

KH Coder を起動すると図 A.3 に示す画面が開く。これが KH Coder のメイン画面であり、ほかにツール画面を開いていた場合でも、この画面を閉じると KH Coder は終了する。なお、画面右上の「×」ボタンや「閉じる」ボタンなどをクリックするほかにも、KH Coder の開く画面はすべて、⌨ESC キーまたは ⌨Ctrl + ⌨Q キーで閉じることができる。ただし、誤って KH Coder を終了してしまわないように、例外としてメイン画面だけは ⌨ESC キーでは閉じないようにした。また、ほかのツール画面がアクティブになっている際に ⌨Alt + ⌨M キーを押すと、このメイン画面がアクティブになる。

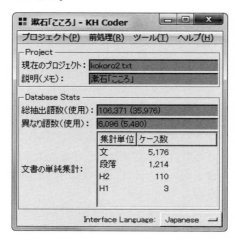

図 A.3 KH Coder のメイン画面

この画面右下の「Interface Language」という個所では、日本語（Japanese）のほかにも、英語・中国語・韓国語・スペイン語を選択できる。このオプションによって KH Coder のメニューやボタンといった画面表示の言語を切り替えられる。ただし、このオプションによって変化するのは画面表示のみで、KH Coder の機能は基本的に変化しない[8]。分析するテキストファイルの言語については、ここでの選択とは別に、プロジェクトの新規作成時に指定しなければならない（A.3.1 節）。

メイン画面に表示されている「総抽出語数」とは、分析対象ファイルに含まれているすべての語の延べ数（tokens）であり、「異なり語数」とは何種類の語が含まれているかを示す数（types）である。ただし、いずれも H1 から H5 までの HTML タグについてはカウントしていない。この部分のカッコ内の数値は、分析の対象として KH Coder が認識している語の数を示している。特に設定を変更しない限り、助詞や助動詞のように、どのような文章の中にでもあらわれる一般的な語は分析から除外される（A.2.2 節）。そうした語を除いて、語の延べ数や種類数をカウントした値が「(使用)」の箇所に表示されている。なおこれらの数値は、前処理（A.4.2 節）を実行するまでは表示されない。

分析対象ファイルのサイズが大きい場合、前処理（A.4.2 節）をはじめとして、いくつかの

---

[8] 画面表示の言語が変わると、起動時に読み込むプラグインが変化するので、プラグインとして提供されている機能は変化する場合がある（A.9 節）。

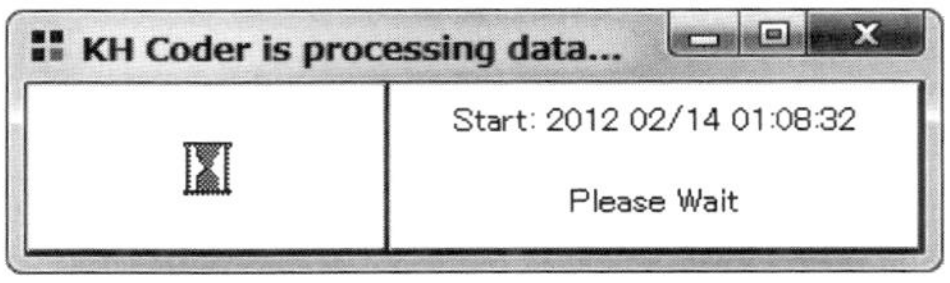

図 A.4 処理中の表示

処理には数分〜数十分，あるいはそれ以上の時間が必要になる。数分以上の時間がかかるような処理を行う際[*9]，KH Coder は今すぐ実行してよいかどうかを確認する画面（ダイアログ・ボックス）を表示するので，もし事前に行っておきたいことがある場合にはいったん中止できる。時間がかかると予想される処理の実行時には，図 A.4 に示すような画面が表示される。

　何らかの処理を実行する際，KH Coder は画面の維持・更新をほとんど行わず，処理内容に「専念」することが多い。よって，場合によっては KH Coder の画面描画が崩れたり，「応答なし」と OS（Windows）に認識されてしまうこともあるが，処理そのものは正常に行われているはずである。ただし，「応答なし」と表示されたり画面の描画が崩れたりしているにもかかわらず，HDD も CPU も動作していないような場合は，処理中に何らかのエラーが発生した可能性を疑う必要がある。こうした場合には HDD や CPU の状況以外にも，コンソール画面に何らかのエラーメッセージが表示されているかどうかが参考になるだろう。コンソール画面とは，Windows PC では通常は最小化されており，黒の背景に白色の文字で技術情報が表示されている画面である。macOS ではターミナル画面が，Linux では「`perl kh_coder.pl`」を実行した画面がこれにあたる。

A.3 「プロジェクト」メニュー

A.3.1 「新規」

コマンドの概要

　データの分析を行うためには最初にこのコマンドを実行し，分析対象ファイルを「プロジェクト」として KH Coder に登録しなければならない。このコマンドを実行すると新規プロジェクト画面（図 A.5）が開くので，分析対象ファイル（A.2.1 節）を指定する。

図 A.5 新規プロジェクトの作成

　また日本語か英語かといったデータの言語を図 A.5 の画面で指定する。現在の KH Coder は日本語以外にも，英語・中国語・韓国語・ロシア語・カタロニア語・オランダ語・フランス

[*9] 分析対象ファイルのサイズが違えば，それに伴って処理に必要な時間も大きく変化するので，「数分以上」というのはあくまで大まかな目安にすぎない。

語・ドイツ語・イタリア語・ポルトガル語・スペイン語の分析に対応している。言語指定の右の部分では，データから自動的に語を取り出すために利用するソフトウェアを選択できる。日本語の場合は，茶筌と MeCab のいずれかを選択できるし，日本語以外のデータの場合には表A.4 に挙げたソフトウェアを選択できる。

　分析対象ファイルと言語を指定し，必要に応じて説明（メモ）を入力して「OK」ボタンをクリックすれば操作は完了である。この登録操作は一度行うだけでよく，いったんここで登録したファイルの分析を再開する場合には，「プロジェクト」▷「開く」コマンド（A.3.2 節）を利用する。なお，ここで登録した分析対象ファイルを移動したり削除したりすると，分析を続けられなくなる点に注意されたい。

CSV・Excel 形式のファイル

　図 A.6 に示すような Excel ファイルを分析する場合には，どの列に分析対象とするテキストが入力されているかを選択しなければならない。この選択は「新規プロジェクト」画面（図A.5）の「分析対象とする列」という箇所で行う。図 A.6 のデータであれば「テキスト」列を選択すればよい。選択した列のテキストが分析対象となり，それ以外の列は外部変数（A.8.1節）として自動的に読み込まれる。

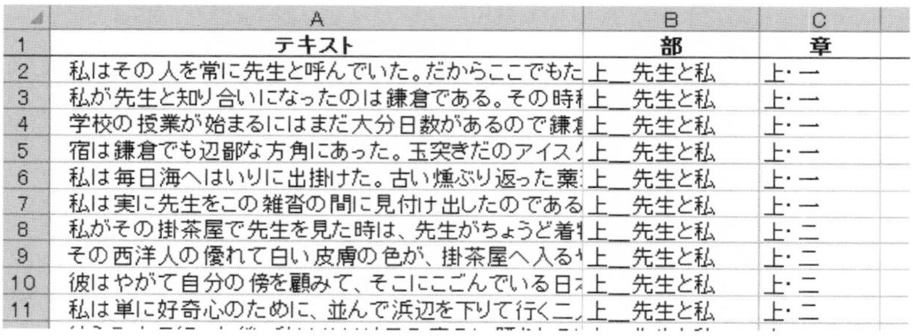

	A	B	C
1	テキスト	部	章
2	私はその人を常に先生と呼んでいた。だからここでもた上	先生と私	上・一
3	私が先生と知り合いになったのは鎌倉である。その時私	上　先生と私	上・一
4	学校の授業が始まるにはまだ大分日数があるので鎌倉	上　先生と私	上・一
5	宿は鎌倉でも辺鄙な方角にあった。玉突きだのアイス	上　先生と私	上・一
6	私は毎日海へはいりに出掛けた。古い燻ぶり返った薬	上　先生と私	上・一
7	私は実に先生をこの雑沓の間に見付け出したのである	上　先生と私	上・二
8	私がその掛茶屋で先生を見た時は，先生がちょうど着	上　先生と私	上・二
9	その西洋人の優れて白い皮膚の色が，掛茶屋へ入る	上　先生と私	上・二
10	彼はやがて自分の傍を顧みて，そこにこごんでいる日	上　先生と私	上・二
11	私は単に好奇心のために，並んで浜辺を下りて行く二	上　先生と私	上・二

図 A.6　Excel 形式ファイルの準備例

　CSV・Excel 形式のファイルを分析対象として指定すると，各種の分析・検索を行うときに，「文」「段落」に加えて，「H5」ないしは「見出し 5」という単位を利用できる。これは 1 つひとつのセルをあらわす単位である。たとえば共起ネットワーク（A.5.10 節）作成時に「H5」を選択すると，同じ文や同じ段落ではなく，同じセルに一緒に出現している語を「共起している」と見なすことになる。なお，テキストファイルの場合は「段落」がデフォルトであるが，CSV・Excel ファイルの場合は「H5」をデフォルトとしている。

　KH Coder は CSV・Excel 形式のファイルを直接分析するのではなく，いったんテキスト形式に変換してから，分析対象ファイルとして登録している。「分析対象とする列」の内容は「[Excel ファイル名]_txt0.txt」という名前のテキストファイルに[10]，それ以外の列は「[Excel ファイル名]_var0.txt」という名前の外部変数ファイルに変換する。もしこうした

---

[10] 分析対象として登録するテキストファイル内では，H5 タグを付した「<h5>---cell---</h5>」という見出しによって，セルとセルとを区切っている。したがって分析や検索にあたっては，集計単位として「H5」または「見出し 5」を選択すると，セル単位での集計・検索を行うことができる。このように H5 見出しによって区切られるので，セル内に改行があっても問題は生じないし，セル内の改行はこのファイルでも改行として残っている。なお「---cell---」という文字列を強制的に 1 つの語として抽出した上で，この語を無視するように設定が行われるので，この部分は語の↗

名前のファイルがすでに存在する場合には，ファイル名の数字部分をより大きな数字にしたファイルが作成される。こうした変換済のファイルを KH Coder は分析しているので，元の Excel ファイルを編集・更新しても，ただちには KH Coder の分析データは更新されない。元の Excel ファイルの変更を反映するためには，Excel ファイルから「再読み込み」を行わなければならない。このためには前処理（A.4.2 節）を実行し，その際に表示される図 A.7 のダイアログで「はい」を選択すればよい[*11]。

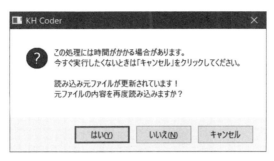

図 A.7 データ再読み込みのダイアログ

KH Coder はコンマ区切り（CSV）形式だけでなく，タブ区切り（TSV）形式のファイルにも対応している。ただしタブ区切り（TSV）形式のファイルについては，拡張子を「*.txt」ではなく「*.tsv」とする必要がある。特にファイルサイズが大きい場合は，Excel 形式よりも CSV・TSV 形式のファイルの方が安全かつ高速に読み込める。Excel 形式のファイルを KH Coder で分析しようとしてもエラーが発生する場合，いったん CSV・TSV 形式で保存してから KH Coder で分析するという手順を試してみるとよいだろう。

内部処理

プロジェクトの新規作成時には，そのプロジェクトのデータを整理・検索するために専用の MySQL データベースが作成される。データベースの名前は「khc」の後に数字を付けた，「khc3」といったものになる。また同じ名前のフォルダが，KH Coder をインストールした場所の「config」フォルダ内に作成される。このフォルダがプロジェクトの一時ファイル置き場となる。分析対象ファイル名・説明（メモ）・MySQL データベース名などのプロジェクト情報は，KH Coder をインストールしたフォルダにある「config/projects」というファイルに CSV 形式で保存される。

数としてもカウントされず，実質的に存在しない扱いとなる。この設定については，「語の取捨選択」画面（A.4.3 節）で確認できる。また，通常は H1 から H5 タグで括った見出しは，文単位での集計や検索の際には 1 つの「文」と見なされるが，ここで自動挿入される見出しは「文」と見なされない。「---cell---」を無視することで長さが 0 の見出しとなり，特別に，存在しないものとして扱われるためである（A.2.1 節）。

[*11] テキスト形式のファイルを分析対象ファイルとして登録した場合，このダイアログは表示されない。ダイアログは表示されないが，前処理を実行すると，ファイル内容の変更が常に「再読み込み」される。

A.3.2 「開く」

コマンドの概要

　前節の「新規」コマンドですでに登録したプロジェクトを開き，分析や処理を続行する際にこのコマンドを用いる。このコマンドを実行するとプロジェクト・マネージャ画面（図 A.8）が開くので，分析を続行したいプロジェクトを選択して「開く」ボタンをクリックすればよい。

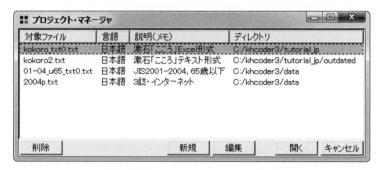

図 A.8 プロジェクト・マネージャ

オプション

　プロジェクト・マネージャ画面では不要になったプロジェクトを削除することもできる。ただし，あくまで KH Coder への登録がなくなるだけで，分析対象ファイルは削除されない。また KH Coder で現在開いているプロジェクトを削除することはできないので，「プロジェクト」▷「閉じる」コマンドを用いて，いったんプロジェクトを閉じなければならない。

　また，「編集」ボタンをクリックすると図 A.5 と似た編集画面が開く。ここでは既存のプロジェクトの説明（メモ）や，分析対象ファイルの言語，語を取り出すために使用するソフトウェアなどの設定を変更できる。このほかに，「新規」ボタンをクリックすれば新規プロジェクトの作成を行える（A.3.1 節）。

A.3.3 「エクスポート」メニューについて

　このメニューには，さまざまな形でデータを出力する機能を集めている。KH Coder 以外のソフトウェアでデータを利用・分析したい時には，この「エクスポート」メニューに並んでいるコマンド名を一通り眺めてみるとよいだろう。なお各種の分析結果（グラフ・プロット）は，このメニューからは出力できないが，分析結果の画面で「保存」ボタンをクリックすれば出力できる。画像形式だけでなく，統計ソフトウェアの R で使える「R Source」形式や（A.5.4 節），分析の種類によっては CSV 形式や GraphML 形式でも出力できる。

　なお，あらかじめ「前処理」（A.4.2 節）を実行しておかないと，この「エクスポート」メニューのコマンドは利用できない。前処理を実行すれば，コマンド名の文字表示が灰色から黒に変わって，利用できるようになる。

A.3.4　「エクスポート」▷「抽出語リスト（Excel 向け）」

コマンドの概要

　このコマンドでは抽出語のリストを，Excel 形式または CSV 形式で出力できる。各抽出語の出現頻度もあわせて出力される。このコマンドを実行すると図 A.9 に示すオプション画面が表示される。そのまま「OK」をクリックすれば，各品詞ごとに語を頻度順にリストアップした Excel（*.xlsx）ファイルが作成され，このファイルが自動的に開く。一般的な Windows PC では Microsoft Excel ないしは LibreOffice Calc が起動し，図 A.10 のようなリストが表示されるだろう。なお，ここでリストアップされるのは，分析の対象となっている語だけに限られる。

図 A.9　抽出語リストの出力オプション

	A	B	C	D	E	F	G	H
1	名詞		サ変名詞		形容動詞		固有名詞	
2	先生	597	話	78	急	54	雑司ケ谷	11
3	奥さん	388	意味	67	変	43	明治	5
4	自分	264	病気	62	必要	42	真宗寺	2
5	お嬢さん	168	卒業	58	厭	29	誕生寺	2
6	言葉	126	返事	53	自然	28	富浦	2
7	手紙	74	記憶	33	静か	26	本郷台	2
8	叔父	70	想像	32	大変	26	夜明	2
9	人間	70	心配	29	気の毒	24	御影	1
10	様子	61	注意	29	普通	23	小湊	1
11	心持	57	覚悟	26	自由	20	鳥取	1
12	態度	54	希望	22	真面目	19		
13	一つ	40	挨拶	21	不安	19		
14	調子	39	関係	21	幸福	18		
15	学校	37	判然	21	簡単	17		

図 A.10　抽出語リスト（Excel むけ・品詞別）

オプション

　オプション画面（図 A.9）での選択によって，データ全体でそれぞれの語が何回出現したかという出現回数（term frequency）ではなく，それぞれの語がいくつの文書中に出現したかという文書数（document frequency）も出力できる。その際には，どの単位を 1 つの「文書」と見なすのかを指定しなければならない（A.2.1 節）。また，Excel 形式ではなく CSV 形式のファイルを出力することもできる。

　リストの形式についても，デフォルトの「品詞別」のほかに「1 列」「頻出 150 語」を選択できる。「1 列」とは，品詞別に列を分けずに，すべての品詞の語を 1 列につなげて頻度順に

並べた形式のリストである。次に「頻出 150 語」とは，その名の通り，出現数の多い語から順に 150 語を 3 列に並べた表である。A4 または B5 サイズの用紙 1 枚におさまる頻出語表を容易に作成できるようにと考えてこのオプションを準備した。この趣旨から「頻出 150 語」は，一般的な語を多く含む品詞を除外して作成している。除外される品詞は「名詞 B」「形容詞 B」「動詞 B」「副詞 B」「否定助動詞」「形容詞（非自立）」「その他」である。

内部処理

このコマンドの実行時には，プロジェクトの一時ファイル置き場に「khc5_temp0.xlsx」といった名称の一時ファイルが作製され，抽出語リストが保存される。ただし「khc5」の部分はプロジェクトのデータベース名となる（A.3.1 節）。すでにこのファイルが存在する場合には，ファイル名の「0」の部分をより大きい数値にしたファイルが作製される。これらの一時ファイルは，次回同じプロジェクトを開いた際にまとめて削除されるので，ファイルが必要な場合は別名で保存しておく必要がある。

A.3.5　「エクスポート」▷「『文書×抽出語』表」

コマンドの概要

このコマンドを用いれば，各文書に，それぞれの語が何度出現していたのかという集計表を，CSV，SPSS，タブ区切り，不定長 CSV のいずれかの形式で出力できる。このコマンドで出力したデータを利用すれば，任意の統計ソフトウェアを使って自由に解析を行える。KH Coder にあらかじめ準備されている MDS やクラスター分析に限らず，より高度な解析や，より細かな調整，もしくは個別の目的にそった解析を行えるだろう。

	A	B	C	D	E	F	G	H	I	J
1	h1	h2	id	name	length_c	length_w	先生	奥さん	自分	お嬢さん
2	1	1	1	一	1366	898	5	0	0	0
3	1	2	2	二	1380	933	14	0	1	0
4	1	3	3	三	1498	1001	30	0	0	0
5	1	4	4	四	1452	958	25	3	3	0
6	1	5	5	五	1351	916	20	0	0	0
7	1	6	6	六	1456	931	24	0	3	0
8	1	7	7	七	1347	886	19	0	2	0
9	1	8	8	八	1292	855	14	15	2	0
10	1	9	9	九	1388	948	19	8	0	0
11	1	10	10	十	1376	907	22	3	0	0
12	1	11	11	十一	1322	841	15	6	0	0

図 A.11　「文書×抽出語」表の一部（CSV 形式）

このコマンドによって出力されたデータの例を図 A.11 に示す。図 A.11 を見ると，行（表側ないしケース）に各文書が，列（表頭ないし変数）にそれぞれの語が配置されていることがわかるだろう。図 A.11 の場合，たとえば 1 つの目の文書には「先生」という語が 5 回，「奥さん」が 0 回，「自分」が 0 回出現していたことを読み取れる。なお，各語の出現数だけでなく，それぞれの文書の位置や長さをあらわす情報が，複数の列（変数）にわたって付与される。それぞれの列（変数）があらわす情報は以下の通りである。

h1　　　　H1 番号。H1 タグが存在すると 1 増加。

h2　　　　H2 番号。H2 タグが存在すると 1 増加。ただし，より上位の（H1）タグが存在すると，0 にリセットされる。H3 から H5 まで同様。

dan　　　　段落番号。段落ごとに 1 増加。ただし，H1〜H5 タグで 0 にリセットされる。

bun	文番号。文ごとに 1 増加。ただし，段落が変わると 1 に戻る。また H1〜H5 タグが存在すると 0 にリセットされる。
id	文書の通し番号。文書ごとに 1 増加。リセットされることはない。
name	文書の見出し。H1〜H5 タグで括られたその文書の見出し。ただし段落単位・文単位での集計では，この列は出力されない。
length_c	文書の長さを文字数であらわしたもの。
length_w	文書の長さを語数であらわしたもの。

なお，どこからどこまでを「文書」と見なすかという集計単位（A.2.1 節）の指定によって，出力される列（変数）は変化する。指定した集計単位よりも下位の単位の番号をあらわす列（変数）は出力されない。たとえば H3 単位を指定した場合には，h4・h5・dan・bun の列は出力されない。また段落単位や文単位を指定した場合には，name の列は出力されない。

オプション

集計単位 このコマンドのオプション画面では，まず「文」「段落」「H5」などのうち，どれを 1 つの「文書」と見なすのかという単位を指定する必要がある。単位の指定について詳しくは A.2.1 節を参照されたい。

語の取捨選択 「文書×抽出語」表を作成する際に，出現していた語をすべて用いると，語の数が数万・数十万を超えてしまい，データの読み込みや多変量解析の実行に困難をきたす場合がある。よって，適宜，語の取捨選択を行う必要があるだろう。オプション画面では，出現数・文書数・品詞名という 3 つの基準で語の取捨選択を行える。この取捨選択によっていくつの語が選択されるかは，「チェック」ボタンをクリックすれば随時確認できる。

なお，「出現数」とは語がデータ全体を通して出現した回数のことであり，「文書数」とは語がいくつの文書中に出現していたかを数えたものである。これらを指定することで，ごくわずかな回数しか出現していない語を省いたり，逆にあまりに文書数が多い語を省いたりといったことが行える。ごくわずかな回数しか出現していない語は統計的な分析には利用しにくいし，逆にあまりに文書数が多い語には，どんな文章の中にでも出現するような一般的な語が多い。よって多くの場合，これらの語を省いておいた方が分析を行いやすいだろう。

オプション画面を開いた直後のデフォルトの状態では，「名詞 B」「動詞 B」「形容詞 B」「副詞 B」「否定助動詞」「形容詞（非自立）」などの品詞が除外されている。また，出力される語の数が 75 前後になるような，きりのよい数値（5 の倍数）が「最小出現数」として自動的に入力されている。分析の目的に応じて，このデフォルト設定を編集するとよいだろう。

SPSS 形式について CSV 形式やタブ区切り形式で出力するのか，それとも SPSS 形式で出力するのかという切り替えは，メニュー段階で行う。SPSS 形式を選択した場合，指定したファイル名で SPSS シンタックス・ファイル（拡張子 *.sps）が作成されるほかに，指定したファイル名の末尾に「_Conv」を加えた名前で SPSS シンタックス・ファイルがもう 1 つ作成される。1 つめのシンタックスを SPSS 上で実行すれば，図 A.11 と同じ形のデータが SPSS 上に読み込まれる。さらにその状態で，2 つめのシンタックス（Conv）を実行すると行と列の入れ替えが行われ，図 A.12 に示すような形のデータが得られる。この 2 つめのシンタックスは必要に応じて実行すればよい。

なお，このコマンドを実行すると，SPSS シンタックスとは別に，指定したファイル名でデータファイル（拡張子 *.dat）が作成される。上述の SPSS シンタックスには，このデータ

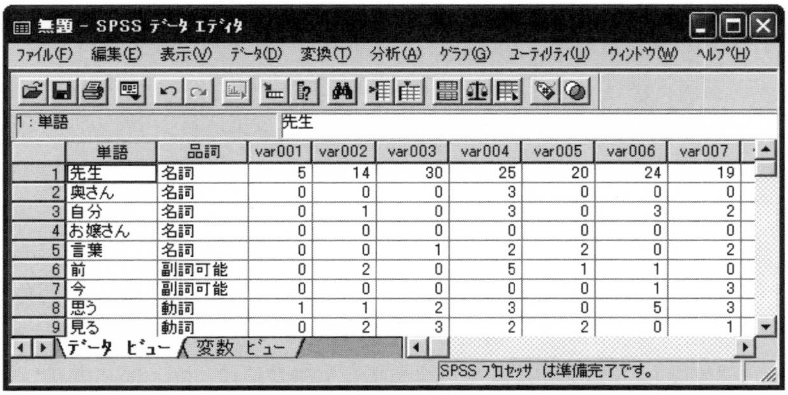

図 A.12 行と列を入れ替えた「文書×抽出語」表（SPSS）

ファイルから情報を読み込む旨のコマンドが記述されているので，このファイルを削除してしまうとシンタックスも実行できなくなる。

不定長 CSV 形式について この形式は，主としてテキスト型データ解析ソフトウェア「WordMiner」との連携のために追加した形式である。KH Coder による対応分析の出力は 2 次元の散布図だけなので，2 つを超える数の成分を抽出したりといった，詳細な探索を行うには煩雑な操作が必要になる場合がある。この場合には，たとえば各成分の特徴を見やすい一覧表にまとめてくれる機能をはじめとして，充実した多次元データ解析の機能をもつ WordMiner を併用すると便利である。

ただし WordMiner をそのまま使用すると，KH Coder と WordMiner では語の取り出し方が異なっている点が問題になる。同じデータから異なる語が取り出されることで，分析結果が変化するので，両方のソフトウェアの分析結果を併用したり比べたりすることが難しくなる。そこで，このコマンドを使用すれば，KH Coder による語の抽出結果を用いて，WordMiner 上で統計解析を行える。すなわち，KH Coder による語の抽出結果を不定長 CSV 形式で書き出せば，WordMiner でこのファイルを読み込み，対応分析やクラスター分析などの統計解析を行える。

つまり，KH Coder 利用者の視点からすれば，対応分析をはじめとする記述的多変量解析を行うための優れたソフトウェアとして WordMiner を利用できるだろう。WordMiner をテキストマイニングのソフトウェアとしてではなく，統計ソフトウェアとして利用する形になる。

逆に WordMiner 利用者の視点からしても，データ中から語を取り出す方法の選択肢の 1 つとして，KH Coder を利用できるだろう。WordMiner の機能をそのまま使用して語を取り出すと，語の品詞情報を利用できないが，KH Coder による抽出結果を使えば品詞情報を利用できるようになる。たとえば「名詞だけを使って分析をしてみよう」「形容詞だけを使って分析をしてみよう」といったことが WordMiner 上で行えるようになる。

表 A.7 不定長 CSV 形式の例

	名詞	形容詞	動詞
文書 1	学校 日数 境遇	長い	呼ぶ 書く
文書 2	先生	白い 長い 強い	苦しむ 会う 出る
文書 3	先生 奥さん	美しい	眺める 話す

　この形式で出力したファイルの内容を簡略化して示したものが表 A.7 である。ほかの形式では，各セルに抽出語の出現数が数値で記入されるのに対して，この形式では，抽出語そのものがセルに記入される。語と語の間を半角スペースで区切り，当該文書に出現していた語がすべて 1 つのセルに記入される。1 つの文書内に同じ語が 2 度出現していれば，その語が 1 つのセルに 2 度記入されることになる。また，品詞ごとに列（変数）を分けているので，WordMiner 上で分析を行う際に，特定の品詞の語だけを分析に使用できる。

　なお WordMiner でこのファイルを読み込むと，「名詞」「形容詞」「動詞」といった名前の「原始変数」が作成される。WordMiner 上で言葉として分析するためには，「構成要素変数」を作成する必要がある。このためには WordMiner 上で「変数を生成」「構成要素変数を生成」「変数の種類を変更し，新しい変数を生成」とたどればよい。KH Coder によってすでに語を抽出しているので，再度 WordMiner 上で分かち書きを行う必要はない。「変数の種類を変更」するだけで，構成要素変数を作成できる。また WordMiner 上で複数の品詞を分析に用いたい場合には，「変数の生成」「構成要素変数を生成」「構成要素変数同士を併合し，新しい変数を生成」とたどって，使用したい品詞を選択すればよい。

　最後に，ここで出力するファイルでは，活用のある語は基本形に変換している。それに対して，基本形に変換していない，原文における活用のまま出力する機能もプラグインとして備えた（A.9.2 節）。

A.3.6　「エクスポート」▷「『文書×コード』表」

コマンドの概要

　このコマンドを用いれば，コーディングを行った結果（A.2.5 節），それぞれの文・段落・節などに，各コードが与えられたか否かを記述したデータを出力できる。出力形式についてはCSV，SPSS，タブ区切り，不定長 CSV 形式の 4 種類から選ぶことができる。

　ここで出力されるファイルは，行（ケースないし表側）に文・段落などの集計単位をとり，列（変数ないし表頭）には位置情報および各コードをとったものである（図 A.13）。位置情報とは「『文書×抽出語』表」コマンド（A.3.5 節）で出力されるのと同じものである。したがって，ここで出力されるファイルは「『文書×抽出語』表」に似通ったものである。両者の主な違いは，語の出現数をあらわす変数が，コードの有無をあらわす 2 値変数に置き換わった点である。

	A	B	C	D	E	F	G	H	I
1	h1	h2	h3	h4	h5	＊メール	＊ホームページ	＊パソコン	＊携帯電話
2	0	0	0	0	1	0	0	0	0
3	0	0	0	0	2	0	0	1	0
4	0	0	0	0	3	1	0	0	0
5	0	0	0	0	4	0	0	0	0
6	0	0	0	0	5	0	0	0	0
7	0	0	0	0	6	0	0	0	0
8	0	0	0	0	7	0	0	0	0

図 A.13　出力されたコーディング結果の一部

オプション

　このコマンドではコーディングルール・ファイルとコーディング単位を選択すればよい。CSV，SPSS，タブ区切りといった形式については，メニュー段階で切り替えられる。なおSPSS 形式を選択した場合には，SPSS シンタックス・ファイルが出力されるので，これを

SPSS 上で実行すれば SPSS データセットが作成される。また不定長 CSV 形式について詳しくは A.3.5 節を参照されたい。

A.3.7　「エクスポート」▷「『抽出語×文脈ベクトル』表」

コマンドの概要

　このコマンドは，抽出語のクラスター分析や布置（マッピング）を行うのに特に適した形のデータを作成・出力するためのコマンドである。このデータは，図 A.11 に示した形のデータを変形して得られるものであるが，変形のためには相応のプログラミングや手間が必要となるので，データ分析時の利便のためにこのコマンドを準備した。なお出力形式については CSV・SPSS・タブ区切り形式での出力が可能である。

　このコマンドによって出力されるデータとは，クラスター分析や布置を行う n 個の抽出語それぞれに関して，その語が使われている文脈をあらわすようなベクトルを作成したものである。語 i が用いられる文脈をあらわすベクトルを $\vec{c}_i$ とすると，出力されるデータは $\vec{c}_1$, $\vec{c}_2$, … $\vec{c}_i$, … $\vec{c}_n$ を行とする n 行の行列となる。この $\vec{c}_i$ の作成には，語$_1$〜語$_m$ までの m 個の抽出語を利用できる。語$_i$ が出現している文における 語$_j$ の平均出現数を e_j とすると，文単位で計算した 語$_i$ の「文脈ベクトル」 $\vec{b}_i$ は $(e_1, e_2, … e_j, … e_m)$ であらわされる。同様に段落単位で計算したものを $\vec{d}_i$，H5〜H1 単位で計算したものを $\vec{h}_{i5}$〜$\vec{h}_{i1}$ とすれば，$\vec{c}_i$ は次のようにあらわされる。

$$\vec{c}_i = \alpha_1 \vec{b}_i + \alpha_2 \vec{d}_i + \alpha_3 \vec{h}_{i5} + \alpha_4 \vec{h}_{i4} + \alpha_5 \vec{h}_{i3} + \alpha_6 \vec{h}_{i2} + \alpha_7 \vec{h}_{i1}$$

このとき，α_1〜α_7 は定数であり，自由な値を指定できる。以上より，出力されるデータ（図 A.14）は n 行 m 列の行列となり，ここで言う「抽出語が用いられる文脈をあらわすようなベクトル」とは，抽出語がほかにどんな語とともに使われているのかをあらわすベクトルとなる。

	A	B	C	D	E	F
1	抽出語（出現数）	cw: 先生	cw: 奥さん	cw: 自分	cw: お嬢さん	cw: 言葉
2	先生(597)	1.06227758	0.10676157	0.01779359	0.00000000	0.04092527
3	奥さん(388)	0.15968586	1.01570681	0.05759162	0.12565445	0.02879581
4	自分(264)	0.04149378	0.08713693	1.09543568	0.02074689	0.01659751
5	お嬢さん(168)	0.00000000	0.28915663	0.03012048	1.01204819	0.03012048
6	言葉(126)	0.19841270	0.08730159	0.03174603	0.03968254	1.00000000
7	前(163)	0.17283951	0.12962963	0.08641975	0.03086420	0.04320988

図 A.14　「抽出語×文脈ベクトル」表の一部（CSV 形式）

　このコマンドを用いずに，図 A.11 に示した形のデータをそのまま用いても，抽出語のクラスター分析や布置は行える。それに対して「文脈ベクトル」を用いる利点として，以下のようなことを挙げられる。第一に，あまりに多くの語を用いてクラスター分析や布置を行うと，語の視認が難しくなるため，利用できる語の数は多くても数百語となってしまう。ここで「文脈ベクトル」を用いれば，クラスター分析や布置を行う n 個とは別に，m 個の語を「文脈」の表現に用いることができる。よって，クラスター分析・布置を行えるのは頻出していた数百語（n 語）であっても，クラスター分析や布置を行う計算過程では，無制限の数の語（m 語），すなわち比較的出現数が小さい語の出現位置情報をも活用できる。一般に，出現数が小さい語ほど，特殊な語，あるいは特徴的な語であることが多いので，そういった語の出現パターン情報を利用できるのは重要な利点である。第二に，たとえばデータが新聞記事の場合であれば，次のような重み付けができる。複数の語が同じ記事の中で用いられる場合を 1 倍とすれば，同じ

段落の中で用いられる場合は 2 倍，同じ文の中で用いられる場合には 4 倍，それらの語が強い関連をもっていると見なす，というような指定ができる。こうした重み付けの指定は，上述の定数 $\alpha_1 \sim \alpha_7$ の指定によって行える。

　なお本書 4.2.2 節と 5.3.1 節では，このコマンドを使って作成したデータ表をもとに分析を行った。

オプション
抽出語の取捨選択　この部分では，クラスター分析や布置を行いたい抽出語 n 個を選択する。この部分では出現数や品詞名にもとづく語の取捨選択が可能であるとともに，「チェック」ボタンをクリックすることで，現時点の設定でいくつの語が選択されているかを確認できる。この部分の操作は「『文書×抽出語』表」（A.3.5 説）の場合とまったく同じである。

文脈ベクトルの計算に使用する語の取捨選択　この部分では，「文脈ベクトル」の作成時に利用する抽出語 m 個を選択する。上述の「抽出語の取捨選択」部分と同様に，出現数や品詞名にもとづく語の取捨選択が可能である。

集計単位と重み付けの設定　この部分では，どの集計単位で「文脈ベクトル」を計算するのかということと，上述の定数 $\alpha_1 \sim \alpha_7$ による重み付けの指定を行える。「文脈ベクトル」の計算を行いたい集計単位にチェックを入れればよく，当然，複数の集計単位にチェックを入れることができる。また定数 α については，初期値として 1 が入力されている部分に，任意の値を入力すればよい。

A.3.8　「エクスポート」▷「部分テキストの取り出し」

コマンドの概要
　分析を進める中では，データのある一部分に特に注目したくなることもあるだろう。たとえば，見出し部分だけに注目したり，特定の条件があてはまる文書・記事だけに注目したい場合があるだろう。このコマンドを使えば，そういったことを行うために，特定の条件にあてはまる文書だけを抽出し，別の新しいファイルに保存できる。この新しいファイルを KH Coder にプロジェクトとして登録すれば，注目したい部分だけを分析できる。

　このコマンドを呼び出すと，図 A.15 に示す画面が開く。この画面では，分析対象ファイルに含まれる見出しだけを取り出すこともできるし，特定の条件を満たす文書だけを取り出すこともできる。

オプション
見出しの取り出し　「見出し文だけを取り出す」というラジオボタンをクリックし，抽出したい見出しのレベルにチェックを入れればよい。たとえば図 A.2 に示した新聞記事の例では，この画面で「H3 見出し」にだけチェックを入れておけば，記事の見出しだけが抽出される。

文書の取り出し　特定の条件を満たす文書だけを取り出すためには，取り出したい文書だけにコードが与えられるようなコーディングルールをあらかじめ作成しておく必要がある。その上で，「特定のコードが与えられた文書だけを取り出す」というラジオボタンをクリックする。次にコーディングを行う単位を選択し，条件として指定するコーディングルールを選択する。この手順によって，選択したコードが付与された文書だけを抽出できる。

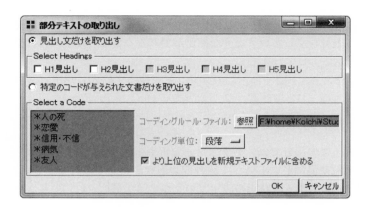

図 A.15 部分テキストの抽出

「より上位の見出しを新規テキストファイルに含める」というチェックボックスによって，上位の見出し，たとえば H3 単位での文書の取り出しを行った場合に，H1 見出しや H2 見出しを新しいテキストファイルに含めるかどうかを選択できる。

ここでプロジェクトに外部変数を読み込んでいる場合には，外部変数についても部分的に抽出する処理が行われ，その結果が「指定したファイル名_var.csv」という CSV ファイルに保存される。部分的に取り出した文書を新たなプロジェクトとして KH Coder で分析する際には，前処理を行ってから，この CSV ファイルを「外部変数ファイル」として読み込めばよい（A.8.1 節）。

A.3.9 「エクスポート」▷「HTML から CSV への変換」

コマンドの概要

文章型データの階層構造を扱えるという点で，H1 から H5 までのタグを使う KH Coder 用のデータフォーマットには利点があるが（A.2.1 節），この形のデータを扱える市販のソフトウェアは少ない。そこでこのコマンドを用いれば，好きな集計単位を 1 つの行（ケース）として，分析対象ファイルを CSV 形式に変換できる。このような変換を行えば，市販のテキストマイニング・ソフトウェアに容易にデータを投入できるだろう。

図 A.2 に示したように HTML マーキングを施した新聞記事データを，H3 単位（各記事）が 1 行となるように選択して，CSV 形式に変換した結果を図 A.16 に示す。図 A.16 では，A 列に H1 見出し（年），B 列に H2 見出し（月），C 列に H3 見出し（記事見出し），D 列に記事本文から改行を省いたテキストが入力されている。

A	B	C	D
99	12月	[ビジネス情報]個人メールに広告配信－－インターキュー	インターネット
99	12月	[特集]デジタルトレンド1999 新製品 インターネット専用「Webpc」	米デルコンピュ
99	12月	[特集ワイド2]若い母親とその母親世代の子育て比較 変質する母親像	東京都文京区
99	12月	システム統合、前倒し 競争激化に対応－－さくら・住銀、01年度から	さくら銀行と住
99	12月	[デジタリ庵]「ビーブル・ワールド」広報ディレクター・尾花紀子さん	◇ネット"新入
99	12月	＜インフォメーション＞音楽を愛する時間の共有	アラン・パーソン
99	12月	2000年狙い、またコンピューターウイルス－－米国	【ニューヨーク1

図 A.16 CSV 形式への変換例

A.3.10 「エクスポート」▷「KH Coder 形式（インポート可）」

コマンドの概要

このコマンドを実行すると，既存のプロジェクトに含まれるすべてのデータが，1 つのファイル内に保存される。また保存したファイルは，「インポート」▷「KH Coder 形式」（A.3.12節）コマンドによって KH Coder へプロジェクトとして取り込むことができる。したがって，エクスポートしたファイルをほかの PC にコピー・インポートすれば，ほかの PC で当該プロジェクトの分析をスムーズに継続できるだろう。

これらのコマンドを使わない場合，ほかの PC で同じデータの分析を行うには，プロジェクトの新規作成・前処理・外部変数の読み込み・各種の指定といった一連の操作を再度行う必要がある。こうした煩雑な操作を省力化するためにこの「エクスポート」コマンドを準備した。

内部処理

MySQL データベース内の全データを 1 つのテキストファイルに書き出している。このファイルに加えて，分析対象ファイルとプロジェクト情報を記入したファイルとを Zip 形式で圧縮して 1 つのファイルにまとめ，*.khc という拡張子を付して保存している。この処理には一定の時間を要するし，エクスポートされるファイルは，少なくとも分析対象ファイルの 10 倍程度のサイズになる。

A.3.11 「インポート」▷「フォルダ内の複数テキスト」

分析対象となるテキストデータが 1 つのファイル内にまとめてあることを前提として，KH Coder の各種機能は設計されている。そのため，たとえば 20 個の別々のファイルにデータが保存されていて，それぞれのファイルの特徴を調べたいというような場合には，20 個のファイルの内容を 1 つのファイルに結合する必要がある。この結合を自動的に行った上で新規プロジェクトを作成するために本コマンドを準備した（図 A.17）。

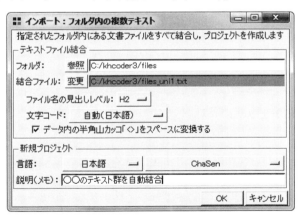

図 A.17 複数テキストファイルを結合してプロジェクト作成

図 A.17 の画面で指定したフォルダに含まれるすべてのテキストファイルと，対応しているオフィス文書ファイルとが（A.2.1 節），1 つのファイルに結合される。ただし Word ファイルについては結合されるが，Excel ファイルおよび CSV・TSV ファイルには対応していない。

この結合ファイルを保存する場所や，ファイル名も必要に応じて変更できる。ファイルを結合する際には，ファイル内容の区切りとして「`<H2>file:もとのファイル名</H2>`」という見出しが加えられる。この見出しがあるので，1つのファイルに結合してしまっても，別々の「文書」として KH Coder 上で扱うことができる。

　この結合ファイルを「分析対象ファイル」として，自動的に新しいプロジェクトが作成される。したがって，必要に応じてテキストの言語や「説明（メモ）」を設定するとよい。

　このコマンドでプロジェクトを作成すると，自動作成された見出し，すなわち「`file:もとのファイル名`」のような文字列が，「使用しない語」として自動的に設定される。また，同時に「強制抽出する語」としても指定される（A.4.3 節）。これによって見出し部分が，統計分析上は「存在しないもの」と見なされるようになり，文字数・語数のカウントに影響しなくなる。

A.3.12 「インポート」▷「KH Coder 形式」

　このコマンドを使用すれば，A.3.10 節で述べた「KH Coder 形式（インポート可）」のファイルを，KH Coder にプロジェクトとして取り込める。繰り返しになるが，同じデータの分析をほかの PC で継続したい場合に便利な機能である。なおインポート処理では，テキストファイルをもとにして再度 MySQL データベースの構築を行うので，非常に長い処理時間が必要になる。

A.3.13 「設定」

コマンドの概要

　このコマンドでは，KH Coder 全体の設定，すなわちすべてのプロジェクトに共通の設定を行うことができる。実際の設定内容については A.1.3 節を参照されたい。

内部処理

　KH Coder 全体の設定は，KH Coder をインストールしたフォルダの「`config/coder.ini`」というファイルに保存される。なお「`config/win.ini`」というファイルに KH Coder 各画面の位置やサイズなどが保存されており，KH Coder を終了した状態でこのファイルを削除すると，画面の位置を初期化できる。

A.4 「前処理」メニュー

A.4.1 「テキストのチェック」

コマンドの概要

　このコマンドを用いれば，分析対象ファイル内の文字化けしている部分を削除したり，長すぎる行を折り返したりといった修正を自動的に行うことができる。特にインターネットからデータを収集した場合，文字化けしている部分や，長すぎる行がデータ中に混入することが少なくない。そのようなデータを分析しようとすると，茶筌が解析を完了できずに異常終了してしまうことがあるので，このコマンドを用いて分析対象ファイルを修正するとよいだろう。なお，分析対象ファイルの制限事項について詳しくは A.2.1 節を参照されたい。このコマンドではほかにも，H1〜H5 タグの誤った使用（と推測される部分）や，H1〜H5 タグで括られた見出しが長すぎる場合についても警告を表示する。ただし，これらの問題点については自動修正ができない。このコマンドを実行して，分析対象ファイル内に何らかの問題点が見つかった場

合，図 A.18 に示すような画面が表示される。

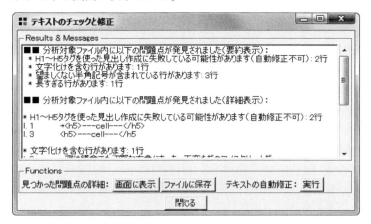

図 A.18 テキストのチェック結果

オプション

結果の詳細 当初は見つかった問題についての要約情報だけが表示されており，「画面に表示」ボタンをクリックすると詳細情報が表示される。問題が見つかった行の番号と，その行の最初の 60 字程度が表示される。「ファイルに保存」ボタンをクリックすることで，同じ内容をテキストファイルに保存することもできる。なお，後述の自動修正を実行して行の折り返しが行われた場合でも，ここでは修正前の行番号が表示される。よってこの場合には，表示される行番号と実際の行番号との間にずれが生じることに注意されたい。この場合に，自動修正されなかった問題がどの行に残っているのか，その行番号を正確に知るためには，いったん図 A.18 の画面を閉じて再度このコマンドを実行するとよい。

自動修正 図 A.18 の画面で「実行」ボタンをクリックすると自動修正が行われる。この際には自動的にバックアップ・ファイルが作成されるともに，そのファイル名が画面に表示される。通常，バックアップは「khc5_bak0.txt」のようなファイル名で，プロジェクトの一時ファイル置き場に保存される。ただし「khc5」の部分はそのプロジェクトのデータベース名となる（A.3.1 節）。

　自動修正の内容は以下のようなものである。まず，望ましくない半角文字として「'」「"」「¥」「<」「>」「|」および半角カタカナが全角に変換される。ただし，H1〜H5 タグで括られた正常な見出し行では，「<」「>」の変換は行われない。次に，文字化けしている部分が削除される。文字化けしているかどうかの判断は 1 文字単位で行われ，EUC-JP 文字コードによって定義されていない文字だけが削除される。そのため，文字化けしていても，文字コードによって定義されている別の文字に化けているという場合，その文字は削除されない。なおここでは機種依存文字や EUC-JP の 3 バイト文字も，文字化けと見なして削除される。自動修正ではほかにも，全角 4,000 字を超える長すぎる行が折り返される。長すぎる行が見つかった場合，KH Coder は半角または全角のスペース，ハイフン，ダッシュ，句読点などの記号の直後で行を折り返す。これらの記号が適当な位置に見つからない行に関しては，「自動修正不可」の行としてカウントされ，自動修正が行われない。

A.4.2　「前処理の実行」

コマンドの概要

　このコマンドを実行すると，分析対象ファイル内の文章から語が切り出されるとともに，その結果がデータベースとして整理される。これは分析の準備として必要な処理なので，プロジェクトの新規作成を行ったら，分析の前にこのコマンドを実行しなければならない。この前処理には数分〜数十分程度の時間がかかることがある。データサイズによっては数日を要する場合もある。

　なお日本語データを扱っている場合には，この処理の前に上述の「テキストのチェック」を実行しておくことが望ましい。また事前に「複合語の検出」（A.4.4 節）コマンドによって，強制的に 1 語として抽出すべき複合語がないかどうかを確認し，必要に応じて「語の取捨選択」画面（A.4.3 節）で強制抽出の指定を行っておくと，効率がよいかもしれない。

内部処理

　文章から語を切り出すために，内部で茶筌や MeCab などを利用した形態素解析を実行している。この形態素解析の結果に修正を加えたい場合には「語の取捨選択」（次節）および「形態素解析の結果を再読み込み」（A.9.3 節）コマンドを参照されたい。茶筌等の出力結果は，コーディングや検索などに適した形で MySQL データベースに格納される。この際に，データ格納のために作製される主なテーブルと，それらのテーブル間のリレーションを ER 図の形で図 A.19 に示す*12。またテーブル名と，各テーブルのフィールド名（カラム名）を表 A.8 に示す。これらの情報をもとに直接 MySQL データベースを操作すれば，A.8.2 節で後述するように，KH Coder にあらかじめ機能が用意されていないような検索・集計を自在に行える。

A.4.3　「語の取捨選択」

コマンドの概要

　文章から自動的に語を取り出すと，「利用者」という言葉が「利用」と「者」の 2 語に分かれてしまうというように，必ずしも意図通りの抽出が行われないことがある。また，新聞記事の掲載面が分析対象ファイルに入力されていると，検索・閲覧する時には各記事がどの面に掲載されていたのかがわかって便利だが，統計分析の時には掲載面の名称を言葉として扱うことは避けたいだろう。こういった状況に対処するためにこのコマンドを準備した。このコマンドを実行すると図 A.20 に示す画面が開く。

「品詞による語の選択」　ここで品詞名のチェックを外すと，その品詞名を与えられている語がすべて，分析の対象から除外される。分析の対象から除外された語は，抽出語リストや共起ネットワークから除外されるし，文書検索やコーディングにも利用できない。ただし，文書に含まれる語の数を数える際には，1 つの語として数えられている。

　もっとも，この部分の設定を変更する必要はあまりないだろう。個々の分析画面でも分析に使う品詞を選択できるので，通常は個々の分析を行う際に，分析機能の特徴や分析の目的に合わせて品詞を選択するとよいだろう。

---

*12　ER 図とは「Entity Relation Diagram」の略で，データベースの設計をあらわす図である。なお語順テーブルの文番号や H1 番号などの位置情報については，A.3.5 節を参照されたい。

表 A.8 主なテーブル名とフィールド名

品詞名（KH Coder）テーブル：khhinshi

フィールド	フィールド名	注記
ID	id	主キー
品詞名	name	

基本形テーブル：genkei

フィールド	フィールド名	注記
ID	id	主キー
基本形	name	
出現数	num	
未使用フラグ	nouse	
品詞名（KH Coder）ID	khhinshi_id	外部キー

表層語テーブル：hyoso

フィールド	フィールド名	注記
ID	id	主キー
表層語	name	
出現数	num	
長さ（文字数）	len	
基本形 ID	genkei_id	外部キー
品詞名（茶筌）ID	hinshi_id	外部キー
活用形 ID	katuyo_id	外部キー

語順テーブル：hyosobun

フィールド	フィールド名	注記
ID	id	主キー
表層語 ID	hyoso_id	外部キー
文番号	bun_id	
段落番号	dan_id	
H5 番号	h5_id	
H4 番号	h4_id	
H3 番号	h3_id	
H2 番号	h2_id	
H1 番号	h1_id	

品詞名（茶筌）テーブル：hinshi

フィールド	フィールド名	注記
ID	id	主キー
品詞名	name	

活用形テーブル：katuyo

フィールド	フィールド名	注記
ID	id	主キー
活用形	name	

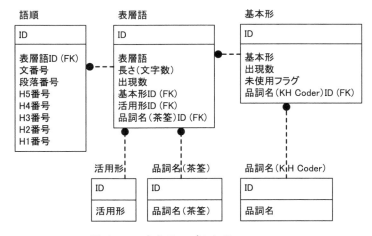

図 A.19 主なテーブルとリレーション

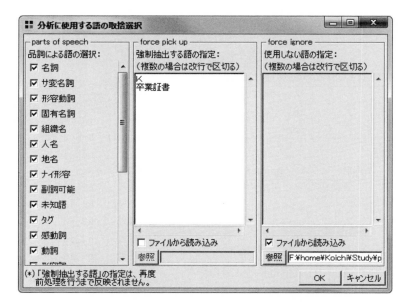

図 A.20　語の取捨選択画面

「強制抽出する語の指定」　この部分に入力された言葉は，強制的に 1 つの語として抽出され，「タグ」という特殊な品詞名が与えられる。分析に利用したい重要な言葉が，自動抽出ではうまく 1 つの語として抽出されないような場合に，この機能が特に有効であろう。なお，複数の言葉を入力する場合には，改行で言葉と言葉を句切る。Windows 版の KH Coder では，この欄にテキストファイルをドラッグ&ドロップすると，ファイルの内容をこの欄に自動的に入力できる。

　この欄に複数の言葉を入力した場合，上の方に入力した言葉ほど優先順位が高いものと KH Coder は認識する。特に，重複する部分がある言葉を複数入力する場合には，優先順位を考えなければならない。たとえばこの欄に「ネット利用」と「利用料金」の両方を入力していて，分析対象ファイル内に「インターネット利用料金は年々低下している」という表現があった場合を考えてみよう。「ネット利用」の方を上に入力していた場合は，「インター／ネット利用／料金」という分割になり，「利用料金」という語は抽出されない。逆に「利用料金」の方が上に入力してあれば，「インターネット／利用料金」という分割になり，「ネット利用」は抽出されない。

　なお KH Coder からプロジェクトを削除すると，この欄への入力内容は失われるので，入力内容を別途テキストファイルにバックアップしておくことが望ましい。また，必ずしもこの欄に入力しなくとも，「ファイルから読み込み」にチェックを入れることで，強制抽出する語をテキストファイルから読み込むこともできる。この場合は，前処理を実行するたびに，指定されたテキストファイルから語を読み込む。たとえば複数のプロジェクトで共通の設定を使用するような場合には，同じファイルを複数のプロジェクトで指定すれば便利だろう。ここで指定するファイルには，入力欄と同様の書式で強制抽出する語を入力すればよい。

「使用しない語の指定」　この部分に入力された語は，単に分析の対象から除外されるだけでなく，存在しないものと見なされる。すなわち，文書に含まれる語の数を数えるといった処理

の際にも無視される。ただし文書検索を行って特定の文書を表示するような場合には，ここで指定した語も文書の一部として表示される。

　仮に新聞記事データに付された「【社会面】」「【経済面】」といった記載を無視したい場合には，これらを「強制抽出」欄と「使用しない語」欄の両方に入力すればよい。というのも，こうした言葉は通常であれば「社会」と「面」のように分割されるからである。そこで，まず「強制抽出」欄に入力することで「【社会面】」という 1 つの語として認識されるようにする。その上で「使用しない語」の欄にも入力すれば，この「【社会面】」という語を統計分析上は存在しないものして扱えるようになる。

　Windows 版の KH Coder では，この欄にテキストファイルをドラッグ＆ドロップすると，ファイル内容をこの欄に自動的に入力できる。この入力欄の内容も，プロジェクト削除時には消失するので注意が必要である。また「強制抽出」欄と同様にテキストファイルからリストを読み込むようにも指定できる。

内部処理

　この部分で指定した内容はすべて MySQL データベース内に保存される。「品詞による語の選択」は「hselection.ifuse」に，「強制抽出する語の指定」は「dmark.name」に，使用しない語の指定は「genkei.nouse」に保存される。ここでは各設定が MySQL データベース内のどの場所に保存されるかを，「テーブル名. カラム名」の形式で示した。

A.4.4　「複合語の検出」▷「TermExtract を利用」

コマンドの概要

　たとえば「利用者」という言葉が「利用」と「者」の 2 語に分けて抽出される場合のように，KH Coder（茶筌）による語の切り出し方が細かすぎると感じる場合もあるだろう。そうした場合には，「利用者」という 1 つの語として切り出すように，前節で述べた「強制抽出」を行えばよい。だが「強制抽出」のためには，こういった細かすぎる分割がなされている語を見つけ出さなければならない。そこで，細かすぎるかもしれない分割，すなわち複数の語をつなげた「複合語」として抽出した方がよいかもしれない組み合わせを洗い出すために，このコマンドを準備した。自動処理による洗い出しなので，「パソコン通信利用者」のように通常ならば「パソコン通信」と「利用者」の 2 語に分けるべきであろうものが連結されてしまうこともある。だが，それぞれの複合語にはスコアが付与されており，このスコアが高い複合語に関しては納得できる連結であることが多い。

　このコマンドを実行すると，図 A.21 に示すような画面が開く。この画面で何も入力せずに「検索」をクリックすると，スコアの高い順に 1,000 個の複合語が表示される。また，「抽出語リスト」（A.5.1 節）と同様に文字列を入力しての AND・OR 検索や，「中間一致」「前方一致」「後方一致」「完全一致」などの条件による検索を行うことができる。「全複合語のリスト」をクリックすると，上位 1,000 に限らず，検出したすべての複合語のリストが作成される。このリストは CSV 形式でファイルに保存され，そのファイルが開く。Excel がインストールされた一般的な PC では，自動的に Excel が起動してリストが表示されるだろう。

　なお，このコマンドでは複合語の抽出のために，東京大学情報基盤センター図書館電子化部門・中川研究室にて公開されている，専門用語（キーワード）自動抽出システム「TermExtract」を使用している。TermExtract について詳しくは次の URL を参照されたい。

図 A.21　複合語の検出（TermExtract 利用）

http://gensen.dl.itc.u-tokyo.ac.jp

TermExtract の各種パラメーターについては，すべてデフォルトの値を用いている。また，TermExtract が抽出した専門用語（キーワード）のうち，複数の語が連結された複合語のみを本コマンドでは表示している。

内部処理

　このコマンドを実行すると，TermExtract による専門用語（キーワード）の抽出がまず行われる。そして，抽出された専門用語（キーワード）の中から複合語だけを取り出した上で，その語とスコアを MySQL データベースの「hukugo_te.name」と「hukugo_te.num」にそれぞれ保存する。またプロジェクトの一時ファイル置き場に「khc5_hlte.csv」といった名称の CSV ファイルが作成されて，同じ内容が保存される。ただし「khc5」の部分はそのプロジェクトのデータベース名となる（A.3.1 節）。以上のような複合語検出の処理を行うのは，最初にこのコマンドを実行した時のみで，それ以降は検出処理を行わずに最初の検出結果を表示している。ただし，分析対象ファイルのタイムスタンプが更新されている場合には，再度検出処理が実行される。

A.4.5　「複合語の検出」▷「茶筌を利用」

コマンドの概要

　上述の「複合語の検出」▷「TermExtract を利用」コマンドと同じ目的で用意したコマンドであり，画面操作もまったく同じである。異なっているのは，複合語の検出を行う際に TermExtract ではなく，茶筌の機能を利用している点だけである。基本的には，連続して出現している名詞がすべて連結され，複合語として検出される。

内部処理

　この処理を実行すると，まず複合語（複合名詞）を抽出するように茶筌の設定が変更され（A.2.3 節），次に形態素解析が行われる。そして複合語のリストが作成・表示される。この一連の処理が終了すれば，茶筌の設定は元に戻される。ここで作成された複合語のリストは

MySQL データベースの「hukugo」テーブルに保存される。また，プロジェクトの一時ファイル置き場に「khc5_hl.csv」といった名称の CSV ファイルが作成され，同じ内容が保存される。ただし「khc5」の部分はそのプロジェクトのデータベース名となる（A.3.1 節）。

A.4.6 「語の抽出結果を確認」

コマンドの概要

特定の文やフレーズから，どのように語が抽出されたのかを確認したい場合には，このコマンドが便利である。なお，データ全体から，どんな語が多く抽出されたのかを確認したい際には，抽出語のリストを閲覧したり，抽出語の検索を行うとよいだろう（A.5.1 節）。

(a) 検索と概要 　　　　　　　(b) 詳細

図 A.22 形態素解析結果の確認

このコマンドを実行すると図 A.22a に示すような画面が開くので，語の抽出結果を確認したいフレーズや文を入力して「検索」ボタンをクリックする。すると，入力したフレーズ（文字列）を含む文から，どのように語が抽出されているのかが「Result」欄に表示される。「Result」欄に表示された文を選択して「詳細表示」ボタンをクリックするか，あるいは表示された文をダブルクリックすれば，さらに詳しい情報が表示される（図 A.22b）。この詳細画面では，KH Coder が抽出語に与えた品詞名のほかに，茶筌が出力した品詞名や活用形名も表示される[*13]。図 A.22 の例では，「卒業証書」という原文が「卒業」と「証書」の 2 語に分けて抽出されたことがわかる。

内部処理

このコマンドでは，まず入力された文字列を含む文が検索され，次にその文からいかに語を切り出しているかが表示される。最初に文を検索する段階で，入力された文字列を含む文が 1,000 以上発見されても，最初の 1,000 文についてのみ，語の抽出結果を表示する仕様とした。

[*13] KH Coder の品詞名と形態素解析ソフトウェア（茶筌）が出力する品詞名の対応については，A.2.2 節を参照されたい。

A.5 「ツール」 ▷ 「抽出語」メニュー

A.5.1 「抽出語リスト」

コマンドの概要

KH Coder がテキストから抽出した語の一覧表を見たいときや，抽出語を検索したいときにはこのコマンドが便利である。このコマンドを選択すると図 A.23a に示す画面が開き，多く出現していた語の一覧を確認できる。この画面に表示されている頻度とは，それぞれの語がテキスト中に出現した回数（term frequency）のことである。また，この画面で語をクリックすると KWIC コンコーダンス画面が開き（A.5.5 節），その語がテキスト中でどのように使われていたかを一覧できる。ただ単にある語が多く出現しているというだけでは，情報として不十分な場合がある。その語が実際の文章中でどのように使用されているかを確認してはじめて，分析者に気づきをもたらすような，意味のある情報となる場合が少なくない。この観点から，KWIC コンコーダンスを表示する機能の積極的な利用を推奨したい。

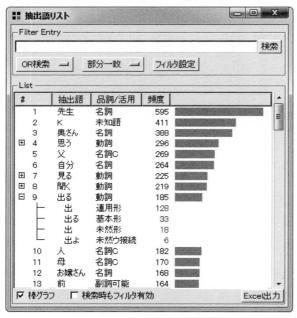

(a) リスト画面

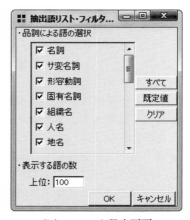

(b) フィルタ設定画面

図 A.23 抽出語リスト

オプション

フィルタ設定 特定の品詞の語だけをリスト画面に表示するよう選択できる。日本語データの場合デフォルトでは，どのような文章にでもあらわれることが多い一般的な語を省くために，「名詞 B」「動詞 B」「形容詞 B」「副詞 B」「否定助動詞」「形容詞（非自立）」を除外している。品詞名に B がつくのは，平仮名のみからなる語を集めた品詞であり，「する」「ある」「ない」のような一般的な語が多く含まれている。「フィルタ設定」ボタンをクリックすれば図 A.23b に示す画面が開くので，こうした品詞の選択を変更できる。たとえば動詞だけを一覧表示した

り，特定の漢字を含む動詞を検索するといったことを行える。ただしデフォルトの状態では，フィルタは抽出語を一覧表示するときにだけ有効で，抽出語を検索するときには無効となる。すなわち，検索を行った場合にはすべての品詞の語が検索結果として表示される。検索の際にも品詞によるフィルタリングを行いたい場合は，画面下部の「検索時もフィルタ有効」にチェックを入れる必要がある。

検　　索　図 A.23a の画面では特定の文字または文字列を含む語を検索できる。検索したい文字ないしは文字列を入力して「検索」ボタンをクリックするか，Enter キーを押せば，検索が実行される。複数の文字列を入力したい場合には，スペースで区切って入力すればよい。このスペースは全角・半角のどちらでもかまわない。

表 A.9　文字列検索の方法

方法名	具体的な検索の方法
部分一致	入力された文字列を含む語をすべて検索する
完全一致	入力された文字列に完全に一致する語だけを検索する
前方一致	入力された文字列ではじまる語を検索する
後方一致	入力された文字列で終わる語を検索する

　複数の文字列をスペースで区切って入力した場合には，AND 検索と OR 検索のいずれを行うかを選択できる。図 A.23a で「OR 検索」と表示されている部分をクリックすれば，AND 検索と OR 検索を切り替えられる。AND 検索とは入力された文字列すべてを含む語の検索であり，OR 検索とは入力された文字列のうちどれか 1 つでも含む語の検索である。また図 A.23a で「部分一致」と表示されている部分をクリックすれば，表 A.9 に示す 4 種類の検索方法の中から好きなものを選択できる。

活用のある語　KH Coder は活用のある語をすべて基本形に直して抽出するので，図 A.23a に表示されている頻度とは，すべての活用形で出現した回数を合計したものである。たとえば「出る」は合計 185 回出現しているが，そのうち 128 回は「出（て行った）」「出（て来た）」といった連用形での出現であった。語の左側の数値か「＋」記号をクリックすることで，こうした各活用形での出現回数が表示される。また「連用形」のような活用名をクリックすると，その活用形で出現している箇所だけが KWIC コンコーダンス画面（A.5.5 節）に一覧表示される。

A.5.2　「記述統計」▷「出現回数の分布」

コマンドの概要

　このコマンドによって，語の出現回数の度数分布表（図 A.24a）を作成・表示できる。ただし，このコマンドで集計されるのは分析の対象となっている語だけに限られる[*14]。よってこの度数分布表からは，(i) 何種類の語が分析対象となっているのか，(ii) それらの語の平均出現回数は何回か，(iii) 出現回数が何回以下の語を分析から省けば，扱う語の数を（たとえば）5,000 以下に減らせるのか，といったことを把握できるだろう。

　たとえば図 A.24a の場合であれば，5,486 種類の語が分析対象となっており，それらの語の平均出現回数は 6.56 回であること。また，1 回だけ出現した語が 2,574 種類あったことや，た

[*14] 分析対象として扱う語の取捨選択については A.4.3 節を参照されたい。

とえば 5 回以下しか出現していない語を切り捨てた場合，4,463 種類（約 81％）の語が分析対象外になるといったことがわかる。さらに「プロット」ボタンをクリックすると，度数分布表を折れ線グラフの形であらわしたプロットが表示される。

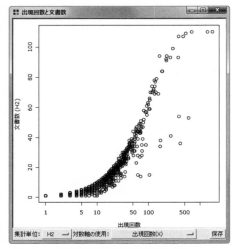

(a) 出現回数の度数分布表 　　　　　(b) 出現回数と文書数のプロット

図 A.24　抽出語の記述統計

A.5.3　「記述統計」▷「文書数の分布」

このコマンドを実行すると，それぞれの語がいくつの文書中に出現していたのかという数値「文書数」が集計され，その度数分布表が図 A.24a と同様に表示される。「出現回数の分布」コマンド（A.5.2 節）では，単にデータ全体を通じて語が何回出現していたかを集計していたのに対して，このコマンドでは，いくつの文書で語が使われていたのかを集計している。このコマンドではデータ中のどこからどこまでを 1 つの「文書」と見なすのかという集計単位（A.2.1節）を指定できる。

A.5.4　「記述統計」▷「出現回数×文書数のプロット」

コマンドの概要

このコマンドを用いれば，それぞれの語がデータ全体で何回出現していたのかという「出現回数」と，いくつの文書で使われていたのかという「文書数」との関連を確認できる。通常，出現回数と文書数の間には強い関連があり，文書数が多い語ほど出現回数も多くなる傾向がある。ただし，扱うデータによってこの関連の度合いは変化するので，必要に応じて確認しておくとよいだろう。また，語を用いた多変量解析を行う際に，出現回数で語を選ぶのかそれとも文書数で語を選ぶのか，あるいは両方を組み合わせる必要があるのかといったことを検討するためにも，このプロットが参考になるだろう。

このコマンドを実行すると図 A.24b に示すプロットが作成される。横軸（x 軸）が語の出現回数をあらわし，縦軸（y 軸）が語の文書数をあらわしている。この画面では，データ中のどこからどこまでを 1 つの「文書」と見なすのかという集計単位（A.2.1 節）を指定できる。また，デフォルトでは x 軸が対数目盛りで表示されるが，通常の目盛りに変更したり，x 軸・y

軸ともに対数目盛りに変更したりできる。

プロットの保存と活用

　図 A.24b の画面で「保存」ボタンをクリックすると，プロット画像を EMF・EPS・PDF・PNG・SVG・R Source 等の形式で保存することができる。ただしこのうち EMF 形式での保存は，Windows 版の KH Coder でのみ可能である。Word や PowerPoint 等へ貼り付けるには，Windows 上では SVG 形式を，Mac 上では PDF 形式を選ぶとよいだろう。これらの形式を選択すれば，画面表示においても印刷・PDF 変換においても，ギザギザにならない，きれいでなめらかな画像出力となる。

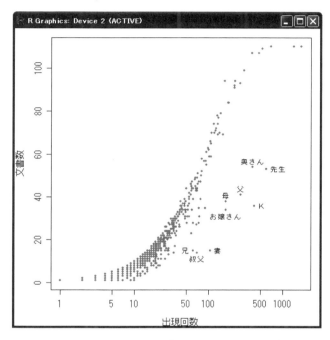

図 A.25　R を用いたプロットのカスタマイズ

　KH Coder は，統計解析とグラフィックスのための環境「R」を内部で利用することで，統計解析やプロットの作成を行っている。プロットを保存する際に「R Source」形式を選択すると，KH Coder が「R」に送ったプロット作成コマンドがそのまま保存される。したがって，保存したファイルを開いて R コマンドを見ることで，どのような統計処理・作図処理が行われたのかを確認できる。また，このコマンドを R で実行すれば，KH Coder が作成したのとまったく同じプロットを R 上で作成できる。さらに，コマンドの各種オプションを編集することで，プロットのカスタマイズを行うこともできる。この方法を使えば，KH Coder 上では指定できない統計オプションや描画オプションを自由に設定することができる。

　図 A.25 の例では，「出現回数×文書数」のプロット（図 A.24b）を保存したファイルを R 上で実行し，さらにコマンドを追加することでカスタマイズを行っている。ドットの色や形状を変えた上で，文書数が比較的少ないのに（すなわち比較的少ない数の章にしか出てきていないのに），出現回数が相対的に多い語を「identify」コマンドで特定している。この例ではチュートリアルでも扱った漱石『こころ』をデータとして用いており，『こころ』の主要な登場人物

が図 A.25 におおむね出そろっていることがわかる。

A.5.5 「KWIC コンコーダンス」

コマンドの概要

このコマンドを用いれば図 A.26 に示すような形で，分析対象ファイル内で抽出語がどのように用いられていたのかという文脈を探ることができる。この際，必要に応じて特定の品詞や，特定の活用形で出現しているものだけを検索できる。また，抽出語を指定せずに品詞や活用形だけを指定して検索を行うこともできる。ただしデータサイズが大きい場合には，たとえば「名詞」などと入力して検索を行うと，何万件もの検索結果が得られるので，処理に時間がかかる場合がある。一般に図 A.26 に示すような検索機能・検索結果のことを KWIC: Key Words in Context ないしはコンコーダンスとよぶ。

なお，検索結果が 200 を超える場合には 200 ごとに区切って表示されるので，この場合は「次 200」「前 200」ボタンをクリックすれば順に閲覧していくことができる。また，データ中に改行があった箇所には「↵」記号が表示され[*15]，CSV・Excel ファイルのセルの区切りには「◇」記号が表示される。これらの記号を変更したい場合には，「config」フォルダ内の設定ファイル「coder.ini」をテキストエディタで編集すればよい。

図 A.26 KWIC コンコーダンス

オプション

より広い文脈の表示 コンコーダンス画面（図 A.26）に表示されている部分よりも広い範囲の文脈を確認したい場合には，検索結果をダブルクリックするか，検索結果を選択して「文書表示」ボタンをクリックすれば，文書表示画面（A.6.1 節・図 A.42a）が開く。この画面に表

[*15] ただし H1〜H5 の HTML タグで括られた行，すなわち見出し行（A.2.1 節）の直後にある改行は表示されない。表示されるのは，段落間の区切りとなっている改行のみである。

示する文書の単位として，文・段落・H1〜H5 をコンコーダンス画面（図 A.26）の「表示単位：」の部分で選択できる[*16]。

ソート順　検索結果の表示順は次のように決定される。まずソート 1 で指定した条件によって並べ替えが行われ，その条件では同順となった部分はソート 2 で指定した条件によって並び替えられる。それでも同順となった部分は，さらにソート 3 で指定した条件によって並べ替えられる。なお，ソート 3 で指定された条件でも同順になった部分については出現順で表示される。

　指定できる条件には「出現順」「活用形」のほかに，「左 1」から「左 5」までと，「右 1」から「右 5」までがある。「出現順」を選択すると，検索対象の語が分析対象ファイル中で出現していた順に表示される。この場合は同順になる部分は生じないので，この条件を指定するとそれ以降の条件指定はできなくなる。「活用形」を選択すると，検索対象語の活用形の順に表示される。「左 1」とは検索対象語の左隣の語，すなわち直前の語による並べ替えのことである。同様に「左 2」とは，検索対象語の左 2 つ目の語，すなわち 2 つ前の語による並べ替えである。以下「左 5」まで同様であり，「右 1」から「右 5」までを選択すれば，直後の語から 5 つ後ろの語までを用いた並べ替えができる。これらの並べ替えは 50 音順ではなく，出現数の多いものから順に表示される。

　なお，これらのソート指定を変更しても，再度「検索」ボタンをクリックするまで並べ替えが実行されない点に注意されたい。

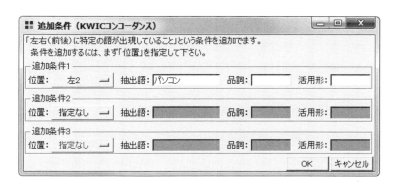

図 A.27　コンコーダンスの追加条件

追加条件　「直前ないしは直後に特定の語が出現していること」といった条件を追加して，コンコーダンス検索の結果を絞り込むことができる。コンコーダンス画面（図 A.26）の「追加条件」というボタンをクリックすると，図 A.27 に示す画面が開くので，この画面で条件を追加して「OK」をクリックする。その上で，コンコーダンス画面（図 A.26）で再度「検索」をクリックすれば，条件を追加しての検索が行われる。なお，何らかの追加条件を指定すると，コンコーダンス画面の「追加条件」ボタンが，「追加条件＊」のように変化する（末尾に「＊」が付与される）。条件を追加したことを忘れたまま，別の検索を新たに始めてしまうと，意図せずして結果が絞り込まれるので注意が必要である。

[*16] これらの文書の単位については A.2.1 節を参照されたい。また，H1〜H5 については，その単位でのマーキングがなされているものだけが選択肢として表示される。

　追加条件を指定する画面（図 A.27）では，最大で 3 つまで条件を追加できる。条件を追加するにはまず「位置」を指定する。位置の指定はコンコーダンス画面のソート順と同様であり，「左 1」は左隣すなわち直前の語をあらわし，「左 3」ならば 3 つ前の語をあらわす。また「右 1」は右隣すなわち直後の語をあらわし，「右 5」ならば 5 つ後の語という意味になる。このほかに，「左右 1–5」は直前または直後の 5 語以内という指定であり，「左 1–5」ならば直前の語から 5 つ前の語までという指定である。このように位置を指定してから，「抽出語」を指定する。さらに，その抽出語が「特定の品詞・活用形である場合のみ」というように条件を絞りたければ，「品詞」「活用形」を入力する。たとえば，「直後から 5 つ後までに『働く』という語が出現していること」という条件を追加する場合には，位置を「右 1–5」，抽出語を「働く」とすればよい。さらに，「働け」という仮定形の場合だけに絞り込みたい場合には，「活用形」欄に「仮定形」と入力すればよい。また必要に応じて，「抽出語」を指定せずに，「品詞」や「活用形」だけを指定することも可能である。たとえば「直後（右 1）に基本形の動詞が出現していること」といった条件の追加も行える。

検索結果の保存　コンコーダンス画面（図 A.26）の「保存」というボタンをクリックすると，画面に表示されている検索結果を保存することができる。検索結果が 200 を超えている場合，すなわち画面には検索結果の一部（200 件）だけが表示されている場合でも，画面に表示されている 200 件だけでなく，すべての検索結果が保存される。

	A	B	C	D	E	F	G	H	I	J	K	L
1	h1	h2	h3	h4	h5	dan	bun	bun-No.	mp-No.	L	C	R
2	0	1	10	16	2	1	5	9332	217349	る。会話に気を	使わ	なくていいし、だ
3	0	2	4	16	4	0	0	15373	357092	れはココに気を	使っ	て！[総合面]K/
4	0	3	3	20	1	2	3	30690	709074	だしなみに気を	使う	サラリーマン。な
5	0	4	3	7	1	10	3	44737	1024146	あちこちに気を	使て	、一つに整理る
6	0	4	5	4	2	16	3	47349	1082206	囲気作りに気を	使う	。ちなみに東京
7	0	4	5	21	3	1	4	48402	1105678	ない部分に気を	使わ	なければならない
8	0	5	3	9	3	2	2	62795	1421596	アッションに気を	使う	。カジュアルな服
9	0	6	3	3	1	6	6	76105	1709634	その確認に気を	使っ	ていると、突然前
10	0	7	8	13	2	5	2	97516	2178310	ね。上司に気を	使い	つつ、稼いだお

図 A.28　KWIC コンコーダンスの保存

　検索結果は図 A.28 に示すように CSV 形式で保存される。それぞれの検索結果の位置をあらわす列ないし変数が付与されており，「h1」～「bun」については，「『文書×抽出語』表」（A.3.5 節）に付与されるのと同じものである。「bun-No.」と「mp-No.」は，いずれも node word（図 A.28 の場合は「使う」という語）の位置をあらわすために付与された番号である。「bun-No.」は，分析対象ファイルの先頭から数えた文の番号である。「bun-No.」では H1～H5 タグで括られた見出しについても，1 つの文として数えている。次に「mp-No.」は分析対象ファイルの先頭から数えた抽出語の番号である。「mp-No.」では分析に使用しないように指定した語についても 1 つの語として数えている。

コロケーション統計　コンコーダンス検索を行っても，数千数万といった多くの結果が得られた場合，検索結果を一行一行確認していくことは容易ではない。そういった場合の一助として，コンコーダンス画面（図 A.26）の「集計」ボタンをクリックすると，コロケーション（collocation）統計が表示される。コロケーション統計の画面（図 A.29）を表示すれば，コンコーダンス検索を行った語（node word）の前後に，どんな語が多く出現していたかを容易に読み取ることができる。たとえば図 A.29 からは，「使う」という語（node word）の 2 つ前

(左 2) に 146 回, 2 つ後 (右 2) に 21 回「インターネット」という語が出現していたことがわかる。このほかにも「パソコン」「電話」「ソフト」といった語が,「使う」とともに多く用いられていたことがわかる。こうしたことがわかれば, 上述の「追加条件」を指定して, 2 つ前 (左 2) に「インターネット」という語が存在する検索結果だけを表示するといった手順で, さらに探索を進められるだろう。

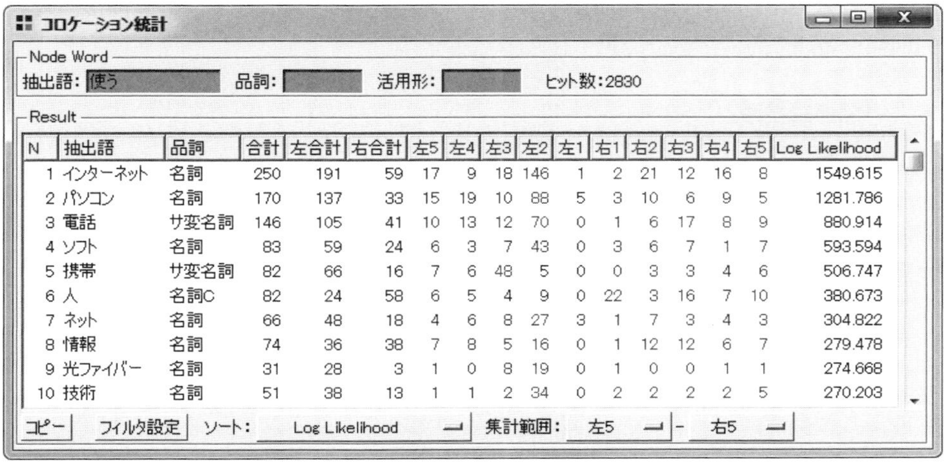

N	抽出語	品詞	合計	左合計	右合計	左5	左4	左3	左2	左1	右1	右2	右3	右4	右5	Log Likelihood
1	インターネット	名詞	250	191	59	17	9	18	146	1	2	21	12	16	8	1549.615
2	パソコン	名詞	170	137	33	15	19	10	88	5	3	10	6	9	5	1281.786
3	電話	サ変名詞	146	105	41	10	13	12	70	0	1	6	17	8	9	880.914
4	ソフト	名詞	83	59	24	6	3	7	43	0	3	6	7	1	7	593.594
5	携帯	サ変名詞	82	66	16	7	6	48	5	0	0	3	3	4	6	506.747
6	人	名詞C	82	24	58	6	5	4	9	0	22	3	16	7	10	380.673
7	ネット	名詞	66	48	18	4	6	8	27	3	1	7	3	4	3	304.822
8	情報	名詞	74	36	38	7	8	5	16	0	1	12	12	6	7	279.478
9	光ファイバー	名詞	31	28	3	1	0	8	19	0	1	0	0	1	1	274.668
10	技術	名詞	51	38	13	1	1	2	34	0	2	2	2	2	5	270.203

図 A.29 コロケーション統計

コロケーション統計にリストアップされる語には, node word と関連のある語が多いはずである。よって, 特定の語と関連する語を探すという目的でも, このコロケーション統計の画面を利用できるだろう。コロケーション統計にリストアップされるのは node word の前後 5 語以内に頻出した語であるから, 直接の係り受け関係をもつような語が多くリストアップされると考えられる。それに対して「関連語検索」(A.5.6 節) を用いれば, 直接の係り受け関係の有無にかかわらず, 同じ文書中に高い確率で出現するような語を探すことができるので, 適宜, 使い分けるとよいだろう。

このコロケーション統計の画面 (図 A.29) はコンコーダンス検索の画面と連動しているので, 新たなコンコーダンス検索を行うと, それに応じてコロケーション統計も更新される。

また, 前後に頻出した語の表示順は「ソート:」という部分で切り替えられる。たとえば「左 1」を選択すると, 直前 (左 1) に出現した回数が多い語から順に並べられる。デフォルトの表示順「スコア」とは, 次式の $f(w)$ によって算出されるものである。ただし特定の語 w が node word の直前に出現した回数を l_1, 2 つ前に出現した回数を l_2, 直後に出現した回数を r_1, 2 つ後に出現した回数を r_2 とする。

$$f(w) = \sum_{i=1}^{5} \frac{(l_i + r_i)}{i}$$

一般に $f(w)$ は, 特定の語 w が node word の前後に多く出現しているほど大きな値をとるが, i で除しているため, 直前または直後で出現した回数ほど重視される。5 つ前や 5 つ後に出現した回数は 5 で除された後に加算されるが, 直前・直後の出現回数はそのまま加算されるためである。

この「スコア」以外にも,「Mutual Information」「MI3」「T Score」「Z Score」「Jaccard」

「Dice」「Log Likelihood」などの尺度を使ったソートを行うことができる。「コロケーション統計」画面におけるこれらの尺度の計算は，「WordSmith Tools」（Scott 2001）に倣った近似的な方法で行っている。

最後に，「フィルタ設定」をクリックすると図 A.23b に似た画面が開き，表示する語を選択できる。特定の品詞の語だけを表示したり，全体での出現数が多い語だけを表示したりといったことができる。また「合計」列の値，すなわち node word の前後 5 語の範囲に出現した回数が何回以上の語のみ，という選択も行える。

A.5.6 「関連語検索」

コマンドの概要

このコマンドを用いれば，特定の語と強く関連しているのはどんな語か，あるいは，特定のコードと強く関連しているのはどんな語かを探索できる。コーディングルールではさまざまな条件を指定できるので，このコマンドの利用法にもさまざまなものが考えられる。たとえばデータが質問紙調査における自由回答項目の場合，「男性の回答であること」という条件をあらわすコードを作成すれば，「男性」と関連の強い語，すなわち男性の回答の中に特徴的にあらわれる語を洗い出すことができる。

もちろんこの関連はデータから推測されるものであり，基本的には条件付き確率の計算によって推測が行われる。すなわち，「特定の語が出現すること」「特定のコードが与えられること」といった条件が与えられた時に，そういった条件を満たす文書がまず検索され，それらの文書の中に特に高い確率で出現する語がリストアップされる。たとえば図 A.30 の場合であれば，「父」という語と関連の強い語，すなわち「父」という語を含む文書の中に特に高い確率で出現する語は，「母」「病気」「兄」などであることが読み取れる。

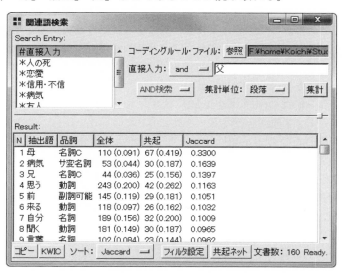

図 A.30 関連語検索

図 A.30 からわかるように，このコマンドでは単に関連の強い語をリストアップするだけでなく，次のような情報が併せて表示される。まず，指定した条件があてはまる文書の数が，「文書数：」の部分に表示される。そして「品詞」とはその語の品詞名であり，「全体」の列には分

析対象ファイル内でその語がいくつの文書に出現したのかという数と，その語が文書中に出現する確率（前提確率）が表示される。「共起」の列には，指定した条件にあてはまる文書の中で，その語がいくつの文書中に出現したのかという数が表示される。またカッコ内の数値は，指定の条件下で，その語が文書中に出現する確率（条件付き確率）である。最後に「Jaccard」の列には，結果の並べ替え（表示順の決定）に用いられた値が表示される。この列の表示内容については後述する。

オプション

検索の条件 「特定の語が出現していること」「特定のコードが付与されていること」といった検索のための条件を指定する方法については，文書検索画面（A.6.1 節）と共通である。コーディングルール・ファイルから読み込んだコードによる検索も行えるし，「＃直接入力」コードを選択すれば，検索したい語を直接入力することもできる。また，検索と集計を行う際に，どこからどこまでを 1 つの文書と見なすのかという単位についても，同様に指定することができる。

結果の表示順 特定の語やコードが出現している文書中に，特に高い確率で出現した語をリストアップする際，それらの語の表示順として「共起」「確率差」「確率比」「Jaccard」「Dice」「Ochiai」「Log Likelihood」の 7 種類を現在は選択できる。これらの表示順は，図 A.30 で「Jaccard」と表示されている部分をクリックすることで切り替えられる。

　「確率差」とは前提確率と条件付き確率の差であり，「確率比」とは条件付き確率を前提確率で除したものである。いずれも，検索の条件にあてはまる文書群の中で計算した出現確率（条件付き確率）が，全体での出現確率（前提確率）よりもどの程度大きくなっているかを示す値である。これらの指標の特性上，「確率差」を用いると文書数が大きい，すなわち多くの文書の中に出現するような，ある程度一般的な語が多くリストアップされる。それに対して「確率比」を用いると文書数が小さい特殊な語が多くリストアップされる傾向がある。「Jaccard」「Ochiai」などは，2 値変数間の関連を測定するための類似性測度の名称である。最後に「共起」とは，単に条件付き確率のことである。

　なお，ここでどの表示順を選択しても，条件付き確率が前提確率よりも高くなっていない語はリストアップされない。データ全体における出現確率と同等以下の確率でしか出現していない語は，関連の強い語を検索する，もしくは特徴的な語を検索するというこのコマンドの主旨にそぐわないためである。ただし「フィルタ設定」ボタンをクリックして，「条件付き確率が同等ないし低下する語も表示」にチェックを入れれば，条件付き確率の方が高くなっていない語も表示される。

品詞と出現文書数によるフィルタリング 「フィルタ設定」ボタンをクリックすることで，図A.23b に似た画面が開くので，たとえば形容詞だけを結果として表示するといった結果のフィルタリングを行える。また一定以上の数の文書中に出現している語だけを結果として表示することもできる。この画面で何も変更しなければ，デフォルトの設定として「名詞 B」「動詞 B」「形容詞 B」「副詞 B」「否定助動詞」「形容詞（非自立）」が結果から除外される。

共起ネットワーク 「共起ネット」ボタンをクリックすると，リストアップされた語を用いて共起ネットワーク（図 A.31）を描くことができる。図 A.31 は，関連が特に強い語同士を線で結んだものであり，検索の条件として用いた語を 2 重の正方形で囲んでいる。この機能を用いることで，図 A.31 のように特定の語と関連が強い語のネットワークを描いたり，あるいは外

部変数を利用することで「女性の回答に特徴的な語のネットワーク」を描くこともできる。

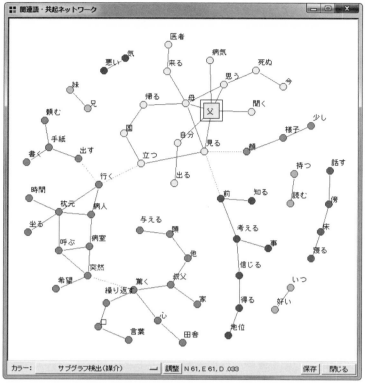

図 A.31　「父」と関連が強い語の共起ネットワーク

　なお，語と語の関連の強さは，検索条件にあてはまった文書のみを用いて計算している。図A.30 と図 A.31 の例では，「父」という語を含む 160 の文書だけを使って，語と語の関連の強さを計算している。また「女性の回答に特徴的な語のネットワーク」を描く場合には，女性の回答だけを使って，語と語の関連を計算する。したがって，単に女性の回答に特徴的な語を描画するだけでなく，女性の回答内で見られる強い関連を，語と語を結ぶ線として描画することになる。

　このように，特定の語を描画に使う点と，検索の条件にあてはまる文書のみを使って関連の強さを計算する点を除けば，この図の作成は「共起ネットワーク」コマンド（A.5.10 節）と同じ方法で行われている。また図 A.31 の画面で「調整」ボタンをクリックすれば，「共起ネットワーク」コマンドと同様のオプション指定を行える。

A.5.7　「対応分析」

コマンドの概要

　抽出語を用いた対応分析を行い，その結果を 2 次元の散布図に示すコマンドである。このコマンドは，データをいくつかの部分に分けて，それぞれの部分ごとの特徴を見るのに適している。たとえば漱石『こころ』を用いたチュートリアルでは，外部変数を使ってデータを上・中・下という 3 つの部分に分割し，それぞれの部分の特徴を見るのに対応分析を用いた。データが質問紙調査における自由回答項目であれば，たとえば 20 代・30 代・40 代・50 代といっ

た回答者の年代を外部変数として入力できるだろう。そうすれば対応分析によって，それぞれの年代に特徴的な語を探索できる。また，これらの年代がお互いに近くにプロットされたかどうかを見ることで，どの年代とどの年代の回答内容が似通っていたのかを同時に探索できる。外部変数（A.8.1 節）のほかに，見出しを使ってデータを区切ることもできる（A.2.1 節）。

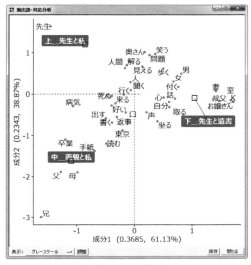

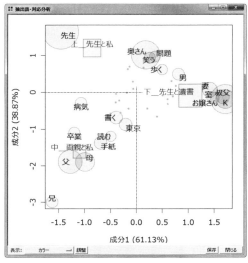

(a) 白黒印刷向け	(b) バブルプロット

図 A.32 対応分析の結果

なお，このコマンドの実行時に KH Coder が出力するのは，図 A.32 に示すような 2 次元の散布図と，各成分の固有値一覧（コンソール画面）のみである。たとえば多数の成分について特徴を詳しく見たい場合に，これらの出力だけでは不十分と感じるようであれば，WordMiner（大隅・Lebart 2000）を併用すると便利だろう。「不定長 CSV」形式でデータを出力すれば WordMiner との連携が可能である（A.3.5 節）。

オプション
分析に用いる語の選択　あまりに多くの語を分析に用いると，計算に長い時間を要する場合があるし，搭載メモリの容量によってはエラーが発生して計算を完了できない場合もある。また 2 次元の散布図にあまりに多くの語を布置すると，散布図が真っ黒に埋まってしまい，文字を読み取れなくなる場合がある。したがって基本的には，語の取捨選択を行うことで，分析に用いる語の数を減らす必要がある。オプション画面（図 A.33）の左側では，出現数・文書数・品詞名という 3 つの基準で語の取捨選択を行うことができる。こうした取捨選択によって，いくつの語が選択されているのかを，「チェック」ボタンをクリックすることで随時確認できる。

なお，「出現数」とは語がデータ全体を通して出現した回数のことであり，「文書数」とは語がいくつの文書中に出現していたかを数えたものである。これらを指定することで，ごくわずかな回数しか出現していない語を省いたり，逆にあまりに文書数が多い語を省いたりといったことが行える。ごくわずかな回数しか出現していない語は統計的な分析には利用しにくいし，逆にあまりに文書数が多い語は一般的で分析に利用しにくい語であることが多い。よって，多くの場合，これらの語を省いておいた方が分析を行いやすいだろう。

この設定画面を開いた直後のデフォルトの状態では，「名詞 B」「動詞 B」「形容詞 B」「副詞

B」「否定助動詞」「形容詞（非自立）」などの品詞が除外されている。また，分析に使用する語の数が 75 前後になるような，きりのよい数値（5 の倍数）が「最小出現数」として自動入力されている。分析の目的に応じて，このデフォルト設定を編集するとよいだろう。

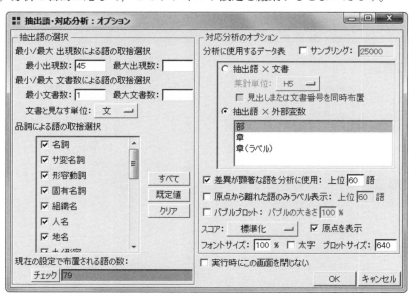

図 A.33 対応分析のオプション

分析に使用するデータ表 対応分析の出発点となるデータ表の種類は，「抽出語×文書」と「抽出語×外部変数」の 2 種類から選択できる。

分析対象のテキストファイルが H1〜H5 までの見出し（A.2.1 節）によって区切られていて，それぞれの部分でどんな語が多く出現しているか見たい場合は，「抽出語×文書」を選択する。そして「見出しまたは文書番号を同時布置」にチェックを入れるとよい。この場合は，データ全体を数個から 10 個程度の部分に分割した単位を「集計単位」として選択することが望ましい。100 や 200 といった数の見出し（または文書番号）を同時布置しても，読み取るのは難しいからである。たとえば漱石『こころ』の 3 つのパート（上・中・下）が H1 見出しで区切られていて，各パートの特徴を見たいという場合は，こうした選択が適している。

この場合に対応分析の入力データとなるのは，「『文書×抽出語』表」（A.3.5 節）そのものである。これは表 A.10a に示すように，各文書ごとに，それぞれの語が何回出現したかをまとめた表である。たとえば 1 つ目のパートすなわち「文書 1（上）」では「先生」という語が 510 回出現しているのに対して，2 つ目のパートでは 85 回，3 つ目のパートでは 1 回しか出現していないといった情報が，表 A.10a にまとめられている。

次に，外部変数を用いた探索を行う場合には，「抽出語×外部変数」を選択した上で，どの変数を用いるのか選択する。この場合には外部変数の値ごとに，それぞれの語が何回出現したかをまとめた表が作成され，対応分析に用いられる。たとえば表 A.10b に示すような表が作成される。この表では，「文書×抽出語」表と同様に，選択した抽出語が列の側（表頭）に並んでいる。ただし「文書×抽出語」表とは異なり，行の側（表側）には選択した外部変数の値が並ぶ。表 A.10b の場合，「検索」という語について見ると，外部変数の値が「中学卒」である文書中では 40 回，「高校卒」では 80 回，「大学卒」では 135 回出現したといった情報がまと

められている。なおこのコマンドでは，外部変数の値が「欠損値」「MISSING」「.」のいずれかであれば，その値を欠損値として扱う。値ラベルが付与されている場合，値ラベルがこれらのうちいずれかであれば欠損値として扱う。

表 A.10 対応分析に入力するデータ

(a) 抽出語×文書			
	「先生」	「奥さん」	「父」
文書 1（上）	510	183	48
文書 2（中）	85	7	186
文書 3（下）	1	198	35

(b) 抽出語×外部変数			
	「検索」	「入手」	「買物」
中学卒	40	55	120
高校卒	80	60	82
大学卒	135	75	45

　ここで，たとえば「学歴」と「性別」のように複数の外部変数を選択した場合には，行の側（表側）に「中学卒」「高校卒」「大学卒」「男性」「女性」といった複数の外部変数の値が並ぶ。したがってプロットにも「中学卒」「高校卒」「大学卒」「男性」「女性」などの値が布置される。このように複数の変数を同じ分析の中に含めることで，抽出語と学歴，抽出語と性別というように，抽出語とそれぞれの変数との関連を同時的に探索できる。

ランダム・サンプリング　KH Coder は対応分析のような統計分析を行う際に，内部で統計ソフトウェアの R を使用している。R は全データをメモリ上に読み出して分析を行うので，データが大きい場合にはメモリが不足してエラーが発生し，分析を行えない場合がある。たとえば 64GB のメモリを搭載した PC で 75 語を分析に用いる場合，文書数が 125 万を超えると，メモリが不足することがある。この問題を回避するために，ランダム・サンプリングによって，R に送るデータを縮小する機能を KH Coder に備えた。この機能では，R に送る「抽出語×文書」表の文書側をランダムに間引く形で，すなわち表 A.10a の行をランダムに間引く形でデータを縮小する。抽出語（列）については，間引かずに，そのまま R に送信している。

　この機能を使用するにはオプション画面（図 A.33）の右上で「サンプリング」にチェックを入れて，どの程度まで文書数を減らすかという数値を入力すればよい。そうすれば KH Coder は，入力された数値に近い数になるよう，文書の間引きを行う。ただし，ここでのランダム・サンプリングには擬似乱数を用いており，擬似乱数のシードは固定している。これによって同じ文書数を入力した場合には，ランダム・サンプリングによって同じ文書群が選択され，同じ分析結果が得られるようにした。

「調整」可能なオプション　上記のほかにも，出現回数の多い語ほど大きい円で描画するかどうか，すなわちバブルプロット（図 A.32b）にするかどうかを選択できる。バブルプロットにおける変数・見出しの大きさは，それぞれの変数値や見出しを付与された文書に含まれる全語数を反映している。バブルプロットを作成する際には，図 A.32b に示すように「半透明の色」を使ってバブルを塗りつぶすことができる。バブルに色を塗ると大小の感覚をつかみやすいし，半透明の色を使うとバブルが重なっている箇所でも視認しやすい。ただし，EPS 形式や EMF 形式で保存する際には半透明の色を使用できないので，塗りつぶしを行っていないプロットが保存される。バブルプロットでは，たとえば語の出現数が 100 であればバブルはこの大きさになるといった「見本」が凡例として表示される。この凡例のなかで，どの出現数の「見本」を示すかということも，出現数を手入力することで設定できる。

　また対応分析では，これといって特徴のない語が原点付近に密集することが多い。こうした語を分析から除外するために「差異が顕著な語を分析に使用」するオプションを準備した。こ

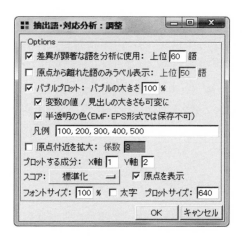

図 A.34 対応分析の調整

のオプションを有効にすると，入力データ表で出現割合が大きく変化している語を分析に使用するようになる。出現割合の変化の大きさは χ^2 値で測定している。また，別のオプションとして「原点から離れた語のみラベル表示」も準備した。こちらのオプションでは語を分析から省くのではなく，ラベル表示だけを省略することで，見やすい散布図を作成できるようにした。さらに別の方法として「原点付近を拡大」することも可能である。

　そのほか，抽出した成分のうち何番目のものをそれぞれ x 軸・y 軸に用いるかということや，フォントの大きさ・プロットサイズ等を指定できる。図 A.32 のように，点線を引くことで原点の位置を示すかどうかも選択できる。さらに，スコアの標準化方式を「標準化」「対称」「対称バイプロット」の 3 種類から選択できる。従来の KH Coder が採用してきたのはデフォルトの「標準化」で，この方式では R の corresp 関数が出力する標準座標をそのまま使用する。そして縦横比（aspect ratio）を 1 対 1 に固定せずにプロットを行う。したがってこの方式では，縦横ともに，プロット領域いっぱいに結果を拡大して表示することになる。スペースをより有効に使用できるので，語やコードのラベルを表示しやすいという利点がある。多くの語のラベルを表示したい場合が多い計量テキスト分析では，この利点は重要であろう。一方で，伝統的に利用されてきた対称マップ（symmetric map）と呼ばれるプロットを作成したい場合には「対称」を選択すればよい。この方式が SAS JMP のデフォルトである。また「対称バイプロット」とは SPSS のデフォルトとなっている方式である。これらの方式について詳しくは M. J. Greenacre（2017＝2020）を参照されたい。

　以上のオプション群については，いったん分析を行った後も，分析結果の画面（図 A.32）で「調整」ボタンをクリックすれば再度設定（図 A.34）を行える。なお一部のオプションについては，当初のオプション画面（図 A.33）には表示されず，この調整画面（図 A.34）にのみ表示される。いったん分析を実行して結果を見てから，必要に応じて「調整」ボタンをクリックし，細かなオプションの微調整を行うとよいだろう。

表　示　分析結果の画面（図 A.32）左下に，「表示」と書かれた部分がある。この部分をクリックして「グレースケール」を選択すると，図 A.32a に示すような，カラー表示のかわりに四角形の枠囲みで強調を行ったモノクロ印刷向きのプロットが得られる。また「変数のみ」を選択すると，抽出語のラベルを表示せずに，変数の値または文書番号のラベルのみを表示する。数百を超える多数の語を分析に使用する場合には，語のラベルを表示すると画面が黒く埋

まってしまうので，この表示方法を選択するとよいだろう。

結果の保存　分析結果の画面（図 A.32）で「保存」ボタンをクリックすると，得られた 2 次元の散布図を保存できる。保存の際には EMF，EPS，PDF，PNG，R，SVG などの形式を選ぶことができる。これらの形式の使い分けや保存後の活用例について詳しくは A.5.4 節「プロットの保存と活用」の項（p. 167）を参照されたい。対応分析では，上述の画像形式・R 形式だけでなく，分析結果を CSV 形式でも保存できる。この機能を使えば，任意のグラフ作成ソフトや統計ソフトで CSV ファイルを開き，プロットを作り直すことで見栄えをカスタマイズできる。

A.5.8　「多次元尺度構成法」

コマンドの概要

　抽出語を用いて多次元尺度構成法（MDS）を行い，結果を 1 次元から 3 次元までの散布図に示すコマンドである。このコマンドは，たとえば同じ段落によく一緒に出現する語の組み合わせ，すなわち共起する語の組み合わせを探るのに適している。言葉を換えれば，出現パターンが似通っているのはどの語とどの語なのかを探索できる。もちろん 2 語の組み合わせに限らず，共起する語のグループを探せば，そこからデータ中に多くあらわれたテーマないしはトピックを読み取れるだろう。基本的には，散布図で近くに布置された語ほど，データ中でよく共起していた，あるいは出現パターンが似通っていたと解釈できる。

　ここで分析に用いるのは，「『文書×抽出語』表」（A.3.5 節）である。ただし，分析の実行時に距離が 0 となる語の組み合わせがあった場合，自動的にそのうち片方の語が分析から除外され，その旨のメッセージが表示される。また分析を実行すると，収束するまでの過程がコンソール画面にテキスト出力される。

オプション

集計単位　この分析では集計単位（A.2.1 節）の選択が重要になる。というのも，語と語の出現パターンが似通っているかどうかを分析する場合，「それらの語が同じ『文書』中によく出現しているかどうか」という情報が，分析の基礎となるからである。どこからどこまでを 1 つの文書と見なすのかという集計単位の選択によって，分析結果が大きく左右される。ここでは，それぞれの段落を「文書」として扱うのか，それとも，それぞれの章や記事といった単位を「文書」として扱うのかを，慎重に検討する必要があるだろう。仮にここで段落を選べば，段落単位の集計が行われ，同じ段落の中によく一緒に出現する語同士が，「出現パターンが似ている」と評価される。また仮に記事単位の集計を行うと，同じ記事の中によく一緒に出現する語同士が，「出現パターンが似ている」と評価される。

方　　法　計量多次元尺度構成法 (Classical)，Kruskal の非計量多次元尺度構成法 (Kruskal)，Sammon の非線形マップ (Sammon)，SMACOF: Scaling by MAjorizing a COmplicated Function の 4 種類から選ぶことができる。この 4 つの中で最も広く利用されてきたのはおそらく Kruskal であろうが，近年では SMACOF の評価が高い (Borg et al. 2013)。Sammon では近い位置に語が密集するのを避けるような重み付けがなされているので，Kruskal や SMACOF を使うと語があまりに密集して読み取りにくいような場合に試してみるとよいだろう。

　方法として Kruskal または SMACOF を選択した場合には，「ランダムスタートを繰り返し

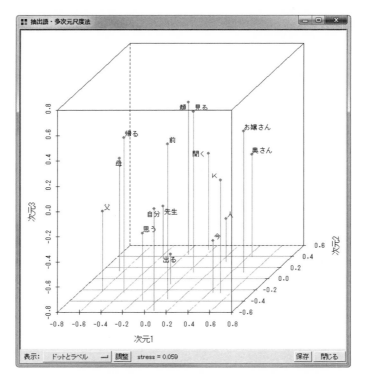

図 A.35 多次元尺度構成法の 3 次元解

てより良い解を探す」というオプションを利用できる。このオプションを有効にすると，通常であれば数秒で結果が出るデータであっても，計算に 10 分以上の時間を要する場合があるので注意されたい。このオプションを使うと，計量多次元尺度構成法（Classical）の結果を初期値とした解析のほかに，乱数を初期値とした解析を 1,000 回繰り返して，最も優れた結果を採用する。これによって局所的な最適化にとどまってしまうケースを減らし，より良い解を探索しうる。

距　　離　スパースなデータ，すなわち 1 つの文書に含まれる語の数が少なく，それぞれの語が一部の文書にしか含まれていないようなデータでは，語と語の関連を見るために Jaccard 係数を使用するとよいだろう。Jaccard 係数は語が共起しているかどうかを重視する係数であり，1 つの文書の中に語が 1 回出現した場合も 10 回出現した場合も単に「出現あり」と見なして，語と語の共起をカウントする。また Jaccard 係数には，語 A と語 B のどちらも出現していない文書が多数あったとしても，それによって AB 間の係数が大きくならないという特徴がある。語 A 語 B のどちらも含まない文書があるからといって，AB 間の関連が強いとは見なさないというこの特徴は，スパースなデータの分析に適しているだろう（Romesburg 1984＝1992）。

　それに対して 1 つひとつの文書が長く，各文書中での語の出現回数の大小が重要になる場合は，コサイン係数またはユークリッド距離を用いるとよいだろう。これらを選択した場合，文書中における語の出現回数（粗頻度）をそのまま使うのではなく，1,000 語あたりの出現回数に調整したもの（調整頻度）を計算に使用する。文書の長さのばらつきに左右されない形で計算を行うためである。また特にユークリッド距離を選択した場合には，距離の計算に先だっ

て，それぞれの語ごとに出現回数（調整頻度）が標準化される。これは語が多く出現しているか少なく出現しているかにもとづいてではなく，出現パターンにもとづいて，語と語との距離を計算するためである。

クラスター化と色分け 50 から 100 といった多くの語を用いて多次元尺度構成法を行うと，結果として得られたプロットの解釈が難しくなる場合がある。そこでプロットを解釈する助けとして，語のクラスター分析を行い，結果を色分けによって示す機能を備えた。ただしこの機能を利用できるのは 1 次元または 2 次元の解をプロットする場合のみで，3 次元解のプロットでは色分けを行えない。

　オプション画面で「隣接クラスター」にチェックを入れて実行すると，多次元尺度構成法によって得られたスコアにもとづいて，すなわちプロットの座標にもとづいてクラスター分析が行われる。手法はユークリッド距離による Ward 法である。この場合にはプロット上で近くに布置された語が，同じクラスターに分類される。よって多次元尺度構成法の結果を解釈するための補助として，このクラスター分析の結果を利用できるだろう。このようなクラスター分析の利用法は，W. M. K. Trochim が提案した Concept Mapping と共通するもので（Trochim 1989; Jackson & Trochim 2002），データ中のグループ構造ないしカテゴリー構造が未知の場合には探索に役立つとされている（Afifi & Clark 1996）。

　「隣接クラスター」にチェックを入れない場合には，多次元尺度構成法に利用されたのと同じ距離行列がそのままクラスター分析（Ward 法）にも利用される。この場合には，必ずしも隣接した語が同じクラスターに分類されるとは限らず，「飛び地」が生じる。このオプションでは，多次元尺度構成法とクラスター分析という別々の方法をデータに適用し，その結果の違いを見比べられる。これによってデータへの理解を深められる場合があるだろう。「離散的構造を用いるクラスター分析法と，多次元空間という連続的構造を用いる MDS とを，同一データの分析に併用することで，データに潜んでいる情報を相異なる側面からとりだすことができる」（岡太 2002: 169）からである。

共通の操作 あまりに多くの語を布置すると散布図が真っ黒に埋まってしまうので，A.5.7 節で述べた対応分析の場合と同じ方法で，抽出語の取捨選択を行う必要がある。また対応分析と同様に，「方法」「距離」「次元」「バブルプロット」「クラスター化と色分け」「フォントサイズ」「プロットサイズ」等のオプションについては，いったん分析を行った後も，「調整」ボタンをクリックして再度設定を行うことができる。なおクラスター化と色分けに加えてバブルプロットについても，1 次元および 2 次元の解をもとめる場合にのみ利用可能であり，3 次元解のプロットでは利用できない。分析結果のプロットを保存する操作についても対応分析と共通している（A.5.4 節）。このコマンドでは通常の画像形式・R 形式だけでなく，分析結果を CSV 形式でも保存できる。この機能を使えば，任意のグラフ作成ソフトや統計ソフトで CSV ファイルを開き，プロットを再作成することで，見栄えをカスタマイズできる。

A.5.9 「階層的クラスター分析」

コマンドの概要

　このコマンドを用いれば，出現パターンの似通った語の組み合わせにはどんなものがあったのかを，階層的クラスター分析から探索できる。もちろん 2 語の組み合わせに限らず，出現パターンの似通った語のグループを探せば，そこからデータ中に多くあらわれたテーマないしはトピックを読み取れるだろう。分析結果として図 A.36a に示すようなデンドログラム（樹状

図）が作成される。多次元尺度構成法（A.5.8 節）よりも情報量が小さく，そのため解釈しやすい場合が多い。なお，ここで分析に用いるのは「『文書×抽出語』表」（A.3.5 節）である。

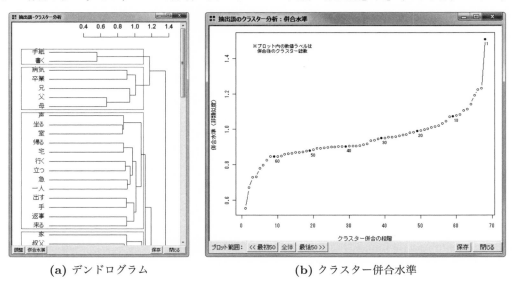

(a) デンドログラム　　　　　　　(b) クラスター併合水準

図 A.36　階層的クラスター分析

オプション

固有のオプション　オプション画面で任意のクラスター数を入力すると，全体を指定した数のクラスターに分割できる。分割の結果はデンドログラムの色分けによって示すか，あるいは分割結果を示す四角形をデンドログラム上に描画することができる（図 A.36a）。クラスター化法については Ward 法，群平均法，最遠隣法の 3 種類から選択できる。なお色分けを行った場合にデンドログラムの左側に加わる棒グラフは，それぞれの語の出現回数をあらわしている。

　また分析結果の画面（図 A.36a）で「併合水準」をクリックすると，図 A.36b に示すプロット画面が開く。このプロットから，クラスター併合時の距離係数の変化を読み取ることで，クラスター数を決定する際の参考にしたり，併合過程を詳しく検討できるだろう。なおクラスター数のデフォルト値としては語数の平方根を用いており，これはまったく便宜的な値である。併合過程全体の様子を見るためのプロットと，変化が大きい最初と最後の部分に焦点をあてたプロットとを，図 A.36b 左下のボタンで切り替えることができる。

共通の操作　ほかの分析画面と共通する操作として，距離係数を多次元尺度構成法（A.5.8 節）の場合と同様に選ぶことができる。また，あまりに多くの語を分析に用いると結果の確認が難しくなるので，対応分析（A.5.7 節）の場合と同様に，抽出語を選択する必要があるだろう。集計単位についても，多次元尺度構成法の場合と同様，慎重に設定しなければならない。「方法」「距離」「クラスター数」「フォントサイズ」「プロットサイズ」等のオプションについては，いったん分析を行った後も，「調整」ボタンをクリックして再度設定を行える。分析結果のプロットを保存する操作についても共通している（A.5.4 節）。

A.5.10 「共起ネットワーク」

コマンドの概要

このコマンドを用いれば，出現パターンの似通った語，すなわち共起の程度が強い語を線で結んだネットワーク（図 A.37a）を描くことができる。線でつながっていることがそのまま語と語の共起を示すので，多くの人にとって理解しやすい可視化と言えるだろう。もちろん線でつながった 2 語の組み合わせに限らず，出現パターンの似通った語のグループを探せば，そこからデータ中に多くあらわれたテーマないしはトピックを読み取れる。このようにネットワークを描いて探索する方法は，内容分析の分野では早くから用いられており（Osgood 1959），ネットワーク分析の指標を活用することも提案されている（Danowski 1993）。

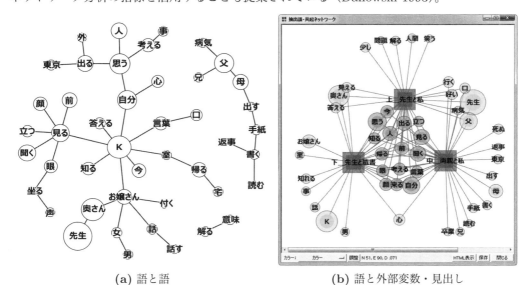

| (a) 語と語 | (b) 語と外部変数・見出し |

図 A.37 共起ネットワーク

以上のようなテキスト全体における共起を探るだけでなく，このコマンドを使えばテキストの部分ごとの特徴を見つけることもできる。第一に，テキストのそれぞれの部分に特徴的な語を見つけるには，語と語ではなく，語と外部変数・見出しの関係を描けばよい*17。たとえば図A.37b では漱石『こころ』の上・中・下という 3 つの部をあらわす変数と，頻出語との共起を線として描いており，それぞれの部の特徴語を読み取れる。第二に，詳しくは「共起パターンの変化を探る」オプションの項で後述するように，データ中の特定の部分で多く見られる特徴的な共起を見つけることもできる。使われる文脈が異なっていれば，すなわち共起する語が異なっていれば，たとえ同じ語であってもその意味は異なるかもしれない。「共起パターンの変化を探る」オプションは，そうした変化を探るために開発した可視化の方式である。

このコマンドでは語の配置を決めるために，語と語のネットワークを描く際には T. M. J. Fruchterman & E. M. Reingold（1991）の方法を，語と外部変数・見出しのネットワークを

---

*17 語と外部変数の共起ネットワークを作成する際，外部変数の値が「欠損値」「MISSING」「.」のいずれかであれば，その値を欠損値として扱う。値ラベルが付与されている場合，値ラベルがこれらのうちいずれかであれば欠損値として扱う。

描く際には T. Kamada & S. Kawai（1988）の方法を用いている。これらの方法は，ネットワークを見やすく配置するための方法である。したがって，多次元尺度構成法とは異なり，単に語がお互いに近くに布置されているというだけでは，それらの語の間に強い共起関係があることを意味しない。重要なのは線で結ばれているかどうかであって，近くに布置されているだけで線で結ばれていなければ，強い共起関係はない点に注意が必要である。なお，このコマンドで共起関係の測定を行うために用いているのは，「『文書×抽出語』表」（A.3.5 節）である。

オプション

描画する共起関係（edge）の絞り込み 共起関係をすべて線（edge）として描くと，画面が線で埋まってしまうことが多いので，描画する共起関係を一部の強いものに絞らなければならない。分析時を始めるときには，たとえば上位 50 から 60 程度の，ごく一部の強い共起関係だけを線として描画するとよいだろう。その結果を見て様子がつかめれば，描画する共起関係を増やしていく，すなわち比較的弱い共起関係も描画に含めていくという手順をとると探索を進めやすいだろう。

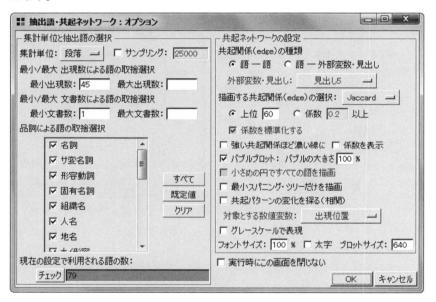

図 A.38 共起ネットワークのオプション

KH Coder は分析対象となった語のすべての組み合わせについて，共起関係の強弱を測るために Jaccard 係数を算出する。Jaccard 係数以外にも，オプション画面（図 A.38）でコサイン係数・ユークリッド距離を選択できるが，ここではデフォルトの Jaccard 係数を選択したまま分析を行ったものとして説明を続ける。図 A.38 の「描画する共起関係（edge）の選択」部分で，オプションとして「上位」を選ぶと，Jaccard 係数の大きい順に指定した数の共起関係が選択・描画される。あるいはオプションとして「係数」を選ぶと，指定の値以上の Jaccard 係数をもつ共起関係がすべて選択・描画される。分析対象に含まれている語であっても，こうした選択の結果，描くべき共起関係がなかった語（node）については，グラフに描画されない。

ただし図 A.37b のような語と外部変数・見出しのネットワークを作成する場合，KH Coder は描画する共起関係を選択する際に，追加的な調整を行っている。というのも単純に係数が大

きい共起関係を選択すると、一部の変数値だけに共起関係が集中する場合があるからだ。たとえば図 A.37b では漱石『こころ』の上・中・下それぞれの部をあらわす変数を使用し、それぞれの部に特徴的な語を探索している。しかし単純に係数が大きい共起関係を選択するだけでは、「上__先生と私」だけに多くの語がつながり、中・下にはほとんど語がつながらないといったことが起こりうる。こうなると、中・下の特徴語や内容を読み取ることができなくなってしまう。そこで追加的な調整によって、上・中・下の 3 つすべてにおおむね同数の語がつながるように、すなわち、すべての変数値におおむね同数の語がつながるようにしている。こうした調整を行いたくない場合には、オプション画面（図 A.38）で「係数の標準化」のチェックを外せばよい。

以上のような選択の結果として、いくつの語（node）や共起関係（edge）が描かれているのかという情報が、分析結果画面（図 A.37b）の下部に表示されている。「N 51, E 90, D .071」のように表示されているが、これはそれぞれ描画されている語（node）の数が 51、線（edge）として描画されている共起関係の数が 90、社会ネットワーク分析で言う密度（density）が .071 であったことを示す。密度とは、実際に描かれている共起関係の数を、存在しうる共起関係（edge）の数で除したものである。また、この表示の上にマウスカーソルを 1 秒程度止めておくと、「nodes 51 (71), Edges 90 (206), Density .071, Min. Coef .225」というように、さらに詳しい情報表示がポップアップする。カッコ内の数値は、入力データ中に含まれていた語（node）や共起関係（edge）の数を示している。強い共起関係だけを選択することで、描画する情報を大幅に省略していることが読み取れるだろう。Min. Coef については、グラフに描画されている中で、最も弱い共起関係の Jaccard 係数の値である。Jaccard 係数がこの値以上の共起関係だけが選択され、グラフに描画されていることを示している。

共起の程度をあらわす方法 図 A.38 に示すオプション画面の右側で「強い共起関係ほど濃い線に」にチェックを入れると、Jaccard 係数で測定した共起の程度に応じて、共起関係をあらわす線（edge）の濃淡が変化するようになる。またオプション画面（図 A.38）で「係数を表示」にチェックを入れると、Jaccard 係数がそれぞれの線（edge）上に表示される。線（edge）が密集する部分ではこの数字を読み取ることが難しくなるが、後述の「最小スパニング・ツリーだけを描画」するオプションを併用すれば、読み取りやすい配置になることが多い。

出現数と語（node）の大きさ 図 A.38 に示すオプション画面の右側で「バブルプロット」にチェックを入れると、語の出現数に応じて、それぞれの語（node）をあらわす円のサイズが変化する。厳密に述べると、語の出現数と円の面積が比例するようになる。

次に「すべての語を小さめの円で描画」にチェックを入れると、図 A.31 に示すようにすべての円のサイズが小さくなり、語のラベルは円の右上に表示されるようになる。円を大きく描画した方が色の違いを見分けやすいのだが、一部の線が円の後ろに隠れて見えにくくなる場合がある。このトレードオフのどちらを重視するかということや、分析者の好みなどに応じてこのオプションを利用するとよいだろう。

中心性とサブグラフ検出 語と語のネットワーク（図 A.37a）を表示する画面では、「カラー：」と表示されている部分のプルダウンメニューで、語（node）の色分け方法を以下の 6 種類から選択できる。最初の 3 つは社会ネットワーク分析で言う「中心性」による色分けであり、それぞれの語がネットワーク構造の中でどの程度中心的な役割を果たしているかを示すものと考えてよいだろう。黄色よりも青色の方が、中心性が高いことを示す。中心性の種類としては、

「媒介中心性」「次数中心性」「固有ベクトル中心性（ボナチッチ中心性）」に対応している。それぞれの中心性の意味合いについては，社会ネットワーク分析の教科書が参考になるだろう（たとえば 安田 2001; 鈴木 2017）。

　次の 3 つは，比較的強くお互いに結びついている部分を自動的に検出してグループ分けを行い，その結果を色分けによって示す「サブグラフ検出」である[*18]。検出の手法としては，共起関係（edge）の媒介性にもとづく M. Newman & M. Girvan (2004) の方法，"modularity" にもとづく A. Clauset et al. (2004) による方法，random walks による P. Pons & M. Latapy (2005) の方法を選ぶことができる。これらの色分けにおいて，色のついていない語は，ほかの語とサブグラフを形成していない単独の語である。また，同じサブグラフに含まれる語は実線で結ばれるのに対して，互いに異なるサブグラフに含まれる語は破線で結ばれる。

　上述の中心性にせよサブグラフ検出にせよ，あくまで機械的な処理の結果であるから，色分けには必ず重要な意味があるはずだと考えて深読みをするのではなく，グラフを解釈する際の補助として利用することが穏当であろう。なお上記 6 種類に加えて，色分けをまったく行わない白黒印刷向けの出力を選ぶこともできる。ただし，分析を実行した直後に選択できるのは上記 6 種類のうち一部のみであり，6 種類すべてを選択可能にするには，以下の操作が必要である。分析結果の画面で「調整」ボタンをクリックし，「追加的なプロットを作成」オプションを有効にして「OK」をクリックすればよい。

最小スパニング・ツリー　語と語を結ぶ線（edge）が多くなった場合には，どの edge が重要かを示す手がかりがあった方がプロットを解釈しやすい場合がある。そこで解釈の参考のために，最小スパニング・ツリー（minimum spanning tree）の一部かどうかという観点から，重要と見られる edge を選んで強調するオプションを準備した。具体的には，オプション画面（図 A.38）で「最小スパニング・ツリーだけを描画」にチェックを入れると，ほかの edge を省略したシンプルなネットワークを描くことができる。この場合には，いったん選択された共起関係（edge）を使ってネットワークを作成した後，最小スパニング・ツリー以外の edge を消去するという処理が実行される。したがって，オプション画面で指定した edge の描画数よりも，実際に描画される edge の数は少なくなる。オプション画面（図 A.38）には表示されていないが，分析結果の画面で「調整」ボタンをクリックすると，「最小スパニング・ツリーの強調表示」を選択することもできる。

ラベルが重ならないように調整　共起ネットワーク上で，近くの語のラベル同士が重なって読み取りにくくなってしまう場合がある。オプション画面（図 A.38）で「ラベルが重ならないように位置を調整する」を選択すると，そうしたことが起こらないよう微調整を行う。この微調整には R の wordcloud パッケージに含まれる wordlayout 関数を利用している。この関数の動きを見ていると，基本的には小さな移動で重なりを避けるようだが，語が密集しているような場合には大胆に大きく語を移動することもある。本オプション使用時にはこの点に留意されたい。

配置をマウス操作で動かせる HTML 表示　分析結果の画面で「HTML 表示」ボタンをクリックすると，マウスによるドラッグ操作で語（node）の配置を動かしたり，ホイール回転

[*18] この「比較的強くお互いに結びついている部分」のことを，グラフ理論の分野では「コミュニティ」とよぶ。もっとも社会学の分野ではコミュニティという語には特別な意味があるので，KH Coder 上での表記は「サブグラフ」とした。

で拡大縮小できる形式の共起ネットワークが表示される。共起ネットワークを使ってプレゼンテーションを行う際には，こうした操作を行えた方が便利な場合があるだろう。この形式で共起ネットワークを保存するためには，「保存」ボタンをクリックしてから「ファイルの種類」として「Interactive HTML」を選択して保存すればよい。残念ながら現在のところ，この形式では語（node）をあらわす円の大きさは固定であり，後述する「共起パターンの変化を探る」オプションにも対応していない。なおこの表示では D3.js（https://d3js.org）の Force Layout 機能を使用している。KH Coder による配置とまったく同一ではないが，語（node）がお互いに反発するという基本的な配置の決め方は共通している。語をドラッグした後のネットワーク全体の動きを見ることで，どのように配置が決まるのかを理解できるだろう。

共通の操作　あまりに多くの語を用いると図が埋まってしまうので，A.5.7 節で述べた対応分析の場合と同じ方法で，抽出語の取捨選択を行う必要があるだろう。集計単位についても，多次元尺度構成法の場合と同様に，慎重に設定しなければならない。「描画する共起関係（edge）の選択」「強い共起関係ほど濃い線に」「バブルプロット」「フォントサイズ」「プロットサイズ」等のオプションについては，いったん分析を行った後も，「調整」ボタンをクリックして再度設定を行うことができる。なお一部のオプションについては当初の設定画面（図 A.38）には表示されず，「調整」画面にのみ表示される。分析結果のプロットを保存する操作についても共通している（A.5.4 節）。このコマンドでは通常の画像形式・R 形式だけでなく，分析結果を GraphML 形式および Pajek 形式でも保存できる。これらの形式で保存すれば，たとえば CytoScape・Gephi・Pajek のような，ネットワークの分析・描画を行うための専門ソフトウェアで共起ネットワークを利用できる。

「共起パターンの変化を探る（相関）」オプションについて
共起語の変化と意味の変化　このオプションを有効にすると，データ中のどの部分で共起が多く生じていたのかを，色分けによって可視化できる。この機能を用いれば，語 A と語 B の共起がデータ全体を通して生じていたのか，データ中の特定の部分でのみ生じていたのかを容易に探索できる。データ中の特定の部分に多く出現する特徴的な語を探るだけにとどまらず，特徴的な共起を探るのがこの機能である。たとえばアンケートの自由記述の場合，年配の回答者では「タバコ」という語と「吸う」「場所」が共起するのに対して，若年の回答者では「タバコ」と「我慢」が共起しているかもしれない。すなわち同じ「タバコ」という語であっても，回答者の年齢が違えば，共起する語が変化している可能性がある。たとえばこうした形で，共起する語の組み合わせが，どのように変化しているかを探索できる。

　共起語の変化は，言葉の意味の変化を示唆する点で重要である。同じ言葉であっても，使われ方が変化すればその意味も大きく変化しうる。そして言葉の使われ方の変化は，共起の変化という形で統計的に捉えられる。たとえば同じ「タバコ」という語であっても，共起する語が「楽しむ」と「我慢」とでは，あらわす意味内容は大きく変化しうる。こうした変化を自動的に可視化して探索しようというのがこの機能のねらいである。この機能によって，若者と高齢者とでは使う言葉が違うというだけでなく，同じ言葉でもその意味が違っていることがわかれば，データへの理解がいっそう深まるだろう[19]。

　なお，この機能によって直接的に可視化できるのは，もちろん言葉の使われ方の変化，すな

---

[19] この機能を備えるにあたっては，川端亮先生（大阪大学大学院人間科学研究科教授）にご示唆を賜った（川端 2021）。

わち共起する語の変化だけである。したがって，その変化をもとに分析者が意味の変化を推論する必要がある。とはいえ，元のテキストを適宜参照しつつ，こうした推論を行うことは決して難しくないだろう。

機能の使い方と事例 この機能を使うためには，共起ネットワークのオプション画面（図 A.38）右側で「共起パターンの変化を探る（相関）」にチェックを入れればよい。さらにこのチェックボックスの下にあるプルダウンメニューで，相関を計算する対象を選択する。ここで「出現位置」を選択した場合，データの前方で多く共起している語のペアは青色の線（edge）で結ばれ，データ後方で多く共起している語のペアは赤色の線（edge）で結ばれる。なおオプション画面で「グレースケールで表現」にチェックを入れた場合，図 A.39 に示すように，前方での共起は白色で，後方での共起は黒色で描画される。

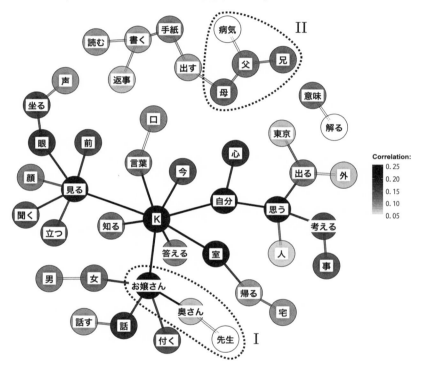

図 A.39 共起パターンの変化を探る可視化

図 A.39 は漱石『こころ』データを用いて分析を行った結果である。図 A.39 の I の部分を見ると，「奥さん」につながっている 2 本の線（edge）の色が大きく異なっている。ここから，物語が進むとともに，「奥さん」という語の使われ方が変化したことがわかる。「奥さん」は白色の線（edge）で「先生」とつながっているのに対して，黒色の線（edge）で「お嬢さん」とつながっている。ここから物語の前半で「奥さん」は「先生」と共起しているのに対して，後半では「お嬢さん」と共起していることがわかる。物語の内容を確認すると，前半で「先生」と共起する「奥さん」は「先生」の配偶者であるが，物語後半で「お嬢さん」と共起する「奥さん」は「お嬢さん」の母である。この 2 人は同じ「奥さん」という語で表現されているが，まったくの別人であった。以上のように，同じ言葉であっても場所によって使われ方が変化していること，ひいては言葉の意味が変化していることを探索できる。

「奥さん」ほど極端な変化でなくとも，読み取れることは多い。たとえば図 A.39 の II の部分で「父」とつながっている語を見てみよう。「病気」が比較的薄い色の線でつながっているのに対して，「母」「兄」は比較的濃い色の線でつながっている。ここから「父」は当初「病気」と関連づけて語られていたが，物語が進むとともに「母」や「兄」とともに語られるようになったとわかる。こうした点も，分析を行う中で，テキストデータについて新たな発見を得るきっかけとなりうる。

漱石『こころ』のような物語やライフヒストリーのようなデータであれば，図 A.39 のように出現位置との相関を可視化して，物語の進行にともなう変化を見ることが有効だろう。一方でアンケート自由記述のようなデータであれば，たとえば年齢や収入のような外部変数との相関を可視化すれば，年齢による共起の変化や，収入による共起の変化を探索できる。オプション画面（図 A.38）のプルダウンメニューでは，「出現位置」以外にも外部変数（A.8.1 節）を選択できるので，適当な変数を選択して分析を行うとよいだろう。ただし，この機能で利用できるのは，数値が入力されている外部変数だけである。したがって男女の違いを見たいというような場合には，男性の場合は「0」，女性の場合は「1」というように，数値を入力した変数を準備しなければならない。

計算とカラー表示の詳細　共起をあらわす線（edge）の色を決めるために，次のように相関係数の計算を行っている。たとえば「先生」と「奥さん」の共起が生じていれば「1」，なければ「0」という数値を各文書ごとに入力した 2 値変数を作成する。次に，この 2 値変数と出現位置の相関係数を計算している。出現位置とは 1 つ目の文書に「1」，2 つ目の文書に「2」というように順番に番号を振った数値のことである。この相関係数にもとづいて，「先生」と「奥さん」を結ぶ線（edge）の色を決定している。仮に共起がデータの前方に偏っている場合，出現位置の値が小さい文書で，共起の有無をあらわす 2 値変数が「1」になりがちである。そして出現位置の値が大きい文書では「0」になりがちである。この場合には相関係数はマイナスの値をとる。仮に共起がデータの後方に偏っていればまったく逆の結果になる。こうした計算を，共起する語の組み合わせすべてについて同様に行っている。

相関係数は −1.0 から 1.0 までの値をとりうるが，常にこの範囲の変化を色で表現するよう固定するのではなく，実際の値にあわせて範囲を調整している。たとえば，計算によって得られた相関係数が −0.3 から 0.7 までの範囲にあった場合，色で変化をあらわす範囲も自動的に −0.3 から 0.7 までになる。色の変化によって，どの範囲の値を表現しているかということは，右側の凡例を見ればわかる。たとえば図 A.39 の場合，約 0.05 から約 0.30 までの範囲の変化を，白から黒へという色の変化で表現している。

分析結果の画面（図 A.37b）で「調整」ボタンをクリックして，「相関のカラースケール」部分で「最小」「最大」の値を指定すれば，色で表現する範囲を手動で調節することもできる。特にグレースケールで表現する場合には，必ずしも色の変化を読み取りやすいとはいえない場合がある。たとえば −0.3 から 0.7 までの変化を色で表現すると，0.5 と 0.7 の違いは区別しにくいかもしれない。こうした場合には，色で変化をあらわす範囲をたとえば 0.4 から 0.7 までに設定すれば，0.5 と 0.7 の違いを読み取りやすくなるだろう。物語終盤の変化を詳しく見たいときには，こうした設定を行うとよいだろう。この場合，0.4 よりも小さい相関係数の線（edge）はすべて 0.4 と同じ色，すなわち白色で表示される。

この機能の主なねらいは，線（edge）の色によって共起の出現位置を表現することだが，抽出語をあらわす円（node）についても同様に色付けしている。図 A.39 の場合であれば，語が

出現していたかどうかを示す2値変数と，出現位置との相関係数を計算して円（node）の色を決めている。ただし，色で表現する値の範囲を決める際には，線（edge）の相関係数だけを用いている。というのも，共起関係をあらわす線（edge）よりも，個々の語をあらわす円（node）の方が相関係数の絶対値が大きくなりがちである。このため，円（node）に範囲をあわせてしまうと線（edge）の色の変化が分かりにくくなってしまう。これを避けるために線（edge）の相関係数に範囲をあわせている。この範囲におさまらない相関係数をもつ円（node）の色は，範囲の最小値ないしは最大値と同じ色になる。

A.5.11 「自己組織化マップ」

コマンドの概要

このコマンドでは自己組織化マップを作成することで語と語の関連を探索できる。もちろん2語の組み合わせに限らず，出現パターンの似通った語のグループを探せば，そこからデータ中に多くあらわれたテーマないしはトピックを読み取れるだろう。ここで自己組織化マップの学習に用いているのは，「『文書×抽出語』表」（A.3.5節）である。ただし自己組織化マップ作成過程ではユークリッド距離を利用しているので，多次元尺度構成法（A.5.8節）でユークリッド距離を計算する場合と同様に，語ごとの標準化を行っている。なおデフォルトの設定では，自己組織化マップの作成に非常に長い学習時間を要するので注意が必要である。Core i7 CPU を搭載した PC では，約70語×110文書で5分，約70語×1,200文書で64分程度を要した。

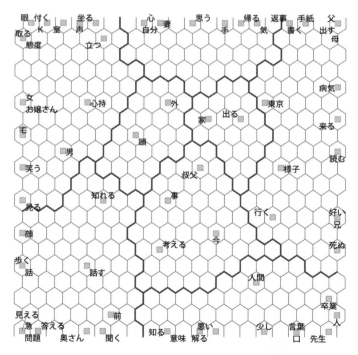

図 A.40 自己組織化マップ

オプション

1 辺のノード数　マップの大きさを指定するオプションであり，デフォルトの値として 20 が入力されている。このまま実行すれば縦 20 ノード・横 20 ノード，したがって全体で 400 ノードからなるマップが作成される。ノード数を増やすと，学習に要する時間も劇的に長くなるので，この部分の設定は 20 から 30 程度以下に抑えるのが現実的であろう。

学習回数　自己組織化マップの学習は，大まかな順序づけを行う段階（ordering phase）と，微調整を行う収束段階（convergence phase）の 2 段階で行われる。デフォルトの学習回数は 1 段階目が 1,000，2 段階目が「Auto」となっている。「Auto」のままにしておくと，マップ全体のノード数を 500 倍した数値が，2 段階目の学習回数となる。こうしたデフォルトの値については T. Kohonen（2001: 112）の記述をもとに設定した。

ノードのクラスター化　ノードをクラスター化して，色分けしたり境界線を描いたりすることで，自己組織化マップを解釈するための助けとする機能である。各ノードがもつベクトル（コードブック・ベクトル）を Ward 法で分類しているので，多くの場合，1 つのクラスターに分類されるのは隣接したノード群となる。すなわち，クラスターに「飛び地」が生じることはまれである。

描画の形状　自己組織化マップの作成・学習時には 6 角形のノードを使用しており，これを 4 角形に変更することはできない。ただしマップを描画する際には，図 A.40 のように 6 角形を継ぎ目なしに並べて表示するか，4 角形を行ごとに 0.5 個分横にずらして描画するかを選択できる。これは単に外観だけの違いである。

カ ラ ー　自己組織化マップの表示画面ではいくつかの種類のカラー表示を切り替えられる。ノードのクラスター化を行った場合は，クラスターごとにノードを色分けした「クラスター」を選択することができる。またクラスター化の有無にかかわらず，色分けを行っていない「グレースケール」（図 A.40）や，多くの語が布置されたノードほど濃い色で表示される「度数」を選択できる。さらに，隣接するノード群がもつベクトルとの間でユークリッド距離を計算し，そのメディアンが大きいほど濃い青色で表示する「U-Matrix」も選択できる。もし「U-Matrix」上に濃い青色の線が形成されていれば，その線を境に語の出現パターンが異なっていることを読み取れる。この線は，クラスターとクラスターを分かつ「峡谷」そのものである。それとは逆に薄い色のノードが集まっていれば，出現パターンの似たノードが集まってクラスターを形成していることを読み取れる。こうした形でクラスター構造を「U-Matrix」から読み取ることもできるし，Ward 法によるクラスター化の結果を「U-Matrix」と付き合わせて，指定したクラスター数が妥当かどうかを検討することもできる。

共通の操作　あまりに多くの語を用いると図が埋まってしまうので，A.5.7 節で述べた対応分析の場合と同じ方法で，抽出語の取捨選択を行う必要があるだろう。集計単位についても，多次元尺度構成法の場合と同様に，慎重に設定しなければならない。「クラスター数」「描画の形状」「フォントサイズ」「プロットサイズ」等のオプションについては，いったん分析を行った後も，「調整」ボタンをクリックして再度設定を行うことができる。分析結果のプロットを保存する操作についても共通している（A.5.4 節）。
　ただし，「1 辺のノード数」と「学習回数」については，「調整」画面で変更することができな

い。自己組織化マップの学習には長い時間がかかるので，「調整」画面ではすでに学習が完了した自己組織化マップを再利用して，プロットを作り直す仕様とした。このため，自己組織化マップの学習を再度行う必要があるような変更は行えない。そうした変更を行う場合は，「調整」画面を使用せずに，再度メニューからこのコマンドを呼び出さなければならない。

A.6 「ツール」 ▷ 「文書」メニュー

A.6.1 「文書検索」

コマンドの概要

このコマンドを用いれば，「特定の語を含むこと」といった条件をはじめとして，さまざまな条件を指定して文書を検索できる。また，特定のコードが与えられた文書を検索できるので，自分の作成したコーディングルールによって妥当なコーディングが行われているかどうかを確認したい場合にも，このコマンドは便利である。さらに $tf \cdot idf$ 値のような指標を用いて，特定のコード内容や，特定のコード間の関連を典型的にあらわす文書を探すこともできる。

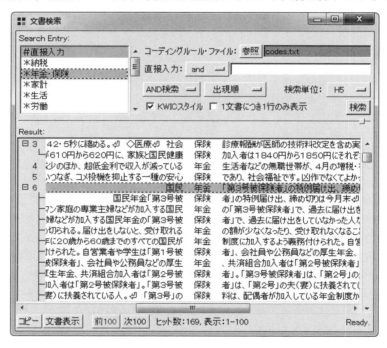

図 A.41 文書検索

このコマンドを実行すると図 A.41 に示す文書検索画面が開く。この画面では，どこからどこまでを 1 つの文書と見なして検索を行うのかという検索の単位を，「検索単位：H5」と表示されている部分で自由に切り替えられる。100 を超える数の文書が見つかった場合には，検索結果は 100 ずつに区切って表示される。この場合は「前 100」「次 100」ボタンを使って検索結果を順に確認していけばよい。各文書の検索にヒットした部分を表示するか，先頭 40 字ほどを表示するかのどちらかを，「KWIC スタイル」のチェックボックスで選択できる。任意の行をダブルクリックするか，行を選択して「文書表示」ボタンをクリックすれば図 A.42a に示す画面が開き，文書全体を確認できる。

オプション

コーディングルール　「参照」ボタンをクリックしてコーディングルール・ファイルを開くと，「コード選択」部分にそのファイルに記述されたコードがリストアップされる。あとは好きなコードを選択して「検索」ボタンをクリックすれば，そのコードが与えられた文書を検索できる。なお Windows 版では，コーディングルール・ファイルを「参照」ボタン上にドラッグ＆ドロップしてもよい。

　複数のコードを選択して AND 検索や OR 検索を行うこともできる。通常の Windows アプリケーションと同様に，⌜Ctrl⌟キーや⌜Shift⌟キーを押しながらコードをクリックすることで，複数のコードを選択できる。コードを複数選択している時にのみ，図 A.41 で「AND 検索」となっている部分がアクティブになり，AND 検索と OR 検索を切り替えられるようになる。

直接入力　コーディングルール・ファイルを作成しなくとも，「コード選択」部分で「＃直接入力」を選択すれば，検索条件をその場で入力して検索を行える。直接入力では「and」「or」「code」の 3 通りの検索モードを利用できる。これら 3 つの検索モードは，図 A.41 で「and」となっている部分をクリックすることで切り替えられる。

　これら 3 つのうち「and」や「or」を選択すれば，抽出語による AND 検索や OR 検索が行える。すなわち，入力した語がすべて含まれている文書の検索や，入力した語のうちいずれかが含まれている文書を検索できる。複数の語を入力するには，スペースで区切って入力すればよい。次に「code」を選択した場合，コーディングルールの条件部分を入力しての検索が可能である。よってこのモードでは，コーディングルールにおいて利用できる検索条件をすべて利用できる。

　この直接入力の機能を利用すれば，コーディングルール・ファイルから読み込んだコードに，一時的に条件を追加して検索を行える。コーディングルール・ファイルから読み込んだ任意のコードと「＃直接入力」の 2 つを選択して AND 検索を行えばよい。この機能は，とりわけコーディングルールを考案・編集する際に便利であろう。

表示順（ソート）について

　検索結果を表示する順序としては，「出現順」と「tf 順」「$tf * idf$ 順」「tf/idf 順」の 4 つを準備した。これら 4 つは，図 A.41 で「出現順」と表示されている部分をクリックすることで切り替えられる。このうち「出現順」とは，文書が分析対象ファイル内にあらわれた順番での並べ替えのことである。それに対して「tf 順」「$tf * idf$ 順」「tf/idf 順」では，コード，またはコード間の関連を最も典型的にあらわす文書から順に表示される。ただし「典型的」とは言っても 3 つの選択肢があるわけで，それぞれに「典型的」の意味が異なっている。

　まず $tf(d,t)$ とは，ある語 t が文書 d の中にあらわれる回数を，文書 d の長さで除したものであり，次式によってあらわされる。ここで文書 d の長さとは，文書に含まれる語数，すなわち形態素の数である。

$$tf(d,t) = \frac{\text{文書 } d \text{ における語 } t \text{ の出現数}}{\text{文書 } d \text{ の長さ}}$$

よってある語 t が文書中に出現する回数が多ければ多いほど，また文書が短ければ短いほど $tf(d,t)$ は大きな値をとる。また $idf(t)$ 値は，ある語 t を含む文書が多いと小さな値をとり，語 t を含む文書が少ないと大きな値をとる指標で，次式によってあらわされる。ここで log は

底が 10 の常用対数を用いている。

$$idf(t) = \log \frac{\text{全文書数}}{\text{語 } t \text{ を含む文書数}}$$

tf 順 コーディングルールの条件部分で n 個の語が使われていた場合，次式によって文書 d がどの程度典型的にそのコード c をあらわしているかということ，すなわち $g(d, c)$ が測定される。

$$g(d, c) = \sum_{i=1}^{n} tf(d, t_i)$$

たとえば，次のようなコーディングルールについて考えてみよう。ここで「␣」は半角スペースを意味する。

```
1  ＊友情
2  友人␣|␣友達␣|␣友だち␣|␣友好␣|␣友␣|␣仲間
```

tf 順では，文書の中に「友人」「友達」……などの語が数多く含まれているほど，$g(d, c)$ 値は大きくなる。また，それらの語が同じ数だけ文書中に存在した場合，より短い文書の方が大きい tf 値をとる。よって「友人」「友達」……などの語が多く文書中に含まれているほど，なおかつその文書が短いほど $g(d, c)$ 値は大きい値をとり，その文書はより典型的に「＊友情」をあらわすと判断される[20]。

tf/idf 順 tf 順ではどの語であれ数値上はまったく区別していなかったが，tf/idf 順ではそれぞれの語に重みが加えられる。具体的には，多くの文書中に出現する語ほど，コードの内容をよりよく代表するものとして重視される。tf/idf 順では，$g(d, c)$ は次式であらわされる。

$$g(d, c) = \sum_{i=1}^{n} \frac{tf(d, t_i)}{idf(t_i)}$$

先ほどの「＊友情」の例で，仮に「友人」という語の方が「友達」という語よりも多くの文書中に出現したとすると，「友人」という語の方が「＊友情」というコードをよりよく代表すると判断される。そして，同じ長さの文書が 2 つあり，片方に「友人」という語が 1 回，他方に「友達」という語が 1 回出現していた場合には，「友人」を含む文書の方が $g(d, c)$ は大きい値をとり，その文書の方がより典型的に「＊友情」をあらわすと判断される。

tf*idf 順 これは tf 順に対して，tf/idf 順とは逆方向の重み付けを行った値である。ここでは，わずかな数の文書中にしか出現しない語ほど，コードの特殊性をよりよくあらわすものとして重視される。この場合の $g(d, c)$ は次式であらわされる。

$$g(d, c) = \sum_{i=1}^{n} tf(d, t_i) idf(t_i)$$

---

[20] この式では，not 条件で指定された語も $g(d, c)$ の算出に利用されることになり，問題がある。しかし実際の処理ではまずコーディングルールの評価が行われ，そのコードが与えられた文書のみにおいて $g(d, c)$ が算出されるので，多くの場合この問題は解消する。

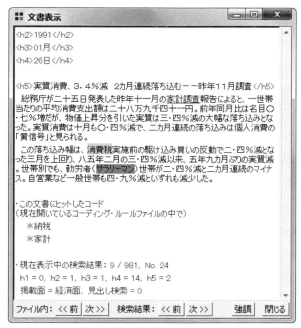

(a) 文書表示画面

(b) 強調の指定

図 A.42 文書の表示

文書表示画面

強　　調　文書表示画面（図 A.42a）では検索対象となった語は黄色の背景で，検索対象以外のコードで利用されていた語は青色の下線で，HTML タグは赤字でそれぞれ強調される。さらに，分析対象ファイルが特定のテーマに言及した新聞記事である場合などは，文書を表示する際，常にそのテーマに関連する言葉を強調したいと思うこともあるだろう。その場合は「強調」ボタンをクリックすると図 A.42b のような画面が開くので，ここで常に強調する言葉を指定できる。強調したい言葉が，1 つの語として KH Coder に抽出されている場合には，抽出語として強調リストに追加すればよいし，そうでない場合には文字列として強調リストに加えればよい。

付加的な情報　現在表示している文書に関して，各種の付加的な情報が緑色の文字で表示される。より上位の見出しが存在する場合には，画面上部に表示される。画面下部には，現在開いているコーディングルール・ファイルの中で，表示中の文書に付与されたコードが列挙される。また，検索結果がいくつあって，その中で表示中の文書は何番目かという番号や，分析対象ファイルの先頭から数えて何番目かといった番号が表示される。さらに，「文書×抽出語」表（A.3.5 節）に出力されるのと同様の詳細な位置情報や，外部変数（A.8.1 節）の値が続く。

そのほかの操作　文書表示画面で，さらに前後の文脈を確認したくなった場合には「ファイル内：」の箇所にある「前」「次」ボタンをクリックすれば，直前・直後の文書を確認することができる。また「検索結果：」の箇所にある「前」「次」ボタンを使えば，検索結果を次々に確認できる。なお，この画面には次のようなショートカットキーを準備している。

Ctrl + PageUp	前の検索結果を表示
Ctrl + PageDown	次の検索結果を表示
Shift + PageUp	直前の文書を表示
Shift + PageDown	直後の文書を表示

A.6.2 「クラスター分析」

コマンドの概要

文書を対象としたクラスター分析を行い，分類の結果を外部変数（A.8.1 節）として保存するコマンドである。このコマンドを用いれば，似通った語を含む文書のグループにはどんなものがあるのかを探索できる。またデンドログラム（図 A.36）を表示すれば，具体的にどの文書とどの文書とが似通っているのかを確認できる。ただし文書数が 500 を超える場合，デンドログラムは作成されない。デンドログラムが長大になりすぎて，処理上の問題が生じる場合があるため，このような仕様とした。さらに各クラスターに特徴的な語をリストアップすることで，各クラスターの内容を探る機能も備えた。なお，ここで分析に用いているのは「『文書×抽出語』表」（A.3.5 節）である。

実際の分析には R をバックエンドとして利用していることもあって，このコマンドで扱えるデータのサイズには制限がある。たとえば文書数が 5,000 程度，分析に使う語が 5,000 程度の場合，おおむね 1GB ほどの空きメモリが必要になる。このコマンドの実行時にエラーが表示されるような大規模データについては，データのランダム・サンプリングを行い，KH Coder に入力するデータの量を減らすとよいだろう。どうしても大規模データを扱いたい場合には，潤沢な物理メモリと 64bit 版の OS を準備すれば，より大きなサイズのデータを分析できるようになる。ただしこの方法でも根本的な解決とならず，データサイズの制限がいくらか緩和されるにすぎない。別のアプローチとしては，「『文書×抽出語』表」（A.3.5 節）を出力し，大規模データを扱える統計ソフトウェアで出力ファイルを分析することが考えられる。

図 A.43 文書のクラスター分析

オプション

分析に使用する語 クラスター分析に使用する抽出語は，ほかの分析画面と同様に，出現回数や品詞などを用いて選択できる。抽出語選択の操作は，抽出語の対応分析コマンド（A.5.7 節）

と同様である。

　分析に使用する語の種類を少なめに設定した場合，文書によっては，分析対象の語が１つも含まれないということが起こりうる。このような，クラスター分析に使用する語が１つも含まれていない文書を，KH Coder は分析から除外して「分類不可」として扱う。

距離係数とクラスター化法　抽出語のクラスター分析コマンド（A.6.2 節）と同様に，分析のオプション画面で Jaccard 係数・ユークリッド距離・コサイン係数のいずれかを選択できる。ここでユークリッド距離かコサイン係数を選択した場合，文書中における語の出現回数（粗頻度）をそのまま使うのではなく，1,000 語あたりの出現回数に調整したもの（調整頻度）を計算に用いる。また $tf \cdot idf$ 値を用いることで，比較的少ない数の文書にしか出現しないような語に重みを加えるかどうかや，データの標準化を行うかどうかを選択できる。データの標準化を行う場合は，「抽出語ごと」か「文書ごと」を選択できる。

　クラスター化法については Ward 法，群平均法，最遠隣法，CLARA の４種類から選択できる。CLARA: Clustering LARge Applications を使用すれば，文書数が比較的多いデータにも対応できる（Kaufman & Rousseeuw 1990）。ただし，データセット全体のサイズがあまりに大きくなると，クラスター分析以前にデータセットそのものの扱いに問題が生じる。そのため 32 bit 版 OS では，文書数が 10 万件程度の場合，使用する語の数を 200 から 300 程度に抑える必要がある。また CLARA を選択すると，距離係数はユークリッド距離に固定され，「クラスター併合の過程」は表示されない。

　距離係数・クラスター化法・クラスター数などのオプションについては，分析オプションの画面で設定できるほか，分析結果画面（図 A.43）で「調整」ボタンをクリックすれば設定を変更できる。

クラスター内容の確認　分類結果として図 A.43 の左側に表示されているのは，単に各クラスターに分類された文書の数のみである。ここで任意のクラスターを選択して「文書検索」ボタンをクリックすると，そのクラスターに含まれる文書の一覧が文書検索画面（A.6.1 節）に表示される。同様に「特徴語」ボタンをクリックすると関連語検索画面（A.5.6 節）が開き，そのクラスターに含まれる文書中に特に高い確率で出現する語，すなわちそのクラスターの特徴を示すような語がリストアップされる。これらの操作はそれぞれ，各クラスターのダブルクリック，[Shift]キーを押しながらのダブルクリックでも実行できる。またこの部分の「プロット」ボタンをクリックすると，デンドログラム（図 A.36a）を表示して，どの文書とどの文書とが似通っているのかを探索できる。

クラスター併合過程の確認　分析結果画面（図 A.43）の右側には，クラスター併合の過程が表示されている。数字の前にマイナス符号がついている場合は，その数字は何番目の文書かということをあらわしている。たとえば図 A.43 の場合，分析の最初の段階，すなわち併合の段階１では 106 番目の文書と 107 番目の文書とを１つのクラスターとして併合したことがわかる。また，マイナス符号のない数字は，いくつ目の段階で併合されたクラスターなのかをあらわしている。

　こうした併合の段階を図 A.43 でダブルクリックすると，その段階で併合された文書（群）を，文書検索画面（A.6.1 節）で確認できる。ダブルクリックするのではなく，併合の段階を選択した状態で下部右側の「文書検索」ボタンをクリックすると，「1 と 2」「1 のみ」「2 のみ」という選択肢が表示される。この選択肢を用いれば，併合された２つの文書（群）のうち片方

だけを検索することもできる。

　図 A.43 右下の「プロット」ボタンをクリックすると，図 A.36b に示した併合水準のプロット画面が開く。このプロットから，クラスター併合時の距離係数の変化を読み取ることで，クラスター数を決定する際の参考にしたり，併合過程を詳細に検討したりできるだろう。併合過程全体の様子を見るためのプロットと，変化が大きい最初と最後の部分に焦点をあてたプロットとを，図 A.36b 左下のボタンで切り替えられる。

結果の保存　保存ボタンをクリックして変数名を入力すれば，分類結果を外部変数として保存できる。この手順によって結果を保存しなければ，クラスター分析の画面（図 A.43）を閉じるとともに分類結果も破棄される。

A.6.3 「トピックモデル」▷「トピック数の探索」

トピックモデルについて

　トピックモデルとは，テキストデータの背後にはいくつかのトピックが存在しており，それぞれのトピックが語を出現させていると仮定するモデルである。たとえば図 A.44 のトピック#1 は「前」「話す」「考える」「聞く」などの語を高い確率で出現させ，トピック#2 は「言葉」「口」「事」「心」などの語を高い確率で出現させている。どのような語を高確率で出現させているかをまず見ることで，各トピックの内容を調べられる。

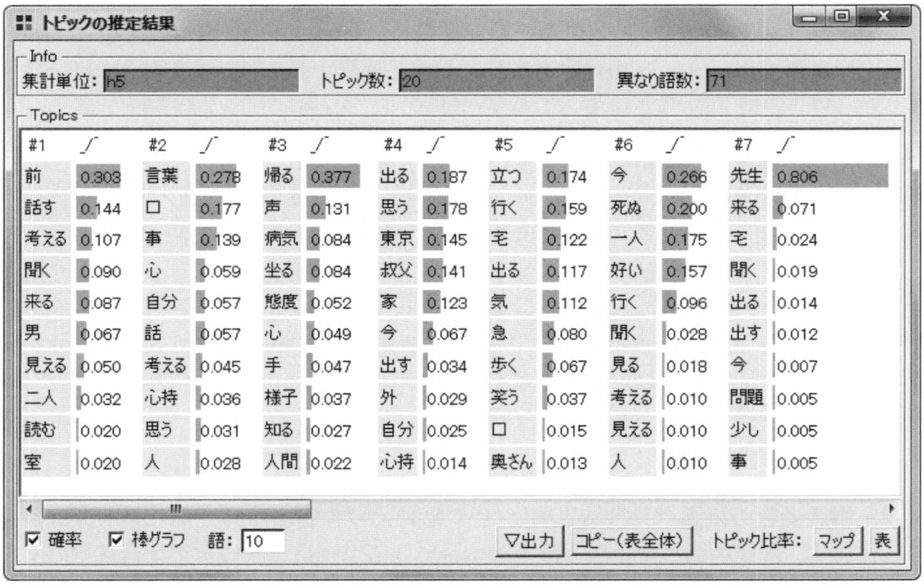

図 A.44 トピックモデルの推定結果

　ここまでであれば，語を使った多次元尺度構成法（A.5.8 節）や共起ネットワーク（A.5.10 節）でも似たようなことを行えた。すなわち，共起する語のグループから，データ中のトピックを読み取ることができた。一方でトピックモデルでは，各トピックがどんな語を高確率で出現させるかを推定しているだけではない。それに加えて，各トピックが，それぞれの文書にどのくらい多く含まれているかというトピック比率を推定している。

　このため，たとえばトピック#1 を多く含む文書を検索して読むことでも，トピック#1 の内

容を調べられる。各トピックを解釈するときには，トピックがどんな語を高確率で出現させているかを見るだけでなく，そのトピックを多く含む文書を目で読むとよいだろう。KH Coderでは図 A.44 の画面で，「#1」「#2」のようなトピック番号をクリックするだけで，そのトピックを多く含む文書を検索できる。検索結果（図 A.45）の左側には，そのトピックの比率が表示されている。たとえば 1 つ目の検索結果については，検索したトピックの比率が 0.180 であったことが分かる。図 A.45 の画面では，検索結果として 1 行に 1 つの文書が表示されており，各行をダブルクリックすると文書全体を確認できる。

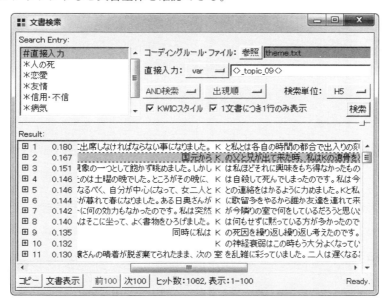

図 A.45 トピック比率の大きい文書を検索

　さらに，各文書に含まれるトピックの比率を推定しているということは，各トピックと外部変数の関連を見ることもできる。たとえばアンケート自由記述の場合であれば，男性の回答にはどのトピックが多く出現しているのかといった集計を行える。またチュートリアルの漱石『こころ』データであれば，あるトピックが，物語全体を通じてどの部分で多く出現しているのかといった集計を行える。KH Coder では図 A.44 の画面で，「#1」「#2」のようなトピック番号の横にある「‾/‾」をクリックすると，こうした集計の結果がグラフ表示される。グラフ表示の例を図 A.46 に示す。図 A.46 に示したトピック#9 は，漱石『こころ』における「K」を中心とするトピックである。このトピック#9 は，後半 3 分の 1 程度の章に集中して出現していることをグラフから読みとれる。

　以上のようにトピックモデルでは，各トピックがどんな語を出現させるかだけでなく，各トピックがそれぞれの文書に含まれる比率を推定している。トピック比率を使うことで，あるトピックを多く含む文書を検索したり（図 A.45），トピックと外部変数の関連を見たりできる（図 A.46）。KH Coder に備えている集計やグラフ化の機能では不十分な場合，「トピック×語の出現確率」表または「文書×トピック比率」表を出力し，任意の統計ソフトウェアを使って解析を行える。なお，トピックの推定はあくまで自動的に行われるので，分析者の観点を反映したトピックが見つかるとは限らない。言葉を換えると，分析者が注目したい，数えたいと考えるトピックが推定されるとは限らない。この場合にはコーディングルールを作成すること

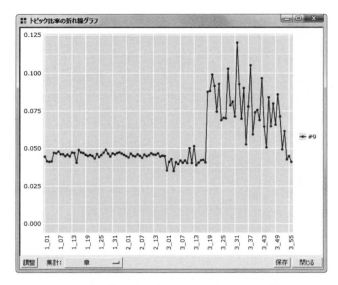

図 A.46　トピック比率と外部変数の関連をプロット（単一トピック）

で，分析者が数えたいトピックないしコンセプトを明示的に指定して数え上げればよい。こうした意味で，計量テキスト分析の 2 つの段階のなかで（第 2 章），トピックモデルは分析の段階 1 に属する方法である。

コマンドの概要

　トピックモデルの推定を行うためには，データ中にいくつのトピックが存在するのかという数値，すなわちトピック数を指定する必要がある。トピック数を決めるにあたっては，推定されたトピックが解釈しやすいかどうかという基準を含めて，総合的に判断を行う場合が多いようである。このコマンドでは総合的に判断を行うための 1 つの参考情報として，トピック数を変えた場合に，モデルの推定結果を評価する指標の値がどう変化するかを示す（図 A.47）。利用できる指標はパープレキシティと，R の「ldatuning」パッケージが提供する指標群である。パープレキシティは値が小さいほどモデルの評価が良いことを示し，「ldatuning」パッケージの指標群には，値が小さいほど良いものと，値が大きいほど良いものとがある。図 A.47 の横軸はトピック数で，右に行くほどトピック数が大きくなっており，それに連れて指標の値がどう変化しているかを見て取れる。なお，このコマンドの実行には非常に長い計算時間を要する。パープレキシティの算出には特に長い時間がかかり，場合によっては「日」単位で待つ必要があることに注意されたい。

オプション
モデルを評価する指標　画面上の選択肢は「Perplexity」と「ldatuning」の 2 つである。仮に「Perplexity」を選択して実行し，その結果が表示されている状態で「ldatuning」を選択して再度実行すると，図 A.47a と図 A.47b の両方の画面が開く。このコマンドでの計算には長い時間を要するので，片方の結果を消してもう片方の結果を開くのではなく，両方の結果を同時に表示するようにした。なお「Perplexity」選択時にはデータの分割数（fold）を変更できる。デフォルトの分割数は 5 である。

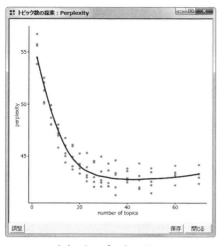

(a) パープレキシティ

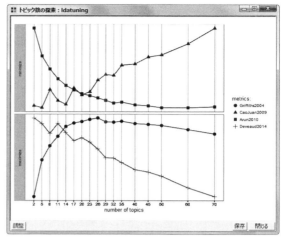

(b) 「ldatuning」パッケージ

図 A.47 トピック数の探索

トピック数の候補 このコマンドではトピック数の候補ごとに，実際にトピックモデルの推定を行ってその結果を評価している。トピック数の候補はデフォルトでは「seq(2, 35, by=3), 40, 45, 50, 60, 70」と入力されている。「seq(2, 35, by=3)」という記述は，2 から 35 まで 3 おきに，という意味である。デフォルトの入力内容を編集すれば，トピック数の候補を変更できる。

KH Coder はトピックモデル推定のために，R の「topicmodels」パッケージに含まれる LDA 関数をほぼデフォルトのパラメーターで使用している。ただしデフォルトと異なる点として，ギブスサンプリングを行うほか，burnin = 1000 としている。また，同じ条件で実行した場合には同じ結果が得られるように，乱数のシードを固定している。

A.6.4 「トピックモデル」▷「トピックの推定」

コマンドの概要

トピックモデルの推定を行って結果を表示するのが，このコマンドである。結果画面（図 A.44・図 A.48）を起点として，あるトピックを多く含む文書を検索したり（図 A.45），トピックと外部変数の関連をグラフ化したり（図 A.46・図 A.49），推定結果を CSV 形式で出力したりといったことを行える。なお前節の終わりに述べたように，推定には R の「topicmodels」パッケージに含まれる LDA 関数をほぼデフォルトの設定で使用している。

オプション

各トピックの頻出語 結果画面（図 A.44・図 A.48）には，各トピックが高い確率で出現させる語をリストアップしている。図 A.44 のように確率の値を表示するか，図 A.48 のように語のみとするかは，画面左下の「確率」というチェックボックスで切り替えられる。また各トピックについて何語を表示するかを画面左下で指定できる。数値を入力後に Enter キーを押すことで，設定が反映される。

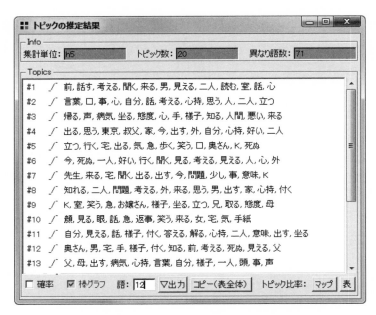

図 A.48　トピックの推定結果（簡略版）

文書検索　結果画面（図 A.44・図 A.48）で，「#1」「#2」のようなトピック番号をクリックすると，それぞれのトピックを高い比率で含む文書を検索できる（図 A.45）。ここでの検索には，「文書検索」画面（A.6.1 節）の「直接入力」による検索の機能を用いている。ただし，トピック比率が高い順に文書を表示するために，「var」という特別な検索モードを使用している。任意の検索結果をダブルクリックすると，「文書表示」画面（図 A.42）が開いて，文書全体を確認できる。また「文書表示」画面の下部には，すべてのトピックの比率が数値で表示されている。なお，すべてのトピックの比率を合計すると 1 になるはずだが，丸め誤差のために 1 から若干のずれが生じる場合がある。

集計と可視化　結果画面（図 A.44・図 A.48）で，「#1」「#2」のようなトピック番号の横にある「‗/¯」をクリックすれば，外部変数の値ごとにトピック比率の平均が集計され，図 A.46 のようなグラフが表示される。図 A.46 ではクリックした 1 つのトピックだけが折れ線グラフとして表示されているが，図 A.46 の「調整」ボタンをクリックすれば，複数のトピックを選択できる。そうすれば，複数のトピックの出現比率を同じ 1 つのグラフ内に表示できる。

　ただし折れ線グラフでは，トピックの数を増やすと，それだけ線の本数が増えることになるので，多くのトピックを同時に表示するのは難しい。多くのトピックを同時に可視化するには，図 A.49 のようなマップが便利である。マップを作成するには，結果画面（図 A.44・図 A.48）右下の「マップ」ボタンをクリックすればよい。図 A.48 のマップでも，トピック#9 の行を見ると後半 3 分の 1 程度の章で色が濃くなっている。ここから，図 A.46 を見たときと同様，トピック#9 は物語の後半 3 分の 1 程度の章に集中していることが読みとれる。なお，これらのグラフ画面が開くときには，グラフ作成のもととなった集計画面（図 A.50）も同時に開いている。この集計画面だけを開きたい場合は，結果画面（図 A.44・図 A.48）右下の「表」ボタンをクリックすればよい。

　グラフ画面（図 A.46・図 A.49）の左下で，集計を行う外部変数として「章」を選択している

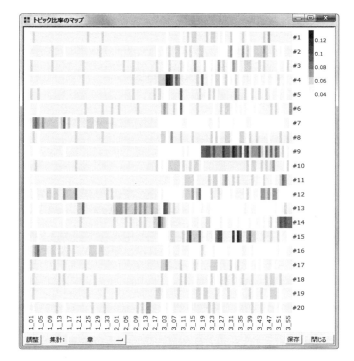

図 A.49 トピック比率と外部変数の関連をプロット（全トピック）

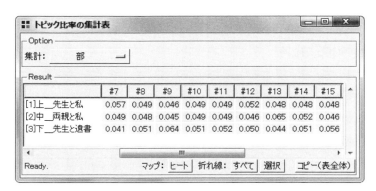

図 A.50 トピック比率の集計表

ので，これらの画面では章ごとの集計結果がグラフ化されている。この「章」の部分をクリックすれば，ほかの外部変数を選択できる。たとえばチュートリアルの漱石『こころ』データの場合，「部」を選択すれば，上・中・下という部ごとの集計結果がグラフ表示される。ただし折れ線グラフにしてもマップにしても，「章」や「部」のようにカテゴリカルな値を持つ外部変数に適している。連続変量の外部変数については別の方法で可視化や分析を行う必要がある。

データの出力 連続変量とトピック比率の関連を分析したい場合や，KH Coder が機能として備えていないような形の可視化を行いたい場合には，トピックモデルの推定結果を出力して，任意の統計ソフトウェアを利用すればよい。結果画面（図 A.44・図 A.48）で「出力」ボタンをクリックすると，「トピック×語」表と，「文書×トピック」表という 2 つの選択肢が表示さ

れる。各文書のトピック比率を出力したい場合には後者を選択すればよい。なおどちらの表も
CSV 形式で出力される。

A.6.5　「ベイズ学習による分類」▷「外部変数から学習」

ベイズ学習による分類について

　人間がいくつかの文書を分類して「見本」を示せば、そこから分類の基準を学習して、ほか
の文書を自動的に分類する機能を「ベイズ学習による分類」メニューに準備した。学習にはナ
イーブベイズモデルを使用しており、排他的な分類ないしはカテゴリ分けを行う形に設計し
た[21]。

　この機能を使えば、コーディングルール作成とは違う形で、研究者の観点を分析に取り入れ
られる。漱石『こころ』のチュートリアルで扱っている「人の死」のような事柄・概念であれ
ば、コーディングルールの作成も容易である。しかし、より多種類で広範な表現を含みうる
事柄・概念になると、「これらの表現が文書中にあれば、事柄 A が出現していたと見なす」と
いったコーディングルールの作成が難しい場合もあるだろう。そうした場合でも、十分な数の
分類「見本」を示すことができれば、この機能によって自動分類を試みることができる。

　コーディングルールとはそもそも分類基準のことであるから、この機能は、「見本」をもと
に「ある種のコーディングルール」(分類基準) を自動生成する機能と考えることもできる。こ
の観点から見れば、コーディングルールと同様に、学習した分類基準の内容を確認できること
や、その内容を第三者に明示できることが重要になる。そこで KH Coder では、学習した分
類基準の内容が人間にとっても理解しやすいという特徴を重視して、ナイーブベイズモデルを
機械学習の手法として採用した。また学習した内容を閲覧・確認する機能を整備した。

ナイーブベイズモデルについて

　ベイズの定理によれば条件付き確率は以下のようにあらわせる。ここで $p(x|y)$ は、y という
条件のもとで x が生起する確率をあらわす。

$$p(x|y) = \frac{p(y|x)p(x)}{p(y)}$$

　一連の抽出語 W を含む文書が、カテゴリ C に属する確率 $p(C|W)$ を直接計算することは
難しいが、上の定理を用いることで $p(C|W)$ は以下のようにあらわせる。

$$p(C|W) = \frac{p(W|C)p(C)}{p(W)}$$

　このように変形することで、$p(C|W)$ を推定できるようになる。すべてのカテゴリについて
この値を計算し、最大の値をとるカテゴリに当該の文書を分類するのが、KH Coder の用いて
いるナイーブベイズモデルである。ただし、分母の $p(W)$ はすべてのカテゴリに共通なので無
視し、分子のみを計算して各カテゴリのスコアとしている。また、n 種類の語が含まれていた

---

[21]　ただし、「事柄 A に言及あり」「事柄 A に言及なし」といったカテゴリ分けによる学習と自動分類
　　を、複数の事柄について繰り返すことで、KH Coder によるコーディングと同様の処理を行うこと
　　もできる。すなわち、1 つの文書が複数の事柄に言及しうると見なして、文書がそれぞれの事柄に
　　言及しているかどうかを判別するような処理を行える。

場合の $p(W|C)$ は，以下のように計算している。

$$p(W|C) = p(w_1|C)p(w_2|C) \cdots p(w_n|C)$$

なお KH Coder は，ベイズ学習による分類を行うために，Ken Williams によって製作された「Algorithm::NaiveBayes」という Perl モジュールを利用している。以上の内容は，このモジュールの添付文書を参考にして記述した。

実際の計算においては，分子の $p(W|C)p(C)$ を直接求めるのではなく，分子の自然対数を計算している。というのも，このように多数の確率の積を求めようとすると，計算結果が非常に 0 に近い値になってしまい，浮動小数点演算における有効桁数の問題が生じかねないからである。そこで，対数の以下のような性質を利用している。

$$\log xy = \log x + \log y$$

これを利用することで，以下のように計算を行える。

$$\log p(W|C)p(C) = \log p(w_1|C) + \log p(w_2|C) + \cdots + \log p(w_n|C) + \log p(C)$$

この方法ならば，学習の際にあらかじめ対数をとった値 $\log p(w_i|C)$ を準備しておけるし，乗算ではなく加算であるため，より速くより正確に計算を行える。

こうしてみると，結局のところ，ベイズ学習による分類とは以下のようなプロセスである。学習の際には，分類「見本」から $\log p(w_i|C)$ の値を計算・準備しておく。$\log p(w_i|C)$ とは，自動分類を行う際に，文書中に 語$_i$ が 1 つ出現していれば，カテゴリ C のスコアをどれだけ加算するかをあらわす値である。そして，定義からして当然ではあるが，分類「見本」中でカテゴリ C に 語$_i$ が多く出現しているほど，$\log p(w_i|C)$ の値は大きくなる。つまり，分類「見本」中でカテゴリ C に多く出現している語があったとすると，その語を多く含む文書ほど，自動分類によってカテゴリ C に分類されやすくなるという，単純なモデルである。

後述の「学習結果ファイルの内容を確認」（A.6.7 節）および「分類ログファイルの内容を確認」（A.6.8 節）コマンドでは，抽出語のカテゴリ別スコアとして $\log p(w_i|C)$ の関数を，そして各カテゴリのスコアとして $\log p(W|C)p(C)$ の関数を表示している。ここで関数というのは，$\log p(w_i|C)$ をそのまま示すと負の値であるので，正の値になるように変換している。この際には，最も小さな値が 0 になるように，一定の値を加えている。そして，この変換した状態で加算していったものを，$\log p(W|C)p(C)$ の関数として示している。また，$\log p(C)$ を変換した値は［事前確率］という名称で表示している。

以上のように，表示されるスコアは実際の計算に使われているものとは異なるが，負の値が並ぶよりも理解しやすいであろう。また，変換のために加算している値はすべてのカテゴリに共通であるから，表示されるスコアで計算・分類を行っても同じ分類結果となる。よって画面に表示されるスコアからは，「この語が多く出現していたために，この分類結果になった」といった分類プロセスを読み取れる。

コマンドの概要

このコマンドでは，分類の「見本」もしくは教師信号から学習を行い，その結果を *.knb ファイルに保存できる。分類の「見本」は，あらかじめ外部変数として KH Coder に入力しておく必要がある。このコマンドでは，外部変数の値が「欠損値」「MISSING」「.」のいずれかであれば，その値を欠損値として扱う。値ラベルが付与されている場合，値ラベルがこれら

のうちいずれかであれば欠損値として扱う。すなわち，そのような値をもつ文書は学習に使用しない。

　なお，保存される学習結果のファイルは，異なるプロジェクトでも利用できる。たとえば，プロジェクト A で学習した結果を用いて，プロジェクト B に含まれる文書を分類するといったことが可能である。あるいは，プロジェクト C でさらに学習を行い，その結果を既存のファイルに追記するといったことも行える。

オプション

分類の単位と外部変数　このコマンドのオプション画面では，まず「文」「段落」「H5」などのうち（A.2.1 節），どの単位を 1 つの「文書」と見なすのかを指定する必要がある。また，どの外部変数から分類基準を学習するのかを選択しなければならない。

語の取捨選択　出現数・文書数・品詞名という 3 つの基準で学習に使用する語を選択できる。「出現数」とは語がデータ全体を通して出現した回数のことであり，「文書数」とは語がいくつの文書中に出現していたかを数えたものである。また，取捨選択を行った結果，いくつの語が選択されたかということを，「チェック」ボタンをクリックすれば随時確認できる。

既存の学習結果ファイルに今回の内容を追加する　ここにチェックを入れると，今回の学習内容を，既存の学習結果ファイル（*.knb ファイル）に追記できる。複数のプロジェクトから学習を行うような場合には，この機能を使うと便利であろう。

交差妥当化　交差妥当化とは，一部の文書を学習に使わずに取り分けておいた上で，取り分けておいた文書，すなわち学習に用いなかった文書を対象として，自動分類を行ってみるというテスト方法である。これによって，学習結果による自動分類がどの程度正確に行えそうかという，見当をつけられる。

　具体的なテスト手順としては，まずデータを n 個に分割する。そして，そのうち 1 群だけを取り分けておいて他の群を用いて学習を行い，取り分けておいた 1 群を正確に分類できるかどうかテストする。この学習とテストを n 回繰り返すことで，全データを対象にテストを行う。なお，この n についてはオプション画面の「Folds」という欄で指定できる。

　交差妥当化を行うと，表 A.11 に示すような Confusion Matrix が CSV ファイルに出力され，そのファイルが開く。Confusion Matrix とは単に，「見本」として入力した外部変数の値すなわち「正解」と，ベイズ学習による分類結果とをクロス集計したものである。表 A.11 からは，本来は「上」カテゴリに属する文書が，誤って「中」カテゴリに分類されたケースが 4 件あったことなどを読み取れる。またこの表には，分類テストの結果いくつ正解を得たかという数と割合，および正解の度合いを評価する指標として κ 統計量が付記されている。κ 統計量は，ランダムに分類しても正解したであろう程度の正解率の場合には 0 を，すべてのデータについて正解の場合に 1 の値をとる。

　交差妥当化を行う際には，「分類ログをファイルに保存」にチェックを入れると，テスト分類の詳細をログファイルに保存できる。ここで言うテスト分類の詳細とは，なぜそのような分類結果となったのかをあらわすような詳細な情報である。「分類ログファイルの内容を確認」コマンド（A.6.8 節）を使えば，このログファイルの内容を閲覧できる。

　また「分類結果を外部変数に保存」にチェックを入れると，テスト分類の結果として選ばれたカテゴリと，そのカテゴリが正解であったかどうかが外部変数に保存される。オプション画面で指定した変数名の末尾にそれぞれ「–class」「–is_correct」を付した名称の外部変数が作成

表 A.11　交差妥当化の結果

		ベイズ学習による分類		
		上	中	下
	上	32	4	0
正解	中	0	18	0
	下	0	2	54

正解数：104 / 110 (94.5%)

Kappa 統計量：0.912

され，各データが保存される。これらの外部変数を用いれば，たとえば，どの文書の分類に失敗したのかといった検索を容易に行える。

A.6.6　「ベイズ学習による分類」▷「学習結果を用いた自動分類」

コマンドの概要

分類「見本」から学習した結果を用いて，文書の自動分類を行うためのコマンドである。したがって，あらかじめ前節の「外部変数から学習」コマンドを実行することで，学習結果ファイルを準備しておく必要がある。なお自動分類の結果は外部変数として保存される。

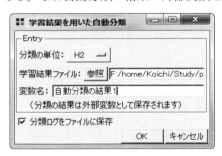

図 A.51　学習結果を用いた自動分類

オプション

このコマンドを実行すると図 A.51 に示すようなオプション画面が開くので，まずはどこからどこまでを 1 つの「文書」と見なすのかという単位（A.2.1 節）を指定する。また，どの学習結果ファイルを使うのかについては，「参照」ボタンをクリックして指定する。あとは分類結果を保存する外部変数の名前を入力すれば，自動分類を実行できる。

「分類ログをファイルに保存」をクリックすると，分類の結果だけでなく，なぜその分類結果になったのかという詳細な情報がログファイルに保存される。このファイルについては「分類ログファイルの内容を確認」コマンド（A.6.8 節）を使って内容を閲覧できる。

A.6.7　「ベイズ学習による分類」▷「学習結果ファイルの内容を確認」

コマンドの概要

このコマンドを用いれば，「外部変数から学習」コマンド（A.6.5 節）によって作成された学習結果ファイルの内容を見ることができる。すなわち，外部変数によって示された分類の「見本」から，どのような分類基準を学習したのかを確認できる。

図 A.52　学習結果ファイルの内容

オプション

表示内容とソート順　このコマンドを実行して，内容を確認したい学習結果ファイルを選択すると，図 A.52 のような画面が開く。この画面の上部には，学習に用いた文書の数や，学習に用いた語が何種類あったかをあらわす「異なり語数」が表示される。その下に，指定したソート順で上位 500 語が表示される。なお，それぞれの列のヘッダ部分をクリックすると，その列の降順でソート（並べ替え）できる。

　この部分の表示内容であるが，まず一番左の列には抽出語と品詞名が半角ハイフン「–」で区切って示されている。

　そして図 A.52 の「上」「下」「中」などはカテゴリの名前をあらわしており，これらの列には抽出語のカテゴリ別スコアが表示されている。たとえば図 A.52 の 1 行目，「先生–名詞」の行を見ると，もしもある文書に「先生」という語が 1 つ出現していれば，「上」カテゴリのスコアが 5.14 加算されるのに対して，「下」「中」カテゴリのスコアはそれぞれ 0 と 3.4 しか加算されないことがわかる。学習に用いたあらゆる語についてこうしたスコア加算を行い，最もスコアの高いカテゴリが分類先として選択される。したがって，「先生」という語が多く出現しているほど，「上」カテゴリのスコアがほかより高くなり，その文書が「上」に分類される公算が大きくなる。このスコアの詳細については A.6.5 節を参照されたい。

　こうしたカテゴリ別のスコアでソートを行うと，どのような語が当該のカテゴリに高いスコアを与えるのかを確認することができる。ただし，カテゴリ A に高いスコアを与える語が，カテゴリ B や C にも高いスコアを与えること，それも場合によっては A よりも高いスコアを与えるということは起こりうる。したがって，カテゴリ別のスコアでソートしても，当該カテゴリのスコアがほかよりも高い語がリストアップされるとは限らない。すなわち，文書をそのカテゴリに分類させるような語ばかりがリストアップされるとは限らない。

　そうした，当該カテゴリのスコアがほかよりも高い語を確認したい場合には，図 A.52 の「上（%）」「下（%）」「中（%）」のように，「%」が付された列でソートを行うとよいだろう。これらの列に表示されているのは，上述のスコアをそれぞれの抽出語ごとに，すなわちそれぞれの行ごとにパーセントに換算したものである。たとえば，カテゴリ A でこの値が 80 の場合，すべてのカテゴリに加算されるスコアのうち 80% が，カテゴリ A に加算されることがわかる。

　最後に「分散」の列には，カテゴリ別のスコアのばらつき，すなわち分散が表示されている。分散が大きいということは，カテゴリごとの違いが大きく，カテゴリ間に大きな差をつけるということである。したがって，分類に大きく影響する語を確認したい場合には，この列でソートするとよいだろう。図 A.52 はこの列でソートしているので，上位に並んでいる「先生」「お嬢さん」「奥さん」などが，分類に大きな影響を及ぼす語であることがわかる。

　なお，抽出語リストの中に［事前確率］というものが含まれているが，これはどのような語が含まれているかにかかわらず，常に各文書に与えられるスコアである。これは A.6.5 節でふれた $\log p(C)$ の関数である。学習結果に含まれている語がまったく出現しないような文書，すなわち未知の語だけからなる文書の場合，この［事前確率］のスコアによって分類先が決まる。

検　　索　画面下部の入力欄を使って，抽出語を検索できる。表示されている品詞名の部分も検索対象となるので，品詞名を入力すれば，品詞による検索を行うこともできる。また，この入力欄では正規表現による検索が可能である[*22]。図 A.52 の場合には，データの終わりをあらわす正規表現「$」を使うことで，「『–名詞』で終わること」という条件による検索を行っている。これによって「–名詞 B」や「–名詞 C」を除外している。なお，この入力欄にスペースで区切って複数の文字列を入力すると，AND 検索が行われる。

データの出力　画面右下の「コピー（表全体）」ボタンをクリックするか，キーボードの Ctrl ＋ C キーを使うことで，その時点で表示されているデータをクリップボードにコピーできる。また，この画面に表示されるのは，ソート順の上位 500 語のみであるので，データ全体を得たい場合には「全抽出語のリスト」ボタンをクリックする。これによって，全データが CSV ファイルに出力され，そのファイルが開く。Excel がインストールされた一般的な Windows PC では，Excel が起動して全データが表示されるだろう。

A.6.8　「ベイズ学習による分類」▷「分類ログファイルの内容を確認」

コマンドの概要

　このコマンドを用いれば，「学習結果を用いた自動分類」（A.6.6 節）または交差妥当化（A.6.5 節）の際に保存したログファイルを開き，内容を確認できる。これらのログファイルには，自動分類の際に，それぞれの文書がなぜ特定のカテゴリに分類されたのかについての詳細な情報が記録されている。

オプション

文書の選択　このコマンドを実行して，内容を確認したい学習結果ファイルを選択すると，図 A.54b に示すような画面が開く。この画面では，1 つの文書に注目して，その文書がいかに分類されたのかという情報が示される。ここで，どの文書の分類情報を表示するかについては，基本的にはこの画面で選ぶのではなく，「文書検索」（A.6.1 節）の際に開く「文書表示」画面（図 A.42a）に連動する仕組みとなっている。すなわち，「文書表示」画面で開いた文書の分類情報が，自動的に図 A.54b の画面に表示される。「文書表示」画面で元のテキストについても確認しつつ，分類情報をチェックするとよいだろう。

[*22]　正規表現を用いれば，文字列を直接指定して検索するだけでなく，パターン指定による検索を行える。なお，ここで利用できる正規表現とは，Perl の正規表現である。

表示内容とソート順　図 A.54b の表示内容だが，最上部の「Info」部分には，自動分類に用いられた学習結果ファイルや，分類結果を保存した外部変数名などが表示されている。次の「Scores」部分には，当該の文書について計算した，各カテゴリのスコアが表示される。文書はスコアの最も高いカテゴリに分類されるので，図 A.54b の文書は「上」のスコアが 545.94 と最も高く，「上」に分類されたことがわかる。

　そして，このスコアについての詳細が「Words」部分に表示されている。図 A.54b の「Words」部分の 2 行目「父–名詞 C」を見ると，この文書には「父–名詞 C」が 6 回出現しており，それによって「中」カテゴリのスコアが 25.52 加算されたことがわかる。それに対して「上」「下」カテゴリのスコアはそれぞれ 9.40・8.32 しか加算されていない。なお，この「Words」部分で「上」の列のスコアをすべて合計すれば，「Scores」部分の「上」のスコア 545.94 となる。もちろんほかのカテゴリについても同様である。ただし，小数点以降は 2 桁しか表示していないので，表計算ソフトウェア等で確認した場合には，丸め誤差が生じうる。

　パーセントや分散の列については，前節の「学習結果ファイルの内容を確認」コマンドと同様のものである。分類に大きな影響を及ぼした語を確認するためには，「分散」の列でソートするのがよいだろう。「学習結果ファイルの内容を確認」コマンドと同様に，それぞれの列のヘッダ部分，たとえば「分散」と表示されている部分をクリックすることで，その列の降順でソートすることができる。

検索とコピー　前節の「学習結果ファイルの内容を確認」コマンドと同様に，画面最下部の入力欄を使って抽出語の検索を行える。また同様に「コピー（表全体）」ボタンを使ってデータをクリップボードにコピーできる。

―― コラム：ベイズ学習による自動分類チュートリアル ――

　以上の一連の機能を用いてベイズ学習による自動分類を行い，その結果を評価する手順の例を以下に示す。手元の PC で以下の手順を実際に行ってみることで，理解をいっそう深められるだろう。ここで示す手順では漱石『こころ』を題材としており，チュートリアル用ファイルとして「tutorial_jp」フォルダの中に「bayes_data.txt」を同梱している。以下の手順に進むための準備として，このファイルを分析対象に指定して新規プロジェクトを作成し，前処理を実行しておく必要がある。

学習の実行　チュートリアルに添付の「bayes_training.csv」が学習用データ，すなわち分類の「見本」を含むデータである。このファイルを開くと，図 A.53a のような内容になっている。KH Coder の学習機能は，外部変数から学習を行うように作られているので，まずこのファイルを外部変数をとして読み込む必要がある。メニューから「ツール」「外部変数と見出し」を選択し，開いた画面で「▽読み込み」「CSV ファイル」を順にクリックしてこのファイルを指定する。また「読み込み単位」として「H2」を指定して「OK」をクリックする。

　漱石『こころ』は「上」「中」「下」という 3 つの部に分かれており，それぞれの部の中がさらに「一」「二」「三」といった章に分かれている。今回利用する分析対象ファイル「bayes_data.txt」における H2 単位とは，「一」「二」「三」などの章をあらわす単位である。上の操作で変数を読み込む際に H2 を選択したので，それぞれの章が「上」「中」「下」のうちどの部に含まれているかを示す外部変数が「正解」として読み込まれている。

また，ランダムに選んだ3割程度の章にのみ，「上」「中」「下」といった値を入力し，そのほかの章は「.」（欠損値）とした変数が「学習用」として読み込まれる。

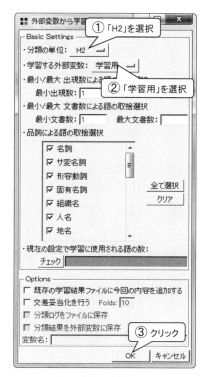

(a) 学習用データ　　　　(b) 学習オプション

図 A.53 ベイズ学習の実行

以下では，この「学習用」変数から分類基準を学習する。この学習では，「学習用」変数に「上」「中」「下」いずれかの値が入力されている章だけが，分類の「見本」として学習に用いられる。その上で，学習した基準にもとづいて自動分類を行い，「学習用」変数が「.」（欠損値）となっていた章をどの程度正確に分類できるか見てみよう。

分類基準を学習するために，メニューから「ツール」「文書」「ベイズ学習による分類」「外部変数から学習」を順にクリックし，図 A.53b の操作を行う。すると，学習内容をどのファイルに保存するか尋ねられるので，適当な名前を付けて保存する。

分類の実行　学習結果を用いて自動分類を行うために，メニューから「ツール」「文書」「ベイズ学習による分類」「学習結果を用いた自動分類」とたどり，以下の設定を行う。

　　1. 分類の単位： H2
　　2. 学習結果ファイル：上で名前を付けて保存したファイルを「参照」して選ぶ
　　3. 変数名： 「自動分類」※必ずこの名前を入力
　　4.「分類ログをファイルに保存」にチェック

「OK」をクリックすると，分類ログをどのファイルに保存するか尋ねられるので，適当な名前を付けて保存しておく。以上の操作によって自動分類が行われ，その結果が「自動分類」という名前の外部変数に保存される。ここで自動分類を行う必要があるのは，「学習用」変数が欠損値となっていた章だけであるが，以上の操作によってすべての章が「上」

「中」「下」いずれかの部に分類される。

結果の確認 分類結果の確認のためには，外部変数リストの画面（「ツール」「外部変数と見出し」）で，「自動分類」変数を選択して「出力」をクリックし，データを取り出すのも1つの方法である。CSVファイルとして出力されるので，さまざまな表計算・統計ソフトウェアに取り込んで分析を行える。

　KH Coder 上で確認を行うためには，コーディングルールを用いるのが便利である。「学習用」変数が欠損値となっていた章だけに注目して，「自動分類」の値が「正解」の値と一致しているかどうかを調べるコーディングルール・ファイルを「bayes_check.txt」として添付した。このファイルの内容を確認の上，H2単位での単純集計を行うとよいだろう。メニューから「ツール」「コーディング」「単純集計」を順にクリックして，「参照」ボタンからこのファイルを選び，コーディング単位を「H2」として「集計」する。この結果から（図 A.54a），27 の章から学習を行い，残り 83 の章について自動分類を試みたことがわかる。そのうち 79 は正解を得たものの，4 つの章については分類に失敗している。

(a) 概要 　　　　　　　　　　　　　(b) 特定の文書についての詳細

図 A.54 ベイズ学習の結果

　さらに詳しく結果を見るためには，「文書検索」を行うとよい。同じコーディングルール・ファイルを用いて検索を行えば，分類に失敗した 4 つの章を検索して内容を確認することができる。たとえば，分類に失敗した 1 つ目の章，上・二十二を「文書表示」画面で開くと，一時的に主人公が実家に帰った様子が描かれている。そのために，実家での様子が主に描かれている「中」に誤って分類されてしまったのであろう。

　この上・二十二についてはわかりやすかったが，分類に失敗した 2 つ目の章，中・四に目を移すと，この章がなぜ「上」に分類されてしまったのかは少しわかりにくい。こうした場合には分類ログファイルを開くとよい。メニューから「ツール」「文書」「ベイズ学習による分類」「分類ログファイルの内容を確認」をクリックし，分類の実行時に保存したログファイルを選択する。これによって図 A.54b の画面が開き，「文書表示」画面で開いている文書についての詳細な分類情報が表示される。これを見ると，この章の場合「中」よりも 30 ポイント程度「上」のスコアが高く，そのために「上」に分類されたことがわかる。また「分散」の列でソートを行うことで，分類に大きな影響を及ぼした語を見る

と，最上位に「先生」が挙がっている。「先生」が 13 回出現したことで，「上」のスコア
が 66.86 加算されているのに対して，「中」のスコアは 44.18 しか加算されていない。こ
のように見ていくと，「先生」や「奥さん」の影響が大きかったために，この章は「上」に
分類されてしまったようである。

　なお，分類の「見本」をもとに学習した分類基準は，コーディングルール同様の重要性
をもつものである。もしくは，学習した分類基準は，分類「見本」から自動的に生成し
た「ある種のコーディングルール」とよびうるものである。したがって，学習した分類基
準の内容を確認しておくことや，分析結果とともにその内容を第三者に明示することが，
コーディングルール同様に重要であることを強調しておきたい。

　　　　　　　　　　　　　　　　　　── コラム：ベイズ学習による自動分類チュートリアル

A.7 「ツール」▷「コーディング」メニュー

A.7.1 「単純集計」

コマンドの概要

　このコマンドを用いると，コーディングルール・ファイルの内容にしたがってコーディング
を実行した上で，次のような集計を行える。(i) それぞれのコードが与えられた文書数はいく
つで，それは全体の何 % にあたるのか。(ii) 文書群のうち，1 つもコードが与えられなかった
文書はいくつで，それは全体の何 % か。後者のパーセンテージによって，どの程度，文書群
を漏れなくコーディングしているかを確認できる。

図 A.55　コーディング結果の単純集計

オプション

　このコマンドを呼び出すと図 A.55 に示すような画面が開くので，「参照」ボタンをクリック
してコーディングルール・ファイルを選択する。あるいは，「参照」ボタンやその右のファイ
ル名表示部分に，コーディングルール・ファイルをドラッグ＆ドロップしてもよい（Windows
のみ）。次に，図 A.55 では「段落」と表示されている部分をクリックしてコーディング単位を
選択する。最後に「集計」ボタンをクリックすれば集計結果が表示される。

A.7.2 「クロス集計」

コマンドの概要

このコマンドを用いると，コーディングルール・ファイルにしたがってコーディングを行った上で，データをいくつかの部分に分けて，部分ごとに集計を行える。たとえば分析対象ファイルが一般的な書籍であれば，各コードが付与された文の割合を，章ごとに集計できる。このためには，仮に p. 125 に示した漱石『こころ』データのように HTML マーキングを行ってあったとすると，コーディング単位として文を，「クロス集計」の箇所で「見出し 2」（H2）を選択すればよい。

「クロス集計」の箇所では，そうした上位の見出しだけでなく，あらかじめ読み込んである外部変数（A.8.1 節）も指定できる。たとえばデータが質問紙調査における自由回答項目の場合，性別ごとの集計や，学歴ごとの集計といったさまざまな集計が可能である。このコマンドでは，外部変数の値が「欠損値」「MISSING」「.」のいずれかであれば，その値を欠損値として扱う。値ラベルが付与されている場合，値ラベルがこれらのうちいずれかであれば欠損値として扱う。

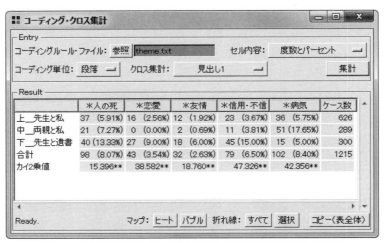

図 A.56 コーディング結果のクロス集計

なお，各コードが付与された文書の割合が統計学的に有意に変化している場合，χ^2 値の欄にアスタリスク「*」が表示される。表示されるアスタリスクの数は，1% 水準で有意な場合は 2 つ，5% 水準で有意な場合は 1 つである。図 A.56 の場合，「上」「中」「下」という 3 つの部分ごとに集計した結果，すべてのコードの出現割合に 1% 水準で有意な変化があったことがわかる。ここで，たとえば「上」と「下」のようにカテゴリの数が 2 つの場合には，χ^2 値の計算時にイェーツの連続補正（Yates 1934）が自動的に適用される。

オプション

このコマンドを呼び出すと図 A.56 に示すような画面が開く。コーディングルール・ファイルやコーディング単位の選択については，前節で述べた「単純集計」の場合と同じである。それに加えてこのコマンドでは，図 A.56 で「見出し 1」と表示されている部分をクリックし，クロス集計の対象を選択する必要がある。また「セル内容：」の部分では，集計結果を表示する

際に，各コードが与えられた文書の数（度数）を表示するのか，各コードが与えられた文書の割合（パーセント）を表示するのか，あるいはその両方を表示するのかを選択できる。

集計結果をグラフにあらわす機能も備えており，ヒートマップ，バブルプロット，折れ線グラフの3種類に対応している（図 A.57）。ヒートマップでは，コードが多く出現していた箇所を濃い色で表示しており，階層的クラスター分析の結果を併せて示すこともできる。クラスター分析では，図 A.56 に示す集計結果に対してユークリッド距離による Ward 法を適用している。またヒートマップの特長として，1画面の中でデータ全体を横方向に見渡せることがある。ただし多くのコードを表示した場合には，縦に画面をスクロールしなければならない場合がある。

次にバブルプロットでは，正方形ないしは円の大きさによって，コードがどの程度多く出現していたかをあらわしている。ヒートマップにおける色の濃淡よりも，図形の大小の方が視認性が高い場合もあるだろう。ただし，データが大きい場合には画面を横にスクロールしなければデータ全体を見渡すことができない。

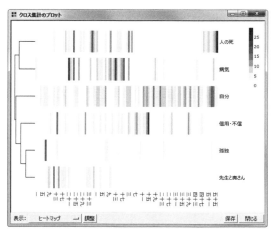
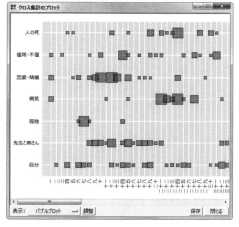

(a) ヒートマップ   (b) バブルプロット

図 A.57 クロス集計のプロット

これらのプロットでは以下のようなオプションを指定できる。プロットにどのコードを含めるかや，ヒートマップではクラスター分析の結果を示すかどうかを選択できる。バブルプロットではバブルを円と正方形のどちらの形で示すか，また標準化残差をバブルの色で表現するかどうかといった選択が可能である。ここで標準化残差が極端に大きなコードがあると，色の変化によって表現しなければならない数値の幅も極端に広がってしまう場合がある。こうした場合には「カラースケールを固定」にチェックを入れて，色で表現する標準化残差の最大値を設定できる。この指定は絶対値による指定である。また，作成したプロットは複数の形式で保存できるので，さまざまなソフトウェアで活用できるだろう（A.5.4 節）。

A.7.3 「類似度行列」

コマンドの概要

このコマンドを用いると，コーディングルール・ファイルにしたがってコーディングを行った上で，各コード間の関連の強弱を測定できる。測定・表示されるのは Jaccard の類似性測度

である。値は 0 から 1 までの範囲で変化し，同じ文書中に出現することが多いコードほど関連
が強いと推定され，値は 1 に近づく。

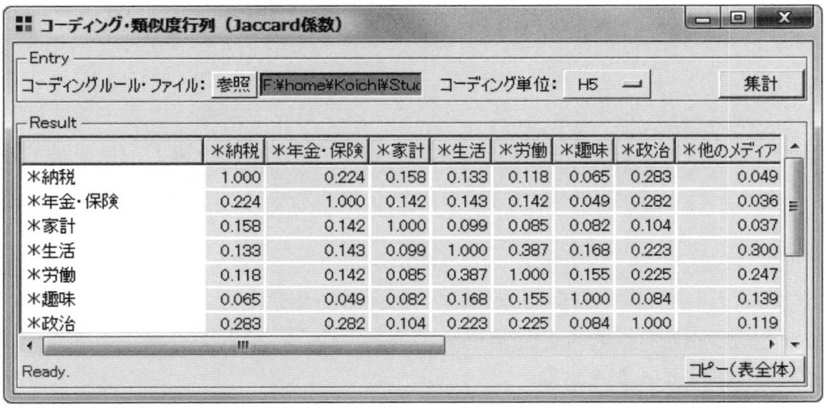

図 A.58 コードの類似度行列

オプション

このコマンドを呼び出すと，図 A.58 に示すような画面が開く。この画面での操作・オプ
ションは，「単純集計」コマンド（A.7.1 節）の場合とまったく同じである。なお図 A.58 の
Result 欄の 1 行目でコード名をクリックすると，クリックした列の値による降順のソートが
行われる。ここで再度同じコード名をクリックすると，当初の類似度行列の形にもどる。

A.7.4 「対応分析」

コマンドの概要

コードを用いた対応分析を行い，その結果を 2 次元の散布図に示すコマンドである。このコ
マンドは，外部変数の値ごとに見たり，章や節ごとに見ると，それぞれに特徴的なコードとし
てどんなものがあるのかを見るのに適している。また同時に，出現するコードという観点から
見ると，どの章とどの章が似通っているのか，外部変数のどの値とどの値が似通っているのか
といった探索を行える。

オプション

コードの選択 まずコーディング単位とコーディングルール・ファイルを選択しなければな
らない。またファイルに含まれているコードの中から，どのコードを分析に用いるのかを，
チェックボックスで選択できる。

データ表の種類 対応分析の出発点となるデータ表の種類を以下のように選ぶことができる。
H1 から H5 までの見出しで区切った部分ごとの特徴を見たい場合には，「コード×文書」を選
択し，「コーディング単位」よりも上位の「集計単位」を選択するとよいだろう。次に，外部変
数の値ごとの違いを見たい場合には，「コード×外部変数」を選択して，どの外部変数を用い
るかを指定する。これらの場合に分析に用いられるのは，「クロス集計」コマンド（A.7.2 節）
によって作成される表と同じものである。

共通の操作　そのほかの操作やオプションについては，抽出語の対応分析（A.5.7 節）と共通している。抽出語の場合と同様に，いくつの成分を抽出し，どの成分をそれぞれ x 軸・y 軸に用いるかということや，フォントの大きさ，プロットサイズ等を指定することができる。そしてこれらのオプションについては，いったん分析を行った後も，分析結果の画面で「調整」ボタンをクリックすれば再度設定を行える。また「保存」ボタンをクリックすると，得られた散布図を各種の形式で保存できる（A.5.4 節）。

A.7.5　「多次元尺度構成法」

このコマンドを用いれば，各コードの関連を類似度行列ではなく，1 次元～3 次元までの散布図から探索できる。類似度行列を直接読むよりも，散布図というグラフィカルな表現を行った方が，解釈しやすい場合もあるだろう。操作・オプション等については，抽出語の多次元尺度構成法（A.5.8 節）とほぼ同じであり，異なっているのは抽出語ではなくコードを分析に用いる点だけである。

A.7.6　「階層的クラスター分析」

このコマンドを用いれば，各コードの関連を類似度行列ではなく，階層的クラスター分析によって得られるデンドログラム（樹状図）から探索できる。類似度行列や，多次元尺度構成法によって得られる散布図よりも，デンドログラム（樹状図）の方が情報量が小さいので解釈を行いやすい場合があるだろう。操作・オプション等については，抽出語の階層的クラスター分析（A.5.9 節）とほぼ同じであり，異なっているのは抽出語ではなくコードを分析に用いる点だけである。

A.7.7　「共起ネットワーク」

このコマンドを用いれば，各コードの関連をネットワーク図（グラフ）から探索することができる。出現パターンの似通ったコードが線によって直接結ばれるので，クラスター分析によって得られるデンドログラムと同様に情報量が小さく，また，比較的小さいスペース内に結果を表示できる。操作・オプション等については，抽出語の共起ネットワーク（A.5.10 節）とほぼ同じであり，異なっているのは抽出語ではなくコードを分析に用いる点だけである。

ただし，共起関係（edge）の描画数については設定に注意が必要である。抽出語の共起ネットワークではデフォルトとして 60 が入力されているが，これは 60 から 70 程度の抽出語を分析するのに適した値であり，たとえば 5 から 10 程度のコードを分析するには大きすぎる値である。描画数が多すぎると，コード間のすべての組み合わせが線（edge）で接続されてしまい，意味のある解釈ができなくなってしまうだろう。5 から 10 程度のコードを扱う場合には，共起関係（edge）の描画数についても 5 から 10 程度にするか，あるいは係数の大きさによる絞り込みを行うとよいだろう。

A.7.8　「自己組織化マップ」

このコマンドを用いれば，各コードの関連を 2 次元のマップから探索できる。操作・オプション等については，抽出語の自己組織化マップ（A.5.11 節）とほぼ同じであり，異なっているのは抽出語ではなくコードを分析に用いる点だけである。

A.8　「ツール」メニュー

A.8.1　「外部変数と見出し」

コマンドの概要

　分析対象テキストの中には含まれない情報を「外部変数」として読み込めば，関連語検索，対応分析，共起ネットワーク，コーディング，コードのクロス集計，文書検索など，さまざまなコマンドで利用できる。たとえばデータが新聞記事の場合，記事の掲載された年代や掲載面を外部変数として読み込むことが考えられる。これによって，年代や掲載面によって記事内容がどのように変化しているかを分析したり（関連語検索，対応分析，コードのクロス集計），特定の面に掲載された記事だけにコードを与えたりできるようになる。あるいはデータが質問紙調査の自由回答項目であれば，たとえば性別や年齢といった変数を利用して，同様の分析を行えるだろう。

　このコマンドを呼び出すと，図 A.59 に示すような変数リスト画面が開く。この画面では，すでに読み込まれている変数の一覧を確認できるほか，変数を管理・利用するためのいろいろな操作を行える。

図 A.59　変数リスト・値ラベル

外部変数の読み込み

　CSV・Excel ファイルからプロジェクトを作成すれば，プロジェクト作成時にテキストと一緒に外部変数を読み込める（A.3.1 節）。それに加えて，プロジェクト作成後も，以下の手順で追加的に外部変数を読み込める。図 A.59 の画面で「読み込み」ボタンをクリックし，さらに「CSV ファイル」「タブ区切りファイル」のいずれかを選択する。開いた画面で「参照」ボタンをクリックして，外部変数が記述されたファイルを選択する。そして変数を読み込む集計単位を選択して「OK」ボタンをクリックすればよい。たとえば図 A.2 に示した新聞記事の例で，各記事の掲載面が記述された外部変数を読み込む場合，記事単位すなわち H3 単位を選択すればよい。

　変数の値については，数値であっても文字列であってもかまわないが，変数名・値ともに255 文字を超えてはならない。それから，ファイル内に含まれる全角スペースはすべて半角に変換されるので，全角スペースと半角スペースは区別されない。次に変数名に関する制限として，「_」（半角アンダーバー）ではじまる変数名は使用してはならない。また「見出し 1」か

ら「見出し 5」までと，「heading1」から「heading5」までの変数名も使用できない。なお KH Coder は外部変数の値が「欠損値」「MISSING」「.」のいずれかであれば，その値を欠損値として扱うことが多い。値ラベルが付与されている場合，値ラベルがこれらのうちいずれかであれば欠損値として扱う。対応分析，外部変数を使った共起ネットワーク，コードのクロス集計，ベイズ学習においては，こうした欠損値の取り扱いになる。

外部変数ファイルは CSV 形式かタブ区切り形式で準備する必要があり，1 行目には変数名を記述しなければならない。また，KH Coder が認識しているケース数（文書数）と，ファイル内のケース数（行数）が一致しなければ読み込みは行われない。

読み込んだ変数の管理

図 A.59 に示した変数リスト画面で，特定の変数をクリックすると，その変数の詳細が画面右側に表示される。画面右側には，変数がもつ値や，それぞれの値が付与された文書（ケース）の数，そして値ラベルが表示される。またこの画面では値ラベルを入力・編集することもできる。

変数を選択した上で「削除」ボタンや「出力」ボタンをクリックすれば，不要な変数を削除したり，変数の内容を CSV ファイルに出力できる。KH Coder は文書のクラスター分析（A.6.2 節）やベイズ学習による自動分類（A.6.5 節）の結果を外部変数として保存するので，これらの結果を取り出したいときには「出力」ボタンを利用するとよい。

なお KH Coder では，H1 から H5 までのタグで括った見出しも，外部変数の 1 種として扱っている。よって見出しについても，変数と同じリストの中に「見出し 1」から「見出し 5」までの名称で表示されている。見出しもおおむね外部変数と同じように利用できるが，削除できない点と，値ラベルを付与できない点が外部変数と異なっている。

変数の利用

図 A.59 に示した変数リスト画面で，任意の値を選択して「文書検索」ボタンをクリックすると，文書検索画面（A.6.1 節）が開いて，当該の値を付与された文書の一覧が表示される。同様に「特徴語」ボタンをクリックして「選択した値」を選択すると，関連語検索画面（A.5.6 節）が開き，当該の値が付与された文書の中で特に高い確率で出現する語，すなわち当該の値に特徴的な語がリストアップされる。これらの操作はそれぞれ，値のダブルクリック，[Shift] キーを押しながらのダブルクリックによっても実行できる。

	A	B	C	D	E
1					
2		男性		女性	
3	情報	.348		便利	.228
4	収集	.095		インターネット	.119
5	オークション	.050		知る	.098
6	必要	.046		ホームページ	.088
7	IT	.040		出来る	.087
8	利用	.038		メール	.084
9	生活	.038		調べる	.084
10	技術	.036		思う	.083
11	社会	.036		犯罪	.078
12	世界	.034		得る	.067

図 A.60 それぞれの値に特徴的な語

また，図 A.59 の右側で「特徴語」ボタンをクリックし，「一覧（Excel 形式）」を選択すると，それぞれの値に特徴的な語をまとめた表（図 A.60）が作成・表示される。図 A.60 の場合には，男性と女性の自由回答を比べて，それぞれに特徴的な語が一覧表にまとめられている。

なお，特徴的な語を検索する際には「関連語検索」機能（A.5.6 節）を利用している。「関連語検索」機能の設定については，「一覧」ボタンをクリックした時点の設定がそのまま用いられる。したがって，品詞の選択などを変更したい場合には，事前に「関連語検索」画面を開いてフィルタ設定を行っておけばよい。

　もちろん，こうした利用方法のほかに，文書検索・関連語検索の画面に変数名や値を直接入力することでも外部変数を利用できる。また対応分析や共起ネットワーク，コードのクロス集計などの各機能においても外部変数を利用できる。

内部処理

　読み込んだ外部変数の名前・集計単位・実際の変数値を保存したテーブルの名称などが，MySQL データベースの「outvar」テーブルに保存される。実際の変数値については，「outvar0」「outvar1」といった名前のテーブルが必要に応じて MySQL データベース内に作成され，その中に保存される。変数の値に付されたラベルは，MySQL データベースの「outvar_lab」テーブルに保存される。

　「特徴語」「一覧」ボタンをクリックして「Excel 形式」を選択した際には，プロジェクトの一時ファイル置き場に「khc5_temp0.xlsx」といった名称の一時ファイルが作製される。ただし「khc5」の部分はプロジェクトのデータベース名となる（A.3.1 節）。「CSV 形式」を選択した場合には，ファイル名の拡張子部分が *.csv となる。すでに同じ名称のファイルが存在する場合，ファイル名の「0」の部分が，より大きい数値に変更される。なおこれらの一時ファイルは，次回同じプロジェクトを開いた際にすべて削除される。

A.8.2　「SQL 文の実行」

コマンドの概要

　KH Coder は語の取り出し（形態素解析）結果などを，すべて MySQL データベースに格納し，MySQL を用いて実際の検索やコーディング等を行っている。したがって MySQL に命令（SQL 文）を直接送ることで，もともと KH Coder に用意されていない種類の検索や集計を行える。MySQL に任意の SQL 文を送り，そうした柔軟な検索・集計を行うための簡易インターフェイスとして，このコマンドを準備した。本格的な MySQL の利用にあたっては，より機能が豊富な専用クライアント・ソフトウェアの利用が便利であろう。なお，MySQL データベース内のテーブル構造については A.4.2 節を参照されたい。

　たとえば品詞別に語の総数（tokens）と異なり数（types）を集計するような機能は，KH Coder には備えていない。しかしこのコマンドを用いて SQL 文を実行すれば，図 A.61 に示すように，そういった集計も容易に行える。図 A.61 の例では総語数（tokens）の多い順に品詞を列挙している。

　図 A.61 を見てもわかるように，MySQL を用いた検索・集計を行うためには SQL 文を入力する必要がある。SQL とは「SELECT カラム名 FROM テーブル名 WHERE 取り出し条件」といった簡単な構文で，さまざまな検索を行うことができるデータベース操作・検索用の言語である。SELECT 文だけでも使えれば，できることの幅が大きく広がるので，必要に応じて取り組んでみるのも一案であろう。

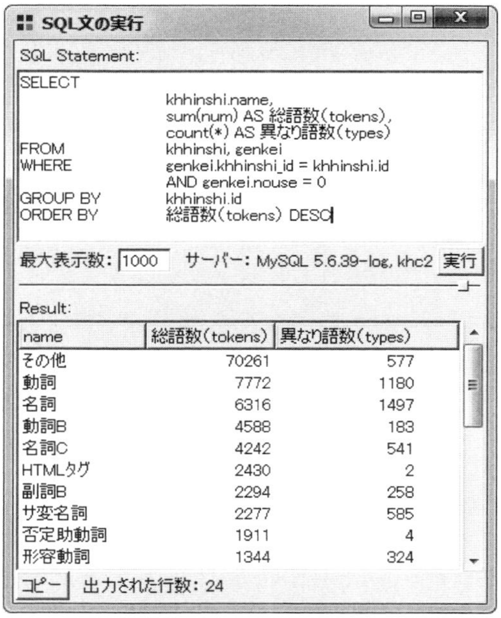

図 A.61 SELECT 文の実行

オプション

複数の SQL 文を連続して実行したい場合には，SQL 文の末尾に「;」（セミコロン）を付し，その直後に 2 度改行してから，次の SQL 文を入力すればよい。

数千数万といったあまりに多くのレコードが検索結果として表示されると，画面描画に時間がかかって操作に支障が出る場合がある。このため，検索結果として得られたレコードのうち最初の 1,000 件のみを表示するように設定している。この 1,000 件という設定を変更したい場合には，図 A.61 の「最大表示数：」の部分に任意の数値を入力すればよい。

A.9 「ツール」▷「プラグイン」メニュー

A.9.1 サンプル

KH Coder のソースコードを編集すれば，自由に KH Coder の機能を修正したり，新たな機能を付け加えられる。しかし，KH Coder のソースコードを読んで理解し，その上で修正を加えるという作業には，相当な労力が必要になるであろう。この問題を緩和するためにプラグイン機構を準備した。これを利用すれば，比較的短い Perl スクリプトを作成するだけで，KH Coder に新たなコマンドを追加できる。

「kh_coder.exe」と同じ場所に「plugin_jp」というフォルダがあるので，ここに自作の Perl スクリプトを置けば，KH Coder はそのスクリプトをプラグインとして認識する[23]。KH Coder のプラグインとして機能させるためには，自作の Perl スクリプトの拡張子を *.pm と

---

[23] Interface Language（A.2.6 節）が Japanese に設定されている場合は「plugin_jp」フォルダから，それ以外の場合は「plugin_en」フォルダから，KH Coder はプラグインを読み込む。

し，package 文を含む形（モジュール形式）にしておく必要がある。また，KH Coder のメニューにコマンドを追加するためのサブルーチン「plugin_config」と，コマンドが選択された際に実行されるサブルーチン「exec」の 2 つが含まれていなくてはならない。

　詳細については石田基広ほか（2014）に加えて，「plugin_jp」フォルダに用意してあるいくつかのサンプルを参照されたい。「sample1_hello_world_scr.pm」は，画面に「Hello World!」を表示するだけのシンプルなものである。「sample2_hello_world_file.pm」では，分析対象ファイル名をはじめ，KH Coder 上で現在開かれているプロジェクトについての情報を取得している。また，それをテキストファイルに書き出すとともに，画面上にも表示する。「sample3_exec_r.pm」では R にコマンドを渡して実行する方法を，「sample3_exec_sql.pm」では MySQL データベースを利用する方法を示している。なお最後のサンプル「sample4_minimum.pm」は，プラグインの最低限の構成を示すためのきわめてシンプルなものである。

　これらのサンプルを閲覧・編集すれば，独自の検索や集計を行い，その結果をテキストファイルに保存するといったコマンドを容易に作成できるだろう。ただし依然として Perl の知識は必要であるし，MySQL データベースを利用するためには SQL 文を作成する必要がある。Perl や SQL については各種参考書を，KH Coder が作成する MySQL データベースの形式については A.4.2 節を参照されたい。

A.9.2　「『文書×抽出語（表層語）』表の出力──不定長 CSV（WordMiner）」

　「『文書×抽出語』表」コマンド（A.3.5 節）を用いて，不定長 CSV 形式で出力を行った場合とほぼ同じ出力が，このコマンドでも得られる。ただしこのコマンドでは，抽出した語を基本型に変換せずに，原文中の活用（表層語）のまま出力する。

A.9.3　「形態素解析の結果を再読み込み」

　茶筌や MeCab による形態素解析の結果を修正したい場合，特定の文字列を 1 つの語として「強制抽出」するよう指定すれば通常は十分であろう（A.4.3 節）。あるいは茶筌や MeCab の辞書を編集するという方法もある。だが，それよりも柔軟に手作業で形態素解析の結果を修正したい場合もあるかもしれない。そうした場合にはこのコマンドが便利である。このコマンドの利用法について詳しくは，樋口（2017c）も併せて参照されたい。

　形態素解析の結果を編集するには，結果を格納したテキストファイルに修正を加えた上で，このコマンドを実行すればよい。修正すべきテキストファイルのパスは，前処理の実行時にコンソール画面に以下のように表示される。

```
Morpho File: C:¥khcoder3¥config¥khc3¥khc3_ch.txt
```

このテキストファイルは，プロジェクトの一時ファイル置き場に「khc3_ch.txt」といった名前で保存されている。ただし「khc3」の部分はプロジェクトのデータベース名となる。

　このコマンドでは，「前処理の実行」（A.4.2 節）とほぼ同じ処理が実行される。異なっているのは，茶筌・MeCab 等による形態素解析を行わない点だけである。すなわち，手作業による修正が加わった形態素解析の結果を，MySQL データベース内に読み込んで整理する。この処理を行うと，以降に実行する検索・コーディング・統計解析などはすべて，修正済みの形態素解析の結果にもとづく処理となる。

　ここで，形態素解析の結果を編集する際には，こまめにバックアップ・ファイルを作成する

ことを強く推奨したい。というのも，形態素解析の結果を格納しているファイル，すなわち編集の対象となるファイルは，「前処理の実行」時に警告なしに上書きされるためである。「前処理の実行」をすると，茶筌や MeCab が自動的に行った形態素解析の結果によってこのファイルが上書きされ，手作業による修正の内容が失われる。したがって，手作業による修正を加えたらすぐに，このファイルのコピーを作成する形でバックアップを行うとよいだろう。

A.9.4 「複合語の検出（UniDic）」

　茶筌または MeCab の辞書を標準の IPADIC から UniDic に入れ替えて使用している場合，UniDic の出力する品詞名が IPADIC とは異なるために，「前処理」メニュー内の「複合語の検出」コマンド（A.4.4 節・A.4.5 節）は機能しない。UniDic 使用時にはこのコマンドを使うことで，複合語の検出を行うことができる。ただし UniDic の品詞体系や仕様に変更があった場合は，本プラグイン（p3_unidic_hukugo0_te.pm）を編集する必要が生じる。

A.10 そのほか

A.10.1 サポート

　KH Coder の最新版は，以下のウェブページより入手できる。

　　　https://khcoder.net

　このウェブページには KH Coder の最新版，サポート情報，KH Coder を使用した研究事例のリストなどを準備している。また KH Coder に関する質問，バグの報告，改善の要望などについては，このウェブページの掲示板に投稿できる。掲示板の Q&A はほかのユーザーの参考としても役立つし，掲示板での質問からバグ発見・修正につながることもある。したがって掲示板でご質問いただくことは，KH Coder のユーザー・コミュニティおよび開発者に対する重要な貢献である。質問も，他者の質問に対する回答も，気軽に投稿していただければ幸いである。

A.10.2 KH Coder のアンインストール

　KH Coder は Windows のレジストリを一切用いていない。したがって，KH Coder が不要になった場合には，「kh_coder.exe」をはじめとするファイル群を削除するだけでアンインストールは完了する。おそらくは，KH Coder を解凍（Unzip）したフォルダごと削除するのが最も容易であろう。この点は Linux，Mac においても同様である。

資料 B

機能追加プラグイン「文錦®」シリーズ

現在，KH Coder に機能を追加するプラグイン「文錦®」（もんきん）シリーズが，株式会社 SCREEN アドバンストシステムソリューションズより販売されている*1。有料ではあるものの，一連のプラグインが KH Coder にもたらす新たな機能によって，利用者は計量テキスト分析をより容易に，より効果的に進められるだろう。以下，文錦®シリーズによって追加される機能を手短に紹介する。

B.1 「文錦® 否定表現チェッカー for KH Coder」

KH Coder は活用をもつ語をすべて基本形に直して抽出するが，本プラグインを用いれば，否定されている語だけは基本形に直さず，たとえば「解る（否定）」という形で抽出できる。これによって「もしかするとデータ中でこの語は否定されていたのではないか」というような心配なしに，分析結果を見られるようになる。この機能を用いたことで，たとえば図 B.1 には「解る（否定）」という語が加わっている。

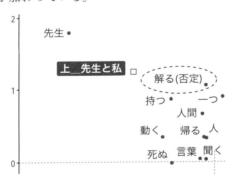

図 B.1 否定された語を区別して抽出

B.2 「文錦® 表記ゆれ＆同義語エディター for KH Coder」

抽出語を使った分析を行っていると，「子供」と「子ども」のように漢字とひらがなで書かれた言葉を統一したいと思うかもしれない。あるいは「目」と「眼」を同じ言葉として扱いたいと思うかもしれない。本プラグインを用いれば，こうした統一を手軽に行える。しかもプラ

---

*1 同社には，筆者の勤務校である立命館大学との間に技術指導契約を結んでいただき，コミュニケーションをとっている。本プラグインは，産学連携による成果と呼べるだろう。

グインに内蔵の辞書やアルゴリズムにもとづいて，「この組み合わせを統一すると良いかもしれない」と自動的に提案してくれる。また，自動提案された組み合わせの中で，実際に統一するものを分析者が選択できる（図 B.2）。

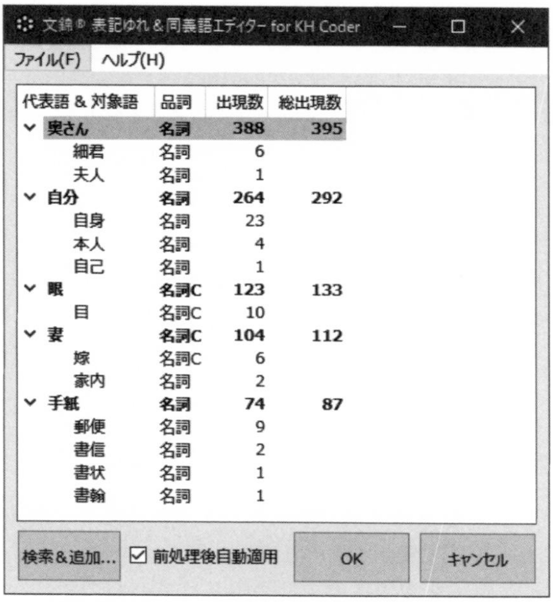

図 B.2　同義語を 1 種類の語にまとめるための設定画面

　なお KH Coder の当初の設計思想としては，こうした統一は分析の段階 2，すなわちコーディングルールを作成する段階で行うことを想定していた（第 2 章）。しかし多くの方にお使いいただく中で，分析の段階 1 でも，すなわち抽出語の分析においても，こうした語の統一を行いたいとのご要望をしばしば頂戴してきた。確かに，コーディングルールという「大技」を持ち出すことなしに，単純な表記ゆれを統一できれば便利なときもあるだろう。そんなときは，このプラグインの出番である。

　ただし，自動的に提案された組み合わせを，無条件にすべて統一してしまうといった使い方はお勧めできない。異なる語と見なすべきものまで統一されてしまわないように，分析者が確認せねばならない。また，まったく統一を行っていない状態で事前に分析を行って結果を見ておくと良いだろう。さらに「これこれの基準にもとづいて語を統一した」と説明できるようにしておくことが望ましい。

B.3　「文錦® クレンジング for KH Coder」

外部変数の編集　これはデータ準備のためのプラグインで，特に便利なのが外部変数を編集する機能である。アンケートの自由回答を分析する場合，たとえば 20 歳，21 歳，22 歳，…，65 歳といった年齢そのものを分析に利用することは難しい。クロス集計にせよ対応分析にせよ，年齢そのものではなく，20 代，30 代，…，60 代といった，いくつかのカテゴリーに分類した変数を準備しなくてはならない。KH Coder のメニューから本プラグインを呼び出せば，図 B.3 に示す画面で，こうした変数のカテゴリー化を容易に行える。

　図 B.3 の画面では，20 歳から 29 歳までを 1 つ目のカテゴリ「20 代」に分類するというよう

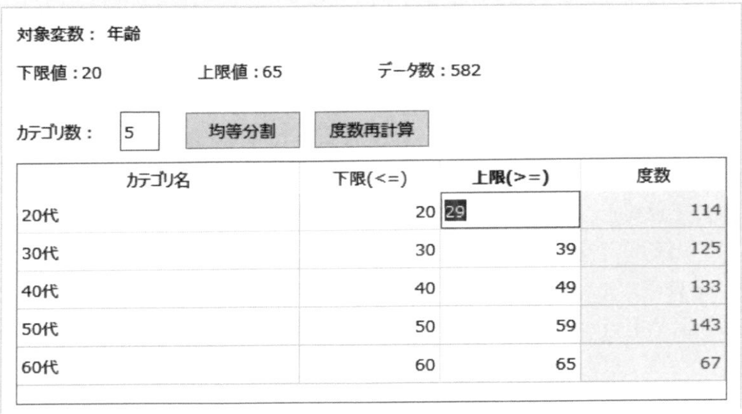

図 B.3　「年齢」変数をカテゴリー化する画面

な設定を編集できる。「20」「29」のようなカテゴリーの境目や，「20代」のようなカテゴリー名をすべて自由に入力できる。また，この設定では何人が「20代」というカテゴリーに分類されるかという度数も，同じ画面の右側に表示される。

さらに変数を結合する機能もあり，たとえば「年代」変数と「性別」変数を結合して，「20代男性」「20代女性」などの値をもつ変数を作成できる。この変数を使って対応分析を行えば，同じ20代でも，男性と女性とでは異なる傾向がないかを調べられる。また「20代」と「30代」を併合して「若年層」にするといったカテゴリー変更も行えるし，変数を用いた計算の結果を，新たな変数として保存できる。日付についても計算やカテゴリー化を行える。以上のような機能によって，外部変数を使った分析にかかる手間が大きく軽減されるので，さまざまな分析の試行を行いやすくなるだろう。

テキストの編集　本プラグインではテキスト部分のクレンジングを行うこともできる。KH Coder にもともと準備されている自動修正の機能では，EUC-JP という文字コードで定義されていない「①」のような文字は単に削除される（A.4.1節）。それに対して本プラグインでは，可能な限り「1」のような意味の近い文字への変換が試みられる。そのほか，半角文字を全角に，英字を大文字にといった統一を行える。また KH Coder は「。」で文を区切るので，KH Coder が文を正しく区切れるように，「？」で終わる文を「。」で終わるように修正できる。

B.4　「文錦® バッチ ウィザード for KH Coder」

対応分析や共起ネットワークの画面で，オプションを少し変更して結果がどう変わるかを見るという操作は，KH Coder で分析をする際に頻繁に行う操作であろう。それに対して本プラグインを用いれば，いろいろなオプションでの分析を多数まとめて実行し，結果をならべて閲覧できる。「これらのオプションを試してみては？」という推奨オプションセットも搭載しているので，何か重要なオプションを試し忘れているのではないかといった心配も無用となるだろう。また自動実行するオプションのセットは，独自にカスタマイズして保存・再利用できる。

B.5　「文錦® アドバンスト KWIC for KH Coder」

　このプラグインをインストールすると，1 つの語ではなく，複数の語が共起している文脈を KWIC で見られるようになる。たとえば共起ネットワークで「お嬢さん」と「奥さん」の 2 語がつながっているのを見たときに，その 2 語を両方含む文を読みたいと思うことは多くあるだろう。従来の KH Coder でも「文書検索」コマンド（A.6.1 節）で検索は可能だったが，このプラグインではいっそう手軽に検索を行えるし，結果の一覧性も大きく向上している。

　共起ネットワークや対応分析などのプロット画面で，[Ctrl] ＋クリックの操作で複数の語を選択し，「《文錦》KWIC」ボタンをクリックすると，このアドバンスト KWIC 画面を呼び出せる（図 B.4）。

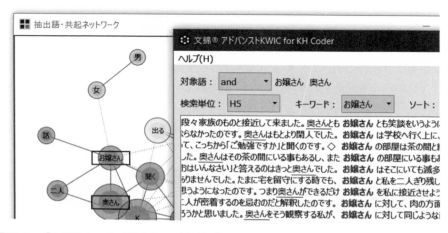

図 B.4　「お嬢さん」と「奥さん」のように複数の語が共起している文脈を見られる KWIC

B.6　「文錦® レポーティング for KH Coder」

　このプラグインをインストールすると，KH Coder による分析結果をより理解しやすいように，また適切な設定で分析を行いやすいように，補助的な情報が表示される。そうした改良が加わるのは，コーディング結果のクロス集計を可視化したバブルプロットと，クラスター分析，対応分析である。

クロス集計に残差分析を追加　KH Coder によるクロス集計のプロットに対して（図 3.13），「▲」「▽」の記号を使って残差分析の結果が追記される（図 B.5）。「▲」が付されていれば，その部分において，ほかよりも明らかに多く出現していると言えるし，「▽」はその逆である。

クラスター分析の補助　階層的クラスター分析のコマンドに（A.5.9 節），次のような機能が加わる。第一に，併合水準の情報をもとに，推奨しうるクラスター数を提示してくれる。KH Coder ではまったく便宜的な数値をデフォルトとしているが，本プラグインでは合理的な根拠にもとづくクラスター数がデフォルトとして使用されるようになる。第二に，デンドログラムを省いて，クラスター分析の結果を要約して表示する機能が加わる。表 5.2 に近い形で出力できる。

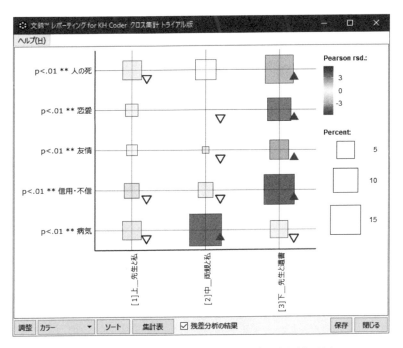

図 B.5　クロス集計のバブルプロットに残差分析を追加

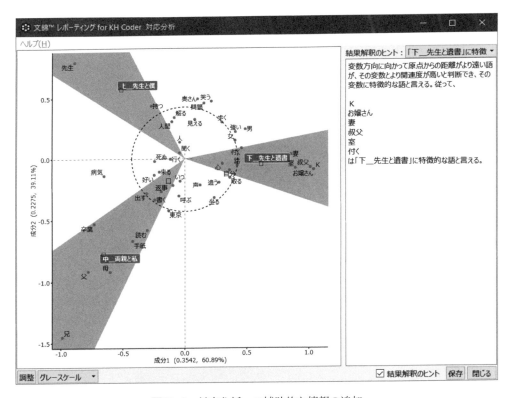

図 B.6　対応分析への補助的な情報の追加

対応分析の解釈を補助　対応分析の結果をより読み取りやすくするために，プロットに強調表示が加わる。さらに分析結果を解釈・説明するためのヒント文が自動生成される。このヒント文は，分析結果を文章で説明するときに，1種のたたき台として利用できるかもしれない。ここで追加される情報はあくまで補助的なものであるが，分析結果を正しく理解する助けとなることを期待したい。またプレゼンテーションやカラー印刷においては，強調表示によって，分析結果に視覚的な華やかさも加わるだろう。

B.7　「KH Coder サポートパッケージ」

KH Coder は大学の研究室発のフリー・ソフトウェアであるが，そこに企業の組織的な開発力と技術力が加わったものが，この製品「KH Coder サポートパッケージ」である。企業内でバイナリ作成，パッケージング，セキュリティ・チェックが行われているので，非常に強固なセキュリティが実現している。それに加えて，独自インストーラーにより，解像度に応じて最適な画面表示となるよう設定が行われるなど，詳しい知識がなくとも便利で快適な KH Coder 操作を行える。

本製品には複数の Edition があり，セキュリティ対策から，公式セミナー受講券，専門窓口でのご質問対応，万一のバグ対策まで，各種サポート内容を必要に応じて選択できる。各 Edition の詳細については，販売元である株式会社 SCREEN アドバンストシステムソリューションズのウェブページを参照されたい。

本製品を購入しなくても，ウェブ上の掲示板に質問を投稿することはできる。しかし掲示板は，原則としてユーザー同士で助け合う場である。きちんとした問い合せ先があった方が良い場合は，本製品が便利だろう。たとえば KH Coder を勤務先で使用される場合や，教室で教えるために使用される場合，何かのときに確実な応答を期待できる問い合せ先には価値があるだろう。

なお本製品は，機能追加プラグインである文錦®シリーズとは違って，KH Coder 本体に各種サポートが付属するという製品である。異なる製品ではあるものの，KH Coder に付加価値をもたらす点では文錦®シリーズと共通していて，販売元も同じであることから，ここで紹介した。

資料 C

KH Coder の使用条件とその考え方

C.1 使用条件の要点

C.1.1 GNU GPL

　KH Coder の著作権は筆者・樋口耕一が保持するが，広く調査研究に資するためにフリー・ソフトウェアとして KH Coder を公開する。KH Coder は，GNU General Public License（以下 GPL）の「バージョン 2」あるいはそれ以降のバージョンに従って，使用，変更，再配布することができる。GPL の全文が，和訳が R. M. Stallman et al.（2002＝2003）に掲載されているほか，GNU のウェブページで閲覧できる。ここでは筆者が考える GPL の要点として，無保証であることと自由があることを特に強調しておきたい。

無 保 証　KH Coder は安全かつ有用なソフトウェアであると筆者は考えているが，これらの点は一切保証されない。KH Coder を使用することによって生じる，いかなる直接的・間接的損害についても筆者はその責を負わない。

自　　由　「フリーウェア」や「フリーソフト」という用語は，無料のソフトウェアという意味で用いられる。KH Coder はこのどちらでもなく，「フリー・ソフトウェア」である。「フリー・ソフトウェア」とは自由ソフトウェアのことを意味する。

　自由ソフトウェアとは，学術的な目的であれ商業的な目的であれ，自由に利用できるソフトウェアである。それに加えて「このソフト，中でどんな計算をしているの？」と思ったときには，自由に処理内容を調べられる。また「計算法を変えた方が良いんじゃない？」「この機能もあれば便利なのに」と思ったときには，独自に修正・追加を行える。学術論文と同じように，内容を精査する自由があり，必要に応じて独自の改良を加える自由があるのが「フリー・ソフトウェア」（自由ソフトウェア）である。

C.1.2 学術利用におけるお願い

　KH Coder を用いたご研究の成果を論文などに発表される際には，分析に KH Coder を用いたことを記載していただけると幸いである。これは GPL に含まれないことなので，法的拘束力をもつ使用条件ではなく，筆者からのリクエストである。あえて付け加えるならば，使用したソフトウェアの名称とバージョンを記載することは，分析プロセスを明示するために，ひいては研究の信頼性を保つためにも有用であろう。

　なおその際，KH Coder のウェブページに設置してある入力フォームから，ご研究の書誌情報をお知らせいただければ，「研究事例リスト」ページに掲載する。

　文献リストに KH Coder を挙げていただける場合には，本書または下記の文献①を使用さ

れたい。英語論文の場合には文献②③を使用されたい。なお本書の第 2 章は，文献①をもとに加筆と編集を行ったものである。

① 樋口耕一，2004，「テキスト型データの計量的分析——2 つのアプローチの峻別と統合」『理論と方法』**19**(1): 101–115.

② Higuchi, K., 2016, "A Two-Step Approach to Quantitative Content Analysis: KH Coder Tutorial Using Anne of Green Gables (Part I)," *Ritsumeikan Social Sciences Review,* **52**(3): 77–91.

③ Higuchi, K., 2017, "A Two-Step Approach to Quantitative Content Analysis: KH Coder Tutorial Using Anne of Green Gables (Part II)," *Ritsumeikan Social Sciences Review,* **53**(1): 137–47.

C.2　人文・社会系の学術研究とフリー・ソフトウェア開発

　ここでは，研究者が KH Coder のようなフリー・ソフトウェアの開発に取り組む利点について，筆者の考えを述べる。ソフトウェア開発のような「技術的」な事柄に時間と労力を割くことに対しては，時として懐疑的な見方もあるだろう。とりわけ人文・社会系の研究領域においてソフトウェアは，著書や論文とは異なり，いわゆる「研究業績」としては必ずしも評価されない。しかも KH Coder のようなフリー・ソフトウェア（自由ソフトウェア）とあっては，経済的な利益につながるとは限らない。なぜそれでも開発を行うのかという懐疑的な声に対して，十分な答えとなるかどうかは心許ないが，筆者自身がもつ原動力や心がけている点などを紹介したい。これらの点を通じて，KH Coder の使用条件として GPL を採用している理由も説明できるだろう。

C.2.1　なぜソフトウェアを開発するのか

　ソフトウェア開発に取り組む当初のきっかけとしては，自分の用途に適した既製品がないからという場合が多い。たとえば，計量社会学的な分析を行う際には往々にして，手元のデータを分析に適した形に整形する必要が生じる。この整形作業を正確かつ迅速に行うために，当該分野では簡易ソフトウェアの製作がしばしば行われている。一定の形に整えることさえできれば R，SAS，SPSS といった汎用の統計ソフトウェアで分析できるのだが，独自の非定型データを整形するためのソフトウェアとなると，用意されていないことが多いからである。

　この場合には「このソフトウェアを作れば，ほかの人がまだ取り組んでいない，独自のデータ分析を行える」「そこから新たな発見があるかもしれない」という思いが，ソフトウェア開発の原動力となる。KH Coder のように他者に公開するソフトウェアであっても，公開前の開発段階にあっては，このような思いを胸に開発に取り組んでいることが多い。

　次に，自分専用ではなく公開用のソフトウェアの開発には，さらに別の動機が加わる。この動機としては，やはり何らかの研究法，分析方法の提案と普及を目指していることが多いだろう。自分が提案する新しい方法を実現するためには，新たなソフトウェアが必要になることがある。この場合には，実現のためのソフトウェアがなければ，いかに力強く，いかに説得力に富んだ主張を論文で行ったとしても，その方法が実際に普及する見込みは薄い。

　また，自分が提案する方法を文章で説明するだけではなく，コンピュータで実行できるソフトウェアの形にすることで，より正確に方法を伝達できる場合がある。複数の人が同じレシピ

を使って料理をしても，同じ風味になるとは限らない。料理のレシピであれ分析方法の説明であれ，解釈には個人差が生じうる。それに対して，コンピュータの動きは常に一定であるから，複雑で込み入った方法であっても正確に伝達を行いうる。また，方法の説明を読むだけでなく，ソフトウェアを動かして実際に試してみることによって，新たに受け手に伝わることもあるだろう。つまり，「新しい方法」という知識を正確かつ効果的に伝達するために，もしくは知識を表現する1つの形として，ソフトウェア開発を行うのである。こうした公開用ソフトウェアを開発する際の原動力は，もはや論文を書く場合のそれと変わらない。論文執筆の場合と同様に，「（新しい方法の提案という）自分の主張が，よりよく理解され，よりよく受け入れられるように」という思いが原動力となる。

　以上のような，(i) 独自の分析やシミュレーションを行うための，そして (ii) 知識を表現・伝達するためのソフトウェア開発には，仮に業績として評価されにくくとも，そこに注力するだけの魅力があるように思う。ただし，そうは言いつつも，人文社会系の研究者がソフトウェア開発だけに打ち込むことは決して推奨できない。研究や論文の価値を高めるようなソフトウェア開発であるとともに，ソフトウェア開発の意義が正しく伝わるような論文の発表が望ましいだろう。

C.2.2　フリー・ソフトウェアとしての公開

　論文を書くのと同じように，知識を表現・伝達するためにソフトウェアを開発するというのであれば，そのソフトウェアには論文と同様の自由が認められるべきである。論文の場合であれば，内容を精査して，必要なだけ引用を行いつつ改善や発展的継承を行い，その成果を自分の論文として発表できる。こうした自由をソフトウェアにあてはめるならば，処理内容を正確に調べることができて，なおかつ必要に応じて機能に改良を加えることができ，さらに改良箇所を公表する自由が必要である。

　こうした自由をすべて備えているのが Stallman et al.（2002＝2003）の提唱する「フリー・ソフトウェア（自由ソフトウェア）」である。現在では Linux をはじめとして多くのフリー・ソフトウェアが一般に流通しているし，もともとは学術用途を特に意図したものではない。しかしフリー・ソフトウェアの考え方は上述のような自由を認めていることから，学術分野における，知識を表現するためのソフトウェア開発にうってつけのものである。そして，こうした自由を守るための条文を整備したライセンスが GPL である。

　方法やソフトウェアの研究に取り組む人だけでなく，応用研究のためにソフトウェアを利用する人にとっても，フリー・ソフトウェアが備える自由は有益である。たとえばデータ分析用のソフトウェアをお使いの読者であれば，「自分の研究により適した形に，より便利な形に，この機能を少し修正できれば」と思った経験をもつ方も少なくないだろう。フリー・ソフトウェアであれば，そうした修正ないしカスタマイズを自由に行える。なお，既製のソフトウェアに小さな修正を加えるのは多くの人が想像するよりも簡単な作業だが，必ずしも自分で行わなくともよい。プログラミングが得意な同僚に頼むこともできるし，料金を支払って開発会社に依頼することもできる。現在は株式会社 SCREEN アドバンストシステムソリューションズがこの依頼を受け付けているし，もちろんシステム開発を扱うほかの会社にも相談・依頼できる。

　自分で取り組むにせよ，誰かほかの人に依頼するにせよ，ソフトウェアの機能を自由に修正できることには重要な意味がある。フリー（自由）でないソフトウェアの場合，自分の研究により適した形に分析機能を修正したいと思っても，販売元の会社に頼みこむ以外には，方法はまったくない。その点フリー・ソフトウェアであれば配布元の意向にかかわりなく分析機能を

修正できるので，研究に用いる分析方法を自分の考えにもとづいて自由に選択・修正できる。このように，研究における自由の促進に寄与しうるという点も，フリー・ソフトウェアとして公開を行うことの魅力である。

　KH Coder は，フリー・ソフトウェアであるという点のほかにも，高い柔軟性・拡張性を備えている。たとえば統計解析については，すべて統計ソフトウェア R に対して解析コマンドを送ることで実行している。この R コマンドを編集すれば，統計解析を自由にカスタマイズできる（A.5.4 節）。また KH Coder はデータ中から語を取り出した結果を MySQL データベース内に整理している。したがって KH Coder を介さずに直接 MySQL データベースを使用することで，KH Coder に準備されていない種類の検索やデータ集計を自由に行える（A.8.2 節）。さらに，わずかな Perl と R のコードを書くことで KH Coder にコマンドを追加できるプラグイン機構を備えている（石田ほか 2014）。こうした柔軟性・拡張性を備えることで，お仕着せの分析しかできない既製品ではなく，利用してくださる方が創意工夫を発揮できる環境の整備を目指している。利用してくださる方が自由に分析を行えてこそ，あるいは必要に迫られての工夫を行えてこそ，分析方法も発展していくと考えるからである。

　なお，フリー・ソフトウェアという言葉は無料であることを必ずしも意味しないが，現在のところ KH Coder は無料で公開している。多くの方にお使いいただき，使い方の工夫を含めて，さまざまなフィードバックが得られればと願っている。

C.2.3　技術信仰から距離を置いて──自戒のために

　かつて盛山和夫が主張したように，方法や技術の遅れが研究の遅れにつながるということは十分に起こりうる。したがって方法や技術についての研究は必要であるし，その成果は広く伝達されなければならない。ただし一方で，技術蔑視とともに，その対極にある技術信仰も有害であることに盛山はふれている（盛山編 1987, 1988）。

　それでは，方法や技術の魅力に惹かれる一方で，技術そのものへの強すぎる思い入れや技術信仰から距離を置くにはどうすればよいのだろうか。技術蔑視と技術信仰の間で中庸を保つには，何に気をつけるべきなのだろう。その 1 つのポイントとして，技術について考えるということは，人間について考えることでなければならない。

　第一に，新しい技術や方法を考える際には，それを使う人についての深い理解が求められる。たとえばソフトウェアメーカーで新しい技術を採用する際には，外部から協力者を募ってその技術を使ってみてもらい，その様子を実験室で観察する。利用する人の考えや目的，置かれた状況などを十分に考慮しなければ，優れた技術を考案することはできないだろう。

　第二に，より重要なのは，方法や技術が適用される対象についての理解である。人間や社会から収集したデータを分析する方法について考える際には，当該のデータや，ひいてはデータの収集元である人間や社会についての理解が要求される。人間や社会のいかなる特徴をデータから引き出したいのか，あるいは人間や社会のいかなる特徴がデータに含まれうるのか。そういった点について考慮せずに，分析方法だけを「技術的」に考えることはほとんど不可能である。

　こうした意味で，技術について考えるということは，人間や社会について考えることである。もしそうでなければ，技術信仰との誹りを受けることもやむをえないだろう。そして，新しい方法を強く提案したいと思う時こそ，方法よりも人間や社会の側に焦点を合わせ，方法の「単なる紹介的な利用ではなく，実質的な社会学的認識課題に答える研究を積み重ね」（盛山編 1988: ii）ることが有効であろう。

あとがき

　本書は，大阪大学大学院人間科学研究科に提出した博士論文をもとに，その後に発表した論文を加えて，加筆と編集を行ったものである。各章の印刷物としての初出を以下に示す。

第 1 章　樋口耕一, 2006,「内容分析から計量テキスト分析へ——継承と発展を目指して」『大阪大学大学院人間科学研究科紀要』**32**: 1–27.

第 2 章　樋口耕一, 2004,「テキスト型データの計量的分析——2 つのアプローチの峻別と統合」『理論と方法』**19**(1): 101–15.

第 3 章　樋口耕一, 2003,「コンピュータ・コーディングの実践——漱石『こころ』を用いたチュートリアル」『年報人間科学』**24**: 193–214.

第 4 章　樋口耕一, 2004,「計算機による新聞記事の計量的分析——『毎日新聞』にみる『サラリーマン』を題材に（特集：非定型データ分析の可能性）」『理論と方法』**19**(2): 161–76.

第 5 章　樋口耕一, 2011,「現代における全国紙の内容分析の有効性——社会意識の探索はどこまで可能か」『行動計量学』**38**(1): 1–12.

第 6 章　樋口耕一, 2013,「情報化イノベーションの採用と富の有無——ウェブの普及過程における規定構造の変化から」『ソシオロジ』**58**(1): 39–55.

第 8 章　樋口耕一, 2017,「計量テキスト分析および KH Coder の利用状況と展望（特集：テキストマイニングをめぐる方法論とメタ方法論）」『社会学評論』**68**(3): 334–50.

C.2 節　樋口耕一, 2011,「計量テキスト分析の提案と必要なソフトウエアの開発（DOING SOCIOLOGY）」『ソシオロジ』**55**(3): 102–8.

　また KH Coder やそのマニュアルについては，2001 年 10 月にインターネットでの公開を始めて以来，徐々に改良や機能の追加を行ってきた。

　本書を執筆することができたのは，学部の卒業論文から博士論文まで根気よくお付き合いくださった，指導教員の川端亮先生のお力によるところが大きい。川端先生の提案された計量テキスト分析が本書の立脚点となっており，先生の先見の明に今も脱帽する思いである。また研究上のことに加えて，大学院生としての，あるいは大人としての振る舞い方のようなことについても，未熟な社会性しかもち合わせていない学生に伝わりやすい言葉を選びつつ，先生は教え諭してくださった。曲がりなりにも大学教員として働いている今，川端先生がしてくださったように，筆者も学生さんに接することができればと思う。なお，KH Coder の「KH」とは Koichi Higuchi の略ではない。言うまでもないと思うが Kawabata Higuchi の略である。

　また同研究科の直井優先生と吉川徹先生には，博士論文の副査をお引き受けいただいたことに加えて，研究上も大変お世話になった。大学院に入学して 1 年目の筆者が提案した自由回答項目を，直井先生は「情報化社会に関する全国調査」に盛り込んでくださった。本書で行った分析には，この調査データがあってこそ可能になったものが多い。また吉川先生はゼミにおけるご指導やご自身の研究活動を通じて，直井先生・川端先生とはやや異なるタイプのお手本を，

若手研究者としてのお手本を院生当時の筆者に示してくださった。吉川先生のお姿は1つの目標であったとともに，時としてその超えがたさに焦りを禁じえない，鮮烈な刺激であった。

　もうお一人，統計数理研究所・名誉教授でいらっしゃる大隅昇先生のお名前を挙げさせていただきたい。大隅先生には，筆者の稚拙な修士論文に温かいコメントをお寄せいただいて以来，まさに惜しみなく，研究上のご示唆や発表の機会を与えていただいた。筆者のように不出来な者であっても，真剣な姿勢をいったんお認めくだされば，これ以上はないほど温厚な笑顔でお教えくださった。このことは筆者にとって大きな励みとなった。

　なお，研究上お世話になった方はほかにも数多くいらっしゃる。個別にお名前を挙げることができず申し訳ないが，心より感謝を捧げたい。また当然のことではあるが，本書の内容に何らかの瑕疵があるとすれば，それはすべて筆者一人の責によるものである。

　次にKH Coderの製作についても，多くの方に後押ししていただいた。KH Coderをお使いいただいた数々の研究の存在は，製作の励みとなっただけでなく，「このような使い方ができるのか」と勉強させていただくことも多かった。またウェブの掲示板を通じて，KH Coderについて多くの質問やコメントをお寄せいただいた。そこから，操作のわかりにくい部分やプログラムのバグなどを見つけることができた。機能追加のリクエストをいただくこともあり，その一部については実現できた。以上のような点で，KH Coderは利用者の皆様に育てていただいたソフトウェアである。

　本書の出版にあたっては，ナカニシヤ出版の宍倉由髙氏と米谷龍幸氏にたいへん丁寧かつ円滑に仕事を進めていただいた。また初版刊行時には立命館大学学術図書出版推進プログラムによる助成を受けた。このほか本書で扱ったデータの収集や研究実施にあたっては，以下の科学研究費補助金と，立命館大学研究推進プログラム（2009年度）による助成を受けた。

- 基盤研究（A）13301007，2001年度～2004年度，研究代表者：直井優
- 基盤研究（B）13410049，2001年度～2003年度，研究代表者：川端亮
- 特別研究員奨励費 02J05095，2002年度～2004年度，研究代表者：樋口耕一
- 特別研究員奨励費 05J09219，2005年度～2006年度，研究代表者：樋口耕一
- 若手研究（スタートアップ）19830031，2007年度～2008年度，研究代表者：樋口耕一
- 若手研究（B）23730502，2011年度～2013年度，研究代表者：樋口耕一
- 若手研究（A）26705006，2014年度～2017年度，研究代表者：樋口耕一

　最後になったが，勤務先である立命館大学産業社会学部での仕事を曲がりなりにもこなしつつ，KH Coderを製作し研究を進められたことについて，周囲の人々に感謝を捧げたい。社会学に限らず多様な専門分野から研究者が集う大所帯，「産社」には，特有の自由な空気が流れ，常に背中を押していただいているように感じた。また，家族の励ましと協力も不可欠だった。正直に書くと，協力してもらったというより，単に筆者が勝手をしていたという面も大きいだろう。妻には悪かったとも思うし，果たしてくれた大きな役割に感謝している。少し前から新天地で働く妻の仕事が，いっそう世に光を放つことを願っている。そして10歳を過ぎる頃から急に大人びたことを言うようになった娘も，ときにあきれ顔を見せつつ，声援を送ってくれて，これは大変に嬉しかった。

2019年9月　樋口耕一

文　献

Afifi, A. & V. Clark, 1996, *Computer-Aided Multivariate Analysis, 3rd ed.,* Boca Raton, FL: Chapman & Hall/CRC.

赤川学, 2009, 「言説分析は, 社会調査の手法たりえるか」『社会と調査』3: 52–8.

秋庭裕・川端亮, 2004, 『霊能のリアリティへ——社会学, 真如苑に入る』新曜社.

青池慎一, 2012, 『ニュースの普及過程分析』慶應義塾大学出版会.

有馬明恵, 2021, 『内容分析の方法　第 2 版』ナカニシヤ出版.

有村博紀・浅井達哉, 2003, 「テキストマイニング——ウェブデータからの知識発見を目指して」『Computer Today』20(2): 43–8.

Bales, R. F., 1950, *Interaction Process Analysis,* Reading, MA: Addison-Wesley.

Bauer, M. W., 2000, "Classical Content Analysis," M. W. Bauer & G. Gaskell eds., *Qualitative Researching with Text, Image and Sound,* London: Sage, 131–51.

Bauer, M. W. & G. Gaskell eds., 2000, *Qualitative Researching with Text, Image and Sound,* London: Sage.

Berelson, B., 1952, *Content Analysis in Communication Research,* New York: Free Press.

————, 1954, *Content Analysis,* Cambridge, MA: Addison-Wesley. (= 1957, 稲葉三千男・金圭煥訳『内容分析』みすず書房.)

Berelson, B. & P. F. Lazarsfeld, 1948, *The Analysis of Communication Content,* Chicago, IL: Chicago University Press.

Berry, M. J. A. & G. Linoff, 1997, *Data Mining Techniques: For Marketing, Sales, and Customer Support,* New York: Wiley & Sons. (= 1999, SAS インスティチュート・ジャパン・江原淳・佐藤栄作訳『データマイニング手法』海文堂.)

Blei, D. M., A. Y. Ng & M. I. Jordan, 2003, "Latent Dirichlet Allocation," *Journal of Machine Learning Research,* 3(4-5): 993–1022.

Bohrnstedt, G. W. & D. Knoke, 1988, *Statistics for Social Data Analysis,* Itasca, IL: F. E. Peacock. (= 1990, 海野道郎・中村隆訳『社会統計学』ハーベスト社.)

Borg, I., P. J. Groenen & P. Mair, 2013, *Applied Multidimensional Scaling,* New York: Springer.

Bryant, J. & D. Zillman eds., 1986, *Perspectives on Media Effects,* Hillsdale, NJ: Lawrence Erlbaum Associates.

Bryman, A., 2012, *Social Research Methods, 4th ed.,* Oxford, NY: Oxford University Press.

Cabena, P., P. O. Hadjinian, R. Stadler, J. Verhees & A. Zanasi, 1998, *Discovering Data Mining: From Concept to Implementation,* Upper Saddle River, NJ: Prentice Hall. (= 1999, 日本アイ・ビー・エム株式会社・河村佳洋・福田剛志監訳『データマイニング活用ガイド——概念から実践まで』星雲社.)

Cartwright, D., 1953, "Analysis of Qualitative Material," L. Festinger & D. Katz eds., *Research Methods in the Behavioral Sciences,* Niles, IL: Dryden, 421–70.

Chang, G., M. J. Healey, J. A. M. McHugh & J. T. L. Wang, 2001, *Mining the World Wide Web: An Information Search Approach,* Norwell, MA: Kluwer Academic. (= 2003, 武田善行・梅村恭司・藤井敦訳『Web マイニング』共立出版.)

曺慶鎬, 2017a, 「"Yahoo!ニュース" の計量テキスト分析——中国人に関するコメントを中心に」『駒沢

社会学研究』49: 115–35.

―――, 2017b,「インターネット上におけるコリアンに対するレイシズムの対策と効果―――"Yahoo! ニュース"のコメントデータの計量テキスト分析」『応用社会学研究』59: 113–27.

張嵐, 2010,「『中国残留孤児』に関する朝日新聞記事分析―――インタビュー調査と対比して」『社会と調査』5: 69–81.

Clauset, A., M. E. J. Newman & C. Moore, 2004, "Finding Community Structure in Very Large Networks," *Physical Review E,* 70(6): 066111.

Corman, S. R., T. Kuhn, R. D. Mcphee & K. J. Dooley, 2002, "Studying Complex Discursive Systems: Centering Resonance Analysis of Communication," *Human Communication Research,* 28(2): 157–206.

Cowan, R. S., 1987, "The Consumption Junction: A Proposal for Research Strategies in the Sociology of Technology," W. E. Biker & T. P. Hughes eds., *The Social Construction of Technology,* Cambridge, MA: MIT Press, 261–80.

Craik, F. I. M. & R. S. Lockhart, 1972, "Levels of Processing: A Framework for Memory Research," *Journal of Verbal Learning and Verbal Behavior,* 11: 671–84.

Danielson, W. A. & D. L. Lasorsa, 1997, "Perceptions of Social Change: 100 Years of Front-Page Content in the New York Times and the Los Angeles Times," C. W. Roberts ed., *Text Analysis for the Social Sciences,* Mahwah, NJ: Lawrence Erlbaum, 103–15.

Danowski, J. A., 1993, "Network Analysis of Message Content," W. D. Richards Jr. & G. A. Barnett eds., *Progress in Communication Sciences IV,* Norwood, NJ: Ablex, 197–221.

Deboeck, G. & T. Kohonen, 1998, *Visual Explorations in Finance with Self-Organizing Maps,* New York: Springer-Verlag. (= 1999, 徳高平蔵・田中雅博監訳『金融経済問題における可視化情報探索―――自己組織化マップの応用』シュプリンガー・フェアラーク.)

Doszkocs, T. E., J. Reggia & X. Lin, 1990, "Connectionist Models and Information Retrieval," *Annual Review of Information Science and Technology,* 25: 209–60.

Dovring, K., 1954, "Quantitative Semantics in 18th Century Sweden," *Public Opinion Quarterly,* 18(4): 389–94.

Dutton, W. H., E. M. Rogers & S. Jun, 1987, "Diffusion and Social Impacts of Personal Computers," *Communication Research,* 14: 219–50.

Dyer, S. C., M. M. Miller & J. Boone, 1991, "Wire Service Coverage of the Exxon Valdez Crisis," *Public Relation Review,* 17: 27–36.

Dziurzynski, P. S., 1977, "Development of a Content Analytic Instrument for Advertising Appeals Used in Prime Time Television Commercials," M. A. Thesis, University of Pennsylvania.

遠藤薫, 2000,「情報コンシャスネスとオルトエリート―――階層化・脱階層化の同時進行と社会構造変化」今田高俊編『日本の階層システム 5 社会階層のポストモダン』東京大学出版会, 111–48.

―――, 2005,「コンピュータ・メディアに媒介された小公共圏群と間メディア性の分析―――小泉政局においてネット『世論』と既存マスメディアはどのように相互参照したか」橋本良明・吉井博明編『ネットワーク社会』ミネルヴァ書房, 101–33.

遠藤薫編, 2004,『インターネットと〈世論〉形成―――間メディア的言説の連鎖と抗争』東京電機大学出版局.

Feldman, R. & J. Sanger, 2007, *The Text Mining Handbook: Advanced Approaches in Analyzing Unstructured Data,* New York: Cambridge University Press. (= 2010, 辻井潤一・IBM 東京基礎研究所テキストマイニングハンドブック翻訳チーム訳『テキストマイニングハンドブック』東京電機大学出版局.)

Fischer, C. S., 1992, *America Calling: A Social History of the Telephone to 1940,* Berkeley, CA: University of California Press. (= 2000, 吉見俊哉・松田美佐・片岡みい子訳『電話するアメリ

カ』NTT 出版．）

Franke, J., G. Nakhaeizadeh & I. Renz eds., 2003, *Text Mining: Theoretical Aspects and Applications,* Heidelberg: Physica-Verlag.

Freeman, M., A. Bell, C. Comerton-Forde, J. Pickering & P. Blayney, 2007, "Factors Affecting Educational Innovation with In Class Electronic Response System," *Australasian Journal of Educational Technology,* 23(2): 149–70.

Fruchterman, T. M. J. & E. M. Reingold, 1991, "Graph Drawing by Force-directed Placement," *Software - Practice and Experience,* 21(11): 1129–64.

藤井美和，2003，「大学生のもつ『死』のイメージ──テキストマイニングによる分析」『関西学院大学社会学部紀要』95: 144–55．

藤井美和・小杉考司・李政元，2005，『福祉・心理・看護のテキストマイニング入門』中央法規出版．

藤生宗則，1999，「バーチャルコミュニティの活性度を測るための指標の提案」『InfoCom REVIEW』20: 43–9．

藤竹暁，1968，『現代マスコミュニケーションの理論』日本放送出版協会．

藤田真文，1992，「内容分析研究における『量化』の展開と批判」『慶應義塾大学新聞研究所年報』38: 53–72．

藤田真文・岡井崇之編，2008，『プロセスが見えるメディア分析入門──コンテンツから日常を問い直す』新曜社．

深谷昌弘編，2008，『ソシオセマンティクスを創る──IT・ウェブ社会から読み解く人々の意味世界』慶應義塾大学出版会．

Funkhouser, G. R., 1973, "The Issues of the Sixties: An Exploratory Study in the Dynamics of Public Opinion," *Public Opinion Quarterly,* 37(1): 62–75.

外務省大臣官房電子計算機室，1967，『CONTENT ANALYSIS──電子計算機による文章の内容分析』外務省．

Gamson, W. A. & A. Modigliani, 1989, "Media Discourse and Public Opinion on Nuclear Power: A Constructionist Approach," *American Journal of Sociology,* 95(1): 1–37.

George, A. L., 1959, *Propaganda Analysis: A Study of Inferences Made from Nazi Propaganda in World War II,* Evanston, IL: Row, Peterson.

Gerbner, G., 1969, "Institutional Pressures upon Mass Communicators," P. Halmos ed., *The Sociology of Mass Communicators,* Keele, United Kingdom: University of Keele, 205–48.

Gerbner, G. & L. Gross, 1976, "Living with Television: The Violence Profile," *Journal of Communication,* 26(2): 172–99.

Glaser, B. G., 1978, *The Theoretical Sensitivity: Advances in the Methodology of Grounded Theory,* Mill Valley, CA: The Sociology Press.

Glaser, B. G. & A. L. Strauss, 1967, *The Discovery of Grounded Theory: Strategies for Qualitative Research,* Chicago, IL: Aldine. (＝ 1996, 後藤隆・大出春江・水野節夫訳『データ対話型理論の発見──調査からいかに理論をうみだすか』新曜社．)

Graham, L. S., 1954, "Cultural Compatibility in the Adoption of Television," *Social Forces,* 33: 166–70.

Greenacre, M. J., 2017, *Correspondence Analysis in Practice, 3rd ed.,* Boca Raton, FL: Chapman & Hall/CRC. (＝ 2020, 藤本一男訳『対応分析の理論と実践──基礎・応用・展開』オーム社．)

原口美帆・安藤元一，2014，「明治─平成の狩猟雑誌に見る記事内容の変遷」『東京農業大学農学集報』59(2): 128–36．

原純輔，1988，「非定型データの処理・分析」海野道郎・原純輔・和田修一編『数理社会学の展開』数理社会学研究会，461–72．

原純輔編，1992，『非定型データの処理・分析法に関する基礎的研究』平成３年度文部省科学研究費補助

金（総合研究 A）研究成果報告書.

原純輔・海野道郎編，1985，『数理社会学の現在』数理社会学研究会.

橋元良明，2001，「日本のデジタル・デバイド」東京大学社会情報研究所編『日本人の情報行動 2000』東京大学出版会，173–92.

橋元良明編，2011，『日本人の情報行動 2010』東京大学出版会.

服部兼敏，2010，『テキストマイニングで広がる看護の世界——Text Mining Studio を使いこなす』ナカニシヤ出版.

林知己夫，2001，『日本人の国民性研究』南窓社.

林英夫，1975，「質問紙の作成」村上英治編『質問紙調査』東京大学出版会，107–46.

林俊克，2002，『Excel で学ぶテキストマイニング入門』オーム社.

————，2003，「テキストマイニングの現在」『マーケティング・リサーチャー』94: 16–25.

Hearst, M. A., 1999, "Untangling Text Data Mining," TACL'99: The 37th Annual Meeting of the Association for Computational Linguistics, University of Maryland, June 20–26.

Hewstone, M., C. N. Macrae, R. Griffiths, A. B. Milne & R. Brown, 1994, "Cognitive Models of Stereotype Change," *Journal of Experimental Social Psychology*, 30: 505–26.

日比野愛子・永田素彦，2008，「バイオテクノロジーをめぐるメディア言説の変遷——朝日新聞記事の内容分析を通じて」『科学技術社会論研究』5: 59–62.

Higuchi, K., 2016, "A Two-Step Approach to Quantitative Content Analysis: KH Coder Tutorial Using *Anne of Green Gables* (Part I)," *Ritsumeikan Social Sciences Review*, 52(3): 77–91.

————, 2017a, "Statistical analysis of Japanese textual data using PC: developing free software KH Coder," The 28th European Association of Japanese Resource Specialists Conference, Oslo.

————, 2017b, "A Two-Step Approach to Quantitative Content Analysis: KH Coder Tutorial Using *Anne of Green Gables* (Part II)," *Ritsumeikan Social Sciences Review*, 53(1): 137–47.

樋口耕一，2001，「電子コミュニティにおけるメディア特性の影響——同期メディアと非同期メディア」『年報人間科学』22: 91–106.

————，2003，「コンピュータ・コーディングの実践——漱石『こころ』を用いたチュートリアル」『年報人間科学』24: 193–214.

————，2004a，「テキスト型データの計量的分析——2 つのアプローチの峻別と統合」『理論と方法』19(1): 101–15.

————，2004b，「計算機による新聞記事の計量的分析——『毎日新聞』にみる『サラリーマン』を題材に」『理論と方法』19(2): 161–76.

————，2005，「計量テキスト分析の方法と実践」大阪大学大学院人間科学研究科平成 16 年度博士論文.

————，2006，「内容分析から計量テキスト分析へ——継承と発展を目指して」『大阪大学大学院人間科学研究科紀要』32: 1–27.

————，2011，「現代における全国紙の内容分析の有効性——社会意識の探索はどこまで可能か」『行動計量学』38(1): 1–12.

————，2012a，「質問紙調査における自由回答項目の分析——KH Coder による計量テキスト分析の手順と実際」『社会と調査』8: 92–6.

————，2012b，「社会調査における計量テキスト分析の手順と実際——アンケートの自由回答を中心に」石田基広・金明哲編『コーパスとテキストマイニング』共立出版，119–28.

————，2013，「情報化イノベーションの採用と富の有無——ウェブの普及過程における規定構造の変化から」『ソシオロジ』57(3): 39–55.

————，2017a，「計量テキスト分析および KH Coder の利用状況と展望」『社会学評論』68(3): 334–50.

―――――, 2017b, 「言語研究の分野における KH Coder 活用の可能性」『計量国語学』31(1): 36–45.

―――――, 2017c, 「文章の計量的分析ツール『KH Coder』――言語学的な分析のための設定と操作」李在鎬編『文章を科学する』ひつじ書房, 82–101.

―――――, 2019a, 「計量テキスト分析における対応分析の活用――同時布置の仕組みと読み取り方を中心に」『コンピュータ＆エデュケーション』47: 18–24.

―――――, 2019b, 「自由記述から見る, だれがなぜ改憲に賛成・反対しているのか――政治・社会意識と情報行動に関する共同実証研究 (3)」第 92 回日本社会学会大会研究報告.

Higuchi, K. & A. Kawabata, 2003, "What and How Japanese People Think about the Internet: Analyzing Open-Ended Questions," The 54th Session of the International Statistical Institute, Berlin.

―――――, 2005, "Japanese Second Thoughts on IT: Analyzing Open-Ended Questions," The 37th World Congress of the International Institute of Sociology, Stockholm.

樋口耕一・中村康則・周景龍, 2022, 『動かして学ぶ！ はじめてのテキストマイニング――フリー・ソフトウェアを用いた自由記述の計量テキスト分析』ナカニシヤ出版.

樋口耕一・阪口祐介, 2014, 「現代の高校生を脱原発へと向かわせるもの」第 65 回関西社会学会研究報告.

Himmelweit, H. T., A. N. Oppenheim & P. Vince, 1958, *Television and the Child: An Empirical Study of the Effect of Television on the Young,* Oxford, NY: Oxford University Press.

平松闓, 1990, 『社会ネットワーク』福村出版.

平松闓・鵜飼孝造・宮垣元・星敦士, 2010, 『社会ネットワークのリサーチ・メソッド――「つながり」を調査する』ミネルヴァ書房.

Hirsch, P. M., 1977, "Occupational, Organizational and Institutional Models in Mass Communication," P. M. Hirsch, P. V. Miller & F. G. Kline eds., *Strategies for Communication Research,* Bevery Hills, CA: Sage, 13–42.

日吉昭彦, 2004, 「内容分析研究の展開」『マス・コミュニケーション研究』64: 5–24.

Holsti, O. R., 1969, *Content Analysis for the Social Science and Humanities,* Reading, MA: Addison-Wesley.

堀江湛・城所洋子, 1978, 「新自由クラブの躍進と新聞報道――総選挙における新聞報道の内容」『新聞研究』319: 65–71.

堀田秀吾, 2009, 『裁判とことばのチカラ』ひつじ書房.

―――――, 2010, 「レジスターから見た裁判官と裁判員の思考体系の差異」『法社会学』72: 79–91.

Humphreys, A., 2010, "Megamarketing: The Creation of Markets as a Social Process," *Journal of Marketing,* 74(2): 1–19.

市村由美・長谷川隆明・渡辺勇・佐藤光弘, 2001, 「テキストマイニング――事例紹介」『人工知能学会誌』16(2): 192–200.

井田正道, 2005, 「マニフェスト選挙と選挙報道――3 大紙の内容分析」『政経論叢』73(5・6): 733–51.

井川純一・中西大輔・志和資朗, 2013, 「『燃え尽き』のイメージ――新聞記事データベースの内容分析および質問紙実験による検討」『社会心理学研究』28(2): 87–93.

李光鎬, 2007, 「韓国の TV ニュースにおける日本関連報道の内容分析」『メディア・コミュニケーション』57: 35–78.

池田謙一, 2013, 『新版 社会のイメージの心理学――ぼくらのリアリティはどう形成されるか』サイエンス社.

Iker, H. P. & N. I. Harway, 1969, "A Computer Systems Approach toward the Recognition and Analysis of Content," G. A. Gerbner, O. R. Holsti, K. Krippendorff, W. J. Paisly & P. J. Stone eds., *The Analysis of Communication Content: Developments in Scientific Theories and Computer Techniques,* New York: Wiley & Sons, 381–486.

池内一，1954，「内容分析の方法について（上）」『東京大学新聞研究所紀要』3: 33–46.

―――，1956，「内容分析の方法について（下）」『東京大学新聞研究所紀要』5: 47–58.

池内一・岡崎惠子，1956，「占領期間における日本新聞の趨向 I」『東京大学新聞研究所紀要』5: 109–31.

池内一・岡崎惠子・公保尚子，1957，「占領期間における日本新聞の趨向 II」『東京大学新聞研究所紀要』6: 83–116.

―――，1959，「占領期間における日本新聞の趨向 III」『東京大学新聞研究所紀要』8: 37–52.

稲葉光行・抱井尚子，2011，「質的データにおけるグラウンデッドなテキストマイニング・アプローチの提案――がん告知の可否をめぐるフォーカスグループでの議論の分析から」『政策科学』18(3): 255–76.

―――，2016，「混合研究法としてのグラウンデッドなテキストマイニング・アプローチ」抱井尚子・成田慶一編『混合研究法への誘い――質的・量的研究を統合する新しい実践研究アプローチ』遠見書房，27–37.

稲増一憲，2015，『政治を語るフレーム――乖離する有権者，政治家，メディア』東京大学出版会.

Indulska, M., D. S. Hovorka & J. Recker, 2012, "Quantitative Approaches to Content Analysis: Identifying Conceptual Drift across Publication Outlets," *European Journal of Information Systems,* 21(1): 49–69.

Innis, H. A., 1951, *The Bias of Communication,* Toronto: University of Toronto Press.

石田基広，2017，『R によるテキストマイニング入門　第 2 版』森北出版.

石田基広・神田善伸・樋口耕一・永井達大・鈴木了太，2014，『R のパッケージおよびツールの作成と応用』共立出版.

石田基広・金明哲編，2012，『コーパスとテキストマイニング』共立出版.

石井健一，2003，『情報化の普及過程』学文社.

石井健一・辻大介・橋元良明・森康俊・三上俊治，2000，「内容分析による個人ホームページの国際比較――自己開示・自己表出を中心に」『東京大学社会情報研究所調査研究紀要』14: 1–81.

石井哲，2002，『テキストマイニング活用法――顧客志向経営を実現する』リックテレコム.

石山玲子・川上善郎，2007，「主観的現実をつくるメディアトーク――ワイドショーのトークタイプと発言機能」『コミュニケーション紀要』19: 1–38.

伊藤守編，2006，『テレビニュースの社会学――マルチモダリティ分析の実践』世界思想社.

伊藤陽一，1999，「内容分析の可能性と限界」『Keio SFC Review』3(1): 75–80.

伊藤陽一ほか，1986，「『内容分析』の可能性とその問題点〔合討論〕」『新聞学評論』35: 238–44.

Jackson, K. M. & W. M. K. Trochim, 2002, "Concept Mapping as an Alternative Approach for the Analysis of Open-ended Survey Responses," *Organizational Research Methods,* 5(4): 307–36.

Janis, I. L. & R. H. Fadner, 1949, "The Coefficient of Imbalance," H. D. Lasswell, N. Leites, R. Fadner, J. M. Goldsen, A. Grey, I. L. Janis, A. Kaplan, A. Mintz, I. de S. Pool, S. Yakobson & D. Kaplan eds., *Language of Politics: Studies in Quantitative Semantics,* New York: G. W. Stewart, 153–70.

景山佳代子，2002，「週刊誌『アサヒ芸能』にみる性風俗生成の仕組み」『マス・コミュニケーション研究』61: 107–20.

―――，2010，『性・メディア・風俗――週刊誌「アサヒ芸能」からみる風俗としての性』ハーベスト社.

―――，2014，「性的語りの見えない構造――橋下徹大阪市長の『慰安婦』『風俗活用』発言をとおして」『女性学評論』28: 1–25.

Kamada, T. & S. Kawai, 1988, "An Algorithm for Drawing General Undirected Graphs," *Information Processing Letters,* 31: 7–15.

上岡美保・田中裕人，2009，「新聞記事件数からみた食育関連情報と食育活動の推移」『日本食育学会誌』

3(4): 325–34.

加納恒男，1961，「安保反対闘争記事の内容分析」『新聞研究』119: 16–20.

狩野裕・三浦麻子，2002，『グラフィカル多変量解析　増補版』現代数学社.

Kaplan, A., 1943, "Content analysis and the theory of signs," *Philosophy of Science,* 10: 230–47.

加藤直樹，2002，「文字列解析手法によるデータマイニング」『応用数理』12(4): 357–65.

勝谷紀子・岡隆・坂本真士・朝川明男・山本真菜，2011，「日本の大学生におけるうつのしろうと理論——テキストマイニングによる形態素分析と KJ 法による内容分析」『社会言語科学』13(2): 107–15.

勝谷紀子・坂本真士，2006，「重要他者に対する再確認傾向と重要他者の行動および感情の推測との関連（２）——KJ 法とテキストマイニングによる検討」『日本パーソナリティ心理学会第 15 回大会発表論文集』15: 28–9.

Kaufman, L. & P. J. Rousseeuw, 1990, *Finding Groups in Data: An Introduction to Cluster Analysis,* New York: Wiley.

川端亮，1995，「宗教教団における予言——『誰でも霊能者になれる』のはなぜか」『ソシオロジ』40(1): 5–17.

————，1997，「パソコンによるテキストデータの内容分析」『ソシオロジ』42(1): 97–103.

————，2001a，「コンピュータ・コーディングによる宗教的ライフヒストリーの記述」『宗教と社会』7: 133–54.

————，2001b，「コンピューターを用いた自由回答のコーディング」『社会情報』10(1): 135–48.

————，2003a，「コンピュータ・コーディングの宗教研究への応用」『宗教と社会』9（別冊）: 16–21.

————，2003b，「宗教の計量的分析——真如園を事例として」http://hdl.handle.net/11094/1397 大阪大学大学院人間科学研究科平成 14 年度博士論文.

————，2004，「計量的テキスト分析」川端亮編『社会調査における非定型データ分析支援システムの開発』平成 13 年度〜15 年度科学研究費補助金 (基盤研究 (B)(2))(課題番号 13410049) 研究成果報告書, 大阪大学, 1–12.

————，2009，「質的データのコンピュータ・コーディング」谷富夫・芦田徹郎編『よくわかる質的社会調査　技法編』ミネルヴァ書房, 134–47.

————，2021，「ライフヒストリーにおける言葉のあいまいさの活用」内田諭・大賀哲・中藤哲也編『知を再構築する　異分野融合研究のためのテキストマイニング』ひつじ書房, 217–32.

川端亮編，1999，『非定型データのコーディング・システムとその利用』平成 8 年度〜10 年度科学研究費補助金 (基盤研究 (A)(1))(課題番号 08551003) 研究成果報告書, 大阪大学.

————，2004，『社会調査における非定型データ分析支援システムの開発』平成 13 年度〜15 年度科学研究費補助金 (基盤研究 (B)(2))(課題番号 13410049) 研究成果報告書, 大阪大学.

Kawabata, A. & Y. Akiba, 2001, "Deep into the Shinnyo Spritual World," *International Journal of Japanese Sociology,* 10: 5–15.

川端亮・樋口耕一，2003，「インターネットに対する人々の意識——自由回答の分析から」『大阪大学大学院人間科学研究科紀要』29: 163–81.

川端亮・真鍋一史・川又俊則・渡辺光一，2005，「社会調査と宗教研究」『宗教と社会』11: 255–37.

川上善郎・日吉昭彦・石山玲子・松田光恵・鈴木靖子，2003，「社会的現実を作るメディアトーク——ニュース報道の共鳴化」『コミュニケーション紀要』16: 29–127.

Kedia, B. L. & R. S. Bhagat, 1988, "Cultural Constraints on Transfer of Technology Across Nations: Implications for Research in International and Comparative Management," *Academy of Management Review,* 13(4): 559–71.

Kennedy, A. M., 1983, "The Adoption and Diffusion of New Industrial Products: A Literature Review," *European Journal of Marketing,* 17(3): 31–88.

吉川徹，1998，『階層・教育と社会意識の形成——社会意識論の磁界』ミネルヴァ書房.

Kim, S., 2011, "The Diffusion of the Internet: Trend and Causes," *Social Science Research,* 40:

602–13.

金明哲，2009，『テキストデータの統計科学入門』岩波書店．

————，2016，「教育と研究のためのテキストマイニングツール MTMineR（5.4）」『日本計算機統計学会大会論文集』30: 113–6．

————，2018，『テキストアナリティクス』共立出版．

Kimura, K., M. Akiyoshi, H. Oiso & N. Komoda, 2006, "Analysis Support System of Open-ended Questionnaires Based on Atypical and Typical Opinions Classification," *Proceedings of IEEE International Conference on Computational Cybernetics,* 1: 171–6.

木村泰之・山口和範，1999，「電子会議室におけるコミュニケーション構造——偏ネット・モデルによる分析」『理論と方法』14(1): 75–89．

Klapper, J. T., 1960, *The Effects of Mass Communication,* New York: The Free Press.（= 1966, NHK 放送学研究室訳『マス・コミュニケーションの効果』日本放送出版協会．）

小林宏一，2000，「メディア変容の現在」山崎正和・西垣通編『文化としての IT 革命』晶文社，82–94．

小玉美意子編，2008，『テレビニュースの解剖学——映像時代のメディア・リテラシー』現代数学社．

Kohonen, T., 1988, *Self-Organization and Associative Memory,* New York: Springer-Verlag.（= 1993, 中谷和夫監訳『自己組織化と連想記憶』シュプリンガー・フェアラーク．）

————，1995, *Self-Organizing Maps,* New York: Springer.（= 1996, 徳高平蔵・岸田悟・藤村喜久郎訳『自己組織化マップ』シュプリンガー・フェアクラーク．）

————，2001, *Self-Organizing Maps, 3rd ed.,* New York: Springer.

児島和人編，1999，『講座社会学 8 社会情報』東京大学出版会．

児島和人・橋元良明編，1996，『変わるメディアと社会生活』ミネルヴァ書房．

国立国語研究所編，1964，『分類語彙表』秀英出版．

————，2004，『分類語彙表 増補改訂版』大日本図書．

木実新一，1998，「インターネット利用者群像——既存の各種調査の横断分析」『Computer today』15(3): 44–9．

河野武司，1982，「テレビにおける内容分析の系譜と手法——テレビニュースを中心に」『慶應義塾大学新聞研究所年報』19: 77–98．

————，1992，「新聞記事データベースによる PKO 報道の内容分析」『民主主義研究会紀要』21: 91–115．

————，1993，「国内新聞記事データベース・サービスと内容分析——PKO 報道を事例として」『杏林社会科学研究』9(2): 37–58．

Krendle, K. A., M. C. Broihoer & C. Fleetwood, 1989, "Children and Computers: Do Sex-related Differences Persist?," *Journal of Communication,* 39(3): 85–93.

Krippendorff, K., 1969, "Models of Messages," G. A. Gerbner, O. R. Holsti, K. Krippendorff, W. J. Paisly & P. J. Stone eds., *The Analysis of Communication Content: Developments in Scientific Theories and Computer Techniques,* New York: Wiley & Sons, 69–106.

————，1980, *Content Analysis: An Introduction to its Methodology,* Beverly Hills: Sage.（= 1989, 三上俊治ほか訳『メッセージ分析の技法——「内容分析」への招待』勁草書房．）

————，2019, *Content Analysis: An Introduction to its Methodology, 4th ed.,* Los Angeles: Sage.

Kronberger, N. & W. Wagner, 2000, "Keywords in Context: Statistical Analysis of Text Features," M. W. Bauer & G. Gaskell eds., *Qualitative Researching with Text, Image and Sound,* London: Sage, 299–317.

Kruskal, J. B. & M. Wish, 1978, *Multidimensional Scaling,* Beverly Hills, CA: Sage.（= 1980, 高根芳雄訳『多次元尺度法』朝倉書店．）

久保賢志・杉本厚夫，2018，「高校スポーツにおける教育とビジネスの葛藤——新聞記事の内容分析から」『スポーツ産業学研究』28(2): 2_177–87．

工藤拓, 2013, "MeCab: Yet Another Part-of-Speech and Morphological Analyzer," コンピュータ・プログラム.

倉田真由美, 2015, 「生体肝移植における報道傾向に関する考察——テキストマイニングを用いた探索的分析」『社会医学研究』32(2): 125–32.

黒橋禎夫・長尾真, 1998, 『日本語形態素解析システム JUMAN version 3.61』京都大学大学院 情報学研究科.

黒岩祥太, 2000, 「社会学的方法論としてのテクスト分析」『現代社会理論研究』10: 209–21.

————, 2002, 「社会学におけるテクストマイニングの展開」『現代社会理論研究』12: 358–67.

桑原尚子, 2001, 『社会情報論』建帛社.

Landauer, T. K. & S. Dumais, 1997, "A Solution to Plato's Problem: The Latent Semantic Analysis Theory of the Acquisition, Induction, and Representation of Knowledge," *Psychological Review,* 104: 211–40.

Landauer, T. K. & P. W. Foltz, 1998, "An Introduction to Latent Semantic Analysis," *Discourse Processes,* 25: 259–84.

Lasswell, H. D., 1938, "A Provisional Classification of Symbol Data," *Psychiatry: Journal for the Study of Interpersonal Processes,* 1: 197–204.

————, 1941, "The World Attention Survey: An Exploration of the Possibilities of Studying Attention Being Given to the United States by Newspapers Abroad," *Public Opinion Quarterly,* 5(3): 456–62.

————, 1949, "Why Be Quantitative?," H. D. Lasswell, N. Leites, R. Fadner, J. M. Goldsen, A. Grey, I. L. Janis, A. Kaplan, A. Mintz, I. de S. Pool, S. Yakobson & D. Kaplan eds., *Language of Politics: Studies in Quantitative Semantics,* New York: G. W. Stewart, 40–52.

Lasswell, H. D., N. Leites, R. Fadner, J. M. Goldsen, A. Grey, I. L. Janis, A. Kaplan, A. Mintz, I. de S. Pool, S. Yakobson & D. Kaplan eds., 1949, *Language of Politics: Studies in Quantitative Semantics,* New York: G. W. Stewart.

Lazarsfeld, P. F. & A. H. Barton, 1951, "Qualitative Measurement in the Social Sciences, Classification, Typologies, and Indices," D. Lerner & H. D. Lasswell eds., *The Policy Sciences: Recent Developments in Scope and Method,* Stanford, CA: Stanford University Press, 180–8.

Lazarsfeld, P. F., B. Berelson & H. Gaudet, 1944, *The People's Choice: How the Voter Makes up his Mind in a Presidential Campaign,* New York: Columbia University Press.

Lebart, L., A. Salem & L. Berry, 1998, *Exploring Textual Data,* Dordrecht, Netherlands: Kluwer Academic.

Lee, D. D. & H. S. Seung, 1999, "Learning the Parts of Objects by Non-Negative Matrix Factorization," *Nature,* 401(6755): 788–91.

Leydesdorff, L. & K. Welbers, 2011, "The Semantic Mapping of Words and Co-Words in Contexts," *Journal of Informetrics,* 5(3): 469–75.

Lin, C. A., 1998, "Exploring Personal Computer Adoption Dynamics," *Journal of Broadcasting & Electronic Media,* 42: 95–112.

————, 2001, "Audience Attributes, Media Supplementation, and Likely Online Service Adoption," *Mass Communication & Society,* 4(1): 19–38.

————, 2003, "An Interactive Communication Technology Adoption Model," *Communication Theory,* 13(4): 345–64.

Lincoln, Y. S. & E. G. Guba, 1985, *Naturalistic Inquiry,* Beverly Hills, CA: Sage.

Lippmann, W., 1922, *Public Opinion,* New York: Macmillan. (＝ 1987, 掛川トミ子訳『世論』岩波書店.)

Lofland, J. & L. H. Lofland, 1995, *Analyzing Social Settings: A Guide to Qualitative Observation and Analysis,* Belmont, CA: Wadsworth.（= 1997, 進藤雄三・宝月誠訳『社会状況の分析――質的観察と分析の方法』恒星社厚生閣.）

Lonkila, M., 1995, "Grounded Theory as an Emerging Paradigm for Computer-Assisted Qualitative Data Analysis," U. Kelle ed., *Computer-Aided Qualitative Analysis,* London: Sage, 41–51.

Lyon, D., 1990, *The Information Society: Issues and Illusions,* Cambridge, MA: Polity Press.（= 1990, 小松崎清助監訳『新・情報化社会論――今何が問われているのか』コンピュータ・エージ.）

前納弘武・美ノ谷和成編, 1998,『情報社会の現在』学文社.

前迫孝憲・多胡賢太郎・清水康敬・坂元昂, 1990,「授業分析におけるコンピュータの利用の検討」『日本教育工学雑誌』14(2): 81–8.

牧野智和, 2006,「少年犯罪報道に見る「不安」――『朝日新聞』報道を例にして」『教育社会学研究』78: 129–46.

真鍋一史, 1974,「マス・コミュニケーションの調査――新聞記事の内容分析」『関西学院大学社会学部紀要』28: 15–36.

―――, 1985,『世論の研究――内容分析と質問紙調査による接近』慶応通信.

Martin, H., 1936, "Nationalism and Children's Literature," *Library Quarterly,* 6: 405–18.

Martin, S. P. & J. P. Robinson, 2007, "The Income Digital Divide: Trends and Predictions for Levels of Internet Use," *Social Problems,* 54(1): 1–22.

桝潟俊子, 1995,『企業社会と余暇――働き方の社会学』学陽書房.

Mathews, B. C., 1910, "A Study of a New York Daily," *Independent,* 68: 82–6.

松葉侑子・上田修一, 2011,「テレビニュースと新聞におけるエピソード型フレームとテーマ型フレーム――総選挙報道の分析」『Library and Information Science』65: 83–107.

松田謙次郎, 2008,『国会会議録を使った日本語研究』ひつじ書房.

松井剛, 2004a,「『癒し』ブームにおける企業の模倣行動――制度化プロセスとしてのブーム」『流通研究』7(1): 1–14.

―――, 2004b,「制度的同型化プロセスとしてのブーム――『癒し』ブームの内容分析」『商品研究』53(3): 1–13.

―――, 2011,「観光ビジネスにおける《癒し》ブーム――模倣と創造的適応のマーケティング」石井淳蔵・高橋一夫編『観光のビジネスモデル』学芸出版社, 178–91.

―――, 2012,「商業的に構築された社会タイプ――『癒し系』著名人に関する雑誌記事タイトルの内容分析」『一橋商学論叢』7(2): 2–15.

―――, 2013a,『ことばとマーケティング――「癒し」ブームの消費社会史』碩学舎.

―――, 2013b,「言語とマーケティング――『癒し』ブームにおける意味創造プロセス」『組織科学』46(3): 87–97.

松本裕治・北内啓・山下達雄・平野善隆・松田寛・高岡一馬・浅原正幸, 2003,『形態素解析システム「茶筌」version 2.3.1 使用説明書』奈良先端科学技術大学院大学 情報科学研究科 自然言語処理学講座.

松村真宏・三浦麻子, 2014,『人文・社会科学のためのテキストマイニング 改訂新版』誠信書房.

May, T., 2001, *Social Research: Issues, Methods and Process, 3rd ed.,* Buckingham, United Kingdom: Open University Press.（= 2005, 中野正大監訳『社会調査の考え方――論点と方法』海文堂.）

McClure, T. E. & R. D. Patterson, 1976, *The Unseeing Eye: The Myth of Television Power in National Politics,* New York: G. P. Putnam.

McCombs, M. E., 1992, "Explorers and Surveyors: Expanding Strategies for Agenda-Setting Research," *Journalism Quarterly,* 69(4): 813–24.

―――, 2014, *Setting the Agenda: The Mass Media and Public Opinion,* Cambridge, United Kingdom: Polity.（= 2018, 竹下俊郎訳『アジェンダセッティング――マスメディアの議題設定

力と世論』学文社．）

McCombs, M. E. & D. L. Shaw, 1972, "The Agenda-Setting Function of Mass Media," *Public Opinion Quarterly,* 36: 176–87.

————, 1977, "Agenda-Setting and the Political Process," D. L. Shaw & M. E. McCombs eds., *The Emergence of American Political Issues,* St. Paul, MN: West Publishing, 149–56.

McCombs, M. E., D. L. Shaw & D. Weaver eds., 1997, *Communication and Democracy: Exploring the Intellectual Frontiers in Agenda-Setting Theory,* Mahwah, NJ: Lawrence Erlbaum Associates.

Mcluhan, H. M., 1964, *Understanding Media: The Extensions of Man,* New York: McGraw-Hill.

Menard, S. W., 2002, *Applied Logistic Regression Analysis,* Thousand Oaks, CA: Sage.

三上俊治，1987，「現実構成過程におけるマス・メディアの影響力——擬似環境論から培養分析へ」『東洋大学社会学部紀要』24(2): 237–79.

————, 1988a，「情報行動の構造分析」『東洋大学社会学部紀要』25(2): 135–47.

————, 1988b，「放送メディアの内容分析——その方法論的考察」『放送学研究』38: 101–18.

————, 1993，「世論過程の動態」『東洋大学社会学部紀要』31(1): 123–210.

————, 1994，「新聞記事データベースの有効活用法に関する研究」『パーソナル文献データベース構築の手法と評価に関する研究』東洋大学社会学研究所研究報告集 (16): 58–98.

————, 1996，「インターネットと現代政治の変動」『東洋大学社会学部紀要』34(1): 23–47.

————, 2000，「公共圏としてのサイバースペース——インターネット時代における世論形成過程」『社会情報学研究』4: 17–23.

————, 2001，「政治世界とメディア——テレビからインターネットへ」『東洋大学社会学部紀要』38(3): 5–27.

三上俊治・水野博介・橋元良明，1989，「テレビによる社会的現実の認知に関する研究」『東京大学新聞研究所紀要』38: 73–123.

Miller, M. M. & B. Denham, 1994, "Reporting Presidential Election Polls in 1988 and 1992: Horserace and Issue Coverage in Prestige Newspapers," *Newspaper Research Journal,* 15(4): 20–8.

Miller, M. & B. P. Riechert, 2001, "Frame Mapping: A Quantitative Method for Investigating Issues in the Public Sphere," M. D. West ed., *Theory, Method, and Practice in Computer Content Analysis,* London: Ablex, 61–75.

三瀬元康，2005，「インターネットと新聞」山本武利編『新聞・雑誌・出版』ミネルヴァ書房，242–71.

見田宗介，1965a，「『質的』データ分析の方法論的諸問題」『社会学評論』15(4): 79–41.

————, 1965b，『現代日本の精神構造』弘文堂．

————, 1979，『現代社会の社会意識』弘文堂．

宮田加久子，1991，「パソコンの普及過程に関する調査研究——パソコンの採用に影響する要因の特定化をめざして」『帝京社会学』7: 77–117.

————, 1993，『電子メディア社会—新しいコミュニケーション環境の社会心理』誠信書房．

宮崎保成・中田行重・下川昭夫・川島正裕・末續貴子・廣住由紀子，2003，「大学生を対象とした構成型エンカウンターグループの効果測定——セッションアンケートの自由記述と魅力度の評価から」『東亜大学大学院心理臨床研究』3: 1–7.

宮崎正也，2001，「内容分析の企業行動研究への応用」『組織科学』35(2): 114–27.

溝井暁・吉川徹，2004，「進路希望と学校・教育にたいする自由回答意見の記述的計量分析」『社会調査における非定型データ分析支援システムの開発』平成 13〜15 年度科学研究費補助金（課題番号 B(2)13410049）研究成果報告書 大阪大学，101–33.

水野博介・三上俊治・平林紀子，1996，「情報行動の構造」東京大学社会情報研究所編『情報行動と地域情報システム』東京大学出版会，3–77.

水野由多加，2008，「新聞の中の大阪——都市ブランド『大阪』の新聞記事内露出量統計観察による知見を中心に」『関西大学社会学部紀要』40(1): 1–16.

Moore, G. A., 1991, *Crossing the Chasm: Marketing and Selling Technology Products to Mainstream Customers,* New York: Harper Business.（= 2002, 川又政治訳『キャズム』翔泳社.）

村井源・川島隆徳・徃住彰文，2009，「医療の質・安全研究における関心領域の分析——学術論文の計量的分析による研究動向の抽出」『医療の質・安全学会誌』4(1): 16–24.

村上孝止，1983，「新聞社説の内容分析調査」『新聞研究』387: 72–7.

長尾真編，1996，『自然言語処理』岩波書店.

仲秀和，2001，『漱石——「夢十夜」以後』和泉書院.

中村純作，2003，「コーパス言語学」山梨正明・有馬道子編『現代言語学の潮流』勁草書房，233–45.

中野康人，2009，「社会調査データとしての新聞記事の可能性——読者投稿欄の計量テキスト分析試論」『関西学院大学先端社会研究所紀要』1: 71–84.

————，2010，「読者投稿の記述的計量テキスト分析——『声』と『気流』」『関西学院大学先端社会研究所紀要』2: 43–57.

中尾浩・赤瀬川史朗・宮川進悟，2002，『コーパス言語学の技法』夏目書房.

中嶋邦夫，2018，「『年金カット法案』は全国紙 3 紙でどう報道されたか」『日本年金学会誌』37: 26–30.

Namenwirth, J. Z., 1973, "Wheels of Time and the Interdependence of Value Change in America," *Journal of Interdisciplinary History,* 3: 649–83.

Namenwirth, J. Z. & R. P. Weber, 1987, *Dynamics of Culture,* Winchester, MA: Allen and Unwin.

Naoi, A., T. Sugano & A. Iwabuchi, 2003, "The Japan Survey on Information Society," *Annals of Human Sciences,* 24(II): 125–53.

直井優，1978，「職業の分類と尺度」1975 年 SSM 調査委員会編『社会階層と社会移動——1975 年 SSM 全国調査報告』1975 年 SSM 調査委員会，270–88.

直井優編，2005，『情報通信技術 (IT) 革命の文化的・社会的・心理的効果に関する調査研究』平成 13 年度〜16 年度科学研究費補助金 (基盤研究 (A)(2))(課題番号 13301007) 研究成果報告書，大阪大学.

直井優・菅野剛・岩渕亜希子，2003，「情報化社会に関する全国調査（JIS2001）の概要」『大阪大学大学院人間科学研究科紀要』29: 23–66.

————，2005，「情報化社会に関する全国調査（JIS）の概要——JIS2001, JIS2002 および JIS2004」直井優編『情報通信技術 (IT) 革命の文化的・社会的・心理的効果に関する調査研究』平成 13 年度〜16 年度科学研究費補助金 (基盤研究 (A)(2))(課題番号 13301007) 研究成果報告書，大阪大学，1–23.

那須川哲哉，2006，『テキストマイニングを使う技術/作る技術——基礎技術と適用事例から導く本質と活用法』東京電機大学出版局.

那須川哲哉・河野浩之・有村博紀，2001，「テキストマイニング基盤技術」『人工知能学会誌』16(2): 201–10.

Neuendorf, K. A. & P. D. Skalski, 2002, *The Content Analysis Guidebook,* Thousand Oaks, CA: Sage.

Neuman, W. L., 2011, *Social Research Methods: Qualitative and Quantitative Approaches, 7th ed.,* Boston, MA: Allyn & Bacon.

Newman, M. & M. Girvan, 2004, "Finding and Evaluating Community Structure in Networks," *Physical Review E,* 69: 026113.

西嶋朱音，2010，「少年犯罪報道に見る日本社会——1986 年以降の新聞記事の分析を通じて」『日本文化論年報』13: 1–64.

Noelle-Neumann, E., 1974, "Spiral of Silence: A Theory of Public Opinion," *Journal of Communication,* 242: 43–51.

Nooy, W., A. Mrvar & V. Batagelj, 2005, *Exploratory Social Network Analysis with Pajek,* Cambridge, MA.: Cambridge University Press.（＝ 2009, 安田雪訳『Pajek を活用した社会ネットワーク分析』東京電機大学出版局.）

大石裕，2004，「ニュース分析の視点——内容分析と言説分析」『法学研究』77(1): 103–25.

岡太彬訓，2002，「社会学におけるクラスター分析と MDS の応用」『理論と方法』17(2): 167–81.

岡井崇之，2004，「言説分析の新たな展開——テレビのメッセージをめぐる研究動向」『マス・コミュニケーション研究』64: 25–40.

岡本智周・笹野悦子，2001，「戦後日本の『サラリーマン』表象の変化」『社会学評論』52(1): 16–32.

Okazaki, N. & Y. Ohsawa, 2003, "Polaris: An Integrated Data Miner for Chance Discovery," *Proceedings of Workshop of Chance Discovery and Its Management (in conjunction with International Human Computer Interaction Conference (HCI2003))*, Crete, Greece.

Osgood, C. E., 1959, "The Representational Model and Relevant Research Methods," I. de. S. Pool ed., *Trends in Content Analysis*, Urbana, IL: University of Illinois Press, 33–88.

Osgood, C. E., G. J. Suci & P. H. Tennenbaum, 1957, *The Measurement of Meaning,* Urbana, IL: University of Illinois Press.

大隅昇・L. Lebart，2000，「調査における自由回答データの解析——InfoMiner による探索的テキスト型データ解析」『統計数理』48(2): 339–76.

大隅昇・L. Lebart・A. Morineau・K. Warwick・馬場康維，1994，『記述的多変量解析法』日科技連出版社.

大隅昇・保田明夫，2004，「テキスト型データのマイニング——定性調査におけるマイニングをどう考えるか」『理論と方法』19(2): 135–59.

大隅昇・横原東，2004，「テキスト・マイニングが目指すもの——最近の動向，そしていま何を必要とするか」『マーケティングジャーナル』23(3): 4–17.

大瀧友織・樋口耕一，2006，「マンガを言葉で読む——計量的分析の試み」吉村和真・福間良明編『「はだしのゲン」がいた風景——マンガ・戦争・記憶』梓出版社，119–46.

大谷信介・木下栄二・後藤範章・小松洋，2013，『新・社会調査へのアプローチ——論理と方法』ミネルヴァ書房.

大谷尚，1989，「授業研究の一手法としての逐語記録に対する計量的な分析について」『名古屋大学教育学部紀要』36: 327–38.

大谷尚・松原伸一，1984，「出現語の頻度分布にもとづく授業の特徴化について」『電子通信学会技術研究報告』84(8): 1–6.

御旅屋達，2012，「子ども・若者をめぐる社会問題としての『居場所のなさ』——新聞記事における『居場所』言説の分析から」『年報社会学論集』25: 13–24.

Padró, L., 2011, "Analizadores Multilingües en FreeLing," *Linguamatica,* 3(2): 13–20.

Padró, L. & E. Stanilovsky, 2012, "FreeLing 3.0: Towards Wider Multilinguality," *Proceedings of the Language Resources and Evaluation Conference (LREC 2012) ELRA,* Istanbul, Turkey.

Paisley, W., 1969, "Studying 'Style' as Deviation from Encoding Norms," G. A. Gerbner, O. R. Holsti, K. Krippendorff, W. J. Paisly & P. J. Stone eds., *The Analysis of Communication Content: Developments in Scientific Theories and Computer Techniques,* New York: Wiley & Sons, 133–46.

Phillips, D. C., 1990, "Subjectivity and Objectivity: An Objective Inquiry," E. W. Eisner & A. Peshkin eds., *Qualitative Inquiry in Education: The Continuing Debate,* New York: Teachers College Press, 19–37.

Pons, P. & M. Latapy, 2005, "Computing Communities in Large Networks Using Random Walks," *ArXiv Physics e-prints*, http://arxiv.org/abs/physics/0512106.

Pool, I. de. S., 1951, *Symbols of Internationalism,* Stanford, CA: Stanford University Press.

―――, 1959, "Trend in Content Analysis Today: A Summary," I. de. S. Pool ed., *Trends in*

Content Analysis, Urbana, IL: University of Illinois Press, 189–234.

Pool, I. de. S. ed., 1959, *Trends in Content Analysis,* Urbana, IL: University of Illinois Press.

Popping, R., 2000, *Computer-Assisted Text Analysis,* London: Sage.

Porter, M. F., 2001, *Snowball: A Language for Stemming Algorithms,* 2013 年 04 月 21 日取得, http://snowball.tartarus.org/texts/introduction.html.

Poster, M., 1990, *The Mode of Information: Poststructuralism and Social Context,* Cambridge, United Kingdom: Polity Press.

Rapport, A. & W. J. Horvath, 1961, "A Study of a Large Sociogram," *Behavioral Science,* 6: 279–91.

Renz, I. & J. Franke, 2003, "Text Mining," J. Franke, G. Nakhaeizadeh & I. Renz eds., *Text Mining: Theoretical Aspects and Applications,* Heidelberg: Physica-Verlag, 1–19.

Riffe, D., S. Lacy & F. Fico, 1998, *Analyzing Media Messages: Using Quantitative Content Analysis in Research,* London: Lawrence Erlbaum Associates.

————, 2014, *Analyzing Media Messages: Using Quantitative Content Analysis in Research, 3rd ed.,* London: Routledge. (= 2018, 日野愛郎・千葉涼・永井健太郎訳『内容分析の進め方——メディア・メッセージを読み解く』勁草書房.）

Ripley, B. D. ed., 1996, *Pattern Recognition and Neural Networks,* New York: Cambridge University Press.

Ritter, T. & T. Kohonen, 1989, "Self-Organizing Semantic Maps," *Biological Cybernetics,* 61: 241–54.

Roberts, C. W. ed., 1997, *Text Analysis for the Social Sciences,* Mahwah, NJ: Lawrence Erlbaum.

Robertson, T. S., 1971, *Innovative Behavior and Communication,* New York: Holt.

Rockwell, J. & S. Sinclair, 2016, *Hermeneutica: Computer-Assisted Interpretation in the Humanities,* Cambridge, MA: MIT Press.

Rogers, E. M., 2001, "The Digital Divide," *Convergence,* 7: 96–111.

————, 1986, *Communication Technology: The New Media in Society,* New York: The Free Press. (= 1992, 安田寿明訳『コミュニケーションの科学——マルチメディア社会の基礎理論』共立出版.）

————, 2003, *Diffusion of Innovations,* New York: The Free Press. (= 2007, 三藤利雄訳『イノベーションの普及』翔泳社.）

Romesburg, H. C., 1984, *Cluster Analysis for Researchers,* Belmont, CA: Lifetime Learning. (= 1992, 西田英郎・佐藤嗣二訳『実例クラスター分析』内田老鶴圃.）

Roweis, S. T. & L. K. Saul, 2000, "Nonlinear Dimensionality Reduction by Locally Linear Embedding," *Science,* 290(22): 2323–6.

斉藤和巳，2002，「ニューラルネットによるデータマイニング」『応用数理』12(4): 379–87.

斉藤慎一，2001，「インターネットと情報行動」萩原滋編『変容するメディアとニュース報道——テレビニュースの社会心理学』丸善，241–67.

————，2002，「テレビと現実認識——培養理論の新たな展開を目指して」『マス・コミュニケーション研究』60: 19–43.

斎藤堯幸，1980，『多次元尺度構成法』朝倉書店.

阪口祐介，2015，「東日本大震災と原発事故以降のリスク意識」友枝敏雄編『リスク社会を生きる若者たち——高校生の意識調査から』大阪大学出版会，166–85.

阪口祐介・樋口耕一，2015，「震災後の高校生を脱原発へと向かわせるもの——自由回答データの計量テキスト分析から」友枝敏雄編『リスク社会を生きる若者たち——高校生の意識調査から』大阪大学出版会，186–203.

坂本比呂志，2002，「テキストマイニングにおける最適パターン発見」『応用数理』12(4): 366–78.

Saporta, S. & T. A. Sebeok, 1959, "Linguistic and Content Analysis," I. de. S. Pool ed., *Trends in Content Analysis*, Urbana, IL: University of Illinois Press, 131–50.

佐藤郁哉, 2008, 『質的データ分析法――原理・方法・実践』新曜社.

佐藤俊樹, 1996, 『ノイマンの夢・近代の欲望――情報化社会を解体する』講談社.

佐藤俊樹・友枝敏雄, 2006, 『言説分析の可能性――社会学的方法の迷宮から』東信堂.

佐藤裕, 1992, 「自由回答のコンピュータコーディング」第 14 回数理社会学会大会研究報告.

――――, 1993, 「部落問題に関する表現の構造」『解放社会学研究』7: 63–86.

――――, 2000, 「質問紙調査の自由回答項目における『家族言説』」中河伸俊編『家族をめぐる言説の実証的研究』平成 9 年度～11 年度科学研究費補助金 (基盤研究 (B)(1))(課題番号 09410041) 研究成果報告書, 富山大学, 3–31.

Schiller, D., 1982, *Telematics and Government,* Norwood, NJ: Ablex.

Schlesinger, L., 1993, "How to Hire by Wire," *Fast Company,* 1: 86–91.

Scott, M., 2001, "Comparing Corpora and Identifying Key Words, Collocations, and Frequency Distributions through the WordSmith Tools Suite of Computer Programs," M. Ghadessy, A. Henry & R. L. Roseberry eds., *Small Corpus Studies and ELT: Theory and Practice,* Amsterdam: Benjamins, 47–67.

Seale, C., 2000, "Using Computers to Analyze Qualitative Data," D. Silverman ed., *Doing Qualitative Research: A Practical Handbook,* London: Sage, 154–74.

Sebeok, T. A. & L. H. Orzack, 1953, "The Structure and Content of Cheremis Charms," *Anthropos,* 48: 369–88.

Sebeok, T. A. & V. J. Zeps, 1958, "An Analysis of Structured Content with Application of Electronic Computer Research in Psycholinguistics," *Language and Speech,* 1: 181–93.

盛山和夫, 2004, 『社会調査法入門』有斐閣.

盛山和夫編, 1987, 『社会移動分析のコンピュータ・プログラム』昭和 61 年度科学研究費補助金 (総合 A)(課題番号 61301020) 研究成果報告書, 東京大学.

――――, 1988, 『社会移動分析のコンピュータ・プログラム II』昭和 61 年度科学研究費補助金 (総合 A)(課題番号 61301020) 研究成果報告書, 東京大学.

瀬尾雄三・矢野正晴, 2000, 「ネットニュース参加者の対立の定量的分析」『NII Journal』1: 51–62.

Shaw, D. L. & B. J. Hamm, 1997, "Agenda for a Public Union or for Private Communities?," M. E. McCombs, D. L. Shaw & D. Weaver eds., *Communication and Democracy: Exploring the Intellectual Frontiers in Agenda-Setting Theory,* Mahwah, NJ: Lawrence Erlbaum Associates, 209–30.

Shaw, D. L. & S. E. Martin, 1992, "The Function of Mass Media Agenda-Setting," *Journalism Quarterly,* 69: 902–20.

Shaw, D. L. & M. E. McCombs eds., 1977, *The Emergence of American Political Issues,* St. Paul, MN: West Publishing.

柴田武・山田進, 2002, 『類語大辞典』講談社.

柴田好章, 1995, 「概念の出現パターンに着目した授業の量的分析研究――小学校 6 年社会科『沖縄戦』の授業の分析」『名古屋大学教育学部紀要』42(1): 185–95.

――――, 1996, 「逐語記録にもとづく授業分析の諸手法の検討――質的分析への量的分析の統合をめざして」『名古屋大学教育学部紀要』43(2): 217–28.

――――, 1997a, 「授業逐語記録を対象とした語の出現パターンの分析」『日本教育工学雑誌』21(1): 1–12.

――――, 1997b, 「逐語記録にもとづく授業分析における量的手法の意義の検討」『日本教育工学会研究報告集』97(4): 71–8.

四方由美, 2004, 「『ジェンダーとメディア』研究におけるメッセージ分析」『マス・コミュニケーション

研究』64: 87–102.

Simon, A. F. & M. Xenos, 2004, "Dimensional Reduction of Word-Frequency Data as a Substitute for Intersubjective Content Analysis," *Political Analysis,* 12(1): 63–75.

総務省，2010，『情報通信白書 平成 22 年版』ぎょうせい．

孫斉庸，2007，「ポスト保革イデオロギー時代における日本政治の対立軸――『保革溶解』の逸脱事例としての沖縄を中心に」『国家学会雑誌』120(9・10): 126–92.

Speed, G., 1893, "Do Newspapers Now Give the News?," *Forum,* 15: 705–11.

Spencer, L. M. & S. M. Spencer, 1993, *Competence at Work: Models for Superior Performance,* New York: Wiley.

Stallman, R. M., J. Gay & L. Lessing, 2002, *Free Software, Free Society: Selected Essays of Richard M. Stallman,* Boston, MA: Free Software Foundation.（= 2003, 株式会社ロングテール・長尾高弘訳『フリーソフトウェアと自由な社会――Richard M. Stallman エッセイ集』アスキー．）

Stone, P. J., 1997, "Thematic Text Analysis: New Agendas for Analyzing Text Content," C. W. Roberts ed., *Text Analysis for the Social Sciences,* Mahwah, NJ: Lawrence Erlbaum, 35–54.

Stone, P. J., D. C. Dunphy & D. M. Ogilvie, 1966, *The General Inquirer: A Computer Approach to Content Analysis,* Cambridge, MA: MIT Press.

Strauss, A. L., 1987, *Qualitative Analysis for Social Scientist,* Cambridge, United Kingdom: Cambridge University Press.

Strauss, A. L. & J. Corbin, 1990, *Basics of Qualitative Research: Grounded Theory Procedures and Techniques,* London: Sage.（= 1999, 南裕子監訳『質的研究の基礎――グラウンデッド・セオリーの技法と手順』医学書院．）

須賀井義教，2013，「MeCab（めかぶ）を用いた現代韓国語の形態素解析」『朝鮮語研究』5: 283–312.

鈴木裕久，1996，「情報機器利用能力――情報リテラシーの中核」児島和人・橋元良明編『変わるメディアと社会生活』ミネルヴァ書房，195–207.

鈴木裕久・藤井義久，1992，「情報機器利用の関連要因」『東京大学社会情報研究所調査研究紀要』2: 1–43.

鈴木崇史，2009，「内容と文体の情報を用いた計量テキスト分析――政治テキストへの応用を中心として」東京大学大学院学際情報学府平成 20 年度博士論文．

―――，2012，「政治テキストの計量分析」石田基広・金明哲編『コーパスとテキストマイニング』共立出版，97–106.

鈴木崇史・影浦峡，2008，「総理大臣国会演説における基本的文体特徴量の探索的分析」『計量国語学』26(4): 113–22.

―――，2011，「名詞の分布特徴量を用いた政治テキスト分析」『行動計量学』38(1): 83–92.

鈴木努，2000，「メディア・フレーム・アナリシス――イシュー連関の内容分析」『社会学論考』21: 25–50.

―――，2002，「ニュース・テクストのイシュー連関構造分析」『マス・コミュニケーション研究』60: 137–52.

―――，2006，「2005 年衆議院選挙における 3 大紙の社説比較――概念ネットワーク分析の適用」『マス・コミュニケーション研究』69: 2–21.

―――，2017，『ネットワーク分析 第 2 版』共立出版．

田島悠来，2011，「AKB48 のメディア報道における受容過程――新聞記事の言説分析から」『メディア学――文化とコミュニケーション』26: 15–50.

高史明，2015，『レイシズムを解剖する――在日コリアンへの偏見とインターネット』勁草書房．

高橋和子，1992，「自由回答法における構造化支援システムの開発について」『茨城大学人文学部紀要．社会科学』25: 103–24.

————，2000，「自由回答のコーディング支援——格フレームによる SSM 職業コーディング自動化システム」『理論と方法』15(1): 149–65.

————，2008a，「コーディングの自動化」谷岡一郎・仁田道夫・岩井紀子編『日本人の意識と行動——日本版総合的社会調査 JGSS による分析』東京大学出版会，459–71.

————，2008b，「素性選択によるアンサンブル学習に関する一考察（機械学習・応用)」『情報処理学会研究報告. 自然言語処理研究会報告』2008(113): 23–8.

高橋和子・須山敦・村山紀文・高村大也・奥村学，2005a，「職業コーディング支援システム（NANACO)の開発と JGSS-2003 における適用」『JGSS で見た日本人の意識と行動——日本版 General Social Surveys 研究論文集』4: 225–41.

高橋和子・高村大也・奥村学，2005b，「機械学習とルールベースの組み合わせによる自動職業コーディング」『自然言語処理』12(2): 3–23.

高橋正道・北山聡・金子郁容，1999，「ネットワーク・コミュニティにおける組織アウェアネスの計量と可視化」『情報処理学会論文誌』40(11): 3988–99.

武田啓子，2013，「看護師の腰痛予防に効果的な姿勢認知教育プログラムの開発」聖隷クリストファー大学大学院看護学研究科博士論文.

武田啓子・渡邉順子，2012，「女性看護師の腰痛の有無と身体・心理・社会的姿勢に関連する因子とその様相」『日本看護研究学会雑誌』35(2): 113–22.

武田徹，1999，『デジタル社会論』共同通信社.

竹下俊郎，1994，「内容分析のツールとしての新聞記事データベース」『新聞研究』516: 60–3.

————，2002，「議題設定研究の新たな課題」『マス・コミュニケーション研究』60: 6–18.

————，2008，『メディアの議題設定機能——マスコミ効果研究における理論と実証 増補版』学文社.

————，2010，「2007 年参院選における選挙報道と世論——議題設定の観点から」井田正道編『変革期における政権と世論』北樹出版，117–46.

竹内洋，1996，「サラリーマンという社会的表象」『岩波講座現代社会学 23 日本文化の社会学』岩波書店，125–42.

竹内郁郎，1990，『マス・コミュニケーションの社会理論』東京大学出版会.

田村貴紀，2004，「インターネット・マスメディア間相互作用と世論形成」第 9 回日本社会情報学会研究報告.

————，2005，「ウェブログ上の社会的意見に対するマスメディアの影響——トピックとターミノロジーの連動」『社会情報学研究』9(2): 45–58.

田村貴紀・田村大有，2016，『路上の身体・ネットの情動——3.11 後の新しい社会運動：反原発，反差別，そして SEALDs』青灯社.

田中重人・太郎丸博，1996，「文章データのコンピュータコーディング——プログラムとその応用」『第 22 回数理社会学会大会研究報告要旨集』20–3.

谷口敏夫，1999，「全文からの『位置情報付き用語』の抽出」川端亮編『非定型データのコーディング・システムとその利用』平成 8 年度〜10 年度科学研究費補助金 (基盤研究 (A)(1))(課題番号 08551003) 研究成果報告書，大阪大学，31–58.

————，2000，「日本語文章の可視化——保田與重郎『日本の文學史』の絵解き」『光華女子大学研究紀要』38: A117–68.

————，2004，「KT2 の利用法：犯人の可視化——小栗虫太郎『聖アレキセイ寺院の惨劇』より」川端亮編『社会調査における非定型データ分析支援システムの開発』平成 13 年度〜15 年度科学研究費補助金 (基盤研究 (B)(2))(課題番号 13410049) 研究成果報告書，大阪大学，13–34.

谷本奈穂，2013，「ミドルエイジ女性向け雑誌における身体の『老化』イメージ」『マス・コミュニケーション研究』83: 5–29.

谷富夫・芦田徹郎編，2009，『よくわかる質的社会調査 技法編』ミネルヴァ書房.

田尾雅夫編，1997，『「会社人間」の研究——組織コミットメントの理論と実際』京都大学学術出版会.

太郎丸博，1999a，「自由回答の回答率と回答の長さ——調査法および回答者の社会的属性が及ぼす影響」川端亮編『非定型データのコーディング・システムとその利用』平成 8 年度〜10 年度科学研究費補助金 (基盤研究 (A)(1))(課題番号 08551003) 研究成果報告書，大阪大学，61-9.

————，1999b，「身の上相談記事から見た戦後日本の個人主義化」川端亮編『非定型データのコーディング・システムとその利用』平成 8 年度〜10 年度科学研究費補助金 (基盤研究 (A)(1))(課題番号 08551003) 研究成果報告書，大阪大学，139-55.

————，2004，「社会階層とインターネット利用——デジタル・デバイド論批判」『ソシオロジ』48(3): 53-66.

寺岡伸悟・川端亮，2004，「都市消費者の指向性把握のために——探索的テキスト型データ解析の適用可能性」『甲南女子大学紀要・人間科学編』40: 65-80.

轟亮・杉野勇，2013，『入門・社会調査法——2 ステップで基礎から学ぶ 第 2 版』法律文化社.

Toffler, A., 1980, *The Third Wave,* New York: Morrow.

統計数理研究所，2004，『統計数理研究所 研究リポート 92 国民性の研究第 11 次全国調査——2003 年全国調査』統計数理研究所.

徳永健伸，1999，『情報検索と言語処理』東京大学出版会.

徳高平蔵・藤村喜久郎・山川烈編，2002，『自己組織化マップ応用事例集』海文堂.

徳高平蔵・岸田悟・藤村喜久郎，1999，『自己組織化マップの応用——多次元情報の 2 次元可視化』海文堂.

東京大学大学院情報学環編，2006，『日本人の情報行動 2005』東京大学出版会.

東京大学社会情報研究所編，1994，『社会情報と情報環境』東京大学出版会.

————，1997，『日本人の情報行動 1995』東京大学出版会.

————，1999a，『社会情報学 I システム』東京大学出版会.

————，1999b，『社会情報学 II メディア』東京大学出版会.

————，2001，『日本人の情報行動 2000』東京大学出版会.

友枝敏雄編，2015，『リスク社会を生きる若者たち——高校生の意識調査から』大阪大学出版会.

Torvalds, L. & D. Diamond, 1991, *Just for Fun: The Story of an Accidental Revolutionary,* Reading, MA: Texere Publishing.

Toutanova, K. & C. D. Manning, 2000, "Enriching the Knowledge Sources Used in a Maximum Entropy Part-of-Speech Tagger," *Proceedings of the Joint SIGDAT Conference on Empirical Methods in Natural Language Processing and Very Large Corpora (EMNLP/VLC-2000),* 63-70.

豊田秀樹，1996，『非線形多変量解析——ニューラルネットによるアプローチ』朝倉書店.

————，2001，『金鉱を掘り当てる統計学 ——データマイニング入門』講談社.

豊田秀樹編，2007，『共分散構造分析［Amos 編］——構造方程式モデリング』東京図書.

豊田秀樹・前田忠彦，1994，「大学入試方法の改善に関する進路指導担当教官からの自由記述意見の分析——調査研究における自由記述データの分析方法の提案」『行動計量学』21(1): 75-86.

豊田裕貴，2003，「テキストマイニングによるドキュメントデータの分析」『情報の科学と技術』53(1): 22-7.

Trochim, W. M. K., 1989, "An Introduction to Concept Mapping for Planning and Evaluation," *Evaluation and Program Planning,* 12: 1-16.

都築一治，1992，「職業コーディング自動化システムの試験的構築」原純輔編『非定型データの処理・分析法に関する基礎的研究』平成 3 年度文部省科学研究費補助金（総合研究 A） 研究成果報告書，205-14.

Tukey, J. W., 1977, *Exploratory Data Analysis,* Reading, MA: Adison-Wesley.

内田治・川嶋敦子・磯崎幸子，2012，『SPSS によるテキストマイニング入門』オーム社.

上田修功・斉藤和巳，2004a，「多重トピックテキストの確率モデル——テキストモデル研究の最前線

(1)」『情報処理』45(2): 184–90.

————, 2004b, 「多重トピックテキストの確率モデル——テキストモデル研究の最前線 (2)」『情報処理』45(3): 282–9.

上ノ原秀晃, 2014, 「2013 年参議院選挙におけるソーシャルメディア——候補者たちは何を『つぶやいた』のか」『選挙研究』30(2): 116–28.

梅澤正, 1997, 『サラリーマンの自画像——職業社会学の視点から』ミネルヴァ書房.

牛沢賢二, 2018, 『やってみようテキストマイニング——自由回答アンケートの分析に挑戦！』朝倉書店.

van der Does-Ishikawa, L., 2015, "Contested memories of the Kamikaze and the self-representations of Tokko-tai youth in their missives home," *Japan Forum,* DOI: 10.1080/09555803.2015.1045540.

ファン・デル・ドゥース石川瑠璃, 2016, 「『カミカゼ』の記憶論争と特別攻撃隊員の自己表現にみるアイデンティティ」G. D. Hook・桜井智恵子編『戦争への終止符——未来のための日本の記憶』法律文化社, 107–43.

和田修一, 1985a, 「社会学における『文章データ』の解析方法に関する研究——問題提起と理論的背景」『社会科学討究』89: 315–41.

————, 1985b, 「文書データのコンピュータ解析に関する一考察——理論とその適用」原純輔・海野道郎編『数理社会学の現在』数理社会学研究会, 333–44.

Wanta, W., 1997, "The Messenger and the Message: Differences among the Mass Media," M. E. McCombs, D. L. Shaw & D. Weaver eds., *Communication and Democracy: Exploring the Intellectual Frontiers in Agenda-Setting Theory,* Mahwah, NJ: Lawrence Erlbaum Associates, 137–51.

Wanta, W. & Y. Hu, 1993, "The Agenda-Setting Effects of International News Coverage: An Examination of Differing News Frames," *International Journal of Public Opinion Research,* 5(3): 250–64.

渡部勇, 2003, 「テキストマイニングの技術と応用」『情報の科学と技術』53(1): 28–33.

Weaver, D. H., D. A. Graber, M. E. McCombs & C. H. Eyal, 1981, *Media-Agenda Setting in a Presidential Election,* New York: Praeger. (= 1988, 竹下俊郎訳『マスコミが世論を決める』勁草書房.)

Weber, R. P., 1985, *Basic Content Analysis,* Beverly Hills, CA: Sage.

Weber, R. & J. Crocker, 1983, "Cognitive Processes in the Revision of Stereotypic Beliefs," *Journal of Personality and Social Psychology,* 45: 961–77.

Webster, F., 1995, *Theories of the Information Society,* London: Routledge. (= 2001, 田畑暁生訳『「情報社会」を読む』青土社.)

Wei, R., 2001, "From Luxury to Utility: A Longitudinal Analysis of Cell Phone Laggards," *Journalism & Mass Communication Quarterly,* 78(4): 702–19.

Weitzman, E. & M. Miles, 1995, *Computer Programs for Qualitative Data Analysis,* Thousand Oaks, CA: Sage.

Wellin, E., 1955, "Water Boiling in a Peruvian Town," D. P. Benjamin ed., *Health, Culture and Community,* New York: Russell Sage Foundation, 71–103.

Wellman, B. & K. N. Hampton, 1999, "Living Networked On and Offline," *Contemporary Sociology,* 28(6): 648–55.

West, M. D. ed., 2001a, *Applications of Computer Content Analysis,* London: Ablex.

————, 2001b, *Theory, Method, and Practice in Computer Content Analysis,* London: Ablex.

White, D. M., 1950, "The Gate-Keeper: A Case Study in the Selection of News," *Journalism Quarterly,* 27: 383–90.

White, L. J., 1962, *Medieval Technology and Social Change,* Oxford, NY: Oxford University Press. (＝ 1985, 内田星美訳『中世の技術と社会変動』思索社.）

Woodward, J. L., 1934, "Quantitative Newspaper Analysis as a Technique of Opinion Research," *Social Forces,* 12: 526–37.

Yagade, A. & D. M. Dozier, 1990, "The Media Agenda-Setting Effect of Concrete versus Abstract Issues," *Journalism Quarterly,* 67(1): 3–10.

山田耕, 2017, 「新聞メディアで報じられる火山学情報のテキストマイニング解析」『火山』62(4): 147–75.

山田富秋, 2004, 「エスノメソドロジー・会話分析におけるメッセージ分析の方法」『マス・コミュニケーション研究』64: 70–86.

山西健司, 2002, 「データ・テキストマイニングの最新動向──外れ値検出と評判分析を例に」『応用数理』12(4): 341–56.

山崎秀夫・松田潤, 2002, 『顧客を創造するテキストマイニング』日本工業新聞社.

山崎正和・西垣通編, 2000, 『文化としての IT 革命』晶文社.

柳瀬公, 2012, 「計量テキスト分析によるメディア・フレームの探索的検討──『放射性セシウム汚染牛問題』の新聞記事を通して」『社会情報学』1(2): 61–76.

保田明夫, 2003, 「テキストマイニングの技術と適用性」『薬学図書館』48(4): 247–52.

保田明夫・大沼美佐, 1998, 「言葉の関連性による文書の類似検索──小倉百人一首を分類・分析する」『情報管理』41(7): 517–28.

保田明夫・須永恭子, 2004, 「テキスト型データ解析ソフトウェア WordMiner」『薬学図書館』49(1): 34–41.

安田三郎, 1970a, 「質的データの分析と数量的分析──見田論文へのコメント」『社会学評論』21(1): 78–85.

──────, 1970b, 『社会調査の計画と解析』東京大学出版会.

安田三郎・原純輔, 1982, 『社会調査ハンドブック　第 3 版』有斐閣.

安田雪, 1997, 『ネットワーク分析──何が行為を決定するか』新曜社.

──────, 2001, 『実践ネットワーク分析──関係を解く理論と技法』新曜社.

Yates, F., 1934, "Contingency Table Involving Small Numbers and the χ^2 Test," *Supplement to the Journal of the Royal Statistical Society,* 1(2): 217–35.

吉田文彦, 1997, 「内容分析のための日本語形態素解析システムの構築」『東海大学紀要 文学部』68: 46–56.

──────, 1998, 「内容分析のためのニューラル・ネットワーク・モデルによる日本語構文解析システム構築の試み」『東海大学紀要 文学部』70: 64–74.

──────, 2000, 「日本語の報道記事を対象とする構文解析システムの精度改善の試みと事象データ抽出システムの試作結果」『東海大学紀要 文学部』74: 59–72.

──────, 2002, 「日本語の報道記事を対象とする事象データ抽出システム──コンピュータによる内容分析手法の概要と解析精度」『東海大学紀要 文学部』77: 114–32.

──────, 2004, 「内容分析研究におけるコンピュータの利用状況──米国の事例を中心として」『マス・コミュニケーション研究』64: 41–69.

──────, 2006a, 「新聞社説の中の『××大国』,1981-2005 年」『東海大学紀要 文学部』84: 270–42.

──────, 2006b, 「文章解析ソフトウェア TeX-Ray の概要と応用事例──小泉内閣関連新聞社説の内容分析結果による内閣支持率の予測」『マス・コミュニケーション研究』68: 80–96.

──────, 2010, 「短命内閣に見るマスメディアの論調と内閣支持率の連動性」『東海大学紀要 文学部』94: 59–85.

吉見俊哉, 1995, 『「声」の資本主義』講談社.

吉村和真・福間良明編, 2006, 『「はだしのゲン」がいた風景──マンガ・戦争・記憶』梓出版社.

索　引

著者紹介

樋口耕一（ひぐち こういち）
1978 年生まれ。2005 年大阪大学大学院人間科学研究科修了。
博士（人間科学）。
日本学術振興会特別研究員，大阪大学大学院人間科学研究科助教を
経て，立命館大学産業社会学部教授。

【主要業績】
『動かして学ぶ！はじめてのテキストマイニング』（ナカニシヤ出版，
　　2022 年，共著）
『ネット社会と民主主義』（有斐閣，2021 年，共著）
『いまを生きるための社会学』（丸善出版，2021 年，共編著）
『リスク社会を生きる若者たち』（大阪大学出版会，2015 年，共著）
「計量テキスト分析および KH Coder の利用状況と展望」（『社会学評
　　論』，68 巻 3 号，2017 年）
「情報化イノベーションの採用と富の有無」（『ソシオロジ』，57 巻 3 号，
　　2013 年）
平成 25 年度社会調査協会賞受賞。

KH Coder OFFICIAL BOOK Ⅰ

社会調査のための計量テキスト分析【第 2 版】
内容分析の継承と発展を目指して

2014 年　1 月 20 日	初版　第 1 刷発行	定価はカヴァーに
2020 年　4 月　1 日	第 2 版 第 1 刷発行	表示してあります
2023 年　4 月 20 日	第 2 版 第 4 刷発行	

著　者　樋口耕一
発行者　中西　良
発行所　株式会社ナカニシヤ出版
〒606-8161　京都市左京区一乗寺木ノ本町 15 番地
　　　　　　　Telephone　075-723-0111
　　　　　　　Facsimile　075-723-0095
　　Website　http://www.nakanishiya.co.jp/
　　Email　iihon-ippai@nakanishiya.co.jp
　　　　　　　郵便振替　01030-0-13128

装幀＝白沢　正／印刷・製本＝創栄図書印刷株式会社
Copyright © 2014, 2020 by K. Higuchi
Printed in Japan
ISBN978-4-7795-1474-6　C3036